数字电子技术

（少学时）

○ 主　编　谢　云
○ 副主编　夏益民　骆开庆
○ 参　编　王春茹　罗　欢　周卫星

中国教育出版传媒集团
高等教育出版社·北京

内容简介

信息技术与教学深度融合的新形态教材《数字电子技术(少学时)》主要内容包括:第一、二章介绍数制、码制和逻辑代数基础等数学分析工具;第三至五章重点讲解组合逻辑和时序逻辑电路的分析与设计方法;第六章介绍半导体存储器、可编程逻辑器件和EDA工具软件;第七章介绍脉冲波形的产生与整形;第八章介绍A/D和D/A转换器的工作原理、芯片选型和应用。

数字资源涵盖主要章节的知识结构导图、电子教案(PPT)、MOOC教学视频和习题库。可扫码观看重点难点的讲解视频,扫码下载习题答案和电子教案等。

本教材作为国家级一流本科课程的配套教材,充分吸收长期形成的课程要素和教学改革成果,既传承经典理论又结合前沿技术。

本教材可作为高等学校自动化类、电气类、电子信息类及相关专业本、专科学生“数字电子技术”课程的教材或者教学参考书,也可供相关工程技术人员参考。

图书在版编目(CIP)数据

数字电子技术:少学时/谢云主编.--北京:高等教育出版社,2023.11(2024.11重印)

ISBN 978-7-04-060866-3

Ⅰ.①数… Ⅱ.①谢… Ⅲ.①数字电路-电子技术-高等学校-教材 Ⅳ.①TN79

中国国家版本馆CIP数据核字(2023)第135826号

Shuzi Dianzi Jishu(Shao Xueshi)

策划编辑 王 康　责任编辑 平庆庆　封面设计 张申申 王 洋　版式设计 杨 树
责任校对 刘娟娟　责任印制 刁 毅

出版发行	高等教育出版社	网　址	http://www.hep.edu.cn
社　址	北京市西城区德外大街4号		http://www.hep.com.cn
邮政编码	100120	网上订购	http://www.hepmall.com.cn
印　刷	涿州市京南印刷厂		http://www.hepmall.com
开　本	787mm×1092mm 1/16		http://www.hepmall.cn
印　张	16.25		
字　数	400千字	版　次	2023年11月第1版
购书热线	010-58581118	印　次	2024年11月第2次印刷
咨询电话	400-810-0598	定　价	34.70元

物 料 号 60866-00

前　言

课程学时数的日益递减是高等教育的发展趋势之一。多次调研获悉，在各校各专业培养方案中，“数字电子技术”课程的理论授课学时数大多从 56 学时减到 48 学时，甚至 32 学时。

《数字电子技术（少学时）》是信息技术与教学深度融合的新形态教材。教材的编写进行了必要的内容重塑。教材以“基础原理、工程应用和数字系统构建”为主线，特别关注课程教学中的重点和难点。教材的纸质书和数字资源，以及“数字电子技术”广东省在线开放课程的 MOOC 网络资源等，可以为教师构建融合创新的教学体系，为学生提供可扩展的个性化学习体验。

本教材主要面向地方院校，服务于应用类教学型普通高校的本科和专科学生。以“强化基础理论、注重工程实践、结合前沿技术”为原则，各章安排有以工程应用为背景的实例和拓展性思考题，强调面向应用的数字系统的分析与设计。

教材共分 8 章。对 48 学时的理论课程教学，各章建议讲授学时为：第一、二、三章均用 4 学时，第四章 8 学时，第五章 10 学时，第六、七、八章均用 6 学时。对 32 学时的理论课程教学，各章建议讲授学时为：第一、二、三章均用 2 学时，第四章 6 学时，第五章 8 学时，第六、七、八章均用 4 学时。并且建议开展以 MOOC 支撑的线上线下翻转课堂教学。

教材编写团队由长期从事“数字电子技术”课程一线教学的 6 位教师组成。他们分别来自广东工业大学、华南师范大学和韶关学院等三所地方高校。团队多个项目荣获广东省教学成果奖、多个成员荣获南粤优秀教师等赞誉。

教材中，绪论、第八章和全书统稿由谢云完成，第一章和第二章由罗欢完成，第三章和第五章由王春茹完成，第四章由夏益民完成，第六章由周卫星完成，第七章由骆开庆完成。部分插图由研究生刘磊、张雨婷、王辰龙、林时斌和梁浩彬等完成。部分数字资源由鲁彦歆完成。

感谢广东工业大学禹思敏教授为本教材担任主审。禹教授给予了指导性建议和具体的修改意见。

感谢高等教育出版社为本教材的出版所做的大量工作。

由于作者水平有限，本教材难免存在许多不足之处，敬请专家、教师、学生和工程技术人员提出宝贵的意见和建议。E-mail：xieyun@gdut. edu. cn.

谢　云

2023 年 6 月

目　　录

绪论

一、电子技术的发展

20 世纪是科学革命的世纪，重大的科学发现与理论创新，不但改变了科学技术本身，也改变了人们的自然观、世界观，改变了人类社会的文明进程。

20 世纪 40 年代后期发展起来的信息论、控制论和系统论，为电子技术、通信技术、计算机技术、智能机器、公共工程、全球金融、生态环境与数字地球、生命与认知行为研究，乃至现代经济、管理、社会和军事科学等提供了新的理论与方法。

其中，电子科学技术是研究电子器件及其应用的学科，是通信、计算机、智能信息处理等电子信息科学技术的基础。

回顾电子科学技术的发展历史，1904 年弗莱明发明电真空二极管，1906 年李 · 德弗雷斯特发明电真空三极管，带来无线广播、无线通信的诞生，从此世界进入电子时代。

1947 年贝尔实验室三位科学家巴丁、布拉顿和肖克利制造出了世界上第一只点触型锗晶体三极管，开启固体电子学时代。

1958 年美国德州仪器公司工程师杰克 · 基尔比研制出世界上第一块集成电路芯片，从此开创了微电子新时代。

1960 年美国休斯公司年轻的物理学家西奥多 · 梅曼发明了世界上第一台红宝石激光器。光纤之父高琨提出石英玻璃纤维可将光波约束在其内部进行光信号传输理论。从此世界进入了光电子时代。

20 世纪 70 年代微型计算机的诞生是超大规模集成电路应用的直接结果。此后英特尔公司的 8080 芯片、苹果公司的“APPLE-Ⅰ”和“APPLE-Ⅱ”、IBM 公司的 IBM-PC 机等的推出，以及互联网的迅速发展，使人类进入信息时代。

集成电路的线宽已经到 15 nm 及以下,一片集成电路就是一个电子系统。

电子技术的发展,尤其微电子技术的发展带来了计算机和通信技术的飞速发展,从而改变着人们的工作方式、学习方式、交往方式、生活方式和思维方式等。所以,电子技术推动了人类社会向信息化社会的迈进。

二、数字信号、数字电路与数字电子技术

自然界存在的物理量可分为两大类,一类在时间上和数量上是连续变化的,称为模拟量,如水温和水位;还有一类在时间上和数量上则是离散的,称为数字量,如十字路口的行人和车辆的数量。

当我们采用传感器把这些模拟量和数字量转换成电信号时,对应的电信号分别称为模拟信号和数字信号。传递、处理模拟信号的电子电路称为模拟电路,而传递、处理数字信号的电子电路则称为数字电路。研究模拟电路的理论、方法和应用技术是模拟电子技术。研究数字电路的理论、方法和应用技术则是数字电子技术。

数字信号在时间和数值上是离散的,或者说是不连续的,且其数值的变化都是某个最小量值的整数倍。如脉冲波形是典型的数字信号。

数字信号用二值逻辑、逻辑电平和时序图来表示。

1. 二值逻辑

在数字电路中,可以用 **0** 和 **1** 组成二进制数,表示数量的大小。也可以用 **0** 和 **1** 表示一个事物的两种不同的逻辑状态,如是与否、真与伪,它们是逻辑 **0** 和逻辑 **1**。这种只有两种对立逻辑状态的逻辑关系称为二值逻辑,如图 1 所示。

图 1

二值逻辑

用 **0** 和 **1** 表示逻辑关系时,二进制数可以进行逻辑运算。计算机通过数字电路实现逻辑运算,所以数字电路也称逻辑电路。

2. 逻辑电平

在数字电路中,数字信号用高、低电平来表示,统称逻辑电平。

不同工艺的数字集成电路具有不同的逻辑电平标准。当电源电压为 5 V 时,数字集成电路的两大类工艺 TTL 和 CMOS 电路对应的逻辑电平标准是不同的。如表 1 所示。

表 1 TTL 和 CMOS 电路对应的逻辑电平标准

电路类型	输入电平/V		输出电平/V	
	低电平 V_{IL}/V	高电平 V_{IH}/V	低电平 V_{OL}/V	高电平 V_{OH}/V
TTL	0~0.8	2.0~5	0~0.4	2.4~5
CMOS	0~1.5	3.6~5	0~0.5	4.4~5

3. 时序图

如果将数字电路的输入信号和输出信号的关系按时间顺序依次排列起来,就得到了其波形图,称为时序图,如图 2 所示。时序图中有高、低电平,逻辑 **1** 和逻辑 **0**,上升沿和下降沿等几个关键部分。在画电路的波形图时,应特别注意输出与输入之间的对应关系。

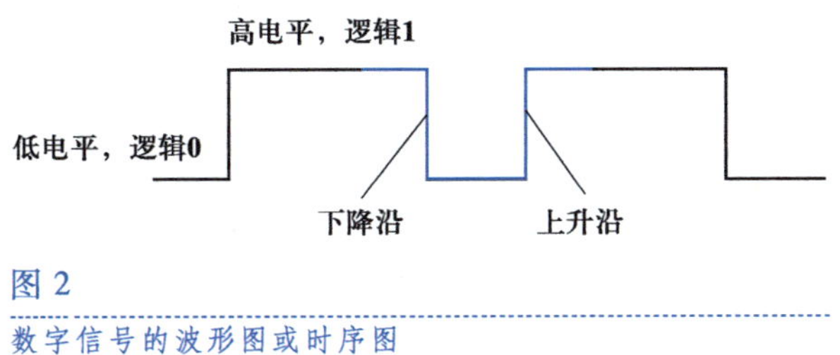

图 2

数字信号的波形图或时序图

时序图用以描述各种信号之间的逻辑关系和工作过程，所以是数字电路、计算机的重要概念。

数字电子技术介绍数字逻辑基础、如何分析和设计数字电路以及数字应用系统。此外，现代电子技术和计算机技术为我们提供了多种 EDA(electronic design automation，电子设计自动化)工具软件。EDA 工具软件包括：电子电路设计与仿真工具、PLD 可编程逻辑器件设计工具、IC 集成电路设计软件，以及硬件描述语言等。EDA 工具软件能有效帮助我们分析和设计数字电路系统。

拓展思考

1. 请举例有哪些不同数字应用系统，以及所知的 EDA 工具软件。
2. 画出某种数字应用系统或者模数混合应用系统的大致功能框图。

电子课件下载

第一章　数制和码制

章首导图

1.1　数制

任何数都可以用两种不同的方法来表示：一种是按其“值”表示，另一种是按其“形”表示。按“值”（也就是大小）表示，即按一定的进位方式计数，称为进位计数制，简称数制（number system）。按“形”表示，就是用数码来表示某些特定的信息，称为码制（code system）。这种具有特定含义的数码称为代码，代码不再具有表示数量大小的含义。

数制是指用一组固定的符号和统一的规则来表示数值的方法。在数制中，目前通常采用进位计数法来进行计数，即将数划分为不同的位数，按位进行计数，计数到规定数制后，又从零开始，同时向高位进位。由于位数不同，因此同样的数在不同的位数中表示的数值不同，在低位的数码表示的数值小，高位的数码表示的数值大。在人们日常生活与工作中最常用的是十进制，而在数字系统中，如计算机、手机，由于常用的开关器件通常只有通与断两种状态，因此通常使用二进制。此外，还有八进制、十六进制等常用数制。

接下来介绍数制中几个基本概念。

基数（radix）：指一种数制中允许使用的数符个数。

权（power）：是一个与相应位有关的常数，它与该位的数码相乘后可得该位的数值。

然后，可以将任何一个数表示为

$$D=\sum_{i=-\infty}^{+\infty} K_i \times N^i \tag{1.1.1}$$

其中 D 表示任一数，N 表示基数，N^i 表示第 i 位的权，K_i 表示第 i 位的系数。这种数的表示方法称为多项展开式，又称按权展开式。

1.1.1　十进制

十进制是在日常生活与工作中最常用的一种进位计数法，其基数为 10，共有 0，1，2，3，4，5，6，7，8，9 十个数码，计数规则为“逢十进一，借一当十”。同一个数码处于不同的位置时，它表示的数值是不一样的 。例如十进制数 333.53 可以写成

$$333.53=3\times10^2+3\times10^1+3\times10^0+5\times10^{-1}+3\times10^{-2}$$

其中10^2、10^1 与10^0 分别表示百位、十位与个位数码的权，小数点右边数码的权值为10^{-1}、10^{-2}。

可将一个具有 n 位整数与 m 位小数的十进制数记为$(D)_D$，其中下标 D 表示括号中的数 D 为十进制数，也可用下标 10 表示。十进制数可表示为各位加权系数之和，即按权展开式表示为

$$\begin{aligned}(D)_D&=K_{n-1}10^{n-1}+K_{n-2}10^{n-2}+\cdots+K_0 10^0+K_{-1}10^{-1}+\cdots+K_{-m}10^{-m}\\&=\sum_{i=-m}^{n-1}K_i\times10^i\end{aligned}\tag{1.1.2}$$

其中 K_i 表示第 i 位的系数，可以是 0—9 中任一数字，10 为基数，10^i 为权。通常可以将十进制的下标 D 省略，即可直接记为 D。

如果将式(1.1.2)中 10 用字母 N 来替换，那么就可以得到任意进制数的表示式

$$(D)_N=\sum_{i=-\infty}^{+\infty}K_i\times N^i\tag{1.1.3}$$

其中 K_i 表示第 i 位的系数，根据基数 N 的不同，它的取值从 0 至 $N-1$ 中选取。例如对于二进制数，N 为 2，因此 K_i 只能为 **0** 或 **1**。

1.1.2　二进制

在二进制中，只有 **0** 和 **1** 两个数码，其基数 N 为 **2**，各位的权为 **2** 的幂，计数的规则为“逢二进一，借一当二”，例如 **0+1=1，1+1=10，10−1=1**。注意，这里的 **10** 读为“壹零”，它与十进制数的 10(读为“拾”)是完全不同的。

根据式(1.1.3)可知，任意一个二进制数均可按权展开为

$$(D)_B=\sum_{i=-\infty}^{+\infty}K_i\times2^i\tag{1.1.4}$$

其中 K_i 表示第 i 位的系数，只能取 **0** 或 **1**，下标 B 表示括号中的数 D 为二进制数，也可以用下标 2 来表示二进制数。根据上式可以计算出二进制数所表示的十进制数的大小，例如

$$\begin{aligned}(\mathbf{101.01})_B&=\mathbf{1}\times2^2+\mathbf{0}\times2^1+\mathbf{1}\times2^0+\mathbf{0}\times2^{-1}+\mathbf{1}\times2^{-2}\\&=(5.25)_D\end{aligned}$$

二进制计数规则简单，运算操作方便。并且在二进制数中，每一位只有 **0** 和 **1** 两个数码，与电子器件的开关的两种状态(通与断)对应，因此被广泛地应用于数字系统中。

在二进制系统中，将二进制数中的 1 位称为 1 bit(binary digital)，将一组二进制数称为一个字，不同的系统中一个字的位数可能不同。在微型计算机中，将 8 bit 称为一个字节，两个字节(16 bit)称为一个字，四个字节(32 bit)称为双字。并且引入 2 的幂次方的缩写来表示二进制

数，例如，1 K 表示 2^{10}（1 024），1M（1 024 K）表示 2^{20}。显然，二进制中的缩写与十进制中的缩写值是不同的，在数字系统中 1 K 代表 1 024，而在数学中 1 k 代表 1 000。

1.1.3 十六进制与八进制

当使用二进制来表示一个比较大的数时，由于位数较长造成书写不易，因此在数字系统中，常将其改写为 2^i 进制来描述，其中最常用的是十六进制与八进制。十六进制数的每一位有十六个不同的数码，采用 0—9，A，B，C，D，E，F 表示，计数的规则为“逢十六进一，借一当十六”，其基数为 16，各位的权为 16 的幂。因此，任意一个十六进制数均可按权展开为

$$(D)_H=\sum_{i=-\infty}^{+\infty}K_i\times 16^i \tag{1.1.5}$$

其中 K_i 表示第 i 位的系数，下标 H 表示括号中的数 D 为十六进制数，也可以用下标 16 来表示十六进制数。并可由上式计算出十六进制数所表示的十进制数的大小，例如

$$(4B.F1)_H=4\times16^1+11\times16^0+15\times16^{-1}+1\times16^{-2}$$

同样地，八进制数的每一位有八个不同的数码，采用 0、1、2、3、4、5、6、7 表示，计数的规则为“逢八进一，借一当八”，其基数为 8，各位的权为 8 的幂。因此，任意一个八进制数均可按权展开为

$$(D)_O=\sum_{i=-\infty}^{+\infty}K_i\times 8^i \tag{1.1.6}$$

其中 K_i 表示第 i 位的系数，下标 O 表示括号中的数 D 为八进制数，也可以用下标 8 来表示八进制数。并可由上式计算出八进制数所表示的十进制数的大小，例如

$$(17.4)_O=1\times8^1+7\times8^0+4\times8^{-1}$$

现阶段在微型计算机中通常采用 8 位、16 位、32 位、64 位二进制数并行运算，而 8 位、16 位、32 位、64 位的二进制数正好可以用 2 位、4 位、8 位、16 位十六进制数表示，因此通常使用十六进制数来编写代码。

下表 1.1.1 为常用进制数的对照表。

表 1.1.1 常用进制数的对照表

十进制(D)	二进制(B)	八进制(O)	十六进制(H)
0	**0000**	00	0
1	**0001**	01	1
2	**0010**	02	2
3	**0011**	03	3
4	**0100**	04	4
5	**0101**	05	5
6	**0110**	06	6
7	**0111**	07	7
8	**1000**	10	8

续表

十进制(D)	二进制(B)	八进制(O)	十六进制(H)
9	**1001**	11	9
10	**1010**	12	A
11	**1011**	13	B
12	**1100**	14	C
13	**1101**	15	D
14	**1110**	16	E
15	**1111**	17	F

1.1.4 不同数制间的转换

不同数制间的转换

1. 二-十转换

二-十转换是指将二进制数转换为等值的十进制数。转换方法为只需根据式(1.1.4)按权展开,然后将所有各项相加即可转换为十进制数。这种方法也适用于任意进制数转换为十进制数,其转换公式如式(1.1.3)。

【例 1.1.1】 请将二进制数(**1 001.01**)$_B$ 转换为十进制数。

解:

$$\begin{aligned}(\mathbf{1\ 001.01})_B &= \mathbf{1}\times 2^3+\mathbf{0}\times 2^2+\mathbf{0}\times 2^1+\mathbf{1}\times 2^0+\mathbf{0}\times 2^{-1}+\mathbf{1}\times 2^{-2}\\ &=(9.25)_D\end{aligned}$$

2. 十-二转换

十-二转换是指将十进制数转换为等值的二进制数。转换方法分为整数部分转换与小数部分转换。同样地,转换方法也适用于十进制数转换为任意进制数。下面分整数部分转换与小数部分转换两部分来讨论。

(1) 整数部分转换

假设十进制数$(D)_D$的等值二进制数为$(K_nK_{n-1}\cdots K_0)_B$,那么根据式(1.1.4)可知

$$\begin{aligned}(D)_D &= K_n\times 2^n+K_{n-1}\times 2^{n-1}+\cdots+K_1+2^1+K_0\times 2^0\\ &=2(K_n\times 2^{n-1}+K_{n-1}\times 2^{n-2}+\cdots+K_1)+K_0\end{aligned} \tag{1.1.7}$$

由上式可知,如果将十进制数$(D)_D$除以 2,那么得到的商为$(K_n\times 2^{n-1}+K_{n-1}\times 2^{n-2}+\cdots+K_1)$,而余数为 K_0。

同样地,将商$(K_n\times 2^{n-1}+K_{n-1}\times 2^{n-2}+\cdots+K_1)$再除以 2,那么得到的商为$(K_n\times 2^{n-2}+K_{n-1}\times 2^{n-3}+\cdots+K_2)$,余数为 K_1。

以此类推,不难看出将二进制数每除以一次 2,所得余数就是其所对应二进制数中的 1 位数。因此,只需要将十进制数连续除以 2 直到商为零,得到的所有余数进行逆序排列即为所求二进制数,这种方法称为除基取余法。

【例 1.1.2】 请将十进制数$(126)_D$转换为二进制数。

解：根据除基取余法，可将十进制数$(126)_D$按以下步骤转换为对应的二进制数：

$$
\begin{array}{r|l}
2 & 126 \quad \cdots\cdots\cdots\cdots\cdots\cdots\text{余数为 }\mathbf{0} \\
2 & 63 \quad \cdots\cdots\cdots\cdots\cdots\cdots\text{余数为 }\mathbf{1} \\
2 & 31 \quad \cdots\cdots\cdots\cdots\cdots\cdots\text{余数为 }\mathbf{1} \\
2 & 15 \quad \cdots\cdots\cdots\cdots\cdots\cdots\text{余数为 }\mathbf{1} \\
2 & 7 \quad \cdots\cdots\cdots\cdots\cdots\cdots\text{余数为 }\mathbf{1} \\
2 & 3 \quad \cdots\cdots\cdots\cdots\cdots\cdots\text{余数为 }\mathbf{1} \\
2 & 1 \quad \cdots\cdots\cdots\cdots\cdots\cdots\text{余数为 }\mathbf{1} \\
 & 0
\end{array}
$$

因此可得$(126)_D=(\mathbf{1111110})_B$。

(2) 小数部分转换

与整数部分转换类似，假设$(D)_D$为一个十进制小数，其等值二进制数为$(\mathbf{0}.K_{-1}K_{-2}\cdots K_{-m})_B$，那么根据式(1.1.4)可知

$$(D)_D=K_{-1}\times2^{-1}+K_{-2}\times2^{-2}+\cdots+K_{-m}\times2^{-m} \tag{1.1.8}$$

将上式两边同乘以2，可得

$$2D_D=K_{-1}+(K_{-2}\times2^{-1}+K_{-3}\times2^{-2}+\cdots+K_{-m}\times2^{-m+1}) \tag{1.1.9}$$

由上式可知，如果将十进制小数$(D)_D$乘以2，即可得到其对应二进制小数中的1位数K_{-1}。同理，将式(1.1.9)左右两边再乘以2，即可得K_{-2}。以此类推，直到小数部分为零或达到所需的精度为止，便可得到二进制小数中的每一位了，这种方法称为乘基取整法。

【例1.1.3】 请将十进制小数$(0.375)_D$转换为二进制数。

解：根据乘基取整法，可将十进制小数$(0.375)_D$按以下步骤转换为对应的二进制数：

$0.375\times2=0.75\cdots\cdots\cdots\cdots\cdots\cdots$整数部分$K_{-1}=\mathbf{0}$

$0.75\times2=1.5\cdots\cdots\cdots\cdots\cdots\cdots$整数部分$K_{-2}=\mathbf{1}$

$0.5\times2=1\cdots\cdots\cdots\cdots\cdots\cdots$整数部分$K_{-3}=\mathbf{1}$

因此可得$(0.375)_D=(\mathbf{0.011})_B$。

3. 二-十六转换

二-十六转换是指将二进制数转换为等值的十六进制数。由于4位二进制数刚好有16个状态，可以把4位二进制数分为一组，正好对应1位十六进制数。因此二-十六转换只需从小数点开始，整数部分向左(小数部分向右)四位一组，最后不足四位的加**0**补足四位，再按顺序写出各组对应的十六进制数即可。

【例1.1.4】 请将$(\mathbf{10011111011.111011})_B$转换为十六进制数。

解：

$$
\begin{array}{ccccc}
\mathbf{0100} & \mathbf{1111} & \mathbf{1011.} & \mathbf{1110} & \mathbf{1100} \\
\downarrow & \downarrow & \downarrow & \downarrow & \downarrow \\
4 & F & B\,. & E & C
\end{array}
$$

因此可得$(\mathbf{10011111011.111011})_B=(4FB.EC)_H$。

4. 十六-二转换

十六-二转换是指将十六进制数转换为等值的二进制数。与二-十六转换类似，转换时只需将1位十六进制数用等值的4位二进制数替换，再按原顺序排列即可。

【例 1.1.5】 请将十六进制数$(3E5.9D)_H$转换为二进制数。

解：

$$
\begin{array}{ccccc}
3 & E & 5. & 9 & D \\
\downarrow & \downarrow & \downarrow & \downarrow & \downarrow \\
\mathbf{0011} & \mathbf{1110} & \mathbf{0101.} & \mathbf{1001} & \mathbf{1101}
\end{array}
$$

高位的 **0** 可以忽略，因此可得$(3E5.9D)_H=(\mathbf{1111100101.10011101})_B$。

5. 二进制数与八进制数之间的转换

二进制数与八进制数之间的转换与上文的十六-二转换和二-十六转换的方法基本类似。由于 3 位二进制数刚好有 8 个状态，可以把 3 位二进制数分为一组，正好对应 1 位八进制数。因此二-八转换只需从小数点开始，整数部分向左（小数部分向右）三位一组，最后不足三位的加 **0** 补足三位，再按顺序写出各组对应的八进制数即可。八-二转换只需将 1 位八进制数用等值的 3 位二进制数替换，再按原顺序排列即可。

6. 十进制数与十六进制数之间的转换

在将十进制数转换为十六进制数时，可先将十进制数转换为二进制数，然后再转换为十六进制数。在将十六进制数转换为十进制数时，可以直接根据公式(1.1.1)将各位按权展开后相加即可求得。

1.2 二进制数的算术运算

1.2.1 二进制数算术运算的特点

在数字系统中，二进制数码中的 **0** 和 **1** 既可以表示事物的两种不同的逻辑状态，又可以表示两个数量。当它表示两个数量时，几个二进制数之间可以进行算术运算。二进制数之间的算术运算与十进制数之间的算术运算的规则类似，两者的不同之处在于二进制数的进位、借位规则为“逢二进一，借一当二”。

二进制数算术运算又可分为无符号二进制数算术运算与有符号二进制数算术运算，其中无符号二进制数是指二进制数中所有位都用来表示数的大小。下面介绍无符号二进制数的算术运算，其运算规则如下：

无符号二进制数的加法运算规则：

$$\mathbf{0+0=0 \quad 0+1=1 \quad 1+1=10}$$

上式中最后 **10** 中的 **1** 表示进位位，代表两个 **1** 相加“逢二进一”的进位规则。

无符号二进制数的减法运算规则：

$$\mathbf{0-0=0 \quad 1-1=0 \quad 1-0=1 \quad 0-1=11}$$

同理，上式中最后 **11** 中的第一位 **1** 表示借位位，代表 **0** 减 **1** 不够减，向高位“借一当二”的借位规则。

无符号二进制数的乘法运算规则：

$$\mathbf{0\times0=0 \quad 1\times0=0 \quad 0\times1=0 \quad 1\times1=1}$$

无符号二进制数的除法运算规则：

$$\mathbf{0\div1=0 \quad 1\div1=1}$$

在此需注意，**0** 不能为除数。

【例 1.2.1】 请计算二进制数 **1101** 与 **0101** 之间的和、差、积与商。

解：

```
      1 1 0 1              1 1 0 1
    + 0 1 0 1            - 0 1 0 1
    ---------            ---------
    1 0 0 1 0              1 0 0 0
```

```
        1 1 0 1                    1 0
      × 0 1 0 1             ---------
      ---------     0101 ) 1 1 0 1
        1 1 0 1            1 0 1
      0 0 0 0              ---------
    1 1 0 1                  0 1 1
  0 0 0 0                    0 0 0
  -------------              -----
  1 0 0 0 0 0 1                1 1    余数
```

由上面算式可知

1101+0101=10010，1101−0101=1000，1101×0101=1000001，1101÷0101=10 余 **11**。

从上面的例子可以看出二进制数的乘法运算可以通过左移被乘数和加法运算来实现，乘法运算则可以通过右移除数和减法运算来实现。当我们设法把减法运算转换为某种形式的加法运算，那么加、减、乘、除运算全部都可以通过移位与相加来实现了。利用这个特点可以简化运算电路的结构，因此在数字电路中普遍采用二进制算术运算。

在数字系统中，为了节省资源与简化算法，通常只有加法器而无减法器，因此需要将减法运算转换为加法运算。通过引入补码，只需要利用移位与相加就可以实现二进制数的加、减、乘、除运算。

1.2.2 原码、反码和补码运算

原码、反码和补码运算

上一小节只考虑了无符号二进制数的算术运算，当涉及正、负数时需要使用有符号二进制数来表示。在我们的日常生活中是通过“+”“-”两个符号分别表示正数与负数。但是在数字系统中只有 **0** 和 **1**。因此。通常在二进制数的前面添加一个符号位，用 **0** 和 **1** 分别表示正数与负数。通常使用三种表示方法来代表有符号二进制数，分别是：原码、反码与补码。

1. 二进制数的原码表示

原码的编码规律：最高位为符号位，正数用 **0** 表示，负数用 **1** 表示，数值部分为该数的绝对值，即数值部分和真值的数值部分完全一样。例如

数	真值	原码
+89	**+1011001**	**0 1011001**
−89	**−1011001**	**1 1011001**

原码的特点是简单直观、易于辨认，因为原码的数值部分就是该数的绝对值，而且与真值和

十进制的转换非常方便。但是采用原码进行算术运算时，例如做减法时需要判断两个数的绝对值的大小，只能用绝对值大的数去减绝对值小的数，并且差值的符号与绝对值大的数的符号一致，这一过程比较复杂，需要系统增加判数大小的设备，并且需要使用减法器来完成，增加了系统的设备量。在数字系统中，通常采用更简单的补码加法运算来实现减法运算。为了便于理解补码，先引入反码的概念。

2. 二进制数的反码表示

反码被称为“**1** 的补码”，与原码相比，反码也是在数的前面加上一位符号位，正数用 **0** 表示，负数用 **1** 表示。与原码不同的地方是反码数位的形成与其符号位有关，对于正数，反码与原码相同；对于负数，符号位不变，将原码的数值逐位取反即可得到反码。例如

数	原码	反码
+5	**0 0101**	**0 0101**
-5	**1 0101**	**1 1010**

3. 二进制数的补码表示

补码被称为“2 的补码”，对于正数，其原码、反码与补码的表示都是一样的；对于负数，首先从原码转换为反码，然后在其反码的最低位加 **1** 即可得到补码。例如

数	原码	反码	补码
+5	**0 0101**	**0 0101**	**0 0101**
-5	**1 0101**	**1 1010**	**1 1011**

综合以上原码、反码与补码的表示规则，可以知道：当二进制数为正数时，其原码、反码、补码均相同；当二进制数为负数时，符号位不变，将原码的数值逐位取反（即是反码），然后在其最低位加 **1** 即是补码。

【例 1.2.2】 请计算出数+9 与-9 的 8 位二进制数的原码、反码以及补码。

解：

数	原码	反码	补码
+9	**0 0001001**	**0 0001001**	**0 0001001**
-9	**1 0001001**	**1 1110110**	**1 1110111**

注意，在数字系统中数码的存储多以 32 位或 64 位二进制数进行，在计算它们的原码、反码以及补码时，最高位为符号位。下表 1.2.1 给出了 4 位二进制数原码、反码与补码的对照表。

表 1.2.1　4 位二进制数原码、反码与补码的对照表

十进制数	二进制数		
	原码	反码	补码
-8	—	—	**1000**
-7	**1111**	**1000**	**1001**

续表

十进制数	二进制数		
	原码	反码	补码
-6	**1110**	**1001**	**1010**
-5	**1101**	**1010**	**1011**
-4	**1100**	**1011**	**1100**
-3	**1011**	**1100**	**1101**
-2	**1010**	**1101**	**1110**
-1	**1001**	**1110**	**1111**
-0	**1000**	**1111**	**0000**
+0	**0000**	**0000**	**0000**
+1	**0001**	**0001**	**0001**
+2	**0010**	**0010**	**0010**
+3	**0011**	**0011**	**0011**
+4	**0100**	**0100**	**0100**
+5	**0101**	**0101**	**0101**
+6	**0110**	**0110**	**0110**
+7	**0111**	**0111**	**0111**

4. 原码、反码与补码的算术运算

原码、反码与补码的表示方法不同，因此它们的算术运算的方法也各不相同，下面主要通过例子来说明它们之间的不同之处。

【例 1.2.3】 已知 $A=+\mathbf{1001}$，$B=+\mathbf{0101}$，请用原码、反码与补码计算 $C=A-B$。

解：（1）原码运算

使用原码进行运算，首先需要将其真值表示为原码：

$$A_{原}=\mathbf{01001} \qquad B_{原}=\mathbf{00101}$$

然后需要判别相减的两个数是同号还是异号。如果是同号，则两数做减法；如果是异号，则两数做加法。在本例中，两数同号，因此进行减法运算。其次判别 A 与 B 谁大谁小，以确定谁做被减数。在本例中，A 的绝对值大于 B 的绝对值，因此 A 为被减数，所得结果符号应与 $A_{原}$ 一致。

$$\begin{array}{r} \mathbf{0\ 1\ 0\ 0\ 1} \\ -\ \mathbf{0\ 0\ 1\ 0\ 1} \\ \hline \mathbf{0\ 0\ 1\ 0\ 0} \end{array}$$

即可得 $C_{原}=\mathbf{00100}$，其真值 $C=+\mathbf{0100}$。

（2）反码运算

使用反码进行运算，首先需要将其真值表示为反码，使用反码进行减法运算时可以看作：

$A_反+[-B]_反$。这样可以将减法运算转换为加法运算，所得结果仍然为反码。

$$A_反=\mathbf{01001} \qquad [-B]_反=\mathbf{11010}$$

此时可计算 $C_反=A_反+[-B]_反$，其算式如下

$$\begin{array}{r} 0\ 1\ 0\ 0\ 1 \\ +\ \ 1\ 1\ 0\ 1\ 0 \\ \hline 1\ 0\ 0\ 0\ 1\ 1 \\ +\ \ \ \ \ \ \ \ \ \ 1 \\ \hline 0\ 0\ 1\ 0\ 0 \end{array}$$

注意此时符号位产生的进位 **1** 是需要再与所得结果相加的，最后可得 $C_反=\mathbf{00100}$，其真值为 $C=+\mathbf{0100}$。与原码所得真值结果一致。

（3）补码运算

使用补码进行运算，首先需要将其真值表示为补码，其运算过程与反码运算类似，减法运算可看作：$A_补+[-B]_补$。这样可以将减法运算转换为加法运算，所得结果仍然为补码。

$$A_补=\mathbf{01001} \qquad [-B]_补=\mathbf{11011}$$

此时可计算 $C_补=A_补+[-B]_补$，其算式如下

$$\begin{array}{r} 0\ 1\ 0\ 0\ 1 \\ +\ \ 1\ 1\ 0\ 1\ 1 \\ \hline 1\ 0\ 0\ 1\ 0\ 0 \end{array}$$

注意此时将符号位产生的进位 **1** 忽略。即可得 $C_补=\mathbf{00100}$，其真值为 $C=+\mathbf{0100}$。与原码、反码所得真值结果一致。因此三种码运算的结果实质是相同的，下面以一个例子说明另一种情况。

【例 1.2.4】 已知 $A=+\mathbf{0111}$，$B=+\mathbf{1101}$，请用原码、反码与补码计算 $C=A-B$。

解：（1）原码运算

$$A_原=\mathbf{00111} \qquad B_原=\mathbf{01101}$$

由于 A 的绝对值小于 B 的绝对值，因此 B 为被减数，同时计算的结果应与 $A_原$ 的符号相反，即符号位为 **1**。

$$\begin{array}{r} 0\ 1\ 1\ 0\ 1 \\ -\ \ 0\ 0\ 1\ 1\ 1 \\ \hline 0\ 0\ 1\ 1\ 0 \end{array}$$

此时将所得结果的符号位取 **1**，即可得 $C_原=\mathbf{10110}$，其真值 $C=-\mathbf{0110}$。

（2）反码运算

$$C_反=A_反+[-B]_反$$

$$A_反=\mathbf{00111} \qquad [-B]_反=\mathbf{10010}$$

$$\begin{array}{r} 0\ 0\ 1\ 1\ 1 \\ +\ \ 1\ 0\ 0\ 1\ 0 \\ \hline 1\ 1\ 0\ 0\ 1 \end{array}$$

此时符号位没有进位，因此 $C_{反}$ = **11001**，其真值为 C = -**0110**。与原码运算所得真值结果一致。

(3) 补码运算

$$C_{补}=A_{补}+[-B]_{补}$$

$$A_{补}=\mathbf{00111} \qquad [-B]_{补}=\mathbf{10011}$$

$$\begin{array}{r} \mathbf{0\ 0\ 1\ 1\ 1} \\ +\ \mathbf{1\ 0\ 0\ 1\ 1} \\ \hline \mathbf{1\ 1\ 0\ 1\ 0} \end{array}$$

此时可得 $C_{补}$ = **11010**，其真值为 C = -**0110**。与原码运算、反码运算所得真值结果一致。

由上述例子可以得出：

(1) 反码、补码运算可以将减法运算转换为加法运算，从而节省数字系统的资源。

(2) 在进行反码、补码运算时，符号位也被看作一位数码，并且一样符合加法与进位规则，所得结果的符号位也是正确结果的符号。

(3) 采用何种码(原码、反码和补码)进行运算，其运算结果也是何种码的形式。在将其转换为真值时，要根据符号位的数码来进行处理。当符号位为 **0** 时，数位不变；当符号位为 **1** 时，应分别将结果求反或求补才是其真值。

(4) 补码运算最为简单，因此在数字系统与计算机系统中大多采用补码运算。

1.3 几种常用的编码

在数字系统中，数码不但可以表示数的大小，并且还可以表示文字符号。将表示文字符号的二进制数码称为代码。编码则是以一定规则去编制代码，用以表示十进制数值、符号、字母等。将代码还原为所表示的十进制数值、符号、字母等称为解码。

常用的编码有 BCD 码、格雷码和 ASCII 码。它们有各自特定的含义，不表示数量的大小。

1. 十进制代码

十进制代码又称二-十进制代码或 BCD 码(binary coded decimal)，就是用 4 位二进制数来表示 1 位十进制数中的 0,1,2,3,4,5,6,7,8,9 十个数码。由于 4 位二进制数一共有 16 种不同组合的方式，因此选择的方法有多种，BCD 码也有多种，表 1.3.1 中列出常见的几种十进制代码。

表 1.3.1 常见的几种十进制代码

十进制数	有权码			无权码	
	8421 码	2421 码	5211 码	余 3 码	余 3 循环码
0	**0000**	**0000**	**0000**	**0011**	**0010**
1	**0001**	**0001**	**0001**	**0100**	**0110**
2	**0010**	**0010**	**0100**	**0101**	**0111**
3	**0011**	**0011**	**0101**	**0110**	**0101**
4	**0100**	**0100**	**0111**	**0111**	**0100**

续表

十进制数	有权码			无权码	
	8421 码	2421 码	5211 码	余 3 码	余 3 循环码
5	**0101**	**1011**	**1000**	**1000**	**1100**
6	**0110**	**1100**	**1001**	**1001**	**1101**
7	**0111**	**1101**	**1100**	**1010**	**1111**
8	**1000**	**1110**	**1101**	**1011**	**1110**
9	**1001**	**1111**	**1111**	**1100**	**1010**

表 1.3.1 中 8421 码是最常用的一种 BCD 码，它是由 4 位二进制数 **0000** 至 **1111** 的 16 种组合中前 10 种组成，剩下 6 种组合无效。该编码中每一位的值都是固定数，称为位权，从左至右分别是 8、4、2、1，因此被称为 8421 码。由于 8421 码每一位的权值固定，因此该编码属于有权码。

2421 码也属于有权码，其权值从左至右分别为 2、4、2、1。2421 码的特点是：将任意一个进制数 A 的代码各位取反，得到的代码正好表示 A 对 9 的补码。如 3 的代码为 **0011**，各位取反为 **1100**，正好是 6(9-3=6)的代码。这种特点称为自补性，具有自补性的代码又称为自补码。

5211 码也属于有权码，其权值从左至右分别为 5、2、1、1。在后面学习了计数器的分频之后可以发现，如果按 8421 码接为十进制计数器，连续输入计数脉冲时，4 个触发器输出脉冲对于计数脉冲的分频比从低位至高位分别为 5 : 2 : 1 : 1。此时，可以发现 5211 码每一位的权正好与 8421 码十进制计数器 4 个触发器输出脉冲的分频比相对应，这种对应关系对于构成某些数字系统很有用。

余 3 码是一种无权码，其编码规则与 8421 码不同，如果将每一个余 3 码视为 4 位二进制数，那么它的数值要比它所表示的十进制数码多 3，因此将其称为余 3 码。余 3 码是一种自补码，与 2421 码有类似的特点。当两个十进制数之和为 10 时，其对应的余 3 码二进制数之和为 16，如 1 与 9、2 与 8 等。利用该特点便于求 10 的补码。

余 3 循环码也属于无权码。每一位的 **1** 在不同代码中并不代表固定的数值。其特点是具有相邻性，即任意相邻两个代码之间只有 1 位取值不同，如 7 和 8 的代码 **1111** 与 **1110** 只有最后一位不同。

2. 格雷码

格雷码又称循环码，是一种常见的无权码。表 1.3.2 给出了 4 位格雷码的编码。格雷码具有相邻性，即任意相邻两个代码之间只有 1 位取值不同，并且 0 和最大值之间也只有 1 位不同，其每一位的状态变化都按一定的顺序循环。从表中可以看出，如果从 **0000** 开始，最右边一位的状态按 **0110** 顺序循环变化，右边第二位按 **00111100** 顺序循环变化，右边第三位按 **0000111111110000** 顺序循环变化。由此可推出，从右到左，每一位的状态循环中连续的 **0**、**1** 数量增加一倍。由于 4 位格雷码一共只有 16 个组合，因此最左边的状态循环只有半个循环，即 **0000000011111111**。通过上述推理，很容易得到更多位二进制的格雷码。

由于格雷码任意相邻两个代码之间只有 1 位取值不同，这样在代码转换的过程中就不会产生过渡噪声，这是格雷码的最大优点，因此格雷码被认为是一种错误最小化的编码，在模数转换、数控机床、汽车控制等领域有着广泛的应用。

表 1.3.2　4 位格雷码编码

十进制数	二进制代码	格雷码
0	**0000**	**0000**
1	**0001**	**0001**
2	**0010**	**0011**
3	**0011**	**0010**
4	**0100**	**0110**
5	**0101**	**0111**
6	**0110**	**0101**
7	**0111**	**0100**
8	**1000**	**1100**
9	**1001**	**1101**
10	**1010**	**1111**
11	**1011**	**1110**
12	**1100**	**1010**
13	**1101**	**1011**
14	**1110**	**1001**
15	**1111**	**1000**

普通的二进制代码转换过程中，有时会产生过渡噪声。如当二进制代码 **0011** 转换为相邻的 **0100** 时，如果右边第一位的变化比其他两位的变化要慢，那么会在很短的瞬间出现 **0101** 状态，这个状态被称为过渡噪声。而使用格雷码则不会出现这种情况。这种过渡噪声在有些情况下会影响整个系统的正常工作，在后续的章节中我们还会进一步讨论这个问题。

3. 美国信息交换标准代码（ASCII）

在数字系统与计算机应用中，为了实现人-机通信，必须对所用到的十进制数、字母和专用符号等用特定的二进制代码来表示，对这些字符的编码称为字符代码。目前最常用的字符代码是美国信息交换标准代码，又称 ASCII 码（American Standard Code for Information Interchange）。它是用一组 7 位二进制代码（共 128 个），在人-机交互中来表示十进制数、英文大小写字母、运算符、控制符与特殊符号等。ASCII 码的编码表见表 1.3.3，每个控制码在计算机操作中的含义见表 1.3.4。

表 1.3.3　ASCII 码编码表

$b_4b_3b_2b_1$	$b_7b_6b_5$							
	000	**001**	**010**	**011**	**100**	**101**	**110**	**111**
0000	NUL	DLE	SP	0	@	P	、	p
0001	SOH	DC1	!	1	A	Q	a	q
0010	STX	DC2	"	2	B	R	b	r
0011	ETX	DC3	#	3	C	S	c	s
0100	EOT	DC4	$	4	D	T	d	t
0101	ENQ	NAK	%	5	E	U	e	u
0110	ACK	SYN	&	6	F	V	f	v
0111	BEL	ETB	'	7	G	W	g	w
1000	BS	CAN	(	8	H	X	h	x
1001	HT	EM	)	9	I	Y	i	y
1010	LF	SUB	*	:	J	Z	j	z
1011	VT	ESC	+	;	K	[	k	{
1100	FF	FS	,	<	L	\	l	|
1101	CR	GS	-	=	M	]	m	}
1110	SO	RS	.	>	N	^	n	~
1111	SI	US	/	?	O	—	o	DEL

表 1.3.4　ASCII 码中控制码在计算机操作中的含义

字符	含义	字符	含义
NUL	null 空白,无效	DC1	device control 1 设备控制 1
SOH	start of heading 标题开始	DC2	device dontrol 2 设备控制 2
STX	start of text 文本开始	DC3	device control 3 设备控制 3
ETX	end of text 文本结束	DC4	device control 4 设备控制 4
EOT	end of transmission 传输结束	NAK	negative acknowledgement 拒绝接收/无响应
ENQ	enquiry 询问	SYN	synchronous idle 同步空转
ACK	acknowledgment 确认/响应	ETB	end of trans the block 传输块结束
BEL	bell 响铃	CAN	cancel 取消
BS	backspace 退格	EM	end of medium 已到介质末端/介质存储已满

续表

字符	含义	字符	含义
HT	horizontal tab 水平制表符	SUB	substitute 替补/替换
LF	line feed 换行键	ESC	escape 溢出/脱离
VT	vertical tab 垂直制表符	FS	file separator 文件分割符
FF	form feed 换页键	GS	group separator 组分割符
CR	carriage return 回车键	RS	record separator 记录分隔符
SO	shift out 移出	US	unit separator 单元分隔符
SI	shift in 移入	SP	space 空格
DLE	data link escape 数据链路换码	DEL	delete 删除

拓展思考

计算机的运算器是加法器，应该如何实现乘法和除法？带浮点的运算如何实现？

本章小结

数字电路所处理的各种数字信号都是以数码形式给出的。不同的数码既可以用来表示不同数量的大小，又可以用来表示不同的事物或事物的不同状态。

用数码表示数量的大小时，仅仅使用一位数码往往不够用，因而经常需要用进位计数制的方法组成多位数码使用。多位数码中每一位的构成方法和从低位到高位的进位规则称为数制。常用的数制有十进制、二进制、十六进制以及八进制。各种进制之间可以按照一定的方法互相转换。

由于在数字系统中多采用二进制进行运算，因此在本章中具体地介绍了二进制数符号在数字电路中的表示方法和原码、反码、补码的概念，以及其运算原理。

在用不同数码表示不同事物或事物的不同状态时，这些数码已经不再具有表示数量大小的含义了，它们只是不同事物的代号而已。我们将这些数码称之为代码。为了便于记忆和查找，在编制代码时总要遵循一定的规则，这些规则就称为码制。本章介绍了常用的十进制代码、格雷码以及 ASCII 码。此外，大家也可以根据自己的需求，去编制相应的代码。

习　题

1.1　若需要将 1 000 份文件顺序编码，请问采用二进制代码，最少需要多少位？如果采用八进制与十六进制代码，最少需要多少位？

1.2　请将下面二进制数转换为十进制数。

(1) $(\mathbf{1101})_B$　(2) $(\mathbf{0.1101})_B$　(3) $(\mathbf{10.11})_B$　(4) $(\mathbf{1010.1101})_B$

1.3　请将下面二进制数转换为十六进制数与八进制数。

(1) $(\mathbf{101101})_B$　(2) $(\mathbf{1001.1101})_B$

(3) $(\mathbf{10010.11001})_B$　(4) $(\mathbf{110010.001011})_B$

1.4　请将下面十六进制数转换为二进制数。

(1) $(7D)_H$　(2) $(2E.1F)_H$

(3) $(FF.EF)_H$　(4) $(10.01)_H$

1.5　请将下面十六进制数转换为十进制数。

(1) $(15)_H$　(2) $(105.E)_H$

(3) $(FF.FF)_H$　(4) $(D2E.FAB)_H$

1.6　请将下面十进制数转换为二进制数、八进制数以及十六进制数。

(1) $(24)_D$　(2) $(67)_D$　(3) $(156)_D$　(4) $(1258)_D$

1.7　请将下面十进制数转换为二进制数，要求保留小数后 8 位。

(1) $(0.34)_D$　(2) $(8.4)_D$　(3) $(26.37)_D$　(4) $(267.14)_D$

1.8　请将下面十进制数转换为二进制数和十六进制数，要求保留小数后 4 位。

(1) $(36.2)_D$　(2) $(166.524)_D$　(3) $(305.29)_D$　(4) $(536.05)_D$

1.9　请比较下面各数的大小，并按照从大到小的顺序排列出来。

(1) $(86)_D$　(2) $(\mathbf{101101})_B$　(3) $(105)_O$　(4) $(FF)_H$

1.10　请写出下面二进制数的原码、反码以及补码。

(1) $(\mathbf{+1101})_B$　(2) $(\mathbf{+11011})_B$　(3) $(\mathbf{-1101})_B$　(4) $(\mathbf{-10101})_B$

1.11　请写出下面有符号二进制数补码所表示的十进制数。

(1) $(\mathbf{01101})_B$　(2) $(\mathbf{01010110})_B$　(3) $(\mathbf{11011})_B$　(4) $(\mathbf{10110110})_B$

1.12　请用 8 位二进制数补码表示下面十进制数。

(1) $(+36)_D$　(2) $(+67)_D$　(3) $(-26)_D$　(4) $(-89)_D$

1.13　请用 8 位二进制数补码计算下面各式（式中均为十进制数），并用十进制数表示结果。

(1) 11+20　(2) 13−8　(3) 12−18

(4) −15−23　(5) −23+2

1.14　请将下面十进制数转换为 8421 码。

(1) 25　(2) 136　(3) 122.134　(4) 1.568

1.15　请将下面二进制数转换为格雷码。

(1) $(\mathbf{101})_B$　(2) $(\mathbf{1111})_B$

(3) $(\mathbf{11101})_B$　(4) $(\mathbf{101011})_B$

1.16 请用十六进制数写出下列字符的 ASCII 码的表示。

(1) %　　(2) #　　(3) here　　(4) 78

第一章习题答案

第二章　逻辑代数基础

章首导图

1849 年英国数学家乔治·布尔(George Boole)提出了进行逻辑运算的数学方法——布尔代数。布尔代数被广泛应用于解决开关电路和数字逻辑电路的分析与设计中,所以也称为开关代数或逻辑代数。本章介绍逻辑代数即布尔代数在二值逻辑电路中的应用。在逻辑代数中也用字母表示变量,这种变量称为逻辑变量。逻辑运算表示的是逻辑变量以及常量之间逻辑状态的推理运算,而不是数量之间的运算。虽然在二值逻辑中,每个变量的取值只有 **0** 和 **1** 两种可能,只能表示两种不同的逻辑状态,但是我们可以用多变量的不同状态组合表示事物的多种逻辑状态,处理任何复杂的逻辑问题。

2.1　逻辑代数中的三种基本运算

逻辑代数是一个封闭的代数系统,它由一个逻辑变量集、常量 **0** 和 **1** 以及**与**、**或**、**非**三种基本运算所构成,即任意逻辑代数均可用三种基本逻辑运算及其复合逻辑运算来描述。根据**与**、**或**、**非**三种基本运算规则,可以推导出逻辑代数运算的基本定律和基本定理。

图 2.1.1 是三个指示灯的控制电路,分别反映了逻辑**与**、**或**、**非**的含义。图(a)只有当两个开关同时闭合时,指示灯才会亮;图(b)只要有任何一个开关闭合,指示灯就亮;而图(c)开关断开时灯亮,开关闭合时灯反而不亮。

如果把开关闭合作为条件,把灯亮作为结果,那么图 2.1.1 中的三个电路代表了三种不同的因果关系。

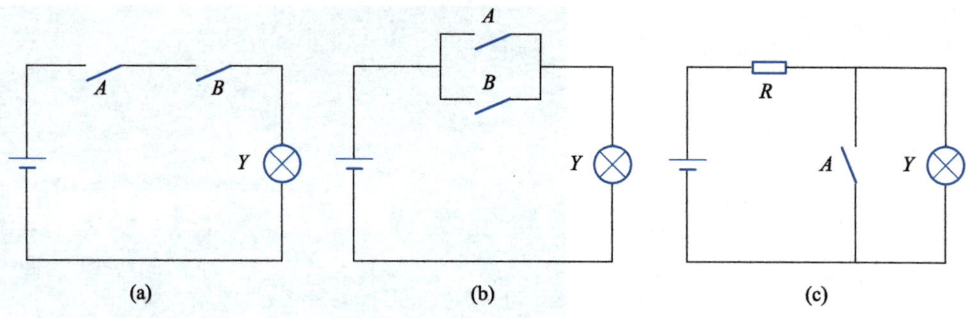

图 2.1.1

逻辑与、或、非的含义

(a)逻辑与 (b)逻辑或 (c)逻辑非

图 2.1.1(a)只有全部条件同时具备时,结果才发生。这种因果关系称为逻辑**与**,或称逻辑乘。

图 2.1.1(b)只要有任何一个条件满足,结果就会发生。这种因果关系称为逻辑**或**,也称逻辑加。

图 2.1.1(c)条件具备时结果不会发生;而条件不具备时,结果一定发生。这种因果关系称为逻辑**非**,也称逻辑求反。

若以 A、B 表示开关的状态,并以 **1** 表示开关闭合,以 **0** 表示开关断开;以 Y 表示指示灯的状态,并以 **1** 表示灯亮,以 **0** 表示不亮,则可以列出表示**与**、**或**、**非**逻辑关系的图表,如表 2.1.1、表 2.1.2和表 2.1.3 所示。这种图表称为逻辑真值表(truth table),简称真值表。真值表是将逻辑变量所有可能取值的组合与其一一对应的逻辑函数值之间的关系以表格的形式表示出来。

表 2.1.1 与逻辑真值表

A	B	Y
0	0	0
0	1	0
1	0	0
1	1	1

表 2.1.2 或逻辑真值表

A	B	Y
0	0	0
0	1	1
1	0	1
1	1	1

表 2.1.3 非逻辑真值表

A	Y
0	1
1	0

在逻辑代数中,以“·”表示**与**逻辑运算,以“+”表示**或**逻辑运算,以变量右上角的“A'”或者“$\overline{A}$”表示**非**逻辑运算。因此,A 和 B 的**与**逻辑运算可写成式(2.1.1),为简化书写允许将 $A \cdot B$ 简写成 AB,略去逻辑乘的运算符号“·”。

$$Y=A \cdot B=AB \tag{2.1.1}$$

A 和 B 的**或**逻辑运算可写成

$$Y=A+B \tag{2.1.2}$$

A 的**非**逻辑运算可写成

$$Y=A' \text{或者 } Y=\overline{A} \tag{2.1.3}$$

实现与逻辑运算的单元电路称为与门，实现或逻辑运算的单元电路称为或门，实现非逻辑运算的单元电路称为非门（也称反相器）。

与、或、非逻辑运算还可以用逻辑符号表示。图 2.1.2 是 IEEE（电气与电子工程师协会）和 IEC（国际电工委员会）认定的两套与、或、非的逻辑符号，其中一套是目前在国外教材和 EDA 软件中普遍使用的国际流行符号，如图 2.1.2(a)所示。另一套是国家标准图形符号，如图 2.1.2(b)所示。本书中采用国际流行符号。

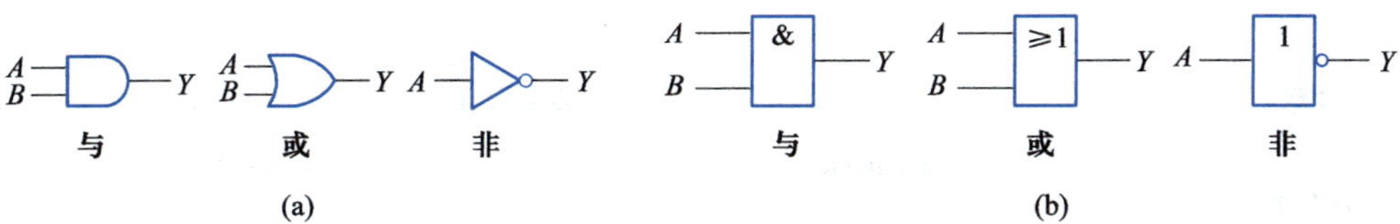

图 2.1.2
与、或、非的逻辑符号
(a) 国际流行符号　(b) 国家标准图形符号

实际的逻辑问题往往比与、或、非复杂得多。但任意逻辑代数均可用三种基本逻辑运算及其复合逻辑运算来描述。最常见的复合逻辑运算有与非（NAND）、或非（NOR）、与或非（AND-NOR）、异或（EXCLUSIVE OR）、同或（EXCLUSIVE NOR）等。表 2.1.4 是它们的逻辑函数和逻辑符号。这些逻辑符号同样也有国际流行符号和国家标准图形符号两种。

表 2.1.4　逻辑函数和逻辑符号

逻辑运算		与非	或非	与或非	异或	同或
逻辑函数		$Y=\overline{AB}$	$Y=\overline{A+B}$	$Y=\overline{AB+CD}$	$Y=A\oplus B$	$Y=A\odot B$
逻辑符号	国家标准图形符号	A, B, &, Y	A, B, ≥1, Y	A, B, C, D, &, ≥1, Y	A, B, =1, Y	A, B, =, Y
	国际流行符号	A, B, Y	A, B, Y	A, B, C, D, Y	A, B, Y	A, B, Y

异或是当 A、B 不同时，输出 Y 为 **1**；而同或是当 A、B 相同时，输出 Y 等于 **1**。所以，异或和同或互为反运算。它们也可以表示为

$$A\oplus B=A\cdot\overline{B}+\overline{A}\cdot B=A\overline{B}+\overline{A}B=\overline{A\odot B} \tag{2.1.4}$$

$$A\odot B=A\cdot B+\overline{A}\cdot\overline{B}=AB+\overline{A}\,\overline{B}=\overline{A\oplus B} \tag{2.1.5}$$

2.2 逻辑代数的基本定律和基本定理

2.2.1 基本定律

表 2.2.1 给出了逻辑代数的基本定律。表中公式也称为布尔恒等式。给出了变量与常量之间、变量与变量之间的运算规则。

表 2.2.1 逻辑代数基本定律

名称	基本定律	
0-1 律	$A\cdot 0=0$	$A+0=A$
	$A\cdot 1=A$	$A+1=1$
还原律	$\overline{\overline{A}}=A$	
重叠律	$A\cdot A=A$	$A+A=A$
互补律	$A\cdot\overline{A}=0$	$A+\overline{A}=1$
结合律	$(AB)C=A(BC)$	$(A+B)+C=A+(B+C)$
交换律	$AB=BA$	$A+B=B+A$
分配律	$A+BC=(A+B)(A+C)$	$A(B+C)=AB+AC$
吸收律	$AB+A\overline{B}=A$	$(A+B)(A+\overline{B})=A$
	$A+AB=A$	$A(A+B)=A$
	$A+\overline{A}B=A+B$	$A(\overline{A}+B)=AB$
反演律①	$\overline{A\cdot B\cdot C\cdot\cdots}=\overline{A}+\overline{B}+\overline{C}+\cdots$	$\overline{A+B+C+\cdots}=\overline{A}\cdot\overline{B}\cdot\overline{C}\cdot\cdots$
多余项吸收律	$AB+\overline{A}C+BC=AB+\overline{A}C$	$(A+B)(\overline{A}+C)(B+C)=(A+B)(\overline{A}+C)$

① 反演律也称德·摩根(De Morgan)定理。

这些公式的正确性可以用列真值表的方法加以验证。如果等式成立,那么将任何一组变量的取值代入公式两边所得的结果应该相等。因此,等式两边所对应的真值表也必然相同。

【例 2.2.1】 用真值表证明表 2.2.1 中分配律的正确性。

解: 已知表 2.2.1 中的分配律为 $A+BC=(A+B)(A+C)$

将 A、B、C 所有可能的取值组合逐一代入上式的两边,算出相应的结果,即得到表 2.2.2 所示的真值表。可见,等式两边对应的真值表相同,故等式成立。

表 2.2.2 分配律的真值表

A	B	C	$A+BC$	$(A+B)(A+C)$
0	0	0	0	0
0	0	1	0	0
0	1	0	0	0

续表

A	B	C	$A+BC$	$(A+B)(A+C)$
0	1	1	1	1
1	0	0	1	1
1	0	1	1	1
1	1	0	1	1
1	1	1	1	1

当然,也可以用这些基本定律推导出其他的常用公式。例如

$$A(\overline{AB})=A\overline{B} \tag{2.2.1}$$

$$\overline{A}\,\overline{AB}=\overline{A} \tag{2.2.2}$$

证明:$A(\overline{AB})=A(\overline{A}+\overline{B})=A\overline{A}+A\overline{B}=A\overline{B}$

$\overline{A}\,\overline{AB}=\overline{A}(\overline{A}+\overline{B})=\overline{A}\,\overline{A}+\overline{A}\,\overline{B}=\overline{A}+\overline{A}\,\overline{B}=\overline{A}(1+\overline{B})=\overline{A}$

2.2.2 三个基本定理

逻辑代数中有三个基本定理:代入定理、反演定理与对偶定理。基本定律与基本定理构成完整的逻辑代数系统。所有的二值逻辑问题均可以用它们来描述和转换。

1. 代入定理

在任何一个包含变量 A 的逻辑等式中,若以另外一个逻辑式代入式中所有 A 的位置,则等式仍然成立,称为代入定理。

因为变量 A 仅有 **0** 和 **1** 两种可能的状态,所以无论将 $A=\mathbf{0}$ 还是 $A=\mathbf{1}$ 代入逻辑等式,等式都一定成立。利用代入定理很容易把表 2.2.1 中的基本定律推广为多变量的形式。

【例 2.2.2】 用代入定理证明德·摩根定理也适用于多变量的情况。

解: 已知二变量的德·摩根定理为

$$\overline{A+B}=\overline{A}\,\overline{B} \text{ 及 } \overline{AB}=\overline{A}+\overline{B}$$

以 $Y_1=B+C$ 代入左边等式中 B 的位置,同时以 $Y_2=BC$ 代入右边等式中 B 的位置,于是得到

$$\overline{A+B+C}=\overline{A}(\overline{B+C})=\overline{A}\,\overline{B}\,\overline{C} \tag{2.2.3}$$

$$\text{及 } \overline{ABC}=\overline{A}+\overline{BC}=\overline{A}+\overline{B}+\overline{C} \tag{2.2.4}$$

从而可以推广多变量的德·摩根定理

$$\overline{A+B+C+D+E+\cdots}=\overline{A}\,\overline{B}\,\overline{C}\,\overline{D}\,\overline{E}\cdots \tag{2.2.5}$$

$$\text{及 } \overline{ABCDE\cdots}=\overline{A}+\overline{B}+\overline{C}+\overline{D}+\overline{E}+\cdots \tag{2.2.6}$$

对一个乘积项或逻辑式求反时,应在乘积项或逻辑式外边加括号,然后对括号内的整个内容求反。此外,在对复杂的逻辑式进行运算时,仍需遵守与普通代数一样的运算优先顺序,即先算括号里的内容,其次算乘法,最后算加法。

2. 反演定理

对于任意一个逻辑式 Y,若将其中所有的“·”与“+”互换,**0** 与 **1** 互换,原变量与反变量互换,则得到的结果就是 $\overline{Y}$。这个规律称为反演定理。

反演定理为求取已知逻辑式的反逻辑式提供了方便。

在使用反演定理时,还需注意遵守以下两个规则:

① 仍需遵守“先括号、然后乘、最后加”的运算优先次序。

② 不属于单个变量上的反号应保留不变。

因此,德·摩根定理不过是反演定理的一个特例而已。正是由于这个原因,才将它称为反演律。

【例 2.2.3】 若 $Y_1=A(B+\overline{C})+AD$,$Y_2=((\overline{A\overline{B}+C})+D)+C$,求 $\overline{Y}_1$ 和 $\overline{Y}_2$。

解: 依据反演定理可直接写出

$$\overline{Y}_1=(\overline{A}+\overline{B}C)(\overline{A}+\overline{D})=\overline{A}+\overline{A}\,\overline{D}+\overline{A}\,\overline{B}C+\overline{B}C\overline{D}=\overline{A}+\overline{B}C\overline{D}$$

$$\overline{Y}_2=((\overline{(\overline{(\overline{A}+B)\overline{C}})\overline{D}})\overline{C}=((\overline{A}+B)\overline{C}+D)\overline{C}=(\overline{A}\,\overline{C}+B\overline{C}+D)\overline{C}=\overline{A}\,\overline{C}+B\overline{C}+\overline{C}D$$

如果利用基本公式和常用公式进行运算,也能得到同样的结果,但是要麻烦得多。

3. 对偶定理

对偶式的定义:对于任意一个逻辑式 Y,若将其中的“·”与“+”互换,**0** 与 **1** 互换,则得到一个新的逻辑式 Y^{D},称为 Y 的对偶式,或者说 Y 和 Y^{D} 互为对偶式。

对偶定理是指,若两逻辑式相等,则它们的对偶式也相等。

例如,若 $Y=A(B+C)$,则 $Y^{D}=A+BC$

若 $Y=(A+\overline{B})(A+C\cdot 1)$,则 $Y^{D}=A\,\overline{B}+A(C+0)$

若 $Y=\overline{A}+\overline{B+C}$,则 $Y^{D}=\overline{A}(\overline{BC})$

表 2.2.1 中,与运算关系式和或运算关系式分别互为对偶式。因此公式的证明可以减少一半。

【例 2.2.4】 试证明公式 $A+BC=(A+B)(A+C)$ 成立。

解: 首先写出等式两边的对偶式,得到 $A(B+C)$ 和 $AB+AC$。

根据乘法分配律可知,这两个对偶式是相等的。

由对偶定理即可确定原来的两式也一定相等。

拓展思考

R2.2.1 代入定理对代入逻辑式的形式和复杂程度有无限制?

R2.2.2 利用反演定理对给定逻辑式求反时,应如何处理转换的优先顺序和式中所有的非运算符号?

2.3 逻辑函数及其描述方法

2.3.1 逻辑函数

如果以逻辑变量作为输入，以运算结果作为输出，那么当输入变量的取值确定之后，输出的取值便随之而定。把输出与输入变量之间的对应逻辑关系称为逻辑函数（logic function），写作

$$Y=F(A,B,C,\cdots\cdots) \tag{2.3.1}$$

由于变量和输出（函数）的取值只有 **0** 和 **1** 两种状态，所以我们所讨论的都是二值逻辑函数。

任何一个具体的因果关系都可以用一个逻辑函数来描述。图 2.3.1 所示是一个举重裁判电路，可以用一个逻辑函数描述它的逻辑功能。

比赛规则规定，在一名主裁判和两名副裁判中，必须有两人以上（而且必须包括主裁判）认定运动员的动作合格，试举才算成功。比赛时主裁判掌握着开关 A，两名副裁判分别掌握着开关 B 和 C。当运动员举起杠铃时，裁判认为动作合格了就合上开关，否则不合。显然，指示灯 Y 的状态（亮与暗）是开关状态（合上与断开）的函数。若以 **1** 表示开关闭合，**0** 表示开关断开；以 **1** 表示灯亮，**0** 表示灯灭，则指示灯 Y 是开关 A、B、C 的二值逻辑函数，即 $Y=F(A,B,C)$。

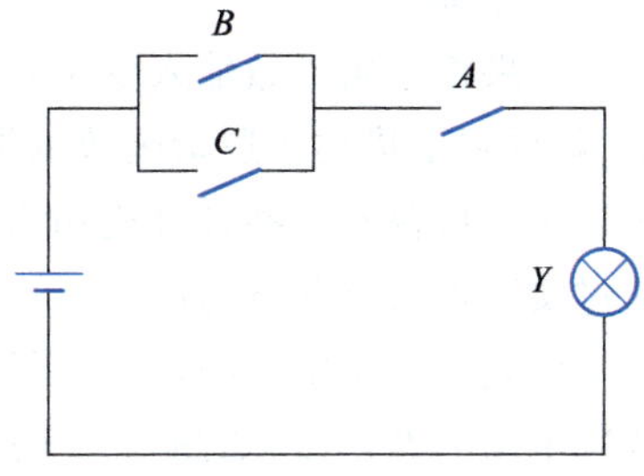

图 2.3.1

举重裁判电路

2.3.2 逻辑函数的描述方法

常用的逻辑函数描述方法有真值表、逻辑函数式（简称逻辑式或函数式）、逻辑电路图（简称逻辑图）、波形图、卡诺图和硬件描述语言等。本节只介绍前面四种方法，卡诺图在下一节介绍。硬件描述语言（hardware description language，HDL）主要有 VHDL 和 Verilog HDL 两种，本书不做介绍。

1. 真值表

将输入变量所有的取值下对应的输出值找出来，列成表格，即可得到真值表。

仍以图 2.3.1 所示的举重裁判电路为例，根据电路的工作原理不难看出，只有 $A=$**1**，同时 B、C 至少有一个为 **1** 时，Y 才等于 **1**。可列出图 2.3.1 所示电路的真值表，见表 2.3.1。

表 2.3.1 举重裁判电路的真值表

A	B	C	Y
0	**0**	**0**	**0**
0	**0**	**1**	**0**
0	**1**	**0**	**0**
0	**1**	**1**	**0**
1	**0**	**0**	**0**
1	**0**	**1**	**1**
1	**1**	**0**	**1**
1	**1**	**1**	**1**

2. 逻辑函数式

在举重判决电路中，根据对电路功能的要求，“B 和 C 中至少有一个合上”可以表示为$(B+C)$，“同时还要求合上 A”，则应写作 $A(B+C)$。因此得到输出的逻辑函数式为

$$Y=A(B+C) \tag{2.3.2}$$

3. 逻辑图

将逻辑函数式中各变量之间的**与、或、非**等逻辑关系用图形符号表示出来，就可以画出描述函数关系的逻辑图(logic diagram)。

用逻辑运算的图形符号代替式(2.3.2)中的运算符号，可得到逻辑图，如图 2.3.2 所示。

图 2.3.2

举重裁判电路的逻辑图

4. 波形图

如果将逻辑函数输入变量每一种可能出现的取值与对应的输出值按时间顺序依次排列起来，就得到了描述该逻辑函数的波形图，这种波形图(waveform)也称为时序图(timing diagram)。在逻辑分析仪和一些计算机仿真工具中，经常以这种波形图的形式给出分析结果。此外，也可以通过实验观察这些波形图，以检验实际逻辑电路的功能是否正确。

将表 2.3.1 给出的输入变量与对应的输出变量取值依时间顺序排列起来，就可以得到举重裁判电路的波形图，如图 2.3.3 所示。

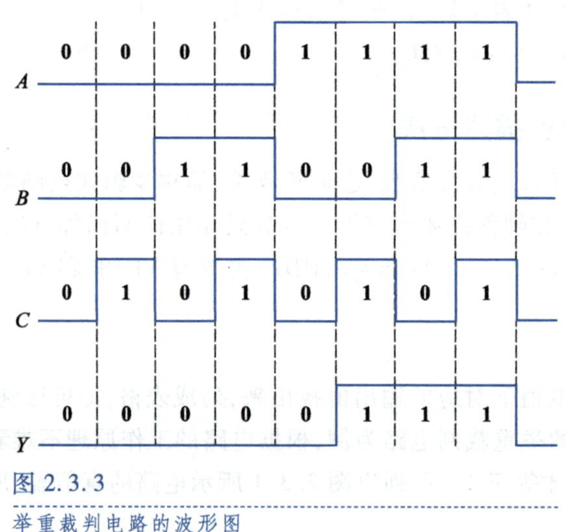

图 2.3.3

举重裁判电路的波形图

5. 各种描述方法之间的相互转换

既然同一个逻辑函数可以用多种不同的方法描述，那么这几种方法之间必能相互转换。

逻辑函数描述方法之间的相互转换

(1) 真值表与逻辑函数式的相互转换

由真值表写出逻辑函数式的一般方法是：

① 找出真值表中使逻辑函数 $Y=1$ 的那些输入变量取值的组合；

② 每组输入变量取值的组合对应一个乘积项，其中取值为 **1** 的写入原变量，取值为 **0** 的写入反变量；

③ 将这些乘积项相加，即可得到 Y 的逻辑函数式。

举重裁判电路中，由真值表 2.3.1 可以写出其逻辑函数式

$$Y=A\bar{B}C+AB\bar{C}+ABC \tag{2.3.3}$$

由逻辑函数式列出真值表只需将输入变量取值的所有组合状态逐一代入逻辑式求出函数值，即可得到真值表。

(2) 逻辑函数式与逻辑图的相互转换

从给定的逻辑函数式转换为相应的逻辑图时，只要用逻辑图形符号代替逻辑函数式中的逻辑运算符号并按运算优先顺序将它们连接起来，就可以得到所求的逻辑图。

由给定的逻辑图转换为对应的逻辑函数式时，只要从逻辑图的输入端到输出端逐级写出每个图形符号的输出逻辑式，就可以在输出端得到所求的逻辑函数式。

【例 2.3.1】 已知函数的逻辑图如图 2.3.4 所示，试求它的逻辑函数式。

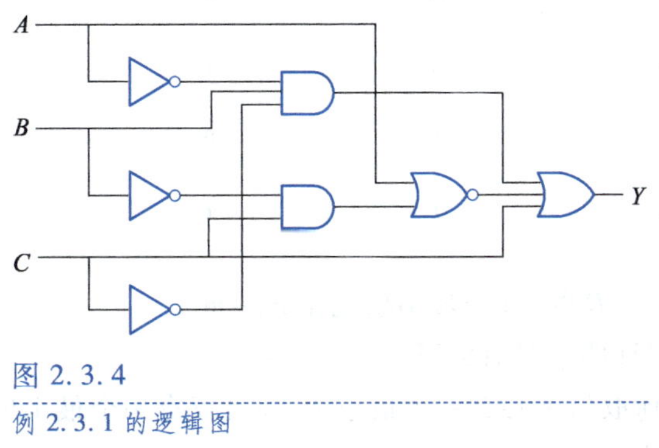

图 2.3.4

例 2.3.1 的逻辑图

解： 从输入端 A、B 和 C 开始逐个写出每个图形符号输出端的逻辑式，得

$$Y=\bar{A}B\bar{C}+\overline{A+\bar{B}C}+C$$

2.3.3 逻辑函数的两种标准形式

任何一个逻辑函数，其表达式的形式都不是唯一的，但不论什么形式都可以转换成积之和(**与或**式)、和之积(**或与**式)两种基本形式。逻辑函数有“最小项之和”及“最大项之积”两种标准形式。先介绍最小项和最大项的概念。

1. 最小项和最大项

(1) 最小项

在 n 变量逻辑函数中，若 m 为包含 n 个因子的乘积项，而且这 n 个变量均以原变量或反变量的形式在 m 中出现一次，则称 m 为该组变量的最小项。

例如，A、B、C 三个变量的最小项有$\bar{A}\bar{B}\bar{C}$、$\bar{A}\bar{B}C$、$\bar{A}B\bar{C}$、$\bar{A}BC$、$A\bar{B}\bar{C}$、$A\bar{B}C$、$AB\bar{C}$、ABC 共 8 个(即 2^3 个)。n 变量的最小项应有 2^n个。

输入变量的每一组取值都使一个对应的最小项的值等于 **1**。例如，在 A、B、C 三变量的最小项中，当 $A=\mathbf{0}$、$B=\mathbf{1}$、$C=\mathbf{1}$ 时，$\bar{A}BC=\mathbf{1}$。取值 **011** 看作一个二进制数，它表示的十进制数就是 3。

将 $\overline{A}BC$ 这个最小项记作 m_3。按照这一约定，就得到了三变量最小项的编号表，如表 2.3.2 所示。

表 2.3.2 三变量最小项的编号表

最小项	使最小项为 1 的变量取值			对应的十进制数	编号
	A	B	C		
$\overline{A}\,\overline{B}\,\overline{C}$	0	0	0	0	m_0
$\overline{A}\,\overline{B}C$	0	0	1	1	m_1
$\overline{A}B\overline{C}$	0	1	0	2	m_2
$\overline{A}BC$	0	1	1	3	m_3
$A\overline{B}\,\overline{C}$	1	0	0	4	m_4
$A\overline{B}C$	1	0	1	5	m_5
$AB\overline{C}$	1	1	0	6	m_6
ABC	1	1	1	7	m_7

同理，将四变量 A、B、C、D 的 16 个最小项记作 $m_0 \sim m_{15}$。

由最小项的定义可以证明它具有如下**重要性质**：

① 在输入变量的任何取值下必有一个最小项，而且仅有一个最小项的值为 **1**；

② 全体最小项之和为 **1**；

③ 任意两个最小项的乘积为 **0**；

④ 具有相邻性的两个最小项之和可以合并成一项并消去一对因子。

若两个最小项只有一个因子不同，则称这两个最小项具有相邻性。例如，$A\overline{B}\,\overline{C}$和 $A\overline{B}C$，两个最小项仅第 3 个因子 C 不同。这两个最小项相加时定能合并成一项并将一对不同的因子消去，即$A\overline{B}\,\overline{C}+A\overline{B}C=A\overline{B}(\overline{C}+C)=A\overline{B}$。

(2) 最大项

在 n 变量逻辑函数中，若 M 为 n 个变量之和，而且这 n 个变量均以原变量或反变量的形式在 M 中出现一次，则称 M 为该组变量的最大项。

例如，三变量 A、B、C 的最大项有 $\overline{A}+\overline{B}+\overline{C}$、$\overline{A}+\overline{B}+C$、$\overline{A}+B+\overline{C}$、$\overline{A}+B+C$、$A+\overline{B}+\overline{C}$、$A+\overline{B}+C$、$A+B+\overline{C}$、$A+B+C$ 共 8 个(即 2^3个)。对于 n 个变量则有 2^n个最大项。可见 n 变量的最大项数目和最小项数目是相等的。

输入变量的每一组取值都使一个对应的最大项的值为 **0**。例如，在三变量 A、B、C 的最大项中，当 $A=\mathbf{0}$、$B=\mathbf{1}$、$C=\mathbf{1}$ 时，$A+\overline{B}+\overline{C}=\mathbf{0}$。取值 **011** 视为一个二进制数，并以其对应的十进制数给最大项编号，则 $A+\overline{B}+\overline{C}$ 可记作 M_3。由此得到的三变量最大项编号表，如表 2.3.3 所示。

表 2.3.3　三变量最大项的编号表

最大项	使最大项为 **0** 的变量取值			对应的十进制数	编号
	A	B	C		
$A+B+C$	**0**	**0**	**0**	0	M_0
$A+B+\overline{C}$	**0**	**0**	**1**	1	M_1
$A+\overline{B}+C$	**0**	**1**	**0**	2	M_2
$A+\overline{B}+\overline{C}$	**0**	**1**	**1**	3	M_3
$\overline{A}+B+C$	**1**	**0**	**0**	4	M_4
$\overline{A}+B+\overline{C}$	**1**	**0**	**1**	5	M_5
$\overline{A}+\overline{B}+C$	**1**	**1**	**0**	6	M_6
$\overline{A}+\overline{B}+\overline{C}$	**1**	**1**	**1**	7	M_7

根据最大项的定义同样也可以得到它的**主要性质**：

① 在输入变量的任何取值下必有一个最大项，而且仅有一个最大项的值为 **0**；

② 全体最大项之积为 **0**；

③ 任意两个最大项之和为 **1**；

④ 只有一个变量不同的两个最大项的乘积等于各相同变量之和。

比较表 2.3.2 和表 2.3.3 可见，最大项和最小项之间存在互为**反**逻辑的关系

$$M_i=\overline{m_i} \tag{2.3.4}$$

例如，$m_6=AB\overline{C}$，则 $\overline{m_6}=\overline{AB\overline{C}}=\overline{A}+\overline{B}+C=M_6$

2. 逻辑函数的最小项之和形式

利用逻辑代数基本定理，可以把任何逻辑函数化成最小项之和形式，称为最小项之和表达式。这是逻辑函数的一种标准形式，并且任何一个逻辑函数只有唯一的最小项之和表达式。

逻辑函数的最小项之和形式

将逻辑函数化成最小项之和表达式的方法为：将给定的逻辑函数式化为若干乘积项之和的形式，称"积之和"(sum of products，SOP)形式，也称**与或**式。再利用基本公式 $A+\overline{A}=\mathbf{1}$ 将每个乘积项中缺少的因子补全，并用对应的 m_i 替代。

标准形式在逻辑函数的化简及计算机辅助分析和设计中有广泛的应用。

【例 2.3.2】 将逻辑函数 $Y=A\overline{B}+BC$ 展开为最小项之和表达式。

解： $Y=A\overline{B}(C+\overline{C})+(A+\overline{A})BC=A\overline{B}C+A\overline{B}\,\overline{C}+ABC+\overline{A}BC=m_5+m_4+m_7+m_3$

或者写作　$Y(A,B,C)=\sum m(3,4,5,7)=\sum m_i \quad (i=3,4,5,7)$

【例 2.3.3】 将逻辑函数 $Y=A\overline{B}CD+\overline{A}BC+BD$ 展开为最小项之和表达式。

解： $Y=A\bar{B}CD+\bar{A}BC(D+\bar{D})+(A+\bar{A})(C+\bar{C})BD$

$=A\bar{B}CD+\bar{A}BCD+\bar{A}BC\bar{D}+ABCD+AB\bar{C}D+\bar{A}BCD+\bar{A}B\bar{C}D$

$=m_{11}+m_7+m_6+m_{15}+m_{13}+m_5$

或者写作　$Y(A,B,C,D)=\sum m(5,6,7,11,13,15)=\sum m_i \qquad (i=5,6,7,11,13,15)$

3. 逻辑函数的最大项之积形式

利用逻辑代数基本定理，可以把任何逻辑函数转化成最大项之积形式，称为最大项之积表达式。这是逻辑函数的另一种标准形式。并且任何一个逻辑函数只有唯一的最大项之积表达式。

将逻辑函数转化成最大项之积表达式的方法为：将给定的逻辑函数式转化为若干多项式相乘的**或与**形式（也称“和之积”形式）。再利用基本公式 $A\bar{A}=\mathbf{0}$ 将每个多项式中缺少的因子补全，并用对应的 M_i 替代。

【例 2.3.4】 将逻辑函数 $Y=\bar{A}B+AC$ 转化为最大项之积的形式。

解： 利用基本公式 $A+BC=(A+B)(A+C)$ 将 Y 转化成**或与**形式

$$Y=(\bar{A}B+A)(\bar{A}B+C)=(A+B)(\bar{A}+C)(B+C)=(A+B+C\bar{C})(\bar{A}+B\bar{B}+C)(A\bar{A}+B+C)$$

$$=(A+B+C)(A+B+\bar{C})(\bar{A}+B+C)(\bar{A}+\bar{B}+C)=M_0\cdot M_1\cdot M_4\cdot M_6$$

或者写作　$Y(A,B,C,D)=\prod M(0,1,4,6)=\prod M_i \qquad (i=0,1,4,6)$

拓展思考

R2.3.1　逻辑函数的描述方法有哪几种？你能把由任何一种描述方法给出的逻辑函数转换为由其他任何一种描述方法表示的逻辑函数吗？

R 2.3.2　在逻辑函数的真值表和波形图中，任意改变各组输入和输出取值的排列顺序对函数有无影响？

2.4　逻辑函数的化简方法

在前面的逻辑运算中，同一个逻辑函数可以写成不同的逻辑式。而这些逻辑式均可用相应的门电路实现其逻辑功能。在电路设计时，除了需要考虑逻辑功能，还需要考虑电路成本和可靠性。从而需要考虑门电路的种类、电路的工作速度和故障检测等。因此，经常需要通过化简的手段找出逻辑函数的最简形式，便于用最少的电子器件实现逻辑函数。

逻辑电路最简的标准是门、输入端最少，电路最简。相应的，最简函数式是函数式中相加的乘积项不能再减少，而且每项中相乘的因子不能再减少。

化简逻辑函数的目的就是要消去多余的乘积项和每个乘积项中多余的因子，得到逻辑函数式的最简形式。常用的化简方法有公式化简法、卡诺图化简法以及具有无关项的逻辑函数化简法等。

2.4.1 公式化简法

公式化简法的原理就是反复使用逻辑代数的基本定律和基本定理，消去函数式中多余的乘积项和多余的因子，得到函数式的最简形式。

公式化简法没有固定的步骤。常用的方法有：并项法、吸收法、消项法、消因子法、配项法及其综合等。

1. 并项法

利用表 2.2.1 中的公式 $AB+A\overline{B}=A$ 可以将两项合并为一项，并消去 B 和 $\overline{B}$ 这一对因子。而且，根据代入定理可知 A 和 B 均可以是任何复杂的逻辑式。

【例 2.4.1】 试用并项法化简下列逻辑函数

$$Y_1=A\overline{\overline{B}CD}+A\overline{B}CD$$

$$Y_2=A\overline{B}+ACD+\overline{A}\,\overline{B}+\overline{A}CD$$

$$Y_3=A\overline{B}C+AB\overline{C}+ABC+A\overline{B}\,\overline{C}$$

解： $Y_1=A(\overline{\overline{B}CD}+\overline{B}CD)=A$

$Y_2=A(\overline{B}+CD)+\overline{A}(\overline{B}+CD)=\overline{B}+CD$

$Y_3=A(\overline{B}C+B\overline{C})+A(BC+\overline{B}\,\overline{C})=A(B\oplus C+B\odot C)=A$

2. 吸收法

利用表 2.2.1 中的公式 $A+AB=A$ 可将 AB 项消去。A 和 B 也可以是任何一个复杂的逻辑式。

【例 2.4.2】 试用吸收法化简下列逻辑函数

$$Y_1=ACD(\overline{\overline{B}CD+A})+AC$$

$$Y_2=A+\overline{\overline{A}\,\overline{BC}}(A+\overline{A}\,\overline{B}+CD)+BC$$

解： $Y_1=AC\cdot D(\overline{\overline{B}CD+A})+AC=AC$

$Y_2=(A+BC)+(A+BC)(A+\overline{A}\,\overline{B}+CD)=A+BC$

3. 消项法

用表 2.2.1 中的公式 $AB+\overline{A}C+BC=AB+\overline{A}C$ 及 $AB+\overline{A}C+BCD=AB+\overline{A}C$ 将 BC 或 BCD 项消去。其中 A、B、C、D 均可以是任何复杂的逻辑式。

【例 2.4.3】 试用消项法化简下列逻辑函数

$$Y_1=AC+A\overline{B}D+\overline{B+C}$$

$$Y_2=\overline{A}\,\overline{B}C+ABC+\overline{A}B\overline{D}+A\overline{B}\,\overline{D}+\overline{A}BC\overline{D}+BC\overline{D}E$$

解： $Y_1=AC+A\overline{B}D+\overline{B}\,\overline{C}=AC+\overline{B}\,\overline{C}$

$Y_2=(\overline{A}\,\overline{B}+AB)C+(\overline{A}B+A\overline{B})\overline{D}+(\overline{A}+E)BC\overline{D}=(A\odot B)C+(A\oplus B)\overline{D}+(\overline{A}+E)BC\overline{D}$

$=(\overline{A\oplus B})C+(A\oplus B)\overline{D}$

4. 消因子法

利用表 2.2.1 中的公式 $A+\bar{A}B=A+B$ 可将 $\bar{A}B$ 中的 $\bar{A}$ 消去。A、B 均可以是任何复杂的逻辑式。

【例 2.4.4】 试用消因子法化简下列逻辑函数

$$Y_1=\bar{B}+ABC\bar{D}$$

$$Y_2=AB+\bar{A}C+\bar{B}C$$

解：$Y_1=\bar{B}+AC\bar{D}$

$Y_2=AB+(\bar{A}+\bar{B})C=AB+\overline{AB}C=AB+C$

5. 配项法

根据重叠律 $A+A=A$ 或者互补律 $A+\bar{A}=\mathbf{1}$，在逻辑函数式中重复写入某一项，或者在函数式中的某一项上乘以 $A+\bar{A}$，获得更加简单的化简结果。

【例 2.4.5】 试化简逻辑函数 $Y=\bar{A}B\bar{C}+\bar{A}BC+ABC$。

解：若在式中重复写入 $\bar{A}BC$，则可得到

$$Y=\bar{A}B\bar{C}+\bar{A}BC+ABC+\bar{A}BC=\bar{A}B+BC$$

【例 2.4.6】 试化简逻辑函数 $Y=A\bar{B}+\bar{A}B+\bar{B}C+B\bar{C}$。

解：利用配项法可将 Y 写成

$$\begin{aligned}Y&=A\bar{B}+\bar{A}B(C+\bar{C})+(A+\bar{A})\bar{B}C+B\bar{C}=A\bar{B}+\bar{A}BC+\bar{A}B\bar{C}+A\bar{B}C+\bar{A}\bar{B}C+B\bar{C}\\&=(A\bar{B}+A\bar{B}C)+(\bar{A}BC+\bar{A}\bar{B}C)+(B\bar{C}+\bar{A}B\bar{C})=A\bar{B}+\bar{A}C+B\bar{C}\end{aligned}$$

在化简复杂的逻辑函数时，往往需要灵活、交替地综合运用上述方法，才能得到最后的化简结果。

【例 2.4.7】 化简逻辑函数 $Y=A\bar{B}D+\bar{A}\bar{B}\bar{C}D+\bar{B}CD+(\overline{A\bar{B}+C})(B+D)$。

解：
$$\begin{aligned}Y&=(A+\bar{A}\bar{C}+C)\bar{B}D+(\overline{A\bar{B}})\bar{C}(B+D)=(A+\bar{A}\bar{C}+C)\bar{B}D+(\overline{A\bar{B}})\bar{C}(B+D)\\&=(A+\bar{A}\bar{C}+C)\bar{B}D+(\bar{A}+B)\bar{C}(B+D)=(A+\bar{A}\bar{C}+C+\bar{C})\bar{B}D+(\bar{A}B+\bar{A}D+B+BD)\bar{C}\\&=\bar{B}D+(B+\bar{A}D)\bar{C}=\bar{B}D+B\bar{C}+\bar{A}D\bar{C}=\bar{B}D+B\bar{C}\end{aligned}$$

2.4.2 卡诺图化简法

1. 最小项的卡诺图

卡诺图是最小项按一定规则排列成的方格图，又称为最小项方格图。这种表示方法是由美国工程师卡诺(M. Karnaugh)首先提出的，所以将这种图形称为卡诺图(Karnaugh map)。其结构特点：

① n 个变量的卡诺图由 2^n 个小方格构成；

② 几何上相邻的最小项有逻辑相邻性，即任意两个相邻格只有一个变量有变化。卡诺图是上下、左右循环闭合的图形，也称循环相邻性。所以，卡诺图直观地反映最小项的相邻性。

图 2.4.1 中画出了二变量最小项的卡诺图。图形两侧标注的 **0** 和 **1** 表示使对应小方格内的最小项为 **1** 的变量取值。同时,这些 **0** 和 **1** 组成的二进制数所对应的十进制数大小也就是对应的最小项的编号。变量取 **0** 时表示反变量,取 **1** 时则表示原变量。

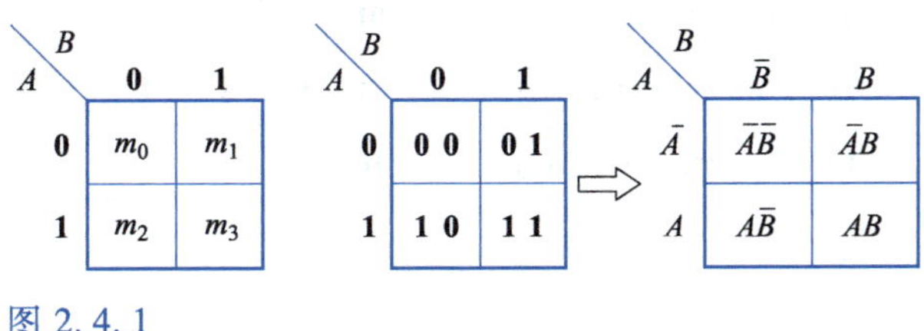

图 2.4.1

二变量最小项的卡诺图

图 2.4.2 中画出了三至五变量最小项的卡诺图。其中,数码不能按自然二进制数从小到大的顺序排列,而必须以循环码排列以保证相邻性,即两个相邻格之间只有一个变量有变化。

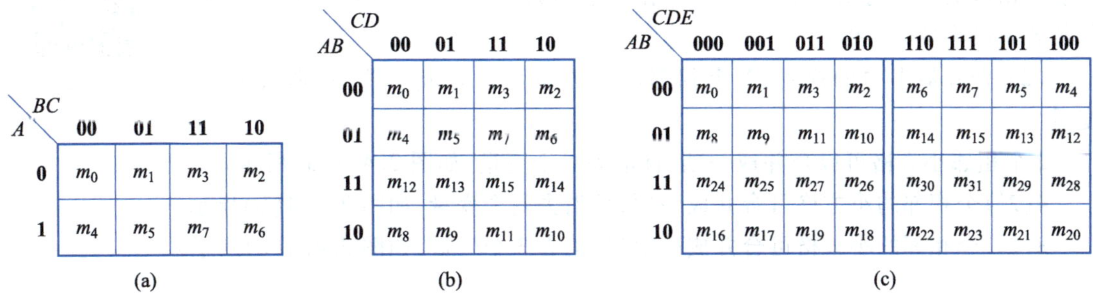

图 2.4.2

多变量最小项的卡诺图

(a) 三变量最小项的卡诺图 (b) 四变量最小项的卡诺图 (c) 五变量最小项的卡诺图

卡诺图特点:相邻项在几何位置上也相邻,且有循环相邻性,即行的最左右、列的最上下都各自相邻。

2. 用卡诺图表示逻辑函数

任何一个逻辑函数都能表示为若干最小项之和的形式。那么就可以用卡诺图来表示任意一个逻辑函数。具体的方法是:首先将逻辑函数化为最小项之和的形式,然后在卡诺图上与这些最小项对应的位置上填入 **1**,在其余的位置上填入 **0**,就得到了表示该逻辑函数的卡诺图。也就是说,任何一个逻辑函数都等于它的卡诺图中填入 **1** 的那些最小项之和。基本步骤:

卡诺图表示逻辑函数

(1) 求逻辑函数真值表或者标准**与或**式;

(2) 画出变量卡诺图;

(3) 根据真值表或标准**与或**式填图。

【例 2.4.8】 试画出函数 $Y=\sum m(0,1,12,13,15)$ 的卡诺图。

解: 先画出四变量卡诺图,逻辑式中的最小项 m_0、m_1、m_{12}、m_{13}、m_{15} 对应的方格填 **1**,其余不填(或填 **0**),如图 2.4.3 所示。

AB \ CD	00	01	11	10
00	m_0	m_1	m_3	m_2
01	m_4	m_5	m_7	m_6
11	m_{12}	m_{13}	m_{15}	m_{14}
10	m_8	m_9	m_{11}	m_{10}

AB \ CD	00	01	11	10
00	1	1		
01				
11	1	1	1	
10				

图 2.4.3

例 2.4.8 的卡诺图

3. 卡诺图化简法

(1) 化简的依据:具有相邻性的最小项可合并,并消去不同因子。

卡诺图中,最小项的相邻性可以从图形中直观地反映出来。通过把卡诺图上表征相邻最小项的相邻小方格"圈"在一起进行合并,达到用一个简单**与**项代替若干最小项的目的。

卡诺图化简法

(2) 合并最小项的规则:2^n个相邻的小方格可合并成一项,且消去 n 个变量。

2 个相邻小方格可以合并成一项,且消去一个变量,如图 2.4.4(a)所示。

4(2^2)个相邻的小方格可合并成一项,且消去两个变量,如图 2.4.4(b)所示。

8(2^3)个相邻的小方格可合并成一项,且消去 3 个变量,如图 2.4.4(c)所示。

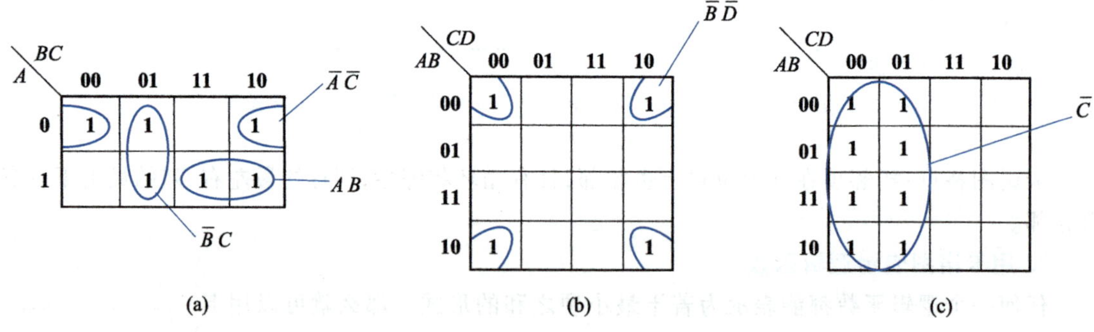

图 2.4.4

卡诺图化简的最小项合并规则

(a) 2 个相邻项合并 (b) 4 个相邻项合并 (c) 8 个相邻项合并

(3) 卡诺图化简的步骤

① 画函数卡诺图;

② 对填 **1** 的相邻最小项方格画包围圈;

③ 将各圈分别化简;

④ 将各圈化简结果相加。

其中,**画包围圈规则**:必须包含 2^n个相邻的 **1** 方格,且必须成矩形。先圈大再圈小,圈越大越好；**1** 方格可重复圈，但须每圈有新 **1**；每个 **1** 方格须圈到，孤立项也不能漏掉。

【例 2.4.9】 化简例 2.4.8 函数 $Y=\sum m(0,1,12,13,15)$。

解： 在图 2.4.3 的卡诺图上画包围圈，如图 2.4.5 所示；将各圈结果相加。有

$$Y=\overline{A}\,\overline{B}\,\overline{C}+AB\overline{C}+ABD$$

【例 2.4.10】 化简图 2.4.4(a) 函数，求最简**与或**式，以及最简**与非**式。

解： 在图 2.4.4(a) 的卡诺图上画包围圈；将各圈结果相加。

有最简**与或**式 $Y=\overline{A}\,\overline{C}+\overline{B}C+AB$

最简**与非**式 $Y=\overline{\overline{\overline{A}\,\overline{C}+\overline{B}C+AB}}=\overline{(\overline{\overline{A}\,\overline{C}})(\overline{\overline{B}C})(\overline{AB})}$

【例 2.4.11】 用卡诺图化简逻辑函数 $Y(A,B,C,D)=\sum m(0,2,4,5,6,7,9,15)$。

解： (1) 画变量卡诺图；

(2) 填卡诺图；

(3) 画包围圈，如图 2.4.6 所示；

(4) 将各包围圈分别化简，$Y_a=\overline{A}\,\overline{D}$、$Y_b=\overline{A}B$、$Y_c=BCD$，以及孤立项 $Y_d=A\overline{B}\,\overline{C}D$；

(5) 将各圈的化简结果相加，得最简**与或**式 $Y=A\overline{B}\,\overline{C}D+BCD+\overline{A}\,\overline{D}+\overline{A}B$。

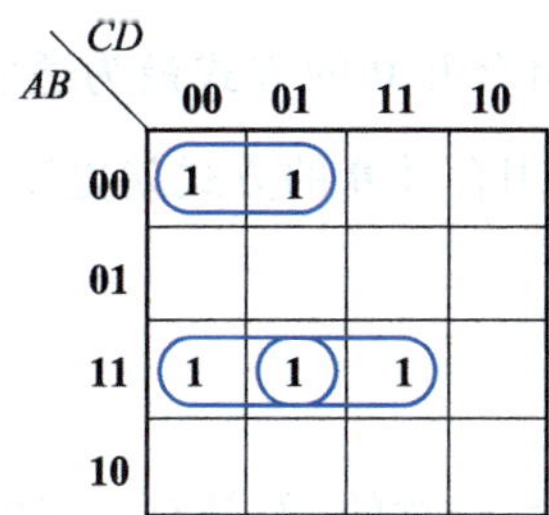

图 2.4.5

例 2.4.9 的卡诺图化简

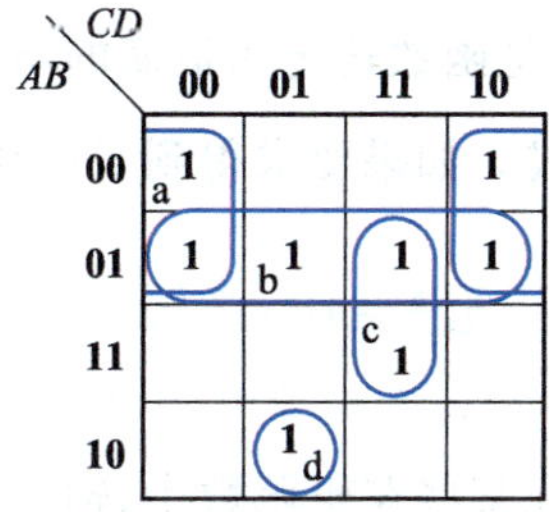

图 2.4.6

例 2.4.11 的卡诺图化简

【例 2.4.12】 用卡诺图化简逻辑函数 $Y(A,B,C)=\overline{A}C+A\overline{C}+\overline{B}C+B\overline{C}$。

解： 该逻辑函数可以有不同的画圈方式，如图 2.4.7 所示，可以得到不同的最简函数式 $Y(A,B,C)=\overline{A}C+A\overline{B}+B\overline{C}$ 和 $Y(A,B,C)=\overline{A}B+A\overline{C}+\overline{B}C$。

说明化简结果不唯一，可实现函数逻辑功能的电路也不唯一。

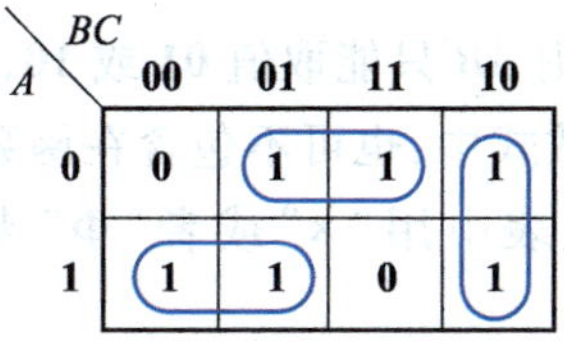

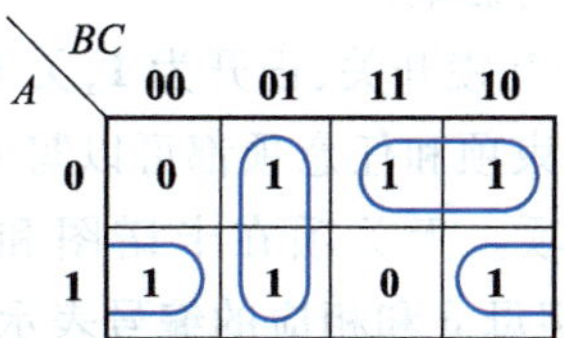

图 2.4.7

例 2.4.12 的两种卡诺图化简

【例 2.4.13】 已知某逻辑函数的卡诺图如图 2.4.8 所示，试写出其最简与或式。

解：图中 **0** 方格很少且为相邻项，故用圈 **0** 法先求 $\overline{Y}$ 的最简与或式，如图 2.4.9 所示，即

$$\overline{Y}=ABC$$

$$Y=\overline{\overline{Y}}=\overline{ABC}=\overline{A}+\overline{B}+\overline{C}$$

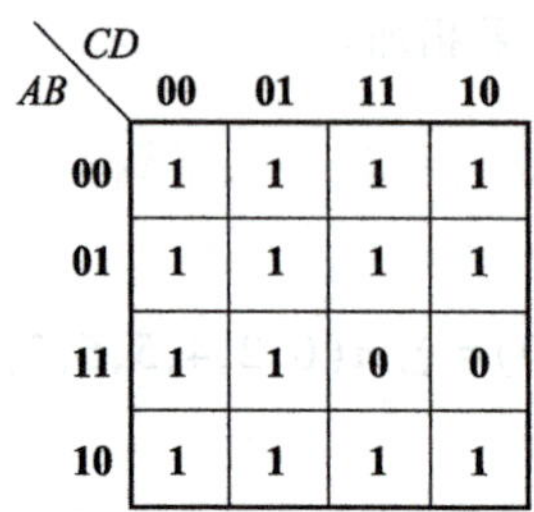

图 2.4.8

例 2.4.13 的卡诺图表示

AB \ CD	00	01	11	10
00	1	1	1	1
01	1	1	1	1
11	1	1	0	0
10	1	1	1	1

图 2.4.9

例 2.4.13 的卡诺图化简

在多变量逻辑函数的卡诺图中，当 **0** 的数目远小于 **1** 的数目时，采用合并 **0** 的方法有时会比合并 **1** 来得简单。

此外，在需要将函数转化为最简的与或非式时，采用合并 **0** 的方式最为适宜，因为得到的结果正是与或非形式。如果要求得到 $\overline{Y}$ 的化简结果，则采用合并 **0** 的方式就更简便了。

2.4.3 具有无关项的逻辑函数及其化简

1. 约束项、任意项和无关项的定义

(1) 约束指在某些逻辑函数中，输入变量的取值不是任意的，而是有一定的限制(约束)，即有些取值是不允许出现的。

(2) 约束项指不允许出现的输入变量取值组合所对应的最小项。

例如在 8421 码中，只采用 16 种代码中的 10 种来对 0—9 编码，**1010—1111** 这 6 种代码是不允许出现的，这 6 种取值所对应的最小项就称为约束项。

约束项的值恒等于 **0**。

通常用约束条件来描述约束的具体内容，约束条件用一个值恒为 **0** 的等式表示。

(3) 任意项指输入变量的某些取值的组合根本不存在，或者某些取值的组合也存在，但对逻辑函数的输出没有任何影响。

例如 A、B 为连动互锁开关，设开为 **1**，关为 **0**，则 AB 只能取值 **01** 或 **10**，不会出现 **00** 或 **11**。

(4) 无关项指约束项和任意项都可以写入函数式中，也可不包含在函数式中，因此统称为无关项。无关项在卡诺图和真值表中用“×”或者“Φ”来标记，在逻辑式中则用字母 d 和相应的编号表示。

无关项在化简逻辑函数中的应用

2. 无关项在化简逻辑函数中的应用

对具有无关项的逻辑函数来讲，无关项的取值无论是 **1** 或 **0**，都不会影响原函数的逻辑功能。因而，可以利用其无关项使逻辑函数得到进一步的化简。

在卡诺图化简时，可根据需要将无关项方格看作 **1** 或 **0**，使包围圈最少而且最大，从而使结果最简。

【例 2.4.14】 用卡诺图化简函数 $Y=\sum m(0,1,4,6,9,13)+\sum d(2,3,5,7,10,11,15)$。

解：先画各变量卡诺图并填图，可得图 2.4.10(a)；画包围圈可以有不同的方法。

方法 1：不考虑无关项的画圈，如图 2.4.10(b)所示；写出最简**与或**式

$$Y=\overline{A}\,\overline{B}\,\overline{C}+A\overline{C}D+\overline{A}B\overline{D}$$

方法 2：利用所有无关项画包围圈，如图 2.4.10(c)所示；写出最简**与或**式

$$Y=\overline{A}+D+\overline{B}C$$

方法 3：合理利用无关项画包围圈，将 d_{10}看成 **0**，其余×看成 **1**，如图 2.4.10(d)所示；写出最简**与或**式

$$Y=\overline{A}+D$$

显然合理利用无关项可使化简结果更简。

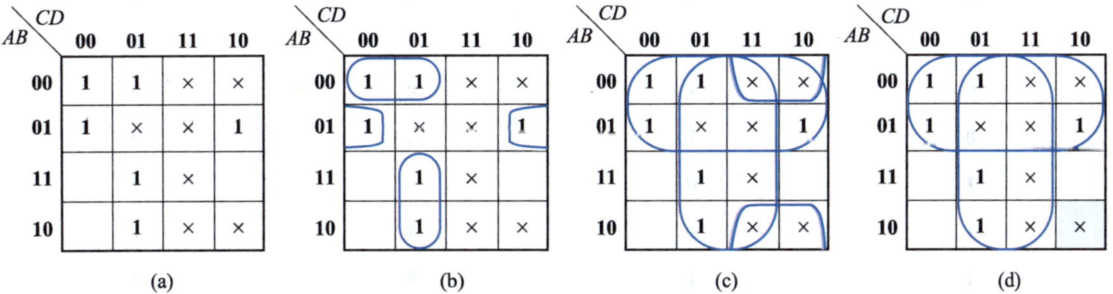

图 2.4.10

例 2.4.14 的卡诺图化简方法

(a) 各变量卡诺图 (b) 利用有关项化简 (c) 利用所有无关项化简 (d) 合理利用无关项化简

拓展思考

R2.4.1 将一个约束项写入逻辑函数式或不写入逻辑函数式，对函数的输出是否有影响？将一个任意项写入逻辑函数式或不写入逻辑函数式，对函数的输出有无影响？

R2.4.2 用什么方法可以把逻辑函数的**与或**形式转换为**与或非**形式？

本章小结

本章主要内容有：

1. 逻辑运算规则，包括基本定律和基本定理；

2. 逻辑函数的表示，有6种描述方法；

3. 逻辑函数的标准形式，重点是最小项之和形式；

4. 逻辑函数的化简，包括公式化简法、卡诺图化简法和具有无关项的逻辑函数化简法。

重点要求掌握：逻辑运算规则、最小项之和形式、逻辑函数各种表示之间的相互转换，以及逻辑函数的化简。

习　题

2.1　已知逻辑函数 Y_1 的真值表如习题 2.1 表所示，求 Y_1 的逻辑函数式。

习题 2.1 表

A	B	C	Y_1
0	0	0	1
0	0	1	1
0	1	0	0
0	1	1	0
1	0	0	1
1	0	1	1
1	1	0	0
1	1	1	1

2.2　已知逻辑函数 Y 的真值表如习题 2.2 表所示，求 Y 的逻辑函数式。

习题 2.2 表

A	B	C	Y
0	0	0	0
0	0	1	1
0	1	0	1
0	1	1	0
1	0	0	1
1	0	1	0
1	1	0	0
1	1	1	0

2.3　已知逻辑函数 Y_1 的逻辑图如习题 2.3 图所示，求 Y_1 的逻辑函数式。

2.4　已知逻辑函数 Y_1 的逻辑图如习题 2.4 图所示，求 Y_1 的逻辑函数式。

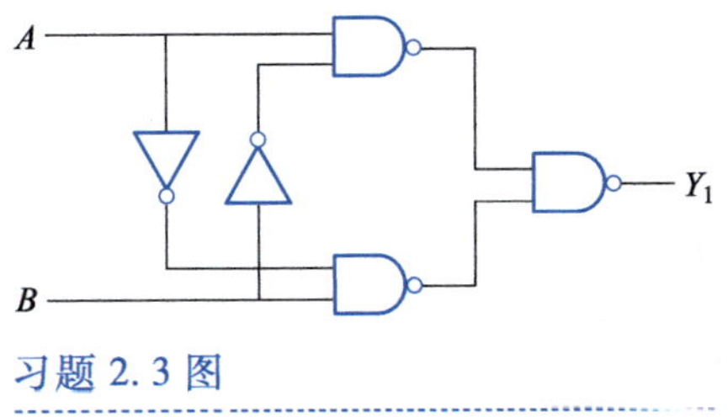

习题 2.3 图

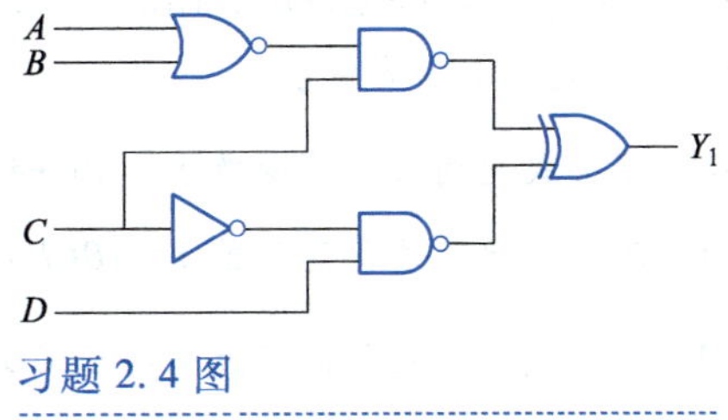

习题 2.4 图

2.5　已知逻辑函数 Y 的波形图如习题 2.5 图所示，求 Y 的逻辑函数式。

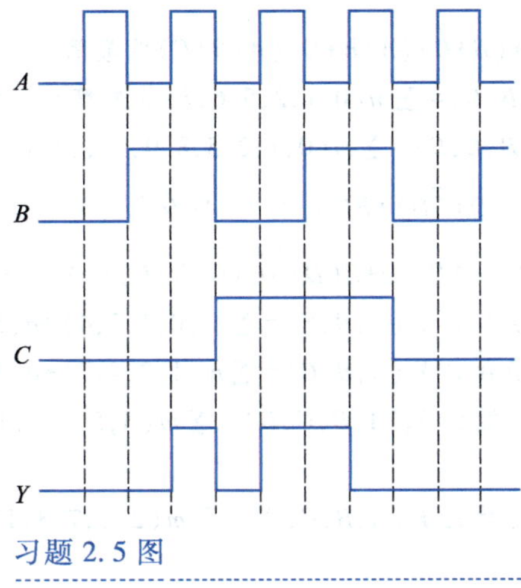

习题 2.5 图

2.6　已知逻辑函数 Y 的波形图如习题 2.6 图所示，求 Y 的逻辑函数式。

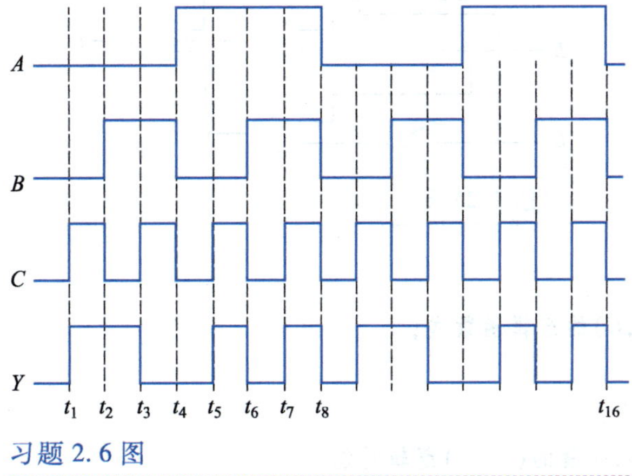

习题 2.6 图

2.7　求逻辑函数 $Y=A\overline{B}+BC$ 的真值表。

2.8　求逻辑函数 $Y=\bar{A}D+\bar{B}CD+ABC$ 的真值表。

2.9　求习题 2.6 的真值表。

2.10　用公式化简法化简函数 $Y=\overline{\bar{A}BC}+\overline{A\bar{B}C}$。

2.11　用公式化简法化简函数 $Y=A\bar{B}CD+ABD+A\bar{C}D$。

2.12　用公式化简法化简函数 $Y=AC(\bar{C}D+\bar{A}B)+BC(\overline{\overline{\bar{B}+AD}+CE})$。

2.13　求逻辑函数式 $Y=A\bar{B}+B+\bar{A}B$ 的最简与或式。

2.14　求逻辑函数式$\overline{\bar{A}BC}+\overline{A\bar{B}}$的最简与或式。

2.15　求逻辑函数式 $Y=A\bar{C}+ABD+AC\bar{D}+CD$ 的最简与或式。

2.16　求逻辑函数式 $Y=A+(\overline{B+\bar{C}})(A+\bar{B}+C)(A+B+C)$ 的最简与或式。

2.17　求逻辑函数式 $Y(A,B,C)=\sum m(0,1,2,5,6,7)$ 的最简与或式。

2.18　求逻辑函数式 $Y(A,B,C,D)=\sum m(0,1,2,5,8,9,10,13,14)$ 的最简与或式。

2.19　求逻辑函数式 $Y=\bar{A}(C\bar{D}+\bar{C}D)+B\bar{C}D+A\bar{C}D+\bar{A}C\bar{D}$的最简与或式。

2.20　求逻辑函数式 $Y=A\bar{B}D+\bar{A}\bar{B}\bar{C}D+\bar{B}CD+\overline{A\bar{B}+C}(B+D)$ 的最简与或式。

2.21　带约束条件的逻辑函数式 $Y_1(A,B,C)=\sum m(0,1,2,4)+d(5,6)$，求最简与或式。

2.22　带约束条件的逻辑函数式 $Y_2(A,B,C)=\sum m(1,2,4,7)+d(3,6)$，求最简与或式。

2.23　带约束条件的逻辑函数式 $Y_3(A,B,C,D)=\sum m(3,5,6,7,10)+d(0,1,2,4,8)$，求最简与或式。

2.24　带约束条件的逻辑函数式 $Y_4(A,B,C,D)=\sum m(2,3,7,8,11,14)+d(0,5,10,15)$，求最简与或式。

2.25　分析习题 2.25 图中的具体逻辑图：

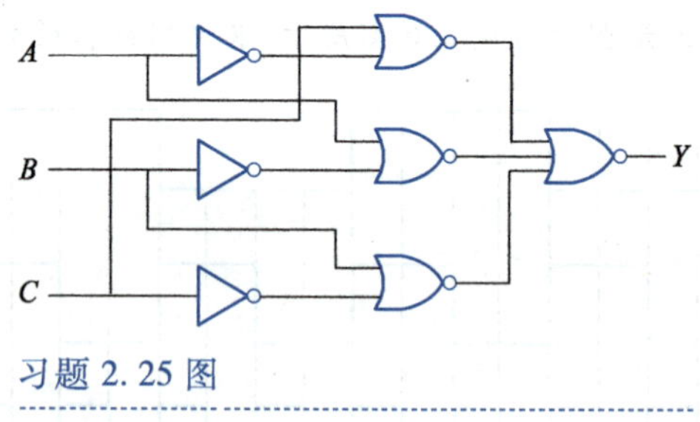

习题 2.25 图

(1) 求图中 $Y(A,B,C)$ 的逻辑函数式；

(2) 求其真值表；

(3) 求其最简与或式；

(4) 它实现了三输入变量的(　　)逻辑功能。

A. 异或　　B. 同或　　C. 与或非　　D. 同或非

(5) 也可以用下图(　　)来表示。

第二章习题答案

第三章　集成逻辑门电路

章首导图

能实现逻辑运算的单元电路称为逻辑门电路，简称门电路，它是组成各种数字电路的基本单元级电路。我们将逻辑门电路分为基本逻辑门电路和复合逻辑门电路，其中基本逻辑门电路包括与门、或门和非门，常用的具有复合逻辑功能的门电路包括与非门、或非门、异或门、与或非门等。

门电路可以由分立元件构成，也可将构成门电路的元器件制作在一块半导体芯片上并加以封装即构成了集成逻辑门电路，从集成度上属于小规模集成电路。

本章简要介绍集成逻辑门电路中常见的 CMOS 门电路和双极型门电路的电路组成、工作原理及特性参数，重点介绍目前应用广泛的几类逻辑门电路及其应用。

3.1　数字集成电路概述

3.1.1　数字集成电路的分类

数字集成电路通常按照所用半导体器件的不同，或者集成规模的大小进行分类。

1. 根据所采用的半导体器件进行分类

分为两大类，一是双极型集成门电路（简称双极型门电路），采用双极型半导体器件作为元件，主要特点是速度快、负载能力强，但功耗较大、集成度较低；二是单极型集成门电路（简称 MOS 门电路），采用金属－氧化物半导体场效应管（metal-oxide-semiconductor field effect transistor，简称 MOS 场效应管或 MOS 管）作为元件，主要特点是结构简单、制造方便、集成度高、功耗低，但速度相对双极型较慢。

其中双极型门电路分为晶体管-晶体管逻辑电路 TTL(transistor transistor logic)、发射极耦合逻辑电路 ECL(emitter coupled logic)、集成注入逻辑电路 I^2L(integrated injection logic)等,TTL 电路技术成熟,因其“性能价格比”较高,主要应用于中小规模集成电路。随着大规模集成电路的快速发展及对功耗的要求越来越高,TTL 门电路逐渐被 CMOS 门电路取代。对于 TTL 门电路,有 74S、74LS、74AS、74ALS 等系列产品。

MOS 门电路可分为 PMOS(P-channel metal oxide semiconductor)、NMOS(N-channel metal oxide semiconductor)、CMOS(complement metal oxide semiconductor)电路,与 TTL 门电路相比,CMOS 门电路功耗很低,适合在芯片里大规模集成,目前应用越来越普遍,它不但适用于通用逻辑电路的设计,而且综合性能好。对于 CMOS 门电路,有 4000 系列及 54/74 系列,54 系列和 74 系列的区别是 54 系列适用的温度范围更宽,测试和筛选标准更严格。CMOS 门电路的 74 系列与 TTL 门电路的 74 系列以中间字母加以区别,而门电路的功能则以最后的数字进行区分。

应当指出,同种逻辑功能的集成门电路可以由不同半导体材料的器件制成,应用时需要查阅相关集成电路手册。

2. 根据集成度进行分类

根据一片集成电路芯片上包含的逻辑门个数或元件个数,分为小规模集成电路 SSI(small scale integration)、中规模集成电路 MSI(medium scale integration)、大规模集成电路 LSI(large scale integration)、超大规模集成电路 VLSI(very large scale integration)等。相关信息如表 3.1.1 所示。

表 3.1.1 各种规模集成电路相关信息表

工艺	SSI	MSI	LSI	VLSI	ULSI	GSI	SoC
元件数	$<10^2$个	$10^2\sim<10^3$个	$10^3\sim<10^5$个	$10^5\sim<10^7$个	$10^7\sim10^9$个	$>10^9$个	$>5\times10^7$个
典型产品	集成门、触发器	计数器、译码器	8 位 MCU、ROM、RAM	16~32 位 MCU	DSP	P3、CPU	P4、CPU

3. 根据设计方法和功能定义分类

根据设计方法和功能定义可分为非用户定制电路、全用户定制电路和半用户定制电路。非用户定制电路(即标准集成电路)具有生产量大、使用广泛、价格便宜等特点,各种小、中、大规模通用集成芯片即为此类产品,也是本章和第 5 章重点介绍的集成电路;全用户定制电路是为了满足用户特殊应用要求而专门生产的集成电路,即专用集成电路;半用户定制电路是由集成电路生产商生产出来的功能不确定的集成电路,可由用户根据要求进行适当处理,令其实现某种功能,即由用户通过对已有芯片进行功能的重新定义,将通用产品专用化,目前广泛使用的可编程逻辑器件(PLD)即属于此类产品。

3.1.2 半导体器件的开关特性

数字电路中的晶体二极管、三极管和 MOS 管等器件工作于开关方式,其状态相当于开关的“接通”与“断开”,使得器件会有高电平、低电平两种状态输出,故在数字电路中可以用二进制逻辑变量 **1** 表示高电平和 **0** 表示低电平,这种方式称为正逻辑,反之称为负逻辑,如图 3.1.1 所示。

若不做特殊说明通常采用正逻辑。

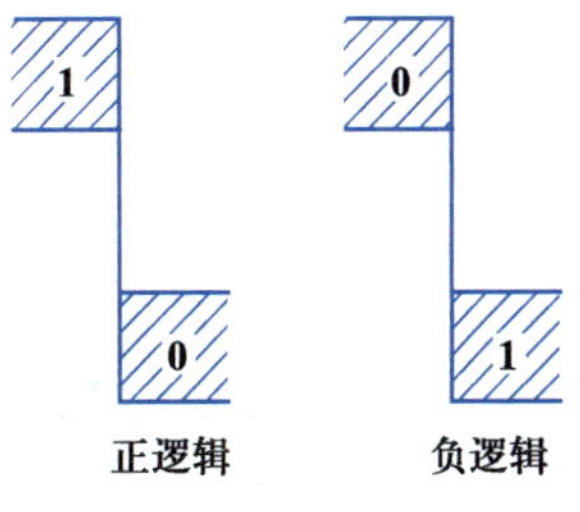

图 3.1.1
正逻辑和负逻辑示意图

由图 3.1.1 可以看出，表示高电平（**1**）和低电平（**0**）均有一个允许范围，而非一个确定的电位值，所以在数字电路中对元器件参数精度要求和电源稳定度要求均比模拟电路要低，故称数字电路比模拟电路具有更好的抗干扰性。

1. 二极管的开关特性

半导体二极管具有单向导电性，即当给二极管施加正向电压时，二极管导通，施加反向电压时，二极管截止，故二极管相当于一个受外加电压极性控制的开关。其原理如图 3.1.2 所示。

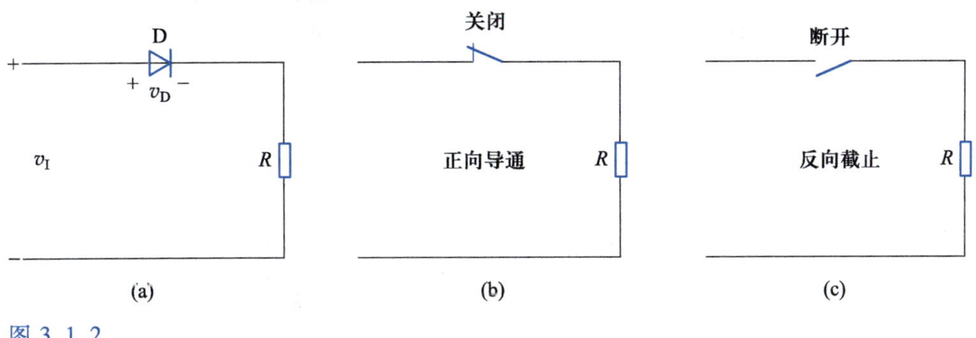

图 3.1.2
二极管开关特性示意电路
(a) 含有二极管的电路 (b) 二极管正向导通时等效电路 (c) 二极管反向截止时等效电路

设二极管的导通电压为 v_D，外加输入电压为 v_I。

当外加输入电压 v_I大于二极管导通电压 v_D时，二极管开始导通，相当于开关闭合（忽略二极管导通压降）。

当外加输入电压 v_I小于二极管导通电压 v_D时，二极管截止，电路中电流为 0，二极管相当于一个断开的开关。

2. 双极型三极管的开关特性

双极型三极管由集电结和发射结两个 PN 结构成。三极管有截止、放大、饱和 3 种工作状态。一个用 NPN 型三极管组成的共射极连接电路及其输出特性曲线如图 3.1.3 所示。

在模拟电路中，三极管的静态工作点应设置于放大区，三极管具有电流放大作用。而在数字电路中，三极管的静态工作点应设置于饱和区或截止区，三极管工作于开关状态。注意到三极管的输出特性曲线中，若三极管工作于截止区，则 i_C很小，相当于开关断开；若三极管工作于饱和区，则 v_{CE}很小，相当于开关闭合。三极管相当于一个由基极信号控制的无触点开关，其作用对应于触点开关的“闭合”与“断开”。上述共射极电路在三极管截止与饱和状态下的等效电路如图 3.1.4所示，开关断开时，输出电压 $v_{CE}=V_{CC}$，相当于输出高电平；开关闭合时，输出电压 $v_{CE}=0.3V$，相当于输出低电平。

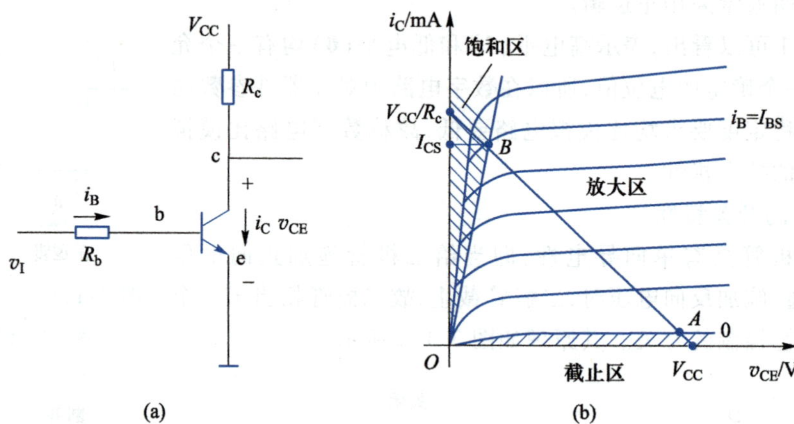

图 3.1.3

三极管开关电路及其输出特性曲线

(a) NPN 型三极管共射极连接电路 (b) 输出特性曲线

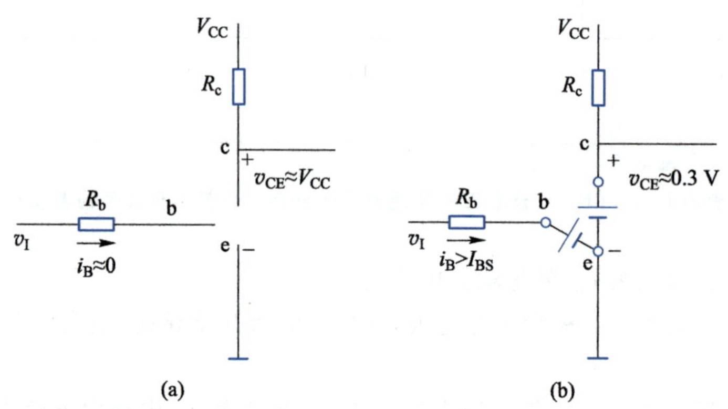

图 3.1.4

三极管开关特性示意电路

(a) 开关断开 (b) 开关闭合

3. MOS 场效应管的开关特性

MOS 管为压控器件,可以利用其非恒流区即截止区和可变电阻区构成电子开关。MOS 管共源级接法及该接法下的输出特性曲线(又称为漏极特性曲线)和基本开关电路如图 3.1.5 所示。

输出特性曲线分为三个工作区。当栅源电压 v_{GS}小于开启电压 V_T,即 $v_{GS}<V_T$ 时,漏极和源极之间没有导电沟道,i_D 约为 0。这时 d-s 间的内阻高达 109 Ω 以上,对应的区域称为截止区。当 $v_{GS}>V_T$ 时,d-s 间出现导电沟道,且导电沟道的宽窄与栅极施加电压的大小有关,如图 3.1.5(b)所示,虚线以左的区域为可变电阻区,满足条件 $v_{GS}\gg V_T$;虚线以右的区域为恒流区。

如图 3.1.5(c)所示,当输入电压 $v_I=v_{GS}<V_T$ 时,MOS 管工作于截止区,漏极电流 i_D 约为 0,只要负载电阻 R_d 选择合适,输出端输出高电平,即 v_O 约等于 V_{DD},这时 MOS 管的 d-s 之间相当于断开的开关;当输入电压 $v_I=v_{GS}>V_T$ 时,且在 v_{DS}较高的情况下,MOS 管工作于恒流区;若继

续增加输入电压 v_I，MOS 管的导通电阻变得很小，只要选择合适的负载电阻 R_d，可使 MOS 管工作于可变电阻区，输出端输出低电平，v_O 约等于 0，这时 MOS 管 d-s 之间相当于闭合的开关。综上，只要电路参数选择合适，可使输入低电平时 MOS 管截止，开关电路输出高电平；输入高电平时 MOS 管导通，开关电路输出低电平。

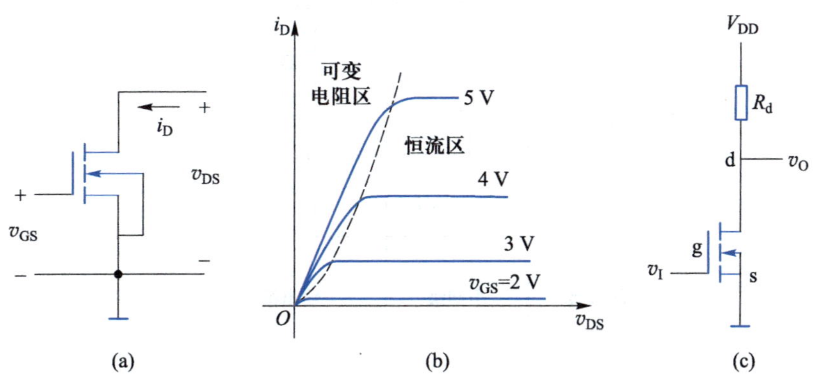

图 3.1.5

MOS 管共源极接法及其输出特性曲线和基本开关电路

(a) 共源极接法　(b) 输出特性曲线　(c) 基本开关电路

综上所述，在数字电路中就是利用这些半导体器件的开关特性来实现逻辑门电路。早期是用分立的元件来搭建逻辑门电路，但存在很多缺陷，诸如体积大，可靠性差，带负载能力差，输出和输入之间会发生高、低电平的偏移。随着电子技术的极速发展，集成电路的出现成为必然，目前数字电路中集成电路已取代了几乎所有的分立元件电路。所谓集成电路，即把电路中的半导体器件、电阻等元件及连线等制作在一个半导体基片上，构成一个完整的电路，并将电路进行封装，留出输入输出等引脚。接下来的几节中将要介绍若干集成逻辑门电路，重点介绍集成逻辑门电路的功能、外部特性以及器件的使用方法，对其内部结构和工作原理只进行简单的介绍。

3.2　TTL 集成逻辑门电路

3.2.1　TTL 与非门电路

本节以 TTL **与非**门电路为例简要介绍门电路的内部结构、工作原理及主要性能参数。其余功能门电路的内部电路可参见其他参考资料。

1. 基本电路组成

图 3.2.1 所示为 TTL **与非**门电路的内部结构，分为 3 个组成部分。

(1) 输入级：由多发射极三极管 T_1 和电阻 R_1 组成，多发射极三极管的 2 个发射结可以实现**与**逻辑功能。

(2) 中间级：由三极管 T_2 和电阻 R_2、R_3 组成，满足输出级互补的工作要求。

(3) 输出级：由三极管 T_3、T_4、D 和 R_4 组成了推挽输出电路。

2. 工作原理

需要说明的是数字电路中的三极管工作于饱和导通或者截止两种工作状态。当三极管饱和

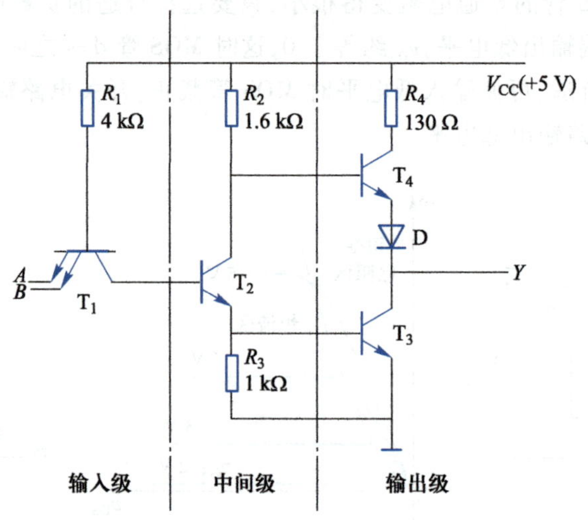

图 3.2.1

TTL 与非门电路内部结构

导通时，其发射结和集电结均为正向偏置，V_{CES}约为 0.3 V，其值很小，可视其为短路；当三极管截止时，其发射结和集电结均为反向偏置，集电极电流近似为 0，相当于开关断开。

假设电源电压 $V_{CC}=5$ V，输入高电平 $U_{IH}=3.6$ V，低电平 $U_{IL}=0.3$ V，三极管发射结电压为 0.7 V。

(1) 当输入信号全部为高电平时

此时，电源 V_{CC}通过选择好参数的 R_1可以使三极管 T_1集电结、T_2发射结和 T_3发射结导通，故三极管 T_2的集电极电位为 1 V[V_{CES}(0.3 V)加上 T_3的发射结电压 0.7 V]，无法使 T_4导通，故 Y 的电位为 T_3 的饱和导通电压 0.3 V，即 Y 输出为低电平。注意到：此时 T_1的集电极电位为 T_2的发射结电压 0.7 V 与 T_3的发射结电压 0.7 V 之和，三极管 T_1处于倒置工作状态。

(2) 当输入至少有一个低电平时

此时，注意到多发射结中输入低电平的发射结导通，将 T_1的基极电位钳置在 1 V，使 T_2 和 T_3 均截止，T_2的集电极电位约等于 5 V，足以使 T_4 导通，输出电压为 5 V 减去 T_4的发射结电压和二极管的电压，即等于 3.6 V，Y 输出为高电平。

综上，电路实现了“输入全为高电平，输出为低电平”“输入有低电平，输出高电平”的**与非**逻辑关系。

3. 主要技术参数

(1) 输出高电平 U_{OH}和输出低电平 U_{OL}

如前所述，数字电路的高、低电压通常用高、低电平来描述。在正逻辑体系中，高电平用逻辑 **1** 表示，低电平用逻辑 **0** 表示。当数字电路的输入电压在一定范围内变化时，输出电压可在一定范围内变化，因此逻辑 **1** 或 **0** 对应一定的电压范围，这也是数字集成电路抗干扰能力的体现。不同系列的集成电路，输入和输出为逻辑 **1** 或 **0** 所对应的电压范围也不同。一般来讲，产品的数据手册中给出 4 种逻辑电平参数。对门电路的输出来讲，有输出高电平的下限值和输出低电平的上限值；对门电路的输入而言，有输入高电平的下限值和输入低电平的上限值。

一般产品规定输出高电平 $U_{OH} \geq 2.4$ V,输出低电平$U_{OL}<0.4$ V。输出高电平的典型值为3.6 V,输出低电平的典型值为0.3 V。

(2) 开门电平 U_{ON}与关门电平 U_{OFF}

这2个参数是针对门电路的输入所做的要求。在保证输出为额定高电平的90%(3.6×0.9 V=3.24 V)的条件下,允许输入低电平的最大值,称为关门电平 U_{OFF},通常$U_{OFF} \approx 1$ V,一般产品要求$U_{OFF} \geq 0.8$ V;在保证输出为额定低电平0.3 V的条件下,允许输入高电平的最小值,称为开门电平 U_{ON},通常$U_{ON} \approx 1.4$ V,一般产品要求$U_{ON} \leq 1.8$ V。

(3) 噪声容限 U_{NL}、U_{NH}

在实际应用中,各逻辑电路会受到各种噪声的干扰,如信号传输引起的噪声、邻近开关信号引起的随机脉冲的噪声等,这些信号会叠加在工作信号上,根据上述对输入高、低电平信号的要求,只要高电平信号叠加噪声后不低于输入高电平的最小值,或者低电平信号叠加噪声后不高于输入低电平的最大值,则输出逻辑关系不会受到影响,通常这个最大噪声幅度即为噪声容限。它们的值越大,说明电路的抗干扰能力越强。

(4) 传输延迟时间 t_{pd}

逻辑门传输延迟时间是指输出信号滞后于输入信号的时间,它是表征门电路工作速度的参数。TTL电路 t_{pd}的典型值约为10 ns,一般小于40 ns。

(5) 功耗

功耗是门电路的重要参数,分为静态功耗和动态功耗。静态功耗是指电路输出没有状态转换时的功耗,动态功耗则是指电路在输出发生状态转换时的功耗。TTL **与非**门的平均功耗一般为20 mW左右。

(6) 扇出系数

门电路的扇出系数是指其在正常工作情况下,所能驱动同类门电路的最大数目 N,通常为$N=5\sim12$。

有关各种TTL集成逻辑门电路的具体参数可在使用时查阅相关集成电路手册和产品说明书。

3.2.2 常用TTL集成逻辑门电路

常用的TTL集成逻辑门电路有**与**门、**或**门、**非**门、**与非**门、**或非**门、**与或非**门、**异或**门、集电极开路门、三态门等不同功能的产品。各种集成逻辑门电路均属于小规模集成电路。

设某集成逻辑门中有 m 个逻辑门,每个逻辑门有 n 个输入端,本章用"n 输入 m 逻辑门"的方式表达。

1. 基本逻辑门

基本逻辑门是指实现3种基本逻辑运算的**与**门、**或**门和**非**门。常用的TTL **与**门集成电路芯片有2输入4 **与**门7408,3输入3 **与**门7411、2输入4 **或**门7432、6 **非**门7404等。

2. 复合逻辑门

复合逻辑门是指实现复合逻辑运算的**与非**门、**或非**门、**与或非**门、**异或**门等。常用的TTL **与非**门电路芯片有2输入4 **与非**门7400、3输入3 **与非**门7410、4输入2 **与非**门7420等;常用的TTL **或非**门电路芯片有2输入4 **或非**门7402,3输入3 **或非**门7427等。常用的TTL **与或非**门电路芯片有双2-2 **与或非**门7451、3-2-2-3 **与或非**门7454等。**异或**门只有两个输入端,常用的

TTL 异或门电路芯片有 7486。

一些常用的 TTL 集成逻辑门电路及其引脚图如图 3.2.2 所示。使用集成逻辑门电路芯片可查阅集成电路手册或相关书籍。

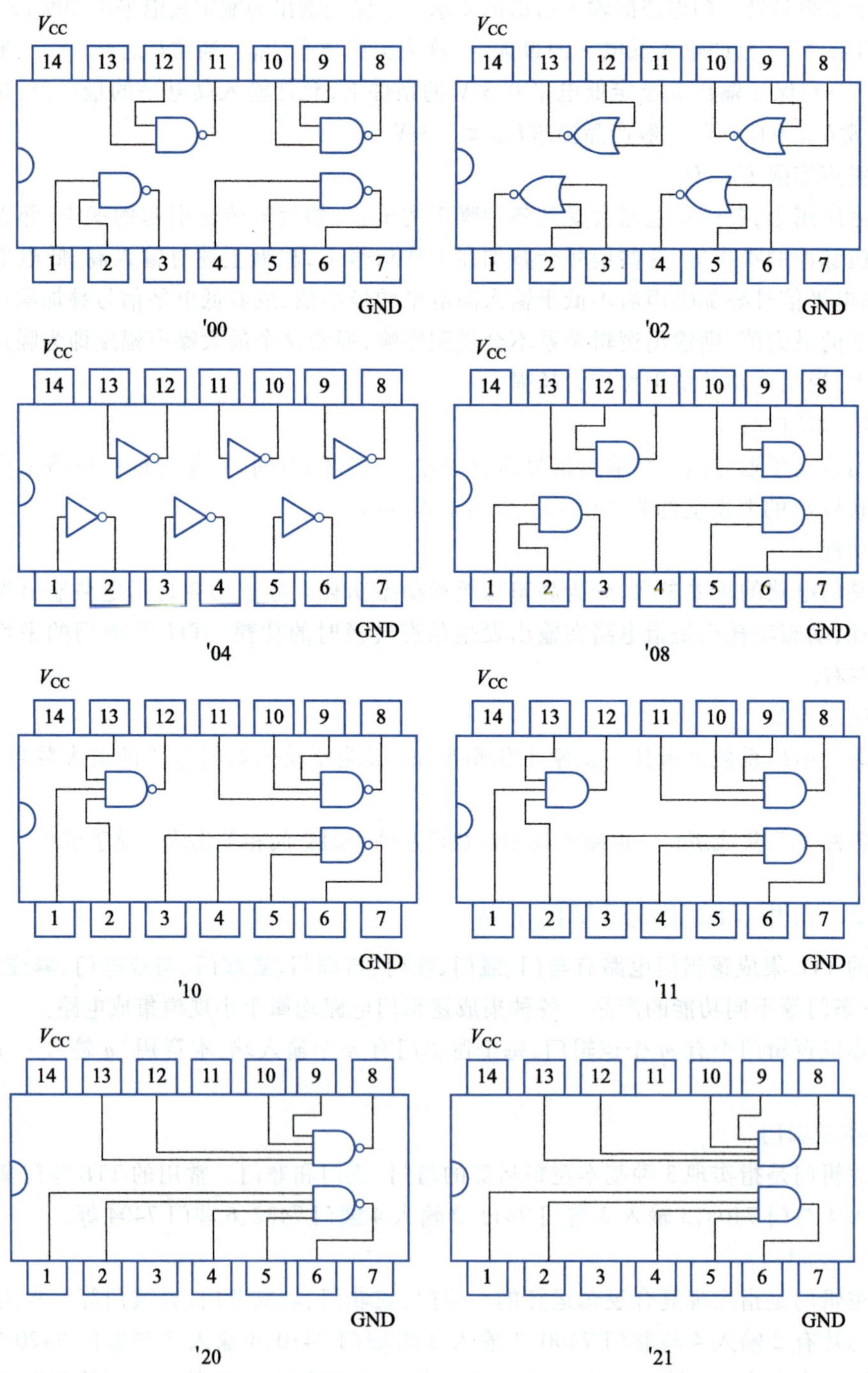

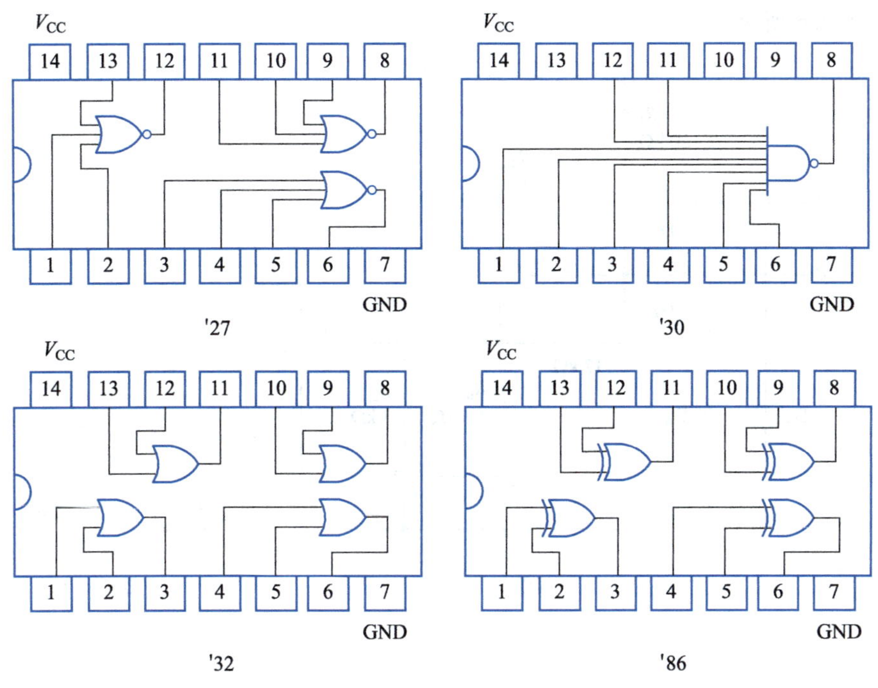

图 3.2.2

若干常用 TTL 集成逻辑门电路及其引脚图

3. TTL 集电极开路门和三态门

(1) TTL 集电极开路门(open-collector gate,OC 门)

将两个或两个以上门电路的输出端直接连接,使其输出为各个门电路输出的逻辑**与**的功能,称为**线与**。但是普通 TTL 门电路由于采用推拉式输出结构,不能将各个门电路的输出直接连接起来实现**线与**功能,否则会引起逻辑功能混乱,如果持续若干秒,可能会导致器件的损坏。若要实现**线与**的逻辑功能,则需要集电极开路门,这需要对输出级改为集电极开路的三极管结构,内部电路结构及逻辑符号如图 3.2.3 所示。

OC 门只有外接上拉电阻才能输出高电平,如图 3.2.4 所示,外接电源 V_{CC}的取值范围为 5~30 V,R_c阻值的选取必须合适。

两个 OC 门输出端相连,加上拉电阻 R_c实现**线与**功能,如图 3.2.5 所示。

当两个 OC 门均输出高电平时,**线与**后的输出为高电平;只要有一个 OC 门的输出为低电平,**线与**后的输出就变为低电平。电路输出表达式为

$$Y=\overline{AB}\,\overline{CD} \tag{3.2.1}$$

常用的 TTL 集电极开路门芯片有六反相器 7405、2 输入 4 **与**门 7409、2 输入 4 **与非**后门 7403、3 输入 3 **与非**门 7412、4 输入 2 **与非**门 7422、3 输入 3 **与**门 7415 等。

使用集电极开路**与非**门可以很方便地实现**线与**逻辑、电平转换以及直接驱动发光二极管等。

数字电路中有应用不同逻辑电平的电路。例如 TTL 门电路逻辑高电平典型值为 3.6 V,低电平为 0.3 V,而 CMOS 门电路采用 15 V 电源电压时,其逻辑高电平典型值为 10 V,低电平为 0 V,故普通 TTL 门电路无法直接驱动 CMOS 门电路,因此需要增加接口电路,OC 门便可实现该

功能，如图 3.2.6 所示。

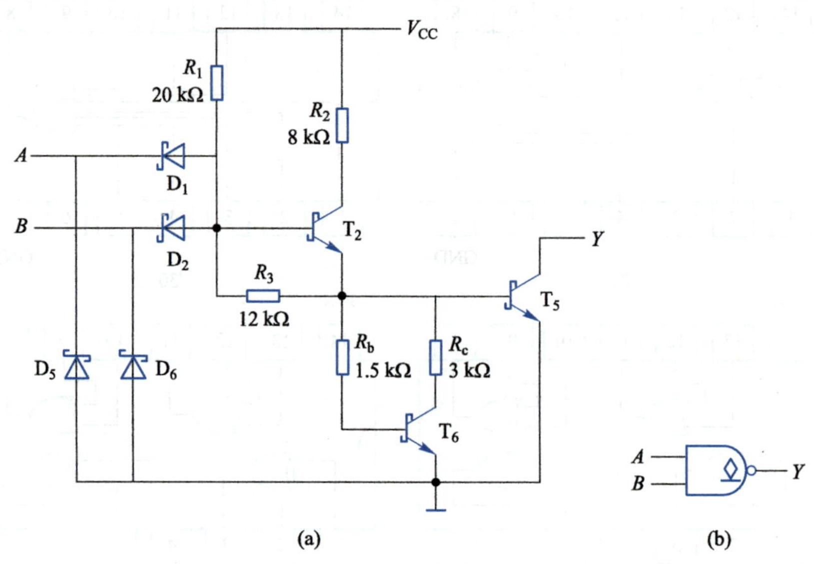

图 3.2.3

TTL 集电极开路门及其逻辑符号

(a) 内部电路结构　(b) 逻辑符号

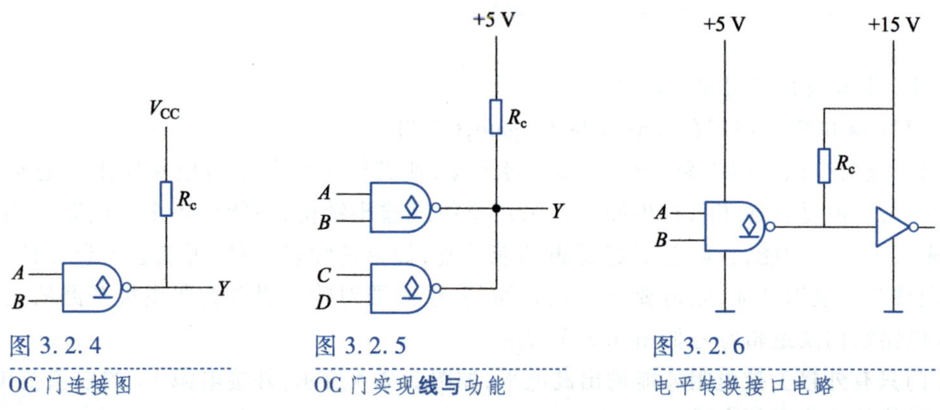

图 3.2.4　OC 门连接图

图 3.2.5　OC 门实现**线与**功能

图 3.2.6　电平转换接口电路

在电子系统设计中，采用 OC 门亦可以实现对较大电流负载的直接驱动，如 LED 发光二极管、继电器等，如图 3.2.7 所示。

(2) TTL 三态门(three-state gate，TSG)

普通的门电路输出有两种输出状态，即高电平状态和低电平状态，以正逻辑表示分别对应逻辑 **1** 和逻辑 **0**。而三态门除了上述两种状态外，还有第三种状态，即高电阻状态，此时门电路的输出端处于悬空的状态，即**与**门电路断开。注意到三态门并不是指具有三种逻辑值，三态门又被称为三态缓冲器。

三态门通过外加控制信号使得电路处在工作状态(输出高电平或低电平)和禁止状态(高阻状态)，控制信号(又称使能控制)可分为高电平有效或低电平有效，三态**与非**门逻辑符号如图 3.2.8 所示。

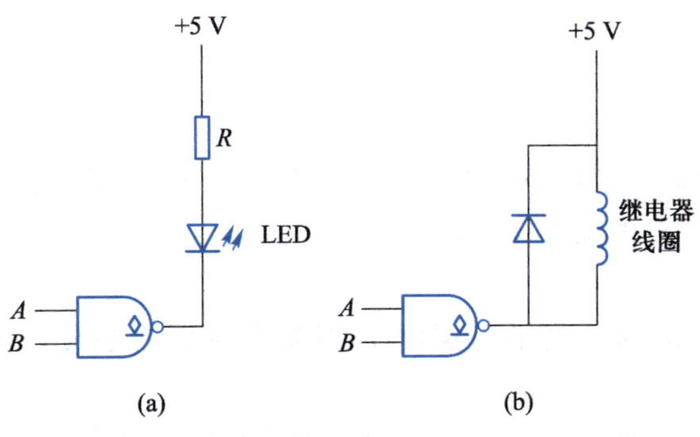

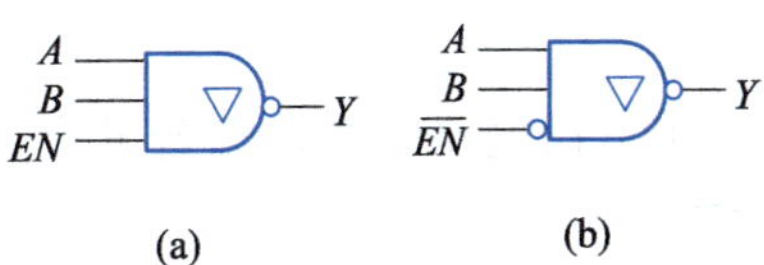

图 3.2.7

OC 门驱动负载图

(a) 驱动 LED 发光二极管 (b) 驱动继电器

图 3.2.8

三态与非门逻辑符号

(a) 高电平使能 (b) 低电平使能

对于高电平使能的三态门，当使能端输入高电平即 $EN=\mathbf{1}$ 时，TTL 三态**与非**门等同于普通的**与非**门，实现**与非**逻辑功能；当使能端输入低电平即 $EN=\mathbf{0}$ 时，三态门为高阻状态，此时门电路的输出引脚相当于与门电路断开。对于低电平使能的三态门，即当使能端输入低电平即 $\overline{EN}=\mathbf{0}$ 时，TTL 三态**与非**门等同于普通的**与非**门，实现**与非**逻辑功能；当使能端输入高电平即 $\overline{EN}=\mathbf{1}$ 时，三态门为高阻状态。

常用的 TTL 三态门芯片有四总线缓冲门 74125(使能控制端为低电平有效)、74126(使能控制端为高电平有效)，12 输入**与非**门 74134(使能控制端为低电平有效)等，它们的引脚排列等请参照集成电路手册。

利用三态门不仅可以实现**线与**，而且被广泛应用于总线传送，它既可用于单向数据传送，也可用于双向数据传送。总线连接方式在计算机系统中有着广泛的使用，是微处理器与各外部设备之间为减少连线而采用的连接方式，图 3.2.9 所示即为由三态门构成的总线系统的示意图。若干三态门的输出可以连接起来，其中每个三态门有各自的使能端，当某个使能端有效而其他使能端无效时，则该三态门处于工作状态，其对应的输入数据送至数据总线上，而其他三态门均处于高阻状态，相当于与总线断开。注意到在任何时刻，各个使能端只能有一个是有效的，即只允许一个数据端与总线接通，其余均断开，实现了 n 个数据的分时传送。

利用三态门还可以实现双向数据传送，如图 3.2.10 所示。当 $EN=\mathbf{0}$ 时，G_1 处于工作状态，G_2 处于高阻状态，数据从 A 传到 B；当 $EN=\mathbf{1}$ 时，G_1 处于高阻状态，G_2 处于工作状态，数据从 B 传到 A，实现了数据的分时双向传送。

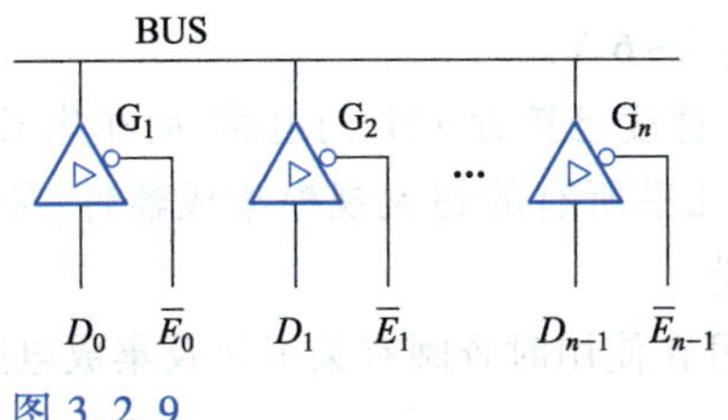

图 3.2.9

三态门构成的总线系统示意图

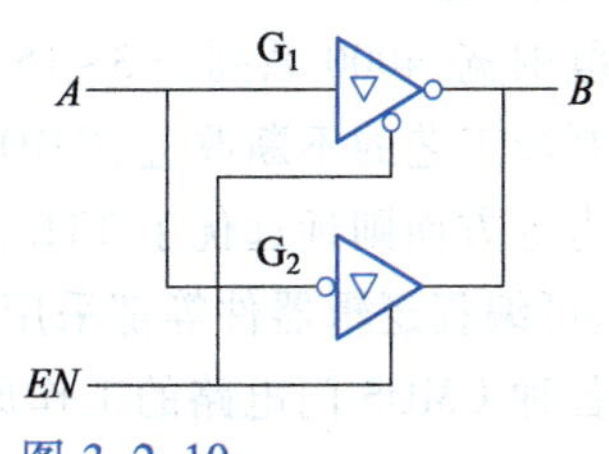

图 3.2.10

三态门构成的双向总线示意图

3.2.3 使用 TTL 集成逻辑门的注意事项

1. 电源电压及电源干扰的消除

电源电压的变化对 54 系列应满足 5 V±10%，对 74 系列应满足 5 V±5%的要求，电源不能反接。为了防止外来干扰通过电源串入电路，需要对电源进行滤波。

2. 多余输入端的连接

TTL 门电路的输入端若悬空，悬空的输入端理论电平为逻辑 **1**，但是多余输入端最好不悬空。

使用时应注意，既要避免多余输入端悬空造成的信号干扰，又要保证对多余输入端的处置不影响正常的逻辑功能。

对于 TTL **与非**门的多余输入端，可将其直接接至电源或通过(1~10) kΩ 的电阻接至电源；如果前级驱动能力允许，可将多余输入端和有用输入端并联使用。

对于 TTL **或非**门的多余输入端，可将其直接接至电源负极，即做接地处理。

对于 TTL **与或非**门多余输入端，多余的**与**门输入端应至少有一个接地。

3. 输出端的连接

各个输出端不允许直接接电源或地。

多个普通 TTL 门电路的各输出端不允许直接并联使用。使用时，输出电流应小于产品手册上规定的最大值。

多个集电极开路门输出端可并联使用，但公共输出端和电源之间应接上拉电阻。三态输出门的输出端可并联使用，但在同一时刻只能有一个门工作，其他门输出均处于高阻状态。

3.3 CMOS 集成逻辑门电路

3.3.1 CMOS 集成逻辑门电路概述

MOS 门电路有三种类型，即使用 P 沟道管的 PMOS 门电路、使用 N 沟道管的 NMOS 门电路以及同时使用 PMOS 管和 NMOS 管的 CMOS 门电路。其中，CMOS 门电路以其优越的性能而得到广泛应用。

MOS 门电路相对 TTL 门电路来讲其主要优点是制造工艺简单、集成度高、功耗小、抗干扰能力强等，其主要缺点是速度比 TTL 门电路要低。

常用的 CMOS 门电路有 CMOS 4000 系列、高速 CMOS 74HC 系列、与 TTL 兼容的高速 CMOS 74HCT 系列、先进 CMOS 74AC 系列以及与 TTL 兼容的先进 CMOS 74ACT 系列。CMOS 门电路工作电压范围宽，4000 系列为 3~15 V，74HC 系列为 2~6 V。

随着制造工艺的不断改进，CMOS 门电路的工作速度已接近 TTL 门电路，而在集成度、功耗、抗干扰能力等方面则远远优于 TTL 门电路。目前，几乎所有的超大规模集成器件，如超大规模存储器件、可编程逻辑器件等都采用 CMOS 工艺制造。

有关各种 CMOS 门电路的工作原理、具体参数可在使用时查阅有关书籍及集成电路手册。

3.3.2 常用 CMOS 集成逻辑门电路

同 TTL 集成逻辑门电路一样,CMOS 集成逻辑门电路亦有与门、或门、非门、与非门、或非门、与或非门、异或门、集电极开路门、三态门等不同功能的产品。

1. 基本逻辑门电路

CMOS 非门电路芯片有六反相器 4069;CMOS 与门集成电路芯片有 2 输入 4 与门 4081、4 输入 2 与门 4082 及 3 输入 3 与门 4073 等;CMOS 或门集成电路芯片有 2 输入 4 或门 4071、4 输入 2 或门 4072 及 3 输入 3 或门 4075 等。

2. 复合逻辑门

CMOS 4000 系列常用的复合逻辑门有 2 输入 4 或非门 4001、4 输入 2 或非门 4002、3 输入 3 或非门 4025、2 输入 4 与非门 4011、4 输入 2 与非门 4012、3 输入 3 与非门 4023、异或门 4030 等。

3. 漏极开路门和三态门

(1) 漏极开路门(open-drain gate,OD 门)

与 OC 门一样,CMOS 门电路也有一个能实现线与功能的漏极开路门,其内部电路原理示意图及逻辑符号如图 3.3.1 所示。图 3.3.2 所示为实现线与功能的两个漏极开路门的连接示意图,实现的逻辑关系如公式(3.2.1)。OD 门一般作为输出缓冲/驱动器、电平转换器以及满足吸收大负载电流的需要。常用的漏极开路输出门电路有 2 输入 4OD 与门 74HC09、2 输入 4OD 与非门 74HC03 及 2 输入 4OD 异或门 74HC266 等。

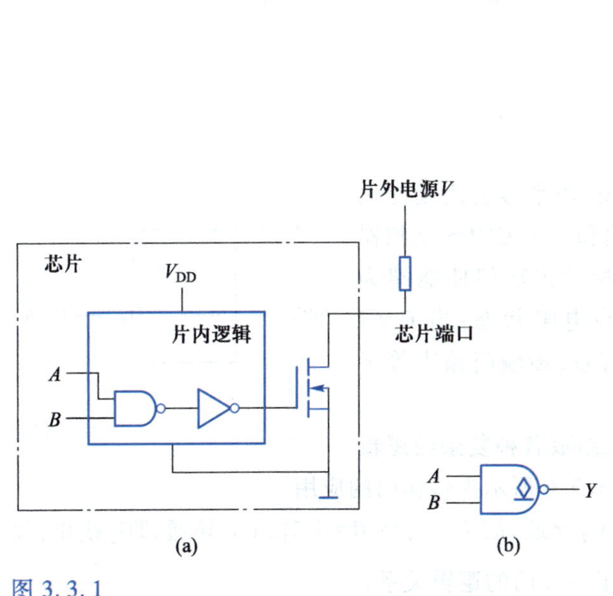

图 3.3.1
CMOS 漏极开路门内部电路原理示意图及逻辑符号
(a) 内部电路原理示意图 (b) 逻辑符号

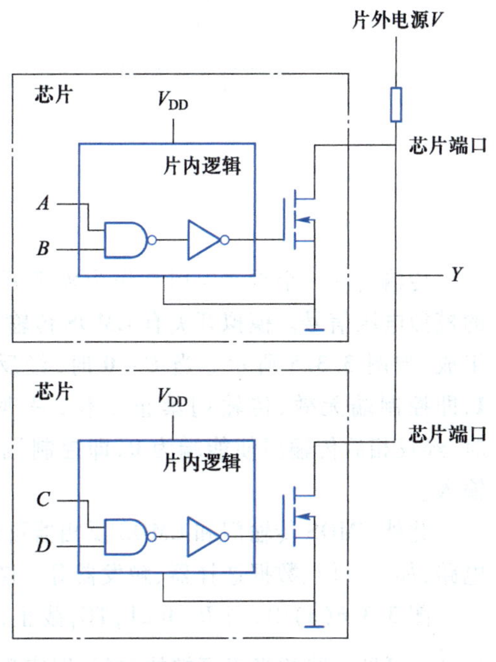

图 3.3.2
漏极开路门实现线与功能

（2）CMOS 三态输出逻辑门（three-state gate，TSG）

CMOS 三态输出逻辑门（又称三态缓冲器）的逻辑功能与 TTL 三态门一样，由外加控制信号使得电路处在工作状态（输出高电平或低电平）和禁止状态（高阻状态），被广泛应用于总线传送，一般只能在芯片的 I/O 端口上使用，当不导通时，输出高阻。反相三态缓冲器的逻辑符号如图 3.3.3 所示。

常见的有 8-总线反相三态缓冲器，共有 8 个三态门，它们的使能端为一个，当使能端有效时，输入经反相后进行输出，代表芯片型号为 74HC240；8-总线同相三态缓冲器，当使能端有效时，输出即为输入，代表芯片型号为 74HC241、74HC244。

（3）CMOS 传输门

CMOS 传输门是构成各种逻辑电路的基本单元级电路，其电路结构及逻辑符号如图 3.3.4 所示。当控制端有效时输出等于输入，即 $Y=A$；否则输出端呈现高电阻状态。图 3.3.4 所示的传输门，当 $C=\mathbf{0}$、$\overline{C}=\mathbf{1}$ 时，即控制端无效，传输门呈现高电阻状态；当 $C=\mathbf{1}$、$\overline{C}=\mathbf{0}$ 时，即控制端有效，传输门输出等于输入。

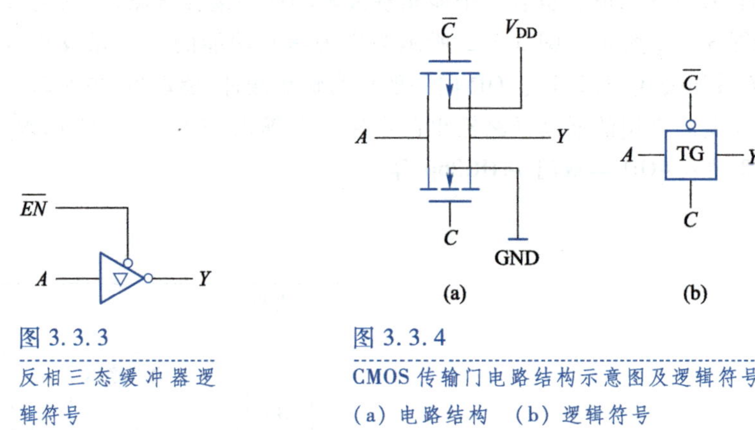

图 3.3.3 反相三态缓冲器逻辑符号

图 3.3.4 CMOS 传输门电路结构示意图及逻辑符号 （a）电路结构 （b）逻辑符号

传输门的一个重要应用是作为模拟开关，用来传输连续变化的模拟电压信号。模拟开关有 CMOS 传输门和一个 CMOS 反相器组成，如图 3.3.5 所示。当 $C=\mathbf{0}$ 时，经反相后传输门使能端为 $\mathbf{1}$，即控制端无效，传输门禁止工作，呈现高电阻状态；当 $C=\mathbf{1}$ 时，经反相后传输门使能端为 $\mathbf{0}$，即控制端有效，传输门输出等于输入。

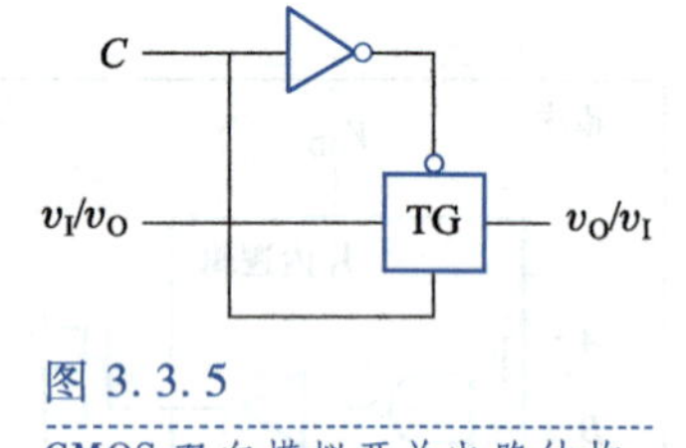

图 3.3.5 CMOS 双向模拟开关电路结构

此外 CMOS 传输门和 CMOS 反相器可以组成各种复杂的逻辑电路，如**异或**门、数据选择器、触发器等。图 3.3.6 所示为传输门的应用。

图 3.3.6（a）中，当 $B=\mathbf{0}$ 时，TG_1 截止，TG_2 导通，故 $L=A$；当 $B=\mathbf{1}$ 时，TG_1 导通，TG_2 截止，故 $L=\overline{A}$。可见电路相当于可控的**非**门，即实现了**异或**门的逻辑关系。

图 3.3.6（b）中，当 $C=\mathbf{0}$ 时，TG_1 导通，TG_2 截止，故 $L=A$；当 $C=\mathbf{1}$ 时，TG_1 截止，TG_2 导通，故 $L=B$。可见电路为 2 选 1 的数据选择器。

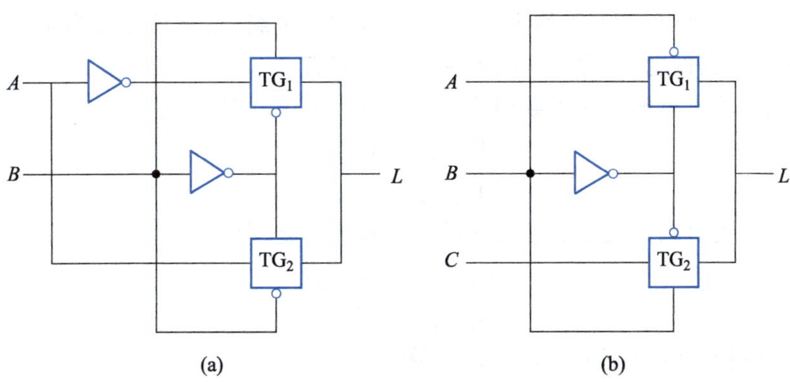

图 3.3.6

CMOS 传输门组成逻辑电路示例

(a) 异或门 (b) 数据选择器

3.3.3 使用 CMOS 集成逻辑门的注意事项

1. 注意所有规定的极限参数指标

如电源电压、输入电压范围、允许功耗、工作环境和储存环境温度范围等。

2. 保证正常的电源电压值

CMOS 门电路的电压工作范围较宽,大多在 3~18 V 范围内均可以工作。一般令电源电压 $V_{DD}=(V_{DDmax}+V_{DDmin})/2$,其中 V_{DDmax} 和 V_{DDmin} 分别表示工作电压的上限及下限。

3. 多余的输入端不允许悬空

TTL 门电路的输入端悬空是允许的,但是 CMOS 门电路不允许悬空,否则会导致门电路被击穿,在不影响门电路逻辑功能的前提下接电源或地。一般 CMOS 门电路的输出端不能并联使用。

对于**与非**门及**与**门,多余输入端应接高电平,例如直接接电源的正极,或通过上拉电阻接电源的正极。

对于**或非**门及**或**门,多余输入端应接低电平,例如直接接地或者与有用的输入端接到一起。

注意到,CMOS 门电路的输入端接电阻到地时,相当于接入了低电平。

4. 采取静电击穿防止措施

由于 CMOS 门电路中 MOS 管栅极的氧化层很薄,容易被击穿。通常不要使用易产生静电高压的化工材料化纤织物包装,储藏、运输时最好采用金属屏蔽层作为包装材料。组装调试时,工具、仪表和工作台台面等应良好接地。操作人员通常在开始进行实验、测量、调试时,应先接通电源后加信号,结束时应先断开信号再关电源,插拔芯片时应先断开电源。

3.4 各种集成逻辑门电路之间的接口问题

在数字电路中,往往会将 TTL 和 CMOS 两种器件混合使用,以满足工作速度或功耗等指标的要求。而由于每种器件的电压和电流参数各不相同,因此必须解决好不同器件之间的接口问题。在前后连接的两级中，将前级称为驱动门，后级称为负载门，驱动级应为负载级提供合乎标准的高、低电平和足够的电流，即这两级器件连接时需满足以下两个条件：

（1）驱动门的输出电压应在负载门所要求的输入电压范围内，即

$$V_{OH(min)} \geqslant V_{IH(min)} \tag{3.4.1}$$

$$V_{OL(min)} \leqslant V_{IL(min)} \tag{3.4.2}$$

（2）驱动门能为负载门提供足够大的灌电流和拉电流，即

$$I_{OH(max)} \geqslant nI_{IH(max)} \tag{3.4.3}$$

$$I_{OL(max)} \leqslant mI_{IL(max)} \tag{3.4.4}$$

式中 n、m 分别为负载电流中 I_{IH}、I_{IL} 的个数。

1. 74LS 系列 TTL 门电路驱动 74HCT 系列 CMOS 门电路

74HCT 系列 CMOS 门电路是一种与 TTL 门电路兼容的高速 CMOS 门电路，因此可与 74LS 系列 TTL 门电路直接相连，不需要加任何接口电路。

2. 74LS 系列 TTL 门电路驱动 74HC 系列 CMOS 门电路

74LS 系列 TTL 门电路的高电平最大输出电流为 0.4 mA，低电平最大输出电流为8 mA，而 74HC 系列 CMOS 门电路的高、低电平的输入电流都只有 0.1 μA，因此，用 74LS 系列 TTL 门电路驱动 74HC 系列 CMOS 门电路可以选择合适的 n、m 值来满足式(3.4.3)和式(3.4.4)的要求。

74LS 系列 TTL 门电路的 $V_{OL(min)}$(0.5 V)，小于 74HC 系列 CMOS 门电路的 $V_{IL(min)}$(1.35 V)，所以也满足式(3.4.2)。但是，74LS 系列 TTL 门电路的 $V_{OH(min)}$ 为 2.7 V，而 74HC 系列 CMOS 门电路的 $V_{IH(min)}$ 为 3.15 V，不能满足式(3.4.1)。因此，在设计接口电路时，应设法将 74LS 系列 TTL 输出高电平的最小值提高到 3.15 V 以上。最简单的办法就是在 74LS 系列 TTL 门电路的输出端加一上拉电阻。

3. 74HC/74HCT 系列 CMOS 门电路驱动 74LS 系列 TTL 门电路

用 74HC/74HCT 系列 CMOS 门电路驱动 74LS 系列 TTL 门电路，两者的电平参数也能满足式(3.4.1)和式(3.4.2)的要求。

74HC/74HCT 系列 CMOS 门电路的 $I_{OH(max)}$ 和 $I_{OL(max)}$ 均为 4 mA，而 74LS 系列 TTL 门电路的 $I_{IH(max)}$ 和 $I_{IL(max)}$ 均小于 0.4 mA，因此，用 74HC/74HCT 系列 CMOS 门电路驱动 74LS 系列 TTL 门电路，都能在一定数目的 n、m 范围内满足式(3.4.3)和式(3.4.4)的要求。可见，用 74HC/74HCT 系列 CMOS 门电路驱动 74LS 系列 TTL 门电路，可以直接相连，不需要加任何接口电路。

拓展思考

1. 列表比较 TTL 与 CMOS 的技术参数，说明各自的优缺点。
2. CMOS 传输门可以用于什么情况？

本章小结

本章首先对数字集成电路的分类以及半导体器件的开关特性进行了总体介绍，在此基础上分别对 TTL 集成逻辑门电路和 CMOS 集成逻辑门电路从其结构、原理、功能及其描述、应用等方面进行了较为详细的介绍，最后介绍了各门电路之间的接口问题。

习　题

3.1　根据所采用的半导体器件的不同，集成电路可分为哪两大类？各有什么特点？

3.2　三极管有几种工作状态？在数字系统中工作于何种状态下？

3.3　CMOS 场效应管有几种工作状态？在数字系统中工作于何种状态下？

3.4　TTL **与非**门有哪些主要技术参数？什么是开门电平？什么是关门电平？

3.5　与普通的门电路相比，集电极开路门、漏极开路门有什么特点？各有什么用途？

3.6　三态门电路有什么特点？有什么用途？

3.7　试说明下列各种门电路中哪些可以将输出端并联使用。

(1) 具有推拉式输出结构的 TTL 门电路　(2) 集电极开路门　(3) 三态门

(4) 普通 CMOS 门　(5) 漏极开路门　(6) 普通 TTL 门

3.8　请分别说明**与**门、**或**门、**与非**门、**或非**门的无用输入端（即多余输入端）的处理方法。

3.9　如何用若干**与非**门实现**或非**门的功能？请画出实现的电路图。

3.10　习题 3.10 图中，TG_1、TG_2 为 CMOS 传输门，试分析该电路的功能，并列出其真值表。

3.11　分析习题 3.11 图所示电路，写出各逻辑函数表达式，并列出其真值表。

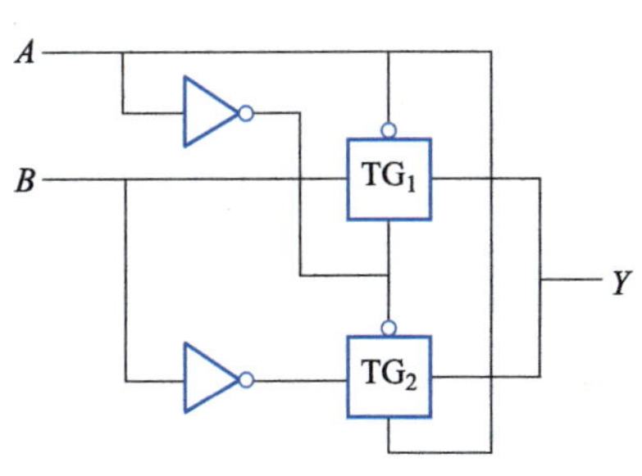

习题 3.10 图

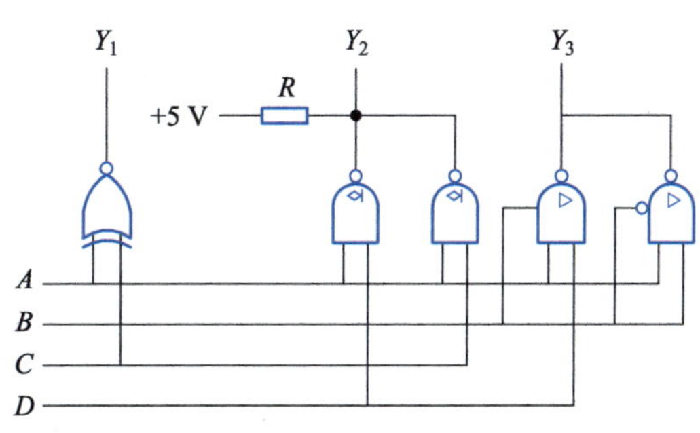

习题 3.11 图

第三章习题答案

第四章　组合逻辑电路

章首导图

4.1　组合逻辑电路概述

数字电路可分为组合逻辑电路和时序逻辑电路,简称为组合电路和时序电路。在比较复杂的数字电路系统中,通常既包含组合逻辑电路,又包含时序逻辑电路。

组合逻辑电路具有以下特点:

(1) 从逻辑功能上看,在组合逻辑电路中,任意时刻的输出仅仅取决于该时刻的输入,而与电路原来的状态无关。

(2) 从电路结构上看,在组合逻辑电路中,输入、输出之间没有反馈通路,不含记忆(存储)元件。

组合逻辑电路通常由**与**门、**或**门、**与非**门、**或非**门等逻辑门电路组合而成。

相对应地,时序逻辑电路的特点则是:电路中存在反馈通路,输出信号会部分地反馈到输入端,输出信号的状态不但与当前的输入信号状态有关,而且与电路原来的输出状态也有关。因此,时序逻辑电路包含记忆元件。

如图 4.1.1 所示电路为全加器,电路中有三个输入变量 A、B、CI 和两个输出变量 S、CO。

从理论上讲,逻辑电路图本身就是逻辑功能的一种表达方式,然而在许多情况下,用逻辑电路图所表示的逻辑功能不够直观,往往还需要转换成逻辑函数式或真值表的形式,以使电路的逻辑功能更加直观、明显。

根据图 4.1.1 所示电路图,可以写出该电路的逻辑函数式为

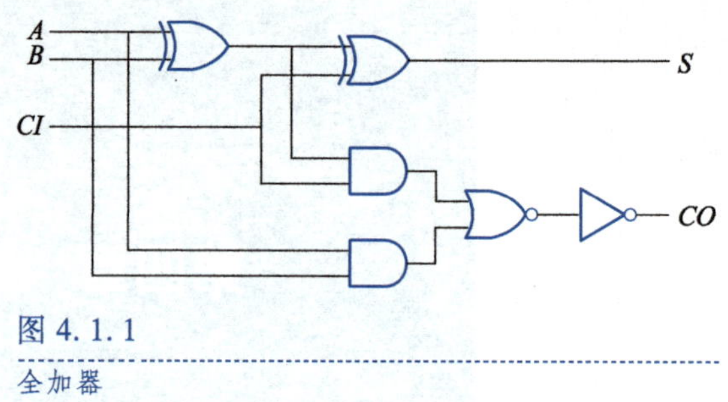

图 4.1.1
全加器

$$S=(A\oplus B)\oplus CI \tag{4.1.1}$$

$$CO=(A\oplus B)\cdot CI+AB \tag{4.1.2}$$

此时，还不能直观地得出电路的逻辑功能。根据逻辑函数式，列出真值表如表 4.1.1 所示。

表 4.1.1　全加器真值表

A	*B*	*CI*	*S*	*CO*
0	0	0	0	0
0	0	1	1	0
0	1	0	1	0
0	1	1	0	1
1	0	0	1	0
1	0	1	0	1
1	1	0	0	1
1	1	1	1	1

从真值表可以直观地看出该电路为一位全加器电路，A、B 为加数、被加数，CI 为低位输入的进位，CO 为高位输出的进位。或者通过软件仿真得到波形图，也可以直观地看出其功能。

任何时刻，只要输入变量 A、B、CI 的值确定了，输出变量 S 和 CO 的值也随之确定，与电路过去的工作状态无关。因为输出与电路过去状态无关，所以电路中不能包含存储元件。

怎样描述组合逻辑电路的逻辑功能呢？对于任何一个多输入、多输出的组合逻辑电路，都可以用如图 4.1.2 所示的框图表示。

图 4.1.2
组合逻辑电路框图

图中输入变量用 $a_1,a_2,\cdots,a_n$ 表示，输出变量用 $y_1,y_2,\cdots,y_m$ 表示。输入输出之间的逻辑关系可以用下列逻辑函数式表示。

$$\begin{aligned} y_1&=f_1(a_1,a_2,\cdots,a_n)\\ y_2&=f_2(a_1,a_2,\cdots,a_n)\\ &\cdots\cdots\\ y_m&=f_m(a_1,a_2,\cdots,a_n) \end{aligned} \tag{4.1.3}$$

或者写成向量函数 $Y=F(A)$ 的形式。

逻辑函数的描述方法除了用逻辑函数式描述以外，还可以用真值表、逻辑电路图、波形图等描述。在分析或设计组合逻辑电路的时候，可以根据需要采用其中任何一种方式进行描述。

组合逻辑电路按逻辑功能不同，可分为：加法器、比较器、编码器、译码器、数据选择器等。按开关元件不同，可分为：CMOS 电路和 TTL 电路等。按集成度不同，可分为：小规模集成的门电路、中规模集成的常用组合逻辑器件和大规模乃至超大规模集成的可编程逻辑器件等。

在进行组合逻辑电路设计时，需要正确选择器件。既要考虑用最少的器件来实现逻辑设计，又要综合考虑功耗、速度、负载能力以及价格等因素。

4.2 组合逻辑电路的分析方法

组合逻辑电路的分析，是根据给定的组合逻辑电路，通过分析确定电路的逻辑功能。通常按照以下步骤进行分析：

组合逻辑电路的分析方法

① 从电路的输入到输出逐级写出逻辑函数式，得到表示输出与输入关系的逻辑函数式；

② 用公式化简法或卡诺图化简法将得到的逻辑函数式化简或变换，从而使得逻辑关系简单明了；

③ 为了使电路的逻辑功能更加直观，还可以将逻辑函数式转换为真值表的形式；

④ 通过逻辑函数式或真值表分析确定该电路的逻辑功能。

下面通过两道例题加以说明。

【例 4.2.1】 分析图 4.2.1 所示逻辑电路的功能。

解：(1) 写出逻辑函数式

根据逻辑电路图，从输入到输出逐级写出逻辑函数式，上面的**或非**门输出 Y_1 为$\overline{A+B}$，下面的**或非**门输出 Y_2 为$\overline{\overline{A}+\overline{B}}$，再经过一个**或非**门得到最终输出：

$$Y=\overline{\overline{A+B}+\overline{\overline{A}+\overline{B}}} \tag{4.2.1}$$

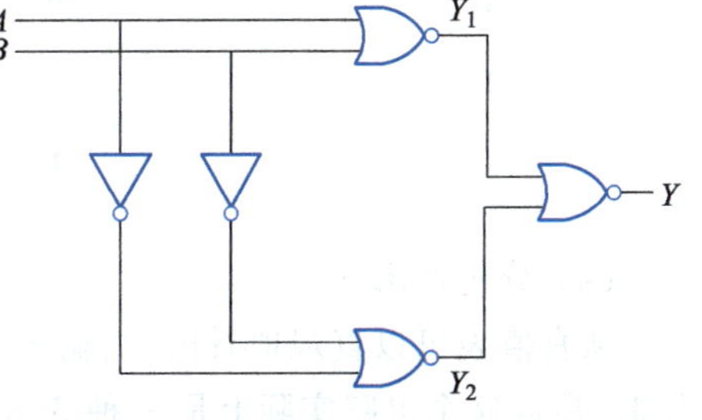

图 4.2.1

例 4.2.1 的逻辑电路图

(2) 运用公式化简法进行等式变换

将 Y 的逻辑函数式运用德·摩根定理变换为 $(A+B)(\overline{A}+\overline{B})$。

由于$A\overline{A}=\mathbf{0}$，$B\overline{B}=\mathbf{0}$，所以展开后等于$A\overline{B}+\overline{A}B$，也就是 $A\oplus B$。

(3) 分析逻辑功能

确定该电路逻辑功能为**异或**功能。

因为这道例题等式变换后逻辑功能已经很明确，所以不需要再列真值表。

【例 4.2.2】 分析如图 4.2.2 所示逻辑电路的功能。

解：(1) 写出逻辑函数式

根据逻辑电路图，从输入到输出逐级写出逻辑函数式，A、B 经过**与非**门输出 $Y_1=\overline{AB}$，B、C 经过**与非**门输出 $Y_2=\overline{BC}$，A、C 经过**与非**门输出 $Y_3=\overline{AC}$，Y_1、Y_2、Y_3 再经过**与非**门输出后得到输出函

数式：

$$Y=\overline{Y_1 \cdot Y_2 \cdot Y_3}=\overline{\overline{AB} \cdot \overline{BC} \cdot \overline{AC}} \qquad (4.2.2)$$

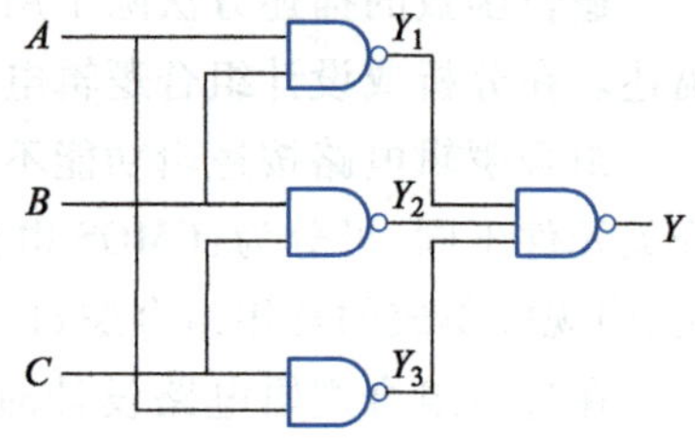

图 4.2.2
例 4.2.2 的逻辑电路图

(2) 运用公式化简法进行等式变换

运用德·摩根定理，可以化简为

$$Y=AB+BC+CA \qquad (4.2.3)$$

(3) 列真值表

由于 Y 表达式已经是最简式，所以不需要再化简。此时，还不能直接从 Y 的表达式直接确定该电路的逻辑功能，所以接下来还需要列出真值表。以 A、B、C 为输入量，Y 为输出量，三个输入量有 8 种组合，按顺序写出从 **000** 到 **111** 的八种组合，再分别代入 Y 的表达式求出输出量的值，从而得到如表 4.2.1 所示的真值表。

表 4.2.1　例 4.2.2 的真值表

A	B	C	Y
0	0	0	0
0	0	1	0
0	1	0	0
0	1	1	1
1	0	0	0
1	0	1	1
1	1	0	1
1	1	1	1

(4) 分析逻辑功能

从真值表可以直观地看出，当输入 A、B、C 中有 2 个或 3 个为 **1** 时，输出 Y 为 **1**，否则输出 Y 为 **0**。所以这个电路实际上是一种 3 人表决用的组合电路，即只要有 2 票或 3 票同意，表决就通过。

4.3　组合逻辑电路的设计方法

4.3.1　组合逻辑电路的逻辑抽象

在许多情况下，提出的设计要求是用文字描述的一个具有一定因果关系的事件。这需要通过逻辑抽象的方法，用一个逻辑函数来描述这一因果关系。

组合逻辑电路的逻辑抽象

对给定的设计要求进行逻辑抽象通常按照以下步骤进行：

(1) 分析事件的因果关系，确定输入和输出变量。一般总是把引起事件的原因定为输入，而把事件的结果作为输出；

(2) 对输入变量和输出变量进行二进制编码，编码的规则和含意由设计者根据事件选定；

(3) 对给定的因果关系列出真值表。在完成输入和输出变量的二进制编码后，根据给定的因果关系，进行逻辑关系的描述。

真值表是所有描述方法中最直接的描述方式。因此通常首先根据给定的因果关系列出真值表，此时便将一个实际的逻辑问题抽象成了一个逻辑函数，这个逻辑函数是以真值表的形式给出的。

下面通过两个例子说明逻辑抽象的过程。

【例 4.3.1】 设计一个楼上、楼下开关的控制逻辑电路来控制楼梯上的路灯，使之在上楼前用楼下开关打开电灯，上楼后用楼上开关关灭电灯；或者在下楼前，用楼上开关打开电灯，下楼后，用楼下开关关灭电灯。

解：(1) 分析事件的因果关系，确定输入和输出变量

楼上和楼下开关的控制逻辑电路控制楼梯上路灯的亮灭，从而确定输入变量为楼上和楼下的开关，输出变量为灯泡。设楼上开关为 A，楼下开关为 B，灯泡为 Y。

(2) 对输入变量和输出变量进行二进制编码

设开关 A、B 闭合时为 **1**，断开时为 **0**；灯亮时 Y 为 **1**，灯灭时 Y 为 **0**。

(3) 列真值表

真值表如表 4.3.1 所示。

表 4.3.1　例 4.3.1 的真值表

A	B	Y
0	**0**	**0**
0	**1**	**1**
1	**0**	**1**
1	**1**	**0**

从真值表可以看出，只有当楼上或者楼下的开关只有一个闭合时，灯亮；其他情况下，灯灭。

【例 4.3.2】 设计一个举重裁判表决电路。设举重比赛有 3 个裁判，一个主裁判和两个副裁判。杠铃完全举上的判决由每一个裁判按一下自己面前的按钮来确定。只有当两个或两个以上裁判判明成功，并且其中有一个为主裁判时，表明成功的灯才亮。

解：(1) 分析事件的因果关系，确定输入和输出变量

因为主裁判和副裁判控制判决结果，即灯的亮灭，所以输入变量为主裁判和两名副裁判，输出变量为灯。

(2) 对输入变量和输出变量进行二进制编码

设主裁判为变量 A，副裁判分别为变量 B 和 C，按下按钮为 **1**，没有按为 **0**。表示成功与否的灯为 Y，灯亮为 **1**，灯灭为 **0**。

(3) 根据逻辑要求列出真值表

真值表如表 4.3.2 所示。从真值表可以看出，只有当主裁判和一名或一名以上副裁判同时判明成功时，灯才亮。

表 4.3.2　例 4.3.2 的真值表

A	B	C	Y	A	B	C	Y
0	0	0	0	1	0	0	0
0	0	1	0	1	0	1	1
0	1	0	0	1	1	0	1
0	1	1	0	1	1	1	1

4.3.2　组合逻辑电路的基本设计方法

根据给出的实际逻辑问题，完成实现这一逻辑功能的最简逻辑电路，是设计组合逻辑电路时要完成的工作。

这里所说的“最简”，是指电路所用的器件数量最少，器件种类最少，而且器件之间的连线也最少。

最简化设计的目的是：在采用门电路器件实现组合逻辑电路的时候，降低电路的实现成本；在设计集成电路的时候，降低电路版图的面积，从而降低集成电路实现的成本。

如果在设计组合逻辑电路中采用的是大规模集成电路，如 CPLD 或者 FPGA，由于大规模集成电路中包含了足够多的门电路等器件，则没有必要对组合逻辑电路进行最简化设计。

组合逻辑电路通常按照以下步骤进行设计：

(1) 即上一节着重讲述的逻辑抽象，包含上一节讲述过的三个步骤

① 分析因果关系，确定输入和输出变量；

② 定义逻辑状态的含意；

③ 列出真值表。

(2) 写出逻辑函数式

为了便于对逻辑函数进行化简和变换，需要把真值表转换为对应的逻辑函数式。

(3) 选定器件类型

可以采用不同类型的器件实现逻辑函数。既可以用小规模集成的逻辑门电路组成逻辑电路，也可以用中规模集成的常用组合逻辑器件或大规模集成的可编程逻辑器件实现设计电路。在设计实现中，应该根据对电路的具体要求和器件的资源情况决定采用哪一种类型的器件。

(4) 将逻辑函数化简或转换成适当的描述形式

在使用小规模集成的逻辑门电路进行电路实现时，为获得最简单的设计结果，应将逻辑函数式化简成最简形式。如果对所用器件的种类有附加限制，那么还应将逻辑函数式转换成与器件种类相适应的形式。用中规模集成的常用组合逻辑器件例如 74 系列芯片进行电路实现时，需要进行等式变换。用大规模集成的可编程逻辑器件进行电路实现时，需要转换成适当的描述形式。

(5) 画逻辑电路图

根据化简或转换后的逻辑函数式，画出逻辑电路的连接图，或下载到可编程逻辑器件中。至此，原理性设计已经完成。组合逻辑电路的设计过程如图 4.3.1 所示。

下面通过一个例子说明组合逻辑电路的设计方法。

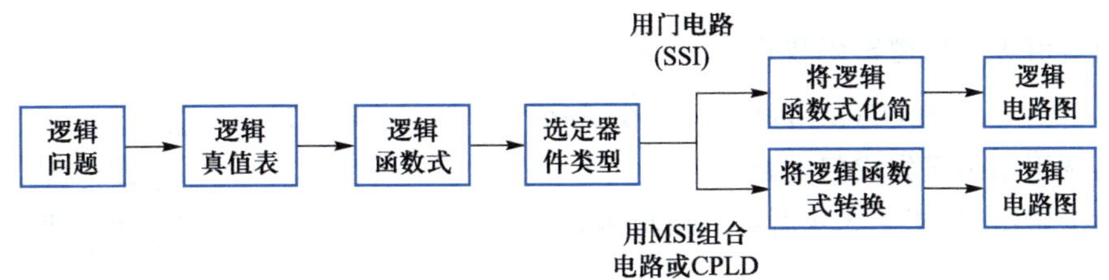

图 4.3.1

组合逻辑电路的设计过程

【例 4.3.3】 使用逻辑门电路设计一个监视交通信号灯工作状态的逻辑电路。每一组信号灯均由红、黄、绿三盏灯组成，如图 4.3.2 所示。正常工作情况下，任何时刻必有一盏灯点亮，而且只允许有一盏灯点亮。当出现其他五种点亮状态时，电路发生故障，这时要求发出故障信号，以提醒维护人员前去修理。

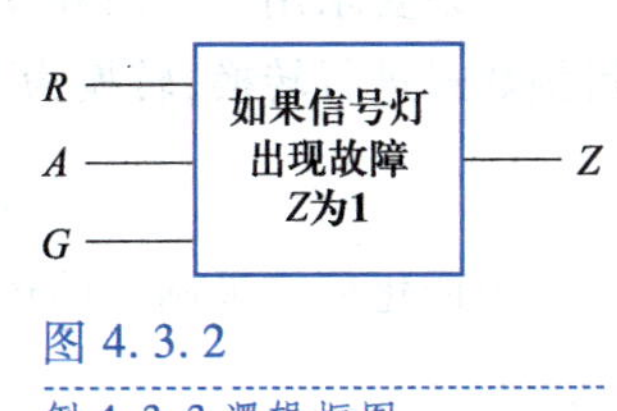

图 4.3.2

例 4.3.3 逻辑框图

解：(1) 逻辑抽象。

取红、黄、绿三盏灯的状态为输入变量，分别用 R、A、G 表示，并规定灯亮时为 **1**，不亮时为 **0**。取故障信号为输出变量，以 Z 表示，并规定正常工作状态下，即只有一盏灯亮时 Z 为 **0**；发生故障时，即三盏灯都不亮、有两盏灯或者三盏灯亮时 Z 为 **1**。如图 4.3.3 所示。

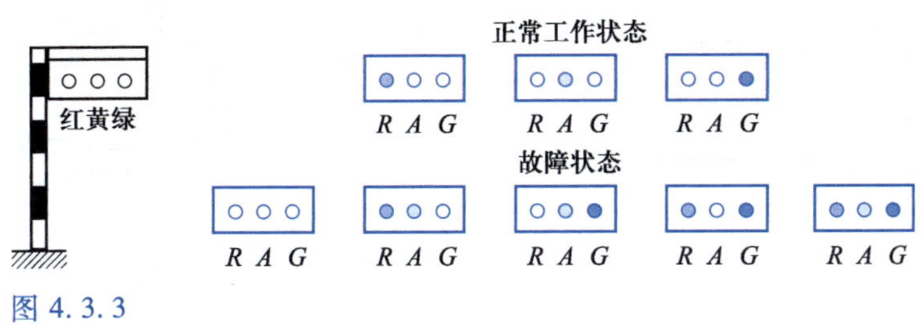

图 4.3.3

交通信号灯的正常工作状态和故障状态

从而可以列出如表 4.3.3 所示的真值表。

表 4.3.3 例 4.3.3 的真值表

输入			输出
R	A	G	Z
0	**0**	**0**	**1**
0	**0**	**1**	**0**
0	**1**	**0**	**0**
0	**1**	**1**	**1**
1	**0**	**0**	**0**
1	**0**	**1**	**1**
1	**1**	**0**	**1**
1	**1**	**1**	**1**

(2) 由真值表写出逻辑函数式：

$$Z=\bar{R}\bar{A}\bar{G}+\bar{R}AG+R\bar{A}G+RA\bar{G}+RAG \tag{4.3.1}$$

(3) 再选用小规模集成门电路。

(4) 填卡诺图，如图 4.3.4 所示。逻辑函数式化简。

$$Z=\bar{R}\bar{A}\bar{G}+RA+RG+AG \tag{4.3.2}$$

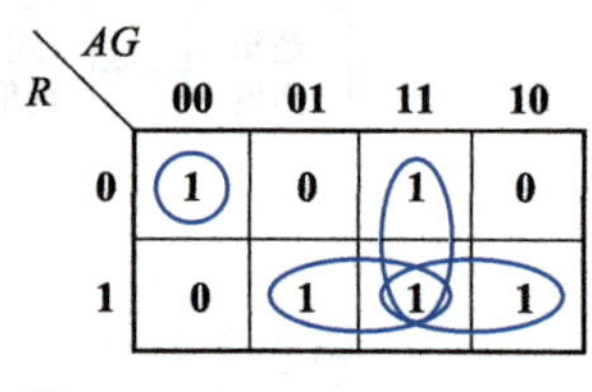

图 4.3.4

例 4.3.3 的卡诺图

(5) 画出如图 4.3.5 所示由反相器、**与**门和**或**门构成的逻辑电路图。

如果要求用**与非**门和反相器实现电路，那么需要将化简后的逻辑函数式进行转换，转换为下面的式子：

$$Z=\overline{\overline{\bar{R}\bar{A}\bar{G}+RA+RG+AG}}=\overline{\overline{\bar{R}\bar{A}\bar{G}}\cdot\overline{RA}\cdot\overline{RG}\cdot\overline{AG}} \tag{4.3.3}$$

根据化简结果画出的逻辑电路图如图 4.3.6 所示。

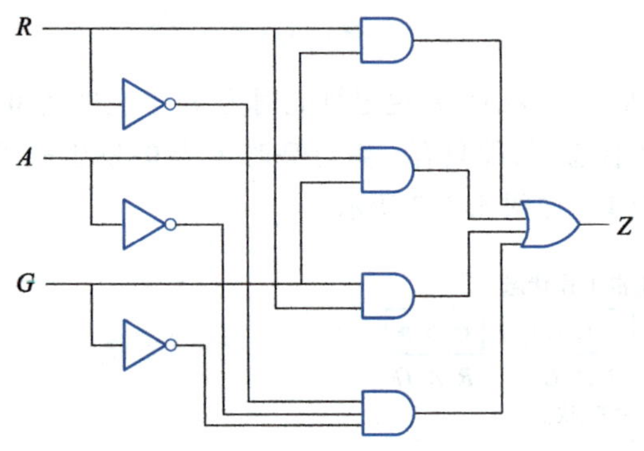

图 4.3.5

例 4.3.3 由反相器、**与**门和**或**门组成的逻辑电路图

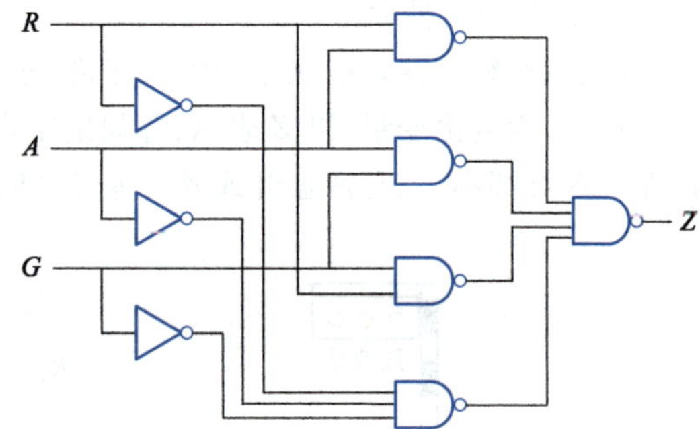

图 4.3.6

例 4.3.3 由反相器和**与非**门构成的逻辑电路图

4.4 常用组合逻辑电路模块

许多具有特定功能的常用组合逻辑电路，如编码器、译码器、数据选择器、加法器、数值比较器、编码器等，作为基本电路模块被制作成单个的中规模集成芯片。在实现复杂的数字电路系统时，可以调用这些模块，作为设计电路的组成部分。

4.4.1 编码器

在二值逻辑电路中，信号都是以高、低电平的形式给出的。编码就是将输入的每一个高、低电平信号编成一个对应的二进制代码，编码器就是具有编码功能的逻辑电路。

编码器可分为普通编码器和优先编码器两类。按照代码种类的不同，又可以分为二进制编码器和二-十进制编码器。

1. 普通编码器

在普通编码器中，任何时候只允许输入一个有效编码信号，否则输出就会发生混乱。从图

4.4.1 可以看出，普通编码器有 2^n 个输入，n 位二进制码输出。

下面以 3 位二进制普通编码器为例，说明其工作原理。

在如图 4.4.2 所示的框图中，输入是 $I_0 \sim I_7$ 八个高电平有效的信号，输出是 3 位二进制代码 $Y_2Y_1Y_0$。因此，也称为 8 线-3 线编码器。

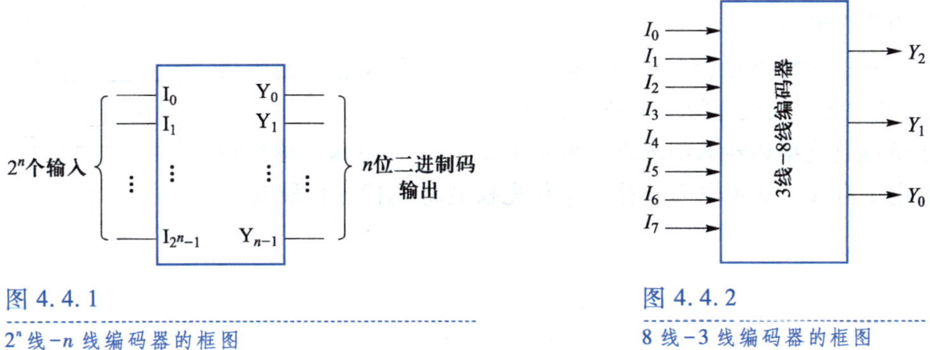

图 4.4.1

2^n 线-n 线编码器的框图

图 4.4.2

8 线-3 线编码器的框图

真值表如表 4.4.1 所示，从真值表可以看出任何时刻 $I_0 \sim I_7$ 当中仅有一个取值为 **1**。

表 4.4.1　8 线-3 线进制编码器的真值表

输入								输出		
I_0	I_1	I_2	I_3	I_4	I_5	I_6	I_7	Y_2	Y_1	Y_0
1	**0**	**0**	**0**	**0**	**0**	**0**	**0**	**0**	**0**	**0**
0	**1**	**0**	**0**	**0**	**0**	**0**	**0**	**0**	**0**	**1**
0	**0**	**1**	**0**	**0**	**0**	**0**	**0**	**0**	**1**	**0**
0	**0**	**0**	**1**	**0**	**0**	**0**	**0**	**0**	**1**	**1**
0	**0**	**0**	**0**	**1**	**0**	**0**	**0**	**1**	**0**	**0**
0	**0**	**0**	**0**	**0**	**1**	**0**	**0**	**1**	**0**	**1**
0	**0**	**0**	**0**	**0**	**0**	**1**	**0**	**1**	**1**	**0**
0	**0**	**0**	**0**	**0**	**0**	**0**	**1**	**1**	**1**	**1**

将真值表写成对应的逻辑函数式，可以得到 Y_2 的函数式：

$$
\begin{aligned}
Y_2 &= \overline{I_7}\,\overline{I_6}\,\overline{I_5}I_4\,\overline{I_3}\,\overline{I_2}\,\overline{I_1}\,\overline{I_0}+\overline{I_7}\,\overline{I_6}I_5\,\overline{I_4}\,\overline{I_3}\,\overline{I_2}\,\overline{I_1}\,\overline{I_0} \\
&\quad +\overline{I_7}I_6\,\overline{I_5}\,\overline{I_4}\,\overline{I_3}\,\overline{I_2}\,\overline{I_1}\,\overline{I_0}+I_7\,\overline{I_6}\,\overline{I_5}\,\overline{I_4}\,\overline{I_3}\,\overline{I_2}\,\overline{I_1}\,\overline{I_0}
\end{aligned}
\tag{4.4.1}
$$

利用约束项化简，得到

$$Y_2 = I_4+I_5+I_6+I_7 \tag{4.4.2}$$

同理，可以得到

$$
\begin{aligned}
Y_1 &= I_2+I_3+I_6+I_7 \\
Y_0 &= I_1+I_3+I_5+I_7
\end{aligned}
\tag{4.4.3}
$$

根据化简后的逻辑函数式，可以得出由三个**或**门组成的 3 位二进制编码器电路，如图 4.4.3 所示。

普通编码器特别需要注意的是:不能同时输入两个以上的有效编码信号!

2. 优先编码器

在实际应用中,经常有两个或更多输入编码信号同时有效的情况。必须根据轻重缓急,规定好这些外设允许操作的先后次序,即优先级别。能识别多个编码请求信号的优先级别,并进行相应编码的逻辑部件称为优先编码器。

优先编码器的特点是:允许同时输入两个或两个以上的编码信号,但只对其中优先权最高的一个进行编码。

8 线-3 线优先编码器的编码表如表 4.4.2 所示,注意输入输出信号都是高电平有效。从表中可以看出,I_7优先权最高,I_0优先权最低。

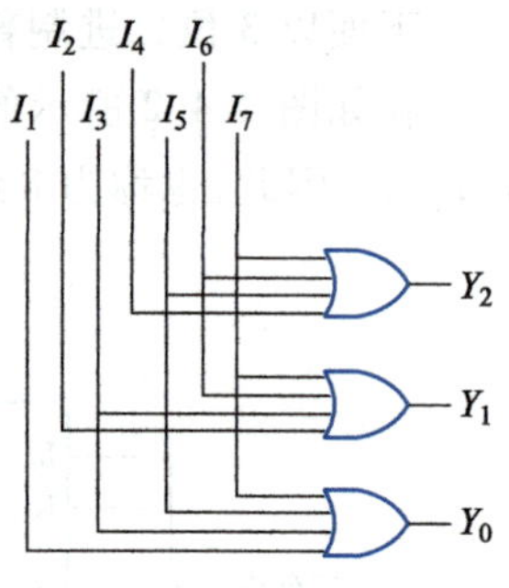

图 4.4.3

3 位二进制编码器

表 4.4.2 8 线-3 线优先编码器

输入								输出		
I_0	I_1	I_2	I_3	I_4	I_5	I_6	I_7	Y_2	Y_1	Y_0
X	X	X	X	X	X	X	1	1	1	1
X	X	X	X	X	X	1	0	1	1	0
X	X	X	X	X	1	0	0	1	0	1
X	X	X	X	1	0	0	0	1	0	0
X	X	X	1	0	0	0	0	0	1	1
X	X	1	0	0	0	0	0	0	1	0
X	1	0	0	0	0	0	0	0	0	1
1	0	0	0	0	0	0	0	0	0	0

从编码表可以得到输出量 Y_2的逻辑函数式:

$$\begin{aligned} Y_2 &= \bar{I}_7\,\bar{I}_6\,\bar{I}_5 I_4\,\bar{I}_3\,\bar{I}_2\,\bar{I}_1\,\bar{I}_0+\bar{I}_7\,\bar{I}_6 I_5\,\bar{I}_4\,\bar{I}_3\,\bar{I}_2\,\bar{I}_1\,\bar{I}_0 \\ &\quad +\bar{I}_7 I_6\,\bar{I}_5\,\bar{I}_4\,\bar{I}_3\,\bar{I}_2\,\bar{I}_1\,\bar{I}_0+I_7\,\bar{I}_6\,\bar{I}_5\,\bar{I}_4\,\bar{I}_3\,\bar{I}_2\,\bar{I}_1\,\bar{I}_0 \end{aligned} \tag{4.4.4}$$

运用公式 $A+\bar{A}B=A+B$ 化简后得到

$$Y_2=I_7+I_6+I_5+I_4 \tag{4.4.5}$$

同理,可得到输出量 Y_1、Y_0的逻辑函数式和化简式:

$$\begin{aligned} Y_1 &= I_7+\bar{I}_7 I_6+\bar{I}_7\,\bar{I}_6\,\bar{I}_5\,\bar{I}_4 I_3+\bar{I}_7\,\bar{I}_6\,\bar{I}_5\,\bar{I}_4\,\bar{I}_3 I_2 \\ &= I_7+I_6+\bar{I}_5\,\bar{I}_4 I_3+\bar{I}_5\,\bar{I}_4 I_2 \end{aligned} \tag{4.4.6}$$

$$\begin{aligned} Y_0 &= I_7+\bar{I}_7\,\bar{I}_6 I_5+\bar{I}_7\,\bar{I}_6\,\bar{I}_5\,\bar{I}_4 I_3+\bar{I}_7\,\bar{I}_6\,\bar{I}_5\,\bar{I}_4\,\bar{I}_3\,\bar{I}_2 I_1 \\ &= I_7+\bar{I}_6 I_5+\bar{I}_6\,\bar{I}_4 I_3+\bar{I}_6\,\bar{I}_4\,\bar{I}_2 I_1 \end{aligned} \tag{4.4.7}$$

下面以 8 线-3 线优先编码器 74HC148 为例进行详细说明。

74HC148 的逻辑框图如图 4.4.4 所示,内部逻辑图如图 4.4.5 所示,输入输出都是低电平有效。

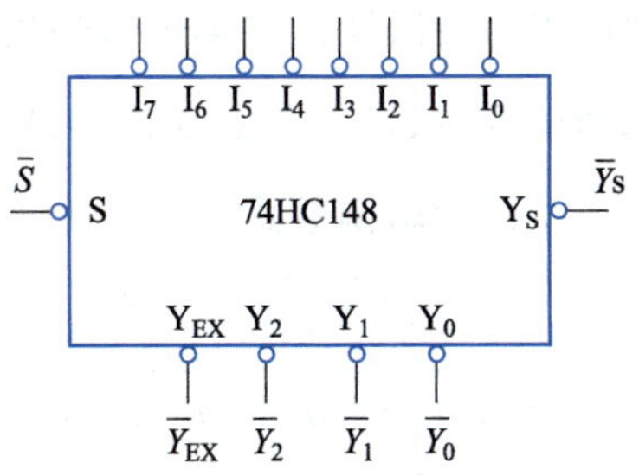

图 4.4.4

74HC148 逻辑框图

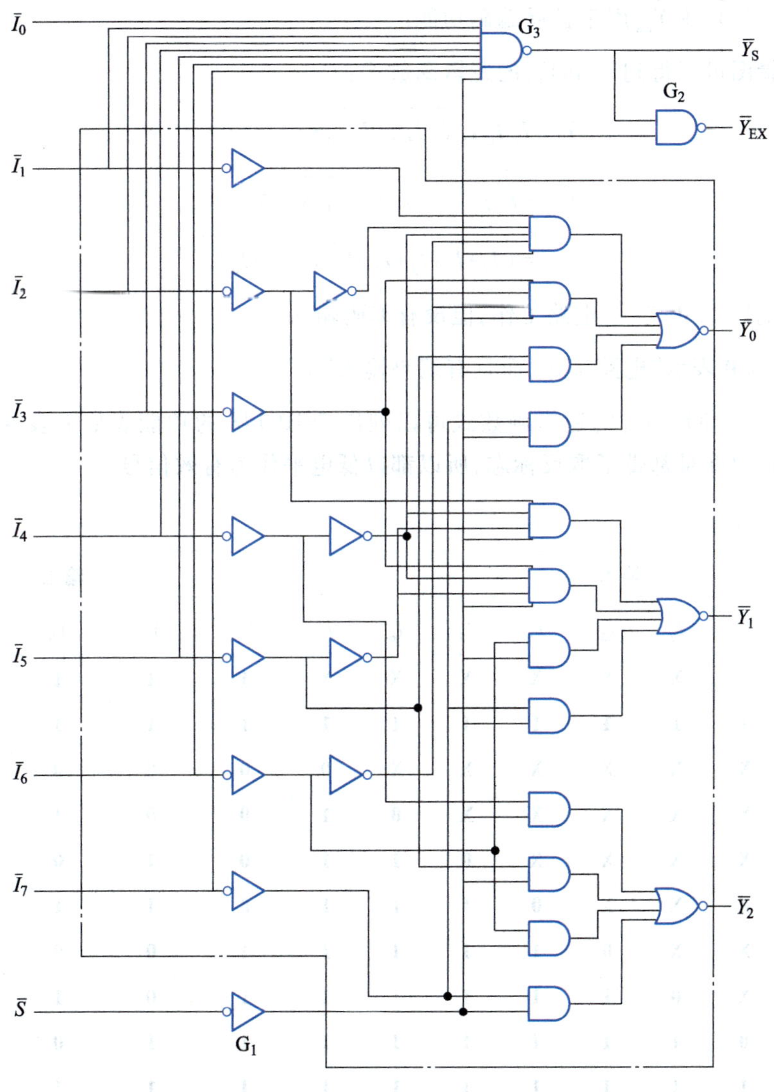

图 4.4.5

74HC148 内部逻辑图

为了扩展电路的功能和增加使用的灵活性，在 74HC148 的逻辑电路中附加了由门 G_1、G_2和 G_3组成的控制电路。其中 $\overline{S}$ 为选通输入端，$\overline{Y}_S$ 为选通输出端，$\overline{Y}_{EX}$为扩展端。

从内部逻辑图可以得到$\overline{Y}_2$、$\overline{Y}_1$、$\overline{Y}_0$ 的逻辑函数式：

$$\overline{Y}_2=\overline{(I_7+I_6+I_5+I_4)S} \tag{4.4.8}$$

$$\overline{Y}_1=\overline{(I_7+I_6+\overline{I}_5\,\overline{I}_4\,I_3+I_2\,\overline{I}_4\,\overline{I}_5)S} \tag{4.4.9}$$

$$\overline{Y}_0=\overline{(I_7+\overline{I}_6I_5+I_3\,\overline{I}_4\,\overline{I}_6+I_1\overline{I}_2\,\overline{I}_4\,\overline{I}_6)S} \tag{4.4.10}$$

只有在 $\overline{S}=\mathbf{0}$ 的条件下，编码器才能正常工作。

附加输出信号$\overline{Y}_S$ 和$\overline{Y}_{EX}$用于扩展编码功能。

从内部逻辑图可以得到$\overline{Y}_S$ 和$\overline{Y}_{EX}$的逻辑函数式：

$$\begin{aligned}\overline{Y}_S&=\overline{\overline{I}_7\,\overline{I}_6\,\overline{I}_5\,\overline{I}_4\,\overline{I}_3\,\overline{I}_2\,\overline{I}_1\,\overline{I}_0S}\\ \overline{Y}_{EX}&=\overline{\overline{\overline{I}_7\,\overline{I}_6\,\overline{I}_5\,\overline{I}_4\,\overline{I}_3\,\overline{I}_2\,\overline{I}_1\,\overline{I}_0S}\cdot S}\\ &=\overline{(I_7+I_6+I_5+I_4+I_3+I_2+I_1+I_0)S}\end{aligned} \tag{4.4.11}$$

选通输出端$\overline{Y}_S$ 为 **0** 表示“电路工作，但没有编码输入”。

扩展端$\overline{Y}_{EX}$为 **0** 表示“电路工作，而且有编码输入”。

根据$\overline{Y}_2$、$\overline{Y}_1$、$\overline{Y}_0$ 和$\overline{Y}_S$、$\overline{Y}_{EX}$的逻辑函数式可以列出 74HC148 的功能表如下表 4.4.3 所示。因为它的输入和输出变量都带了取反标志，所以都以低电平作为有效信号。

表 4.4.3　74HC148 的功能表

输入									输出				
$\overline{S}$	$\overline{I}_0$	$\overline{I}_1$	$\overline{I}_2$	$\overline{I}_3$	$\overline{I}_4$	$\overline{I}_5$	$\overline{I}_6$	$\overline{I}_7$	$\overline{Y}_2$	$\overline{Y}_1$	$\overline{Y}_0$	$\overline{Y}_S$	$\overline{Y}_{EX}$
1	X	X	X	X	X	X	X	X	**1**	**1**	**1**	**1**	**1**
0	**1**	**1**	**1**	**1**	**1**	**1**	**1**	**1**	**1**	**1**	**1**	**0**	**1**
0	X	X	X	X	X	X	X	**0**	**0**	**0**	**0**	**1**	**0**
0	X	X	X	X	X	X	**0**	**1**	**0**	**0**	**1**	**1**	**0**
0	X	X	X	X	X	**0**	**1**	**1**	**0**	**1**	**0**	**1**	**0**
0	X	X	X	X	**0**	**1**	**1**	**1**	**0**	**1**	**1**	**1**	**0**
0	X	X	X	**0**	**1**	**1**	**1**	**1**	**1**	**0**	**0**	**1**	**0**
0	X	X	**0**	**1**	**1**	**1**	**1**	**1**	**1**	**0**	**1**	**1**	**0**
0	X	**0**	**1**	**1**	**1**	**1**	**1**	**1**	**1**	**1**	**0**	**1**	**0**
0	**0**	**1**	**1**	**1**	**1**	**1**	**1**	**1**	**1**	**1**	**1**	**1**	**0**

从表中可以看出，在 $\overline{S}=\mathbf{0}$ 电路正常工作状态下，允许$\overline{I}_0\sim\overline{I}_7$ 中可以同时有几个输入端为低电

平。$\bar{I}_7$ 优先权最高，$\bar{I}_0$ 的优先权最低。

74HC148 的引脚排列图和逻辑功能示意图如图 4.4.6 所示。

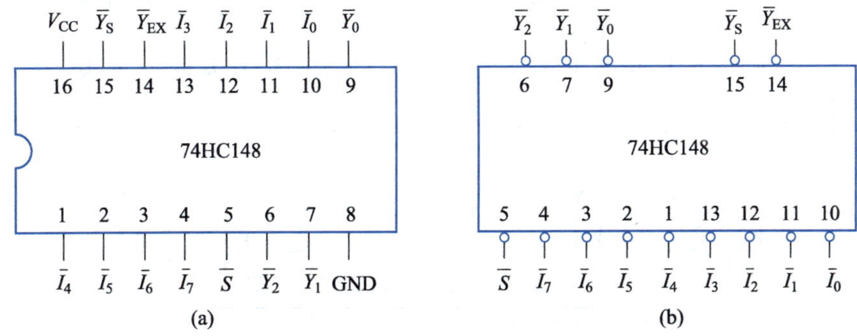

图 4.4.6

74HC148 引脚排列图和逻辑功能示意图

(a) 引脚排列图 (b) 逻辑功能示意图

附加输出信号 $\bar{Y}_S$ 和 $\bar{Y}_{EX}$ 的状态及含义如表 4.4.4 所示。

表 4.4.4 74HC148 附加输出信号的状态及含义

$\bar{Y}_S$	$\bar{Y}_{EX}$	状态
1	**1**	不工作
0	**1**	工作，但无输入
1	**0**	工作，且有输入
0	**0**	不可能出现

通常，应用附加控制端 $\bar{S}$、$\bar{Y}_S$ 和 $\bar{Y}_{EX}$ 可以实现功能扩展。示例说明。

【例 4.4.1】 试用 8 线–3 线优先编码器 74HC148 接成 16 线–4 线优先编码器，将 $\bar{A}_0 \sim \bar{A}_{15}$ 16 个低电平输入信号编为 **0000~1111**，共 16 个 4 位二进制代码，其中，$\bar{A}_{15}$ 的优先权最高，$\bar{A}_0$ 的优先权最低。

解： 由于每片 74HC148 只有 8 个编码输入，所以需要两个 74HC148 才能组合成一个 16 线–4 线优先编码器。

将 $\bar{A}_{15} \sim \bar{A}_8$ 8 个优先权高的输入信号接到第 1 片的 $\bar{I}_7 \sim \bar{I}_0$，将 $\bar{A}_7 \sim \bar{A}_0$ 8 个优先权低的输入信号接到第 2 片的 $\bar{I}_7 \sim \bar{I}_0$。

按照优先顺序的要求，只有第 1 片无编码信号输入时，第 2 片才允许工作。因此，只要将第 1 片的“无编码信号输入”信号 $\bar{Y}_S$ 作为第 2 片的选通输入信号 $\bar{S}$ 就行了。

此外，当第 1 片有编码信号输入时，它的 $\bar{Y}_{EX}=\mathbf{0}$，无编码信号输入时 $\bar{Y}_{EX}=\mathbf{1}$，正好可以用它作为输出编码的第 4 位，以区分 8 个高优先权输入信号和 8 个低优先权输入信号的编码。编码输出的低 3 位应为两片输出 Y_2, Y_1, Y_0 的逻辑**或**，即两片输出 $\overline{Y}_2, \overline{Y}_1, \overline{Y}_0$ 的**与非**。

根据上面的分析，便得到了如图 4.4.7 所示的逻辑图。

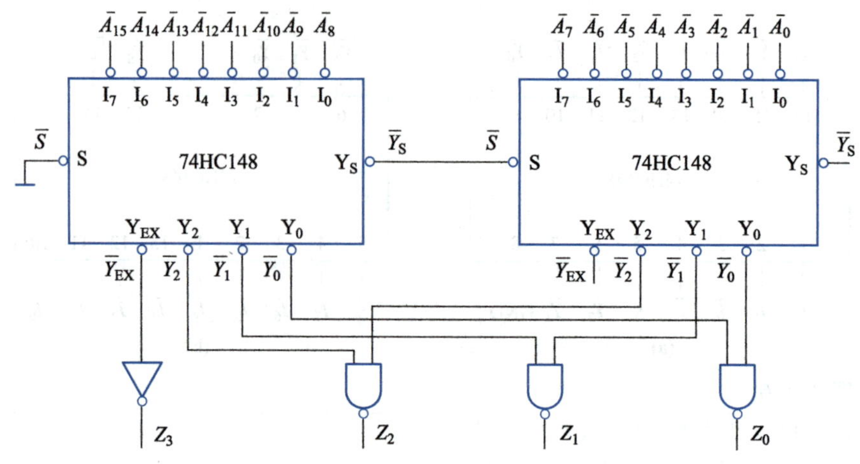

图 4.4.7

两片 74HC148 接成的 16 线-4 线优先编码器

由图可见，当 $\overline{A}_{15} \sim \overline{A}_8$ 全部为高电平，即第一片没有编码输入信号时，片 1 的 $\overline{Y}_S = \mathbf{0}$，从而片 2 的 $\overline{S} = \mathbf{0}$，处于编码工作状态，对 $\overline{A}_7 \sim \overline{A}_0$ 输入的低电平信号中优先权最高的一个进行编码。

反之，当 $\overline{A}_{15} \sim \overline{A}_8$ 中任意一个为高电平时，第一片工作，第二片禁止。

4.4.2 二进制译码器

译码是编码的逆过程，它能将二进制码翻译成代表某一特定含意的输出信号（即电路的某种状态）。具有译码功能的逻辑电路称为译码器。

二进制译码器

译码器可以分为二进制译码器、二-十进制译码器和显示译码器等。

1. 二进制译码器

二进制译码器的输入是一组二进制代码，输出是一组与输入代码一一对应的高、低电平信号。3 位二进制译码器的框图如图 4.4.8 所示。输入的 3 位二进制代码共有 8 种状态，译码器将每个输入代码译成对应的一根输出线上的高电平信号。因此，也称为 3 线-8 线译码器。它的真值表如表 4.4.5 所示。

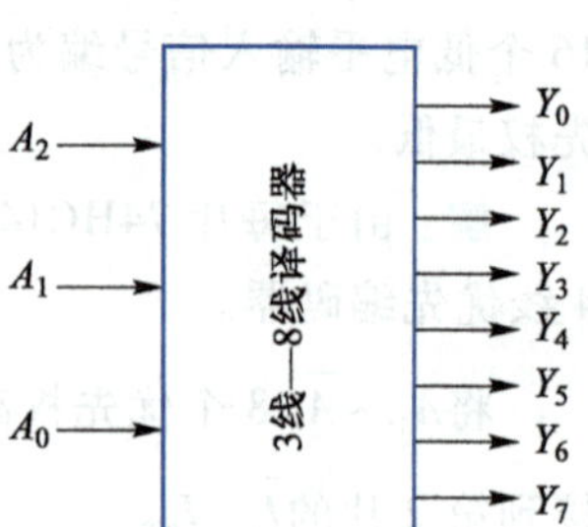

图 4.4.8

3 位二进制译码器的框图

从真值表可以得到逻辑表达式：

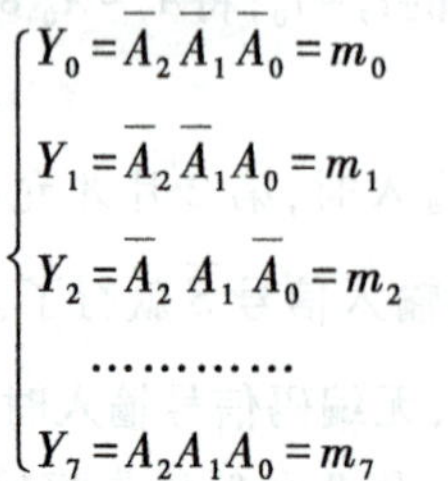

$$\begin{cases} Y_0 = \overline{A}_2 \overline{A}_1 \overline{A}_0 = m_0 \\ Y_1 = \overline{A}_2 \overline{A}_1 A_0 = m_1 \\ Y_2 = \overline{A}_2 A_1 \overline{A}_0 = m_2 \\ \cdots\cdots\cdots\cdots \\ Y_7 = A_2 A_1 A_0 = m_7 \end{cases} \tag{4.4.12}$$

74HC138 就是用 CMOS 门电路组成的 3 线-8 线译码器，它的逻辑图和框图如图 4.4.9 所示，其中 S_1、$\overline{S}_2$、$\overline{S}_3$ 为附加控制端。

表 4.4.5　3 位二进制译码器的真值表

输入			输出							
A_2	A_1	A_0	Y_7	Y_6	Y_5	Y_4	Y_3	Y_2	Y_1	Y_0
0	0	0	0	0	0	0	0	0	0	1
0	0	1	0	0	0	0	0	0	1	0
0	1	0	0	0	0	0	0	1	0	0
0	1	1	0	0	0	0	1	0	0	0
1	0	0	0	0	0	1	0	0	0	0
1	0	1	0	0	1	0	0	0	0	0
1	1	0	0	1	0	0	0	0	0	0
1	1	1	1	0	0	0	0	0	0	0

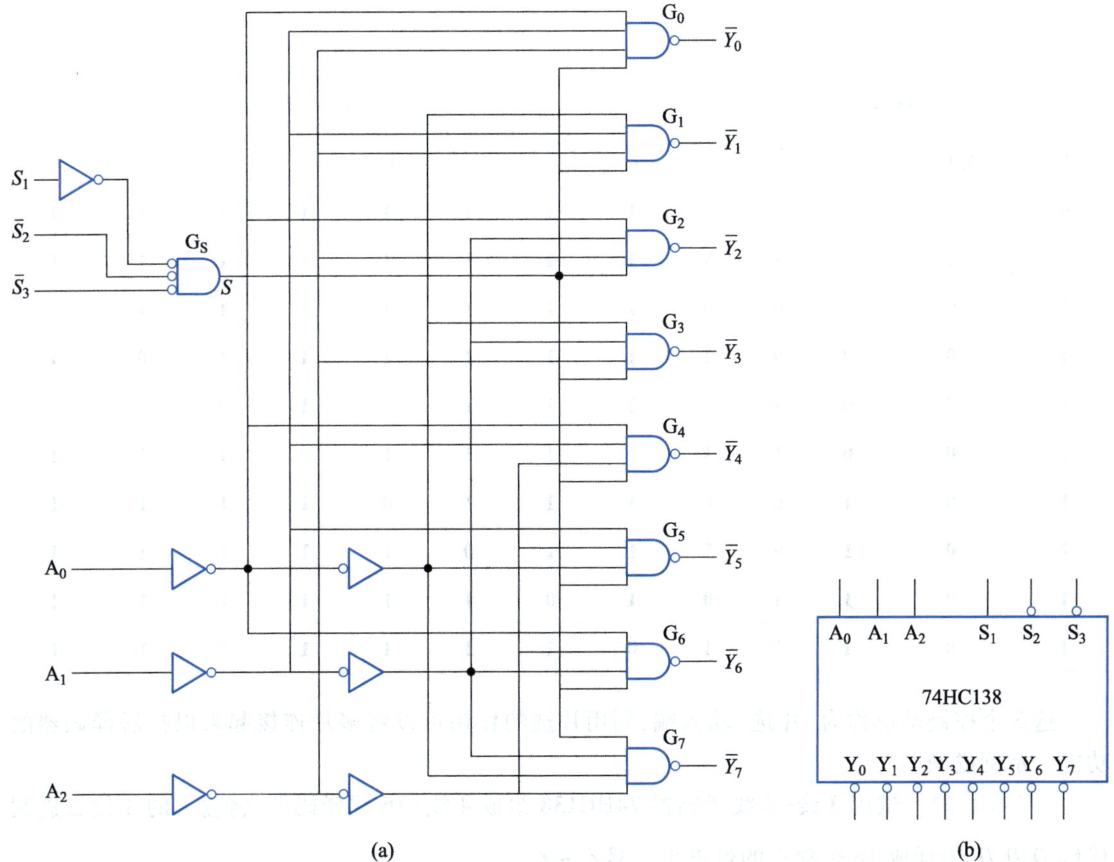

图 4.4.9

3 线-8 线译码器 74HC138

(a) 内部逻辑图　(b) 逻辑框图

由内部逻辑图可以得到

$$\overline{Y}_i = \overline{Sm_i} \tag{4.4.13}$$

当门电路 G_S 的输出为高电平即 $S=\mathbf{1}$ 时，可以得到 $\overline{Y}_i=\overline{m}_i$，即

$$\begin{cases} \overline{Y}_0 = \overline{\overline{A}_2\ \overline{A}_1\ \overline{A}_0} = \overline{m}_0 \\ \overline{Y}_1 = \overline{\overline{A}_2\ \overline{A}_1\ A_0} \\ \cdots\cdots\cdots\cdots \\ \overline{Y}_7 = \overline{A_2\ A_1\ A_0} = \overline{m}_7 \end{cases} \tag{4.4.14}$$

从上式可以看出，$\overline{Y}_0 \sim \overline{Y}_7$ 同时也是 A_2、A_1、A_0 这三个变量的全部最小项的译码输出。

74HC138 有 3 个附加的控制端 S_1、$\overline{S}_2$ 和 $\overline{S}_3$。

$$S = S_1 S_2 S_3 = \overline{\overline{S_1 S_2 S_3}} = \overline{\overline{S}_1 + \overline{S}_2 + \overline{S}_3} = S_1 \cdot \overline{(\overline{S}_2 + \overline{S}_3)} \tag{4.4.15}$$

当 $S_1=\mathbf{1}$，$\overline{S}_2+\overline{S}_3=\mathbf{0}$ 时，$S=\mathbf{1}$，译码器处于工作状态。否则，译码器被禁止，所有的输出端被封锁在高电平，如功能表 4.4.6 所示。

表 4.4.6　74HC138 的功能表

输入					输出							
S_1	$\overline{S}_2+\overline{S}_3$	A_2	A_1	A_0	$\overline{Y}_7$	$\overline{Y}_6$	$\overline{Y}_5$	$\overline{Y}_4$	$\overline{Y}_3$	$\overline{Y}_2$	$\overline{Y}_1$	$\overline{Y}_0$
0	X	X	X	X	**1**	**1**	**1**	**1**	**1**	**1**	**1**	**1**
X	**1**	X	X	X	**1**	**1**	**1**	**1**	**1**	**1**	**1**	**1**
1	**0**	**0**	**0**	**0**	**1**	**1**	**1**	**1**	**1**	**1**	**1**	**0**
1	**0**	**0**	**0**	**1**	**1**	**1**	**1**	**1**	**1**	**1**	**0**	**1**
1	**0**	**0**	**1**	**0**	**1**	**1**	**1**	**1**	**1**	**0**	**1**	**1**
1	**0**	**0**	**1**	**1**	**1**	**1**	**1**	**1**	**0**	**1**	**1**	**1**
1	**0**	**1**	**0**	**0**	**1**	**1**	**1**	**0**	**1**	**1**	**1**	**1**
1	**0**	**1**	**0**	**1**	**1**	**1**	**0**	**1**	**1**	**1**	**1**	**1**
1	**0**	**1**	**1**	**0**	**1**	**0**	**1**	**1**	**1**	**1**	**1**	**1**
1	**0**	**1**	**1**	**1**	**0**	**1**	**1**	**1**	**1**	**1**	**1**	**1**

这 3 个控制端也称为"片选"输入端，利用片选的作用可以将多片连接起来以扩展译码器的功能。示例说明。

【例 4.4.2】 试用 3 线-8 线译码器 74HC138 组成 4 线-16 线译码器，将输入的 4 位二进制代码 $D_3D_2D_1D_0$ 译成 16 个独立的低电平信号 $\overline{Z}_0 \sim \overline{Z}_{15}$。

解： 74HC138 仅有 3 个地址输入端 A_3、A_2、A_1。如果要对 4 位二进制代码译码，只能利用 S_1、$\overline{S}_2$、$\overline{S}_3$ 这三个附加控制端中的 1 个作为第 4 个地址输入端。

取第 1 片 74HC138 的$\overline{S}_2$和$\overline{S}_3$作为它的第四个地址输入端，同时令 $S_1=\mathbf{1}$，取第 2 片的 S_1 作为它的第四个地址输入端，同时令$\overline{S}_2=\overline{S}_3=\mathbf{0}$，取两片的 $A_2=D_2, A_1=D_1, A_0=D_0$，并将第 1 片的$\overline{S}_2$和$\overline{S}_3$接 D_3，将第 2 片的 S_1 接 D_3，如图 4.4.10 所示。得到两片 74HC138 的输出分别为

$$\begin{cases}\overline{Z}_0=\overline{\overline{D}_3\,\overline{D}_2\,\overline{D}_1\,\overline{D}_0}=\overline{m}_0\\ \overline{Z}_1=\overline{\overline{D}_3\,\overline{D}_2\,\overline{D}_1\,D_0}=\overline{m}_1\\ \cdots\cdots\cdots\cdots\\ \overline{Z}_7=\overline{\overline{D}_3\,D_2\,D_1\,D_0}=\overline{m}_7\end{cases}$$
$$\begin{cases}\overline{Z}_8=\overline{D_3\,\overline{D}_2\,\overline{D}_1\,\overline{D}_0}=\overline{m}_8\\ \overline{Z}_9=\overline{D_3\,\overline{D}_2\,\overline{D}_1\,D_0}=\overline{m}_9\\ \cdots\cdots\cdots\cdots\\ \overline{Z}_{15}=\overline{D_3D_2D_1D_0}=\overline{m}_{15}\end{cases} \tag{4.4.16}$$

即

$$\overline{Z}_i=\overline{m}_i \tag{4.4.17}$$

当 $D_3=\mathbf{0}$ 时，第 1 片 74HC138 工作，第 2 片禁止，将 $D_3D_2D_1D_0$的 **0000～0111** 这 8 个代码译成$\overline{Z}_0$～$\overline{Z}_7$ 8 个低电平信号。

当 $D_3=\mathbf{1}$ 时，第 2 片 74HC138 工作，第 1 片禁止，将 $D_3D_2D_1D_0$的 **1000～1111** 这 8 个代码译成$\overline{Z}_8$～$\overline{Z}_{15}$ 8 个低电平信号。这样就用两个 3 线-8 线译码器扩展成一个 4 线-16 线译码器了。

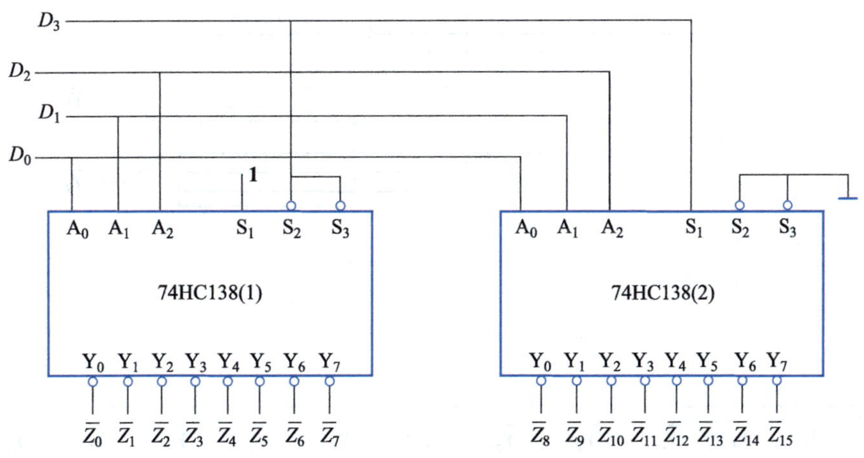

图 4.4.10
74HC138 组成 4 线-16 线译码器

2. 二-十进制译码器

把二-十进制代码翻译成 10 个十进制数字信号的电路，称为二-十进制译码器。二-十进制

译码器的输入是十进制数的 4 位二进制编码(BCD 码),分别用 A_3、A_2、A_1、A_0表示;输出的是与 10 个十进制数字相对应的 10 个信号,用$\overline{Y}_0 \sim \overline{Y}_9$ 表示。由于二-十进制译码器有 4 根输入线,10 根输出线,所以又称为 4 线-10 线译码器。

二-十进制译码器 74HC42 的逻辑图如图 4.4.11 所示。根据逻辑图可以得到$\overline{Y}_0 \sim \overline{Y}_9$ 的逻辑函数式,并可列出 74HC42 的真值表如表 4.4.7 所示。

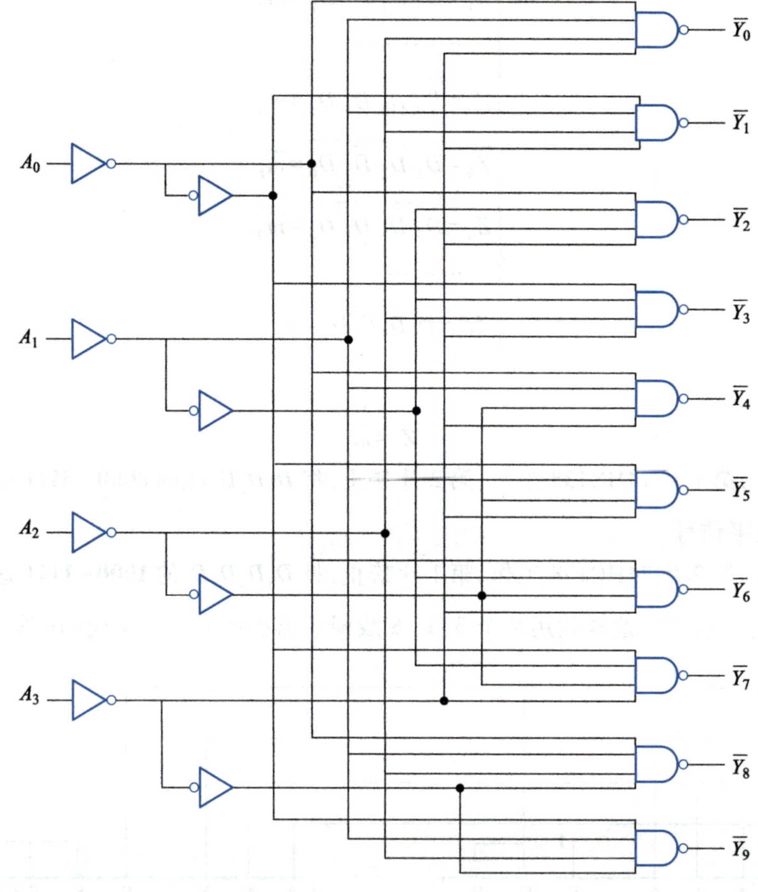

图 4.4.11

74HC42 的逻辑图

表 4.4.7　74HC42 的真值表

A_3	A_2	A_1	A_0	$\overline{Y}_0$	$\overline{Y}_1$	$\overline{Y}_2$	$\overline{Y}_3$	$\overline{Y}_4$	$\overline{Y}_5$	$\overline{Y}_6$	$\overline{Y}_7$	$\overline{Y}_8$	$\overline{Y}_9$
0	0	0	0	0	1	1	1	1	1	1	1	1	1
0	0	0	1	1	0	1	1	1	1	1	1	1	1
0	0	1	0	1	1	0	1	1	1	1	1	1	1
0	0	1	1	1	1	1	0	1	1	1	1	1	1

续表

A_3	A_2	A_1	A_0	$\overline{Y}_0$	$\overline{Y}_1$	$\overline{Y}_2$	$\overline{Y}_3$	$\overline{Y}_4$	$\overline{Y}_5$	$\overline{Y}_6$	$\overline{Y}_7$	$\overline{Y}_8$	$\overline{Y}_9$
0	1	0	0	1	1	1	1	0	1	1	1	1	1
0	1	0	1	1	1	1	1	1	0	1	1	1	1
0	1	1	0	1	1	1	1	1	1	0	1	1	1
0	1	1	1	1	1	1	1	1	1	1	0	1	1
1	0	0	0	1	1	1	1	1	1	1	1	0	1
1	0	0	1	1	1	1	1	1	1	1	1	1	0
1	0	1	0	1	1	1	1	1	1	1	1	1	1
1	0	1	1	1	1	1	1	1	1	1	1	1	1
1	1	0	0	1	1	1	1	1	1	1	1	1	1
1	1	0	1	1	1	1	1	1	1	1	1	1	1
1	1	1	0	1	1	1	1	1	1	1	1	1	1
1	1	1	1	1	1	1	1	1	1	1	1	1	1

【例 4.4.3】 利用 74HC138 设计一个多输出的组合逻辑电路，输出逻辑函数式为

$$\begin{cases} Z_1 = A\overline{C}+\overline{A}BC+A\overline{B}C \\ Z_2 = BC+\overline{A}\,\overline{B}C \\ Z_3 = \overline{A}B+A\overline{B}C \\ Z_4 = \overline{A}B\overline{C}+\overline{B}\,\overline{C}+ABC \end{cases} \tag{4.4.18}$$

解：(1) 将函数式变换为最小项之和的形式

$$\begin{cases} Z_1 = AB\overline{C}+A\overline{B}\,\overline{C}+\overline{A}BC+A\overline{B}C = \sum m(3,4,5,6) \\ Z_2 = ABC+\overline{A}BC+\overline{A}\,\overline{B}C = \sum m(1,3,7) \\ Z_3 = \overline{A}BC+\overline{A}B\overline{C}+A\overline{B}C = \sum m(2,3,5) \\ Z_4 = \overline{A}B\overline{C}+A\overline{B}\,\overline{C}+\overline{A}\,\overline{B}\,\overline{C}+ABC = \sum m(0,2,4,7) \end{cases} \tag{4.4.19}$$

(2) 通过两次取反，将函数式变换为**与非**的形式

$$\begin{cases} Z_1 = \sum m(3,4,5,6) = \overline{\overline{m}_3\,\overline{m}_4\,\overline{m}_5\,\overline{m}_6} \\ Z_2 = \sum m(1,3,7) = \overline{\overline{m}_1\,\overline{m}_3\,\overline{m}_7} \\ Z_3 = \sum m(2,3,5) = \overline{\overline{m}_2\,\overline{m}_3\,\overline{m}_5} \\ Z_4 = \sum m(0,2,4,7) = \overline{\overline{m}_0\,\overline{m}_2\,\overline{m}_4\,\overline{m}_7} \end{cases} \tag{4.4.20}$$

(3) 画出逻辑图，如图 4.4.12 所示。

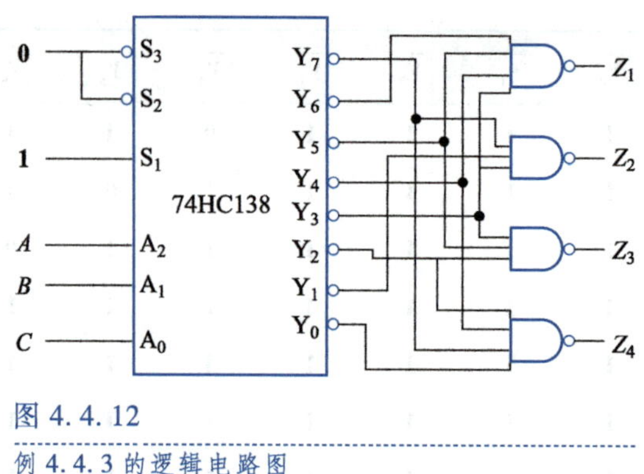

图 4.4.12

例 4.4.3 的逻辑电路图

4.4.3 显示译码器

在数字系统中,常常需要将译码输出显示成十进制数字或其他符号。因此,希望译码器能直接驱动数字显示器,或者能同显示器配合使用,这种类型的译码器称为显示译码器。显示译码器经常和七段显示器(也称七段数码管)配合使用。

如图 4.4.13 所示的框图中,脉冲信号经过计数器、译码器、驱动器送给显示器显示计数值。

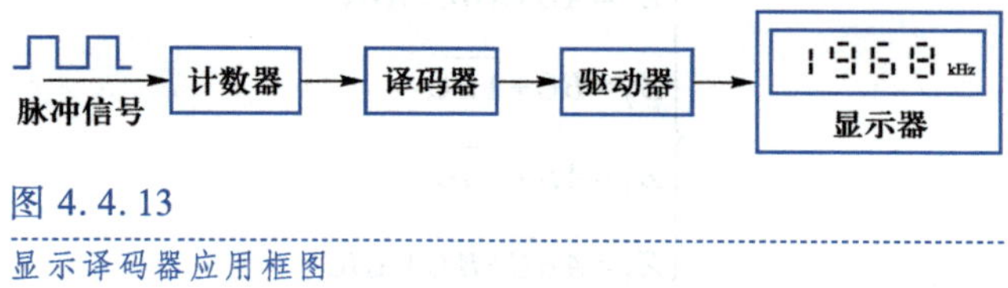

图 4.4.13

显示译码器应用框图

最常用的显示器有半导体发光二极管(LED)和液晶显示器(LCD)。半导体发光二极管的优点是工作电压低,体积小,寿命长,响应时间短,亮度高;缺点是工作电流比较大。液晶显示器的优点则是功耗极小,工作电压很低;但亮度差,响应速度较慢。

共阳极、共阴极数码管和数码管分段布局图如图 4.4.14 所示。

七段数码管需要驱动电路,使其点亮。驱动电路可以是 TTL 电路或者 CMOS 电路,其作用是将 BCD 代码转换成数码管所需要的驱动信号,共阳极数码管需要低电平驱动;共阴极数码管需要高电平驱动。

共阴极数码管 BS201A 如图 4.4.15 所示。某段加高电平时,则点亮,加低电平时,则熄灭。如果显示某一数字如“3”,则 $abcdg=\mathbf{11111}$,$fe=\mathbf{00}$。

七段显示译码器是用来驱动七段数码管的专用译码器,它的输入是二-十进制代码,输出是驱动七段数码管的控制信号,即 a、b、c、d、e、f、g。框图如图 4.4.16 所示。

BCD 七段字符显示译码器 7448 的真值表如表 4.4.8 所示。

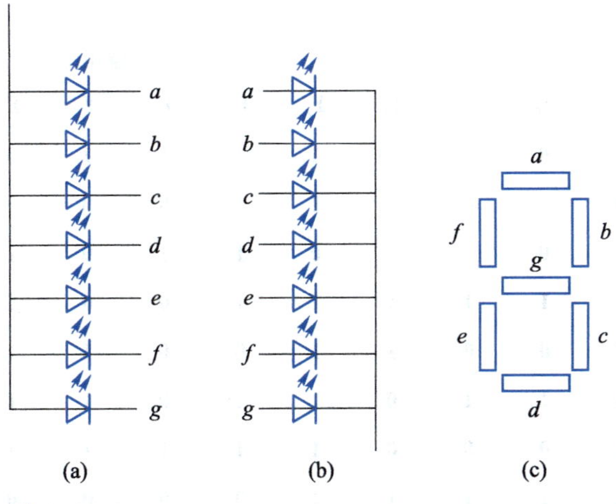

图 4.4.14

七段数码管

(a) 共阳极数码管　(b) 共阴极数码管

(c) 数码管分段布局图

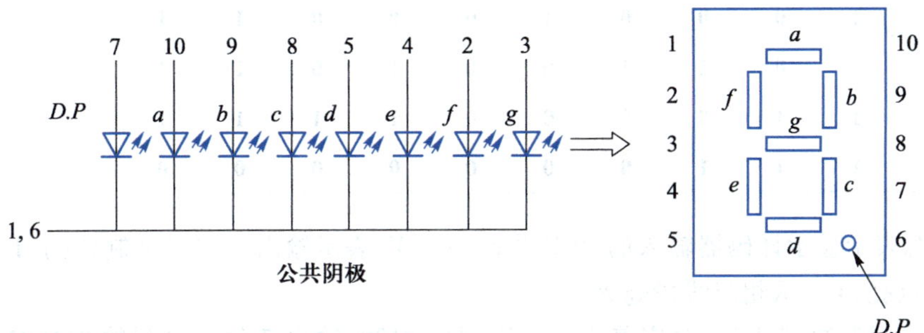

图 4.4.15

共阴极数码管 BS201A

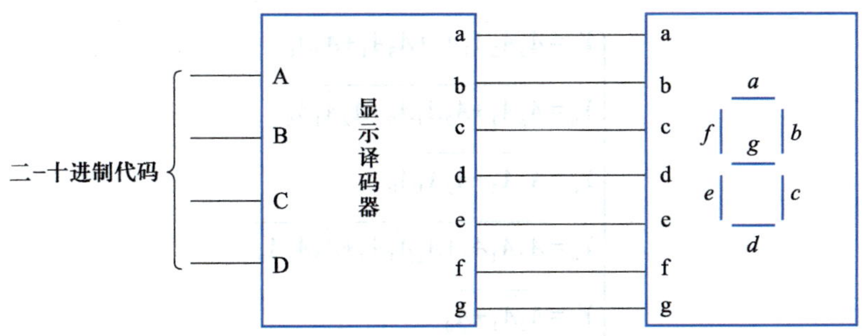

图 4.4.16

七段显示译码器框图

表 4.4.8　7448 的真值表

输入					输出							
数字	A_3	A_2	A_1	A_0	Y_a	Y_b	Y_c	Y_d	Y_e	Y_f	Y_g	字形
0	**0**	**0**	**0**	**0**	**1**	**1**	**1**	**1**	**1**	**1**	**0**	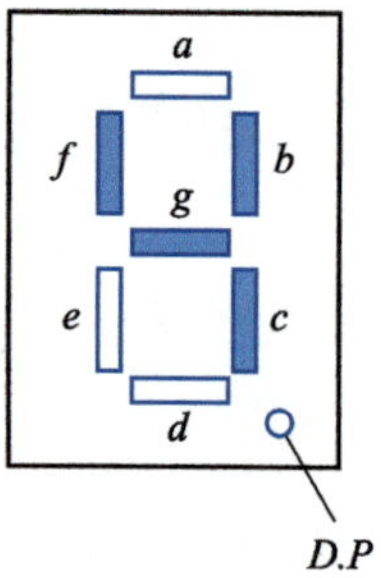
1	**0**	**0**	**0**	**1**	**0**	**1**	**1**	**0**	**0**	**0**	**0**	
2	**0**	**0**	**1**	**0**	**1**	**1**	**0**	**1**	**1**	**0**	**1**	
3	**0**	**0**	**1**	**1**	**1**	**1**	**1**	**1**	**0**	**0**	**1**	
4	**0**	**1**	**0**	**0**	**0**	**1**	**1**	**0**	**0**	**1**	**1**	
5	**0**	**1**	**0**	**1**	**1**	**0**	**1**	**1**	**0**	**1**	**1**	
6	**0**	**1**	**1**	**0**	**0**	**0**	**1**	**1**	**1**	**1**	**1**	
7	**0**	**1**	**1**	**1**	**1**	**1**	**1**	**0**	**0**	**0**	**0**	
8	**1**	**0**	**0**	**0**	**1**	**1**	**1**	**1**	**1**	**1**	**1**	
9	**1**	**0**	**0**	**1**	**1**	**1**	**1**	**0**	**0**	**1**	**1**	
10	**1**	**0**	**1**	**0**	**0**	**0**	**0**	**1**	**1**	**0**	**1**	
11	**1**	**0**	**1**	**1**	**0**	**0**	**1**	**1**	**0**	**0**	**1**	
12	**1**	**1**	**0**	**0**	**0**	**1**	**0**	**0**	**0**	**1**	**1**	
13	**1**	**1**	**0**	**1**	**1**	**0**	**0**	**1**	**0**	**1**	**1**	
14	**1**	**1**	**1**	**0**	**0**	**0**	**0**	**1**	**1**	**1**	**1**	
15	**1**	**1**	**1**	**1**	**0**	**0**	**0**	**0**	**0**	**0**	**0**	

a
f
b
g
e
c
d
D.P

$A_3A_2A_1A_0$表示显示译码器输入的 BCD 代码，$Y_a \sim Y_g$ 表示输出 7 位二进制代码，**1** 表示数码管中相应线段点亮，**0** 表示相应线段熄灭。

当输入十进制数字 4 时，对应着 4 位二进制数 **0100**，输出 7 位二进制数 **0110011**，与七段数码管相连，正好显示十进制数 4。

从得到的真值表画出 $Y_a \sim Y_g$ 的卡诺图，如图 4.4.17 所示。

采用“合并 **0** 然后求反”的化简方法将 $Y_a \sim Y_g$ 化简，得到 $Y_a \sim Y_g$ 的逻辑函数式。

$$
\begin{cases}
Y_a = \overline{\bar{A}_3\bar{A}_2\bar{A}_1A_0 + A_3A_1 + A_2\bar{A}_0} \\
Y_b = \overline{A_3A_1 + A_2A_1\bar{A}_0 + A_2\bar{A}_1A_0} \\
Y_c = \overline{A_3A_2 + \bar{A}_2A_1\bar{A}_0} \\
Y_d = \overline{A_2A_1A_0 + A_2\bar{A}_1\bar{A}_0 + \bar{A}_2\bar{A}_1A_0} \\
Y_e = \overline{A_2\bar{A}_1 + A_0} \\
Y_f = \overline{\bar{A}_3\bar{A}_2A_0 + \bar{A}_2A_1 + A_1A_0} \\
Y_g = \overline{\bar{A}_3\bar{A}_2\bar{A}_1 + A_2A_1A_0}
\end{cases}
\tag{4.4.21}
$$

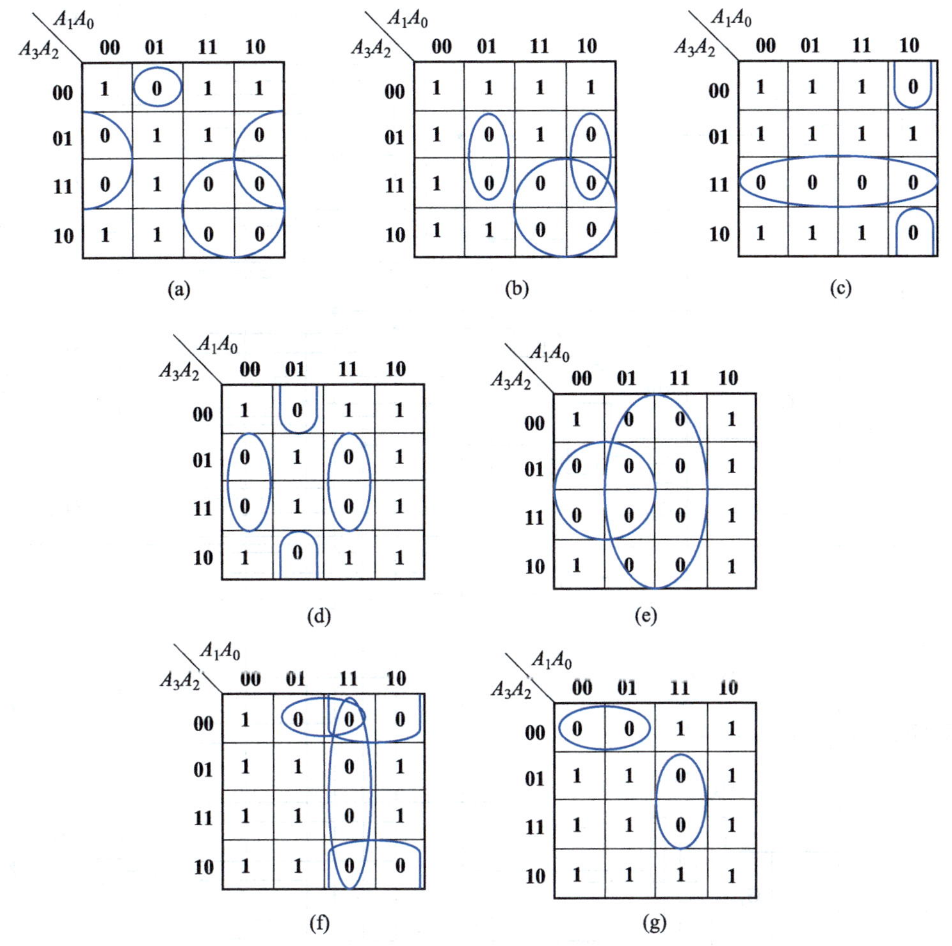

(a)

A_3A_2 \ A_1A_0	00	01	11	10
00	1	0	1	1
01	0	1	1	0
11	0	1	0	0
10	1	1	0	0

(b)

A_3A_2 \ A_1A_0	00	01	11	10
00	1	1	1	1
01	1	0	1	0
11	1	0	0	0
10	1	1	0	0

(c)

A_3A_2 \ A_1A_0	00	01	11	10
00	1	1	1	0
01	1	1	1	1
11	0	0	0	0
10	1	1	1	0

(d)

A_3A_2 \ A_1A_0	00	01	11	10
00	1	0	1	1
01	0	1	0	1
11	0	1	0	1
10	1	0	1	1

(e)

A_3A_2 \ A_1A_0	00	01	11	10
00	1	0	0	1
01	0	0	0	1
11	0	0	0	1
10	1	0	0	1

(f)

A_3A_2 \ A_1A_0	00	01	11	10
00	1	0	0	0
01	1	1	0	1
11	1	1	0	1
10	1	1	0	0

(g)

A_3A_2 \ A_1A_0	00	01	11	10
00	0	0	1	1
01	1	1	0	1
11	1	1	0	1
10	1	1	1	1

图 4.4.17

BCD 七段字符显示译码器 7448 的各段卡诺图

(a) Y_a 段　(b) Y_b 段　(c) Y_c 段　(d) Y_d 段　(e) Y_e 段　(f) Y_f 段　(g) Y_g 段

7448 的内部逻辑图如图 4.4.18 所示，逻辑框图如图 4.4.19 所示。如果不考虑图中由 G_1 ~ G_4 组成的附加控制电路的影响，那么 $Y_a \sim Y_g$ 与 A_3、A_2、A_1、A_0 之间的逻辑关系与上面的式子完全相同。

7448 的附加控制电路用于扩展电路功能。附加控制端的功能和用法如下。

(1) 灯测试输入端 $\overline{LT}$

当 $\overline{LT}=\mathbf{0}$ 时，G_4、G_5、G_6 和 G_7 的输出同时为高电平，使 $A_{12}=A_{11}=A_{10}=\mathbf{0}$，对后面的译码电路而言，与输入为 $A_2=A_1=A_0=\mathbf{0}$ 一样。由式(4.4.21)可知，$Y_a \sim Y_g$ 将全部置为 $\mathbf{1}$。

可见，只要令 $\overline{LT}=\mathbf{0}$，便可使被驱动数码管的七段同时点亮，以检查该数码管各段能否正常发光，平时应置为高电平。

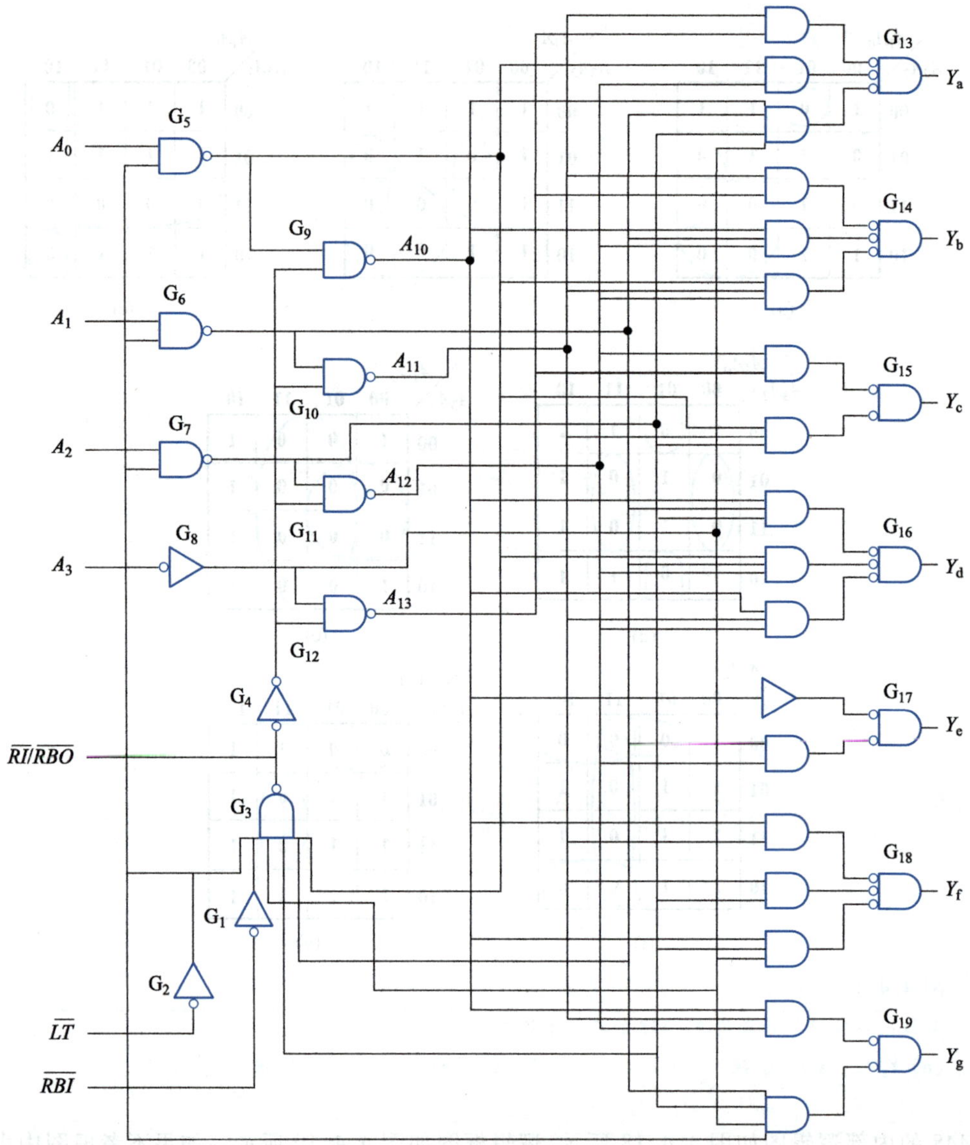

图 4.4.18

7448 的内部逻辑图

(2) 灭零输入端 $\overline{RBI}$

由内部逻辑图可知，当输入 $A_3=A_2=A_1=A_0=\mathbf{0}$ 时，应该显示 0。如果要将这个 0 熄灭，则可加入$\overline{RBI}=\mathbf{0}$ 的输入信号。这时，G_3 的输出为低电平，并经过 G_4 输出低电平使 $A_{12}=A_{11}=A_{10}=A_{13}=\mathbf{1}$。由于 $G_{13}\sim G_{19}$ 每个**非与**门都有一组输入全为高电平，所以 $Y_a\sim Y_g$ 全为低电平，使本该显示的 0 熄灭。

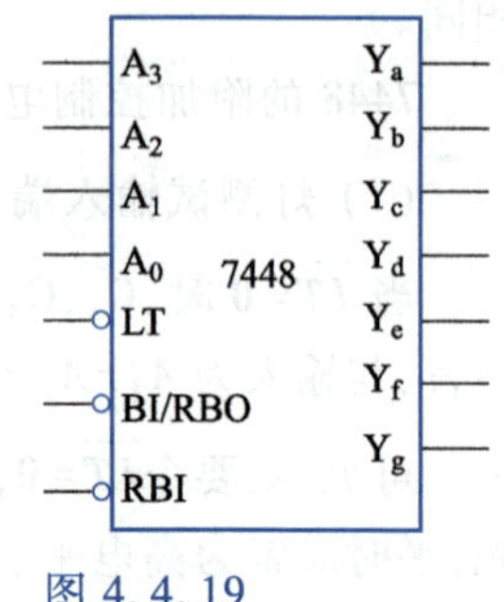

图 4.4.19

7448 的逻辑框图

(3) 灭灯输入端/灭零输出端 $\overline{BI}/\overline{RBO}$

这是一个双功能的输入/输出端，$\overline{BI}/\overline{RBO}$作为输入端使用时，称为灭灯输入端：只要$\overline{BI}=$ **0**，无论输入状态是什么，数码管熄灭。

$\overline{BI}/\overline{RBO}$作为输出信号，称为灭零输出端：只有当输入 $A_3=A_2=A_1=A_0=\mathbf{0}$，且灭零输入信号 $\overline{RBI}=\mathbf{0}$ 时，$\overline{RBO}$才输出低电平。因此，$\overline{RBO}=\mathbf{0}$ 表示译码器将本来应该显示的零熄灭了。

所以，用 7448 可以直接驱动共阴极的半导体数码管。用 7448 驱动 BS201A 的连接方法如图 4.4.20 所示。

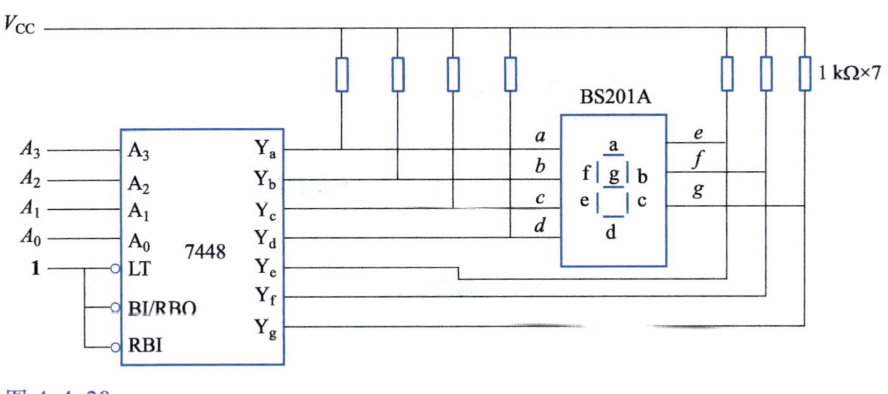

图 4.4.20

7448 驱动 BS201A 的连接图

利用灭零输入端$\overline{RBI}$和灭零输出端$\overline{RBO}$的配合，可以实现多位数码显示系统的灭零控制。只需在整数部分把高位的$\overline{RBO}$与低位的$\overline{RBI}$相连，在小数部分将低位的$\overline{RBO}$与高位的$\overline{RBI}$相连，就可以将前、后多余的零灭掉。有灭零控制的 8 位数码显示系统如图 4.4.21 所示。

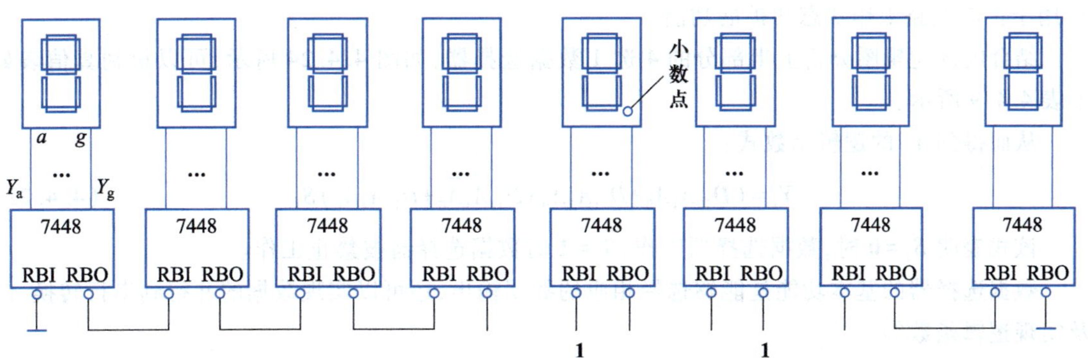

图 4.4.21

有灭零控制的 8 位数码显示系统

在这种连接方式下，整数部分只有高位是**0**，而且被熄灭的情况下，低位才有灭零输入信号。同理，小数部分只有在低位是**0**，而且被熄灭时，高位才有灭零输入信号。

4.4.4 数据选择器

在数字信号的传输过程中，有时需要从一组输入数据中选出某一个来，这时就要用到数据选择器。

数据选择是指经过选择，把多路数据中的某一路数据传送到公共数据线上。数据选择器是一种能实现数据选择功能的逻辑电路。它的作用相当于多个输入的单刀多掷开关，又称“多路开关”，如图 4.4.22 所示。

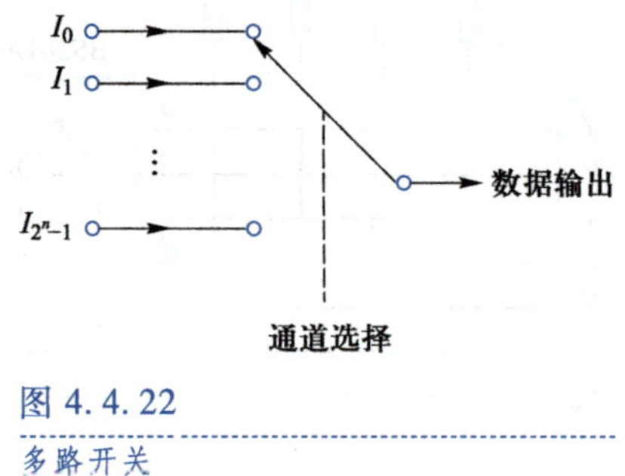

图 4.4.22
多路开关

常用的中规模集成数据选择器有双 4 选 1 数据选择器，8 选 1 数据选择器和 16 选 1 数据选择器等。

下面以双 4 选 1 数据选择器 74HC153 为例来说明数据选择器的工作原理。

74HC153 的内部逻辑图和逻辑框图如图 4.4.23 所示。

两个 4 选 1 数据选择器是一样的电路结构，有公共的地址输入端 A_1、A_0，数据输入端和输出端各自独立。通过给定不同的 A_1、A_0 状态，可从 4 个输入数据中选出 1 个并送到输出端。$\overline{S}_1$ 和 $\overline{S}_2$ 用于扩展电路工作状态和扩展功能。

结合内部逻辑图分析上半部分的 4 选 1 数据选择器，如图 4.4.24 所示，可以得到真值表如下表 4.4.9 所示。

从而得到 Y_1 的逻辑函数式：

$$Y_1=(D_{10}\overline{A}_1\overline{A}_0+D_{11}\overline{A}_1A_0+D_{12}A_1\overline{A}_0+D_{13}A_1A_0)S_1 \tag{4.4.22}$$

该式表明 $\overline{S}_1=\mathbf{0}$ 时，数据选择器工作，$\overline{S}_1=\mathbf{1}$ 时数据选择器被禁止工作。

数据选择器的基本功能是能够选择相应的数据输出，还可以实现数据的并行到串行转换，以及实现逻辑函数等。

下面说明怎样用数据选择器设计组合逻辑电路。首先要了解设计的基本原理。

4 选 1 数据选择器的输出 Y_1 的逻辑函数式为

$$Y_1=D_0(\overline{A}_1\overline{A}_0)+D_1(\overline{A}_1A_0)+D_2(A_1\overline{A}_0)+D_3(A_1A_0)=\sum D_im_i \tag{4.4.23}$$

其中 m_i 是 A_1、A_0 构成的最小项。

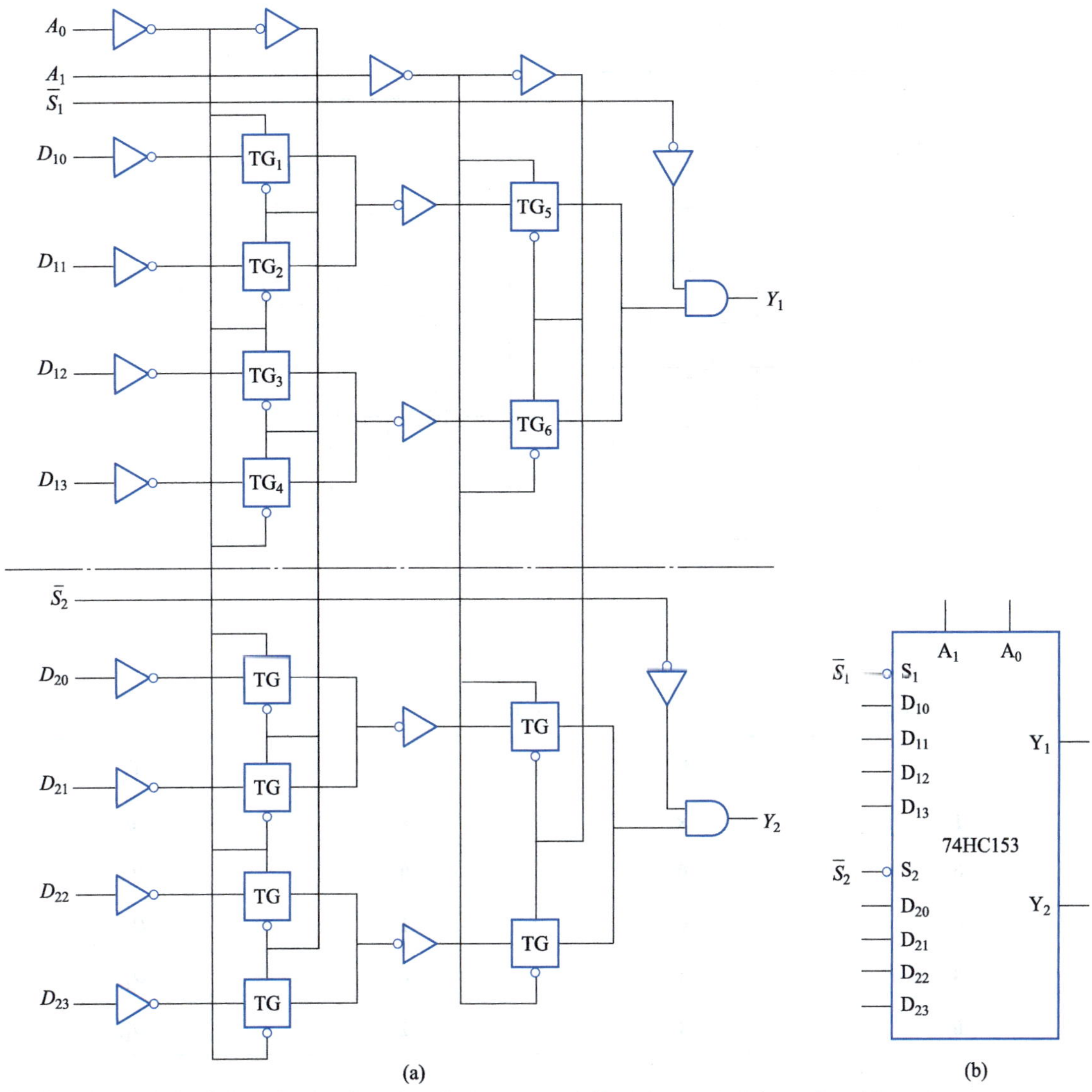

图 4.4.23

74HC153 的内部逻辑图和逻辑框图

(a) 内部逻辑图 (b) 逻辑框图

显然，当 $D_i=\mathbf{1}$ 时，其相应的最小项 m_i 就在**与或**式中出现；当 $D_i=\mathbf{0}$ 时，其相应的最小项就不出现。

若将 A_1、A_0 作为两个输入变量，同时令 $D_0\sim D_3$ 为第三个输入变量的适当状态，包括原变量、反变量、**0** 和 **1**，就可以利用 4 选 1 数据选择器实现输入变量不大于 3 的组合逻辑。

以此类推，具有 n 位地址输入的数据选择器，可产生任何形式的输入变量不大于 $n+1$ 的组合函数。

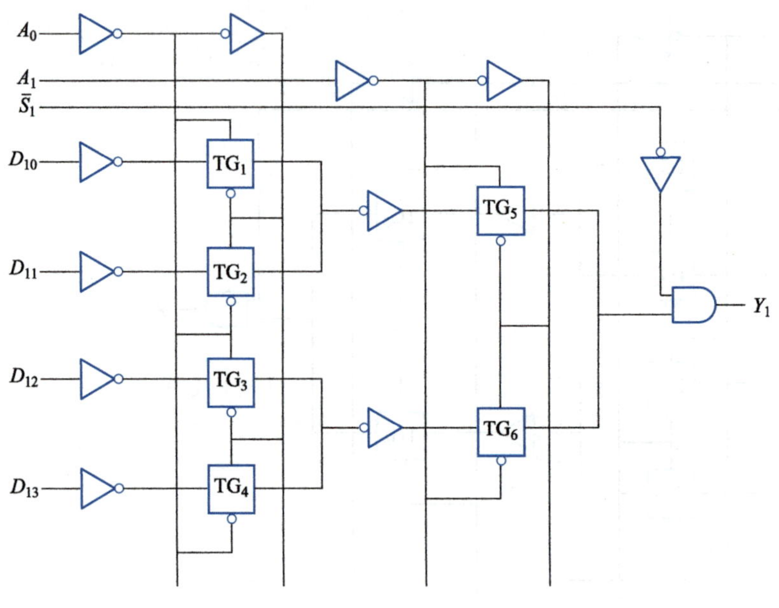

图 4.4.24

74HC153 的上半部分内部逻辑图

表 4.4.9　74HC153 的上半部分 4 选 1 数据选择器的真值表

$\overline{S}_1$	A_1	A_0	Y_1
1	×	×	0
0	0	0	D_{10}
0	0	1	D_{11}
0	1	0	D_{12}
0	1	1	D_{13}

【例 4.4.4】 用 4 选 1 数据选择器实现交通信号灯监视电路，交通信号灯监视电路工作状态如图 4.3.3 所示。

解：(1) 写出输出逻辑函数式。

这里直接引用例 4.3.3 的结论：

$$Z=\overline{R}\,\overline{A}\,\overline{G}+\overline{R}AG+R\overline{A}G+RA\overline{G}+RAG \tag{4.4.24}$$

(2) 转换为与数据选择器输出对应的形式(采用比较对照法)。

4 选 1 数据选择器的输出端 Y_1 的逻辑式为

$$Y_1=D_0(\overline{A}_1\overline{A}_0)+D_1(\overline{A}_1A_0)+D_2(A_1\overline{A}_0)+D_3(A_1A_0) \tag{4.4.25}$$

然后将 Z 和 Y_1 的逻辑式加以对比，从而将 Z 的逻辑式改写为

$$Z=\overline{R}(\overline{A}\,\overline{G})+R(\overline{A}G)+R(A\overline{G})+1\cdot(AG) \tag{4.4.26}$$

对比后可以得出

$$
\begin{aligned}
&A_1=A, A_0=G\\
&D_0=\overline{R}, D_1=R\\
&D_2=R, D_3=\mathbf{1}
\end{aligned}
\tag{4.4.27}
$$

（3）画出电路图如图 4.4.25 所示，完成设计。

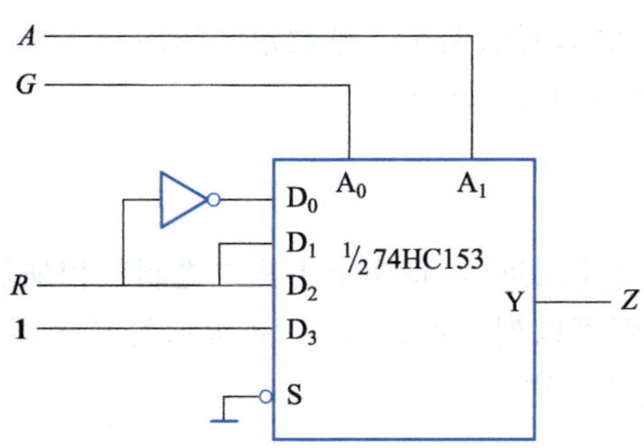

图 4.4.25

用 4 选 1 数据选择器实现交通信号灯监视电路

【例 4.4.5】 用双 4 选 1 数据选择器 74HC153 组成 8 选 1 数据选择器。

解： 4 选 1 数据选择器只需要 2 位地址输入，从 4 个输入数据中选中 1 个输出；8 选 1 数据选择器则需要 3 位地址输入，从 8 个输入数据中选中 1 个输出。故利用$\overline{S}_1$ 作为第 3 位地址输入端，$A_2=\mathbf{0}$ 时，双 4 选 1 数据选择器 74HC153 上半部分的 4 选 1 数据选择器工作；$A_2=\mathbf{1}$ 时，双 4 选 1 数据选择器 74HC153 下半部分的 4 选 1 数据选择器工作，其实现电路如图 4.4.26 所示。

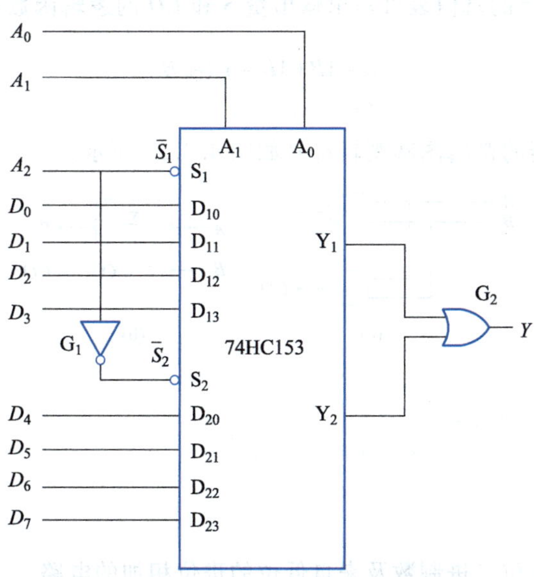

图 4.4.26

用双 4 选 1 数据选择器组成 8 选 1 数据选择器

输出端的逻辑函数式为

$$Y=(\overline{A}_2\overline{A}_1\overline{A}_0)D_0+(\overline{A}_2\overline{A}_1A_0)D_1+(\overline{A}_2A_1\overline{A}_0)D_2+(\overline{A}_2A_1A_0)D_3 \\ +(A_2\overline{A}_1\overline{A}_0)D_4+(A_2\overline{A}_1A_0)D_5+(A_2A_1\overline{A}_0)D_6+(A_2A_1A_0)D_7 \tag{4.4.28}$$

4.4.5 加法器

算数运算是数字系统的基本功能，两个二进制数之间加、减、乘、除，都可以转换为加法运算。因此，加法器是构成算术运算器的基本单元。

1. 1位加法器

(1) 半加器

半加器是指不考虑来自低位的进位，将两个1位二进制数相加的电路。

按照二进制加法运算规则可以列出如表4.4.10所示的半加器真值表，其中A、B是两个加数，S是相加的和，CO是向高位的进位。

表4.4.10 半加器真值表

输入		输出	
A	B	S	CO
0	0	0	0
0	1	1	0
1	0	1	0
1	1	0	1

根据如表4.4.10所示的真值表可写出输出量S和CO的逻辑函数式为

$$S=\overline{A}B+A\overline{B}=A\oplus B \\ CO=AB \tag{4.4.29}$$

从而可以得到半加器的逻辑图和逻辑符号如图4.4.27所示。

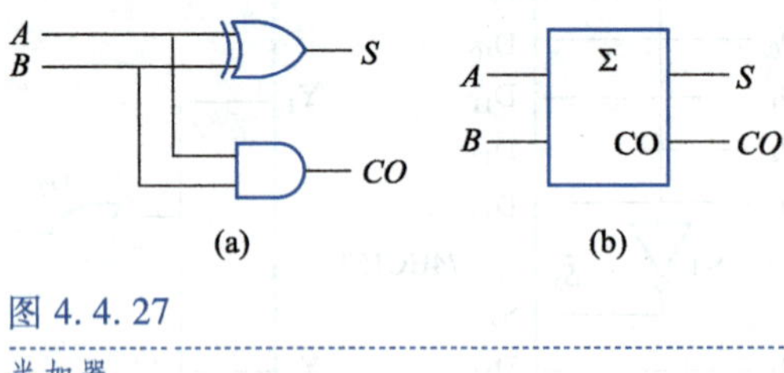

图4.4.27

半加器

(a) 逻辑图 (b) 逻辑符号

(2) 全加器

全加器是指将两个1位二进制数及来自低位的进位相加的电路。

根据二进制加法运算规则可列出1位全加器的真值表如表4.4.11所示，其中A、B为加数，CI为低位来的进位，S为本位的和，CO为向高位的进位。

表 4.4.11　1 位全加器真值表

A	B	CI	S	CO
0	0	0	0	0
0	0	1	1	0
0	1	0	1	0
0	1	1	0	1
1	0	0	1	0
1	0	1	0	1
1	1	0	0	1
1	1	1	1	1

从真值表,可以得到 S 和 CO 的卡诺图如图 4.4.28 所示。

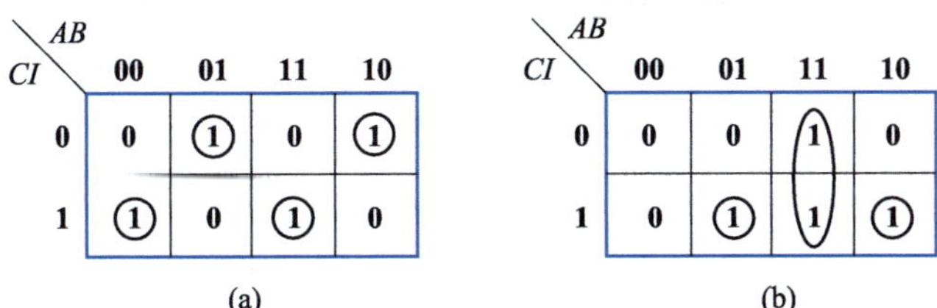

图 4.4.28

全加器的卡诺图

(a) S 的卡诺图　(b) CO 的卡诺图

采用合并 1 的化简方式可以得到 S 和 CO 的逻辑函数式为

$$S=m_1+m_2+m_4+m_7=A\oplus B\oplus CI \tag{4.4.30}$$

$$\begin{aligned}CO&=\overline{A}B\cdot CI+A\overline{B}\cdot CI+AB\\&=(A\oplus B)\cdot CI+AB\end{aligned} \tag{4.4.31}$$

全加器的逻辑图和逻辑符号如图 4.4.29 所示。

2. 多位加法器

(1) 串行进位加法器

用 1 位全加器实现两个 4 位二进制数相加,只要依次将低位全加器的进位输出端 CO 接到高位全加器的进位输入端 CI,就可以构成多位加法器。

根据这一原理可以接成如图 4.4.30 所示的 4 位串行进位加法器电路。逻辑函数式为

$$\begin{aligned}(CI)_i&=(CO)_{i-1}\\S_i&=A_i\oplus B_i\oplus (CI)_i\\(CO)_i&=A_iB_i+(A_i+B_i)(CI)_i\end{aligned} \tag{4.4.32}$$

显然,每一位的相加结果都必须等到低一位的进位产生以后才能建立起来,因此也称为串行进位加法器。这种加法器的最大缺点是运算速度慢,优点是电路结构比较简单。

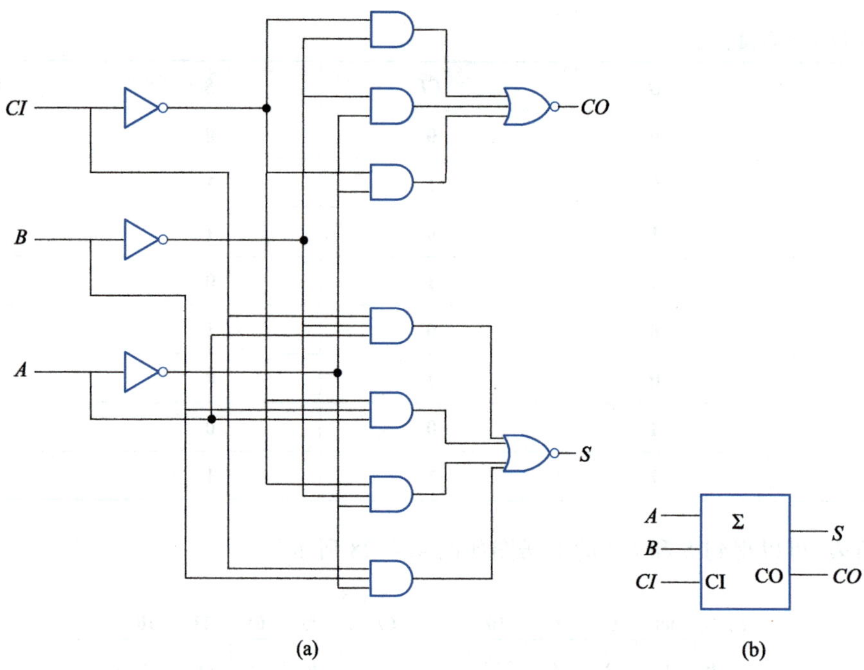

图 4.4.29

全加器

(a) 逻辑图 (b) 逻辑符号

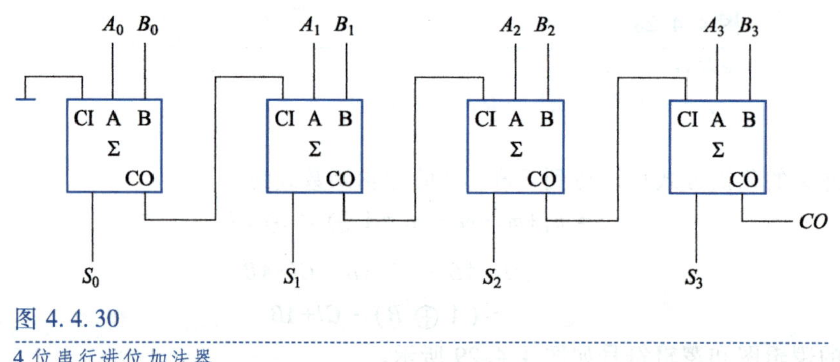

图 4.4.30

4 位串行进位加法器

(2) 超前进位加法器

为了提高运算速度,必须设法减小由于进位信号逐级传递所耗费的时间。通过逻辑电路事先得出每一位全加器的进位输入信号,从而不需要再从最低位开始向高位诸位传递进位信号,可以有效地提高运算速度。采用这种结构形式的加法器称为超前进位加法器。

超前进位加法器的基本原理:加到第 i 位的进位输入信号是两个加数第 i 位以前各位($0\sim i-1$)的函数,可在相加前由加数 A、被加数 B 和低位进位信号 CI 确定。

超前进位加法器的优点是运算速度快,每一位的和及最后的进位基本同时产生。缺点是电路复杂。

超前进位集成 4 位加法器 74LS283 的内部逻辑图和逻辑框图如图 4.4.31 所示。

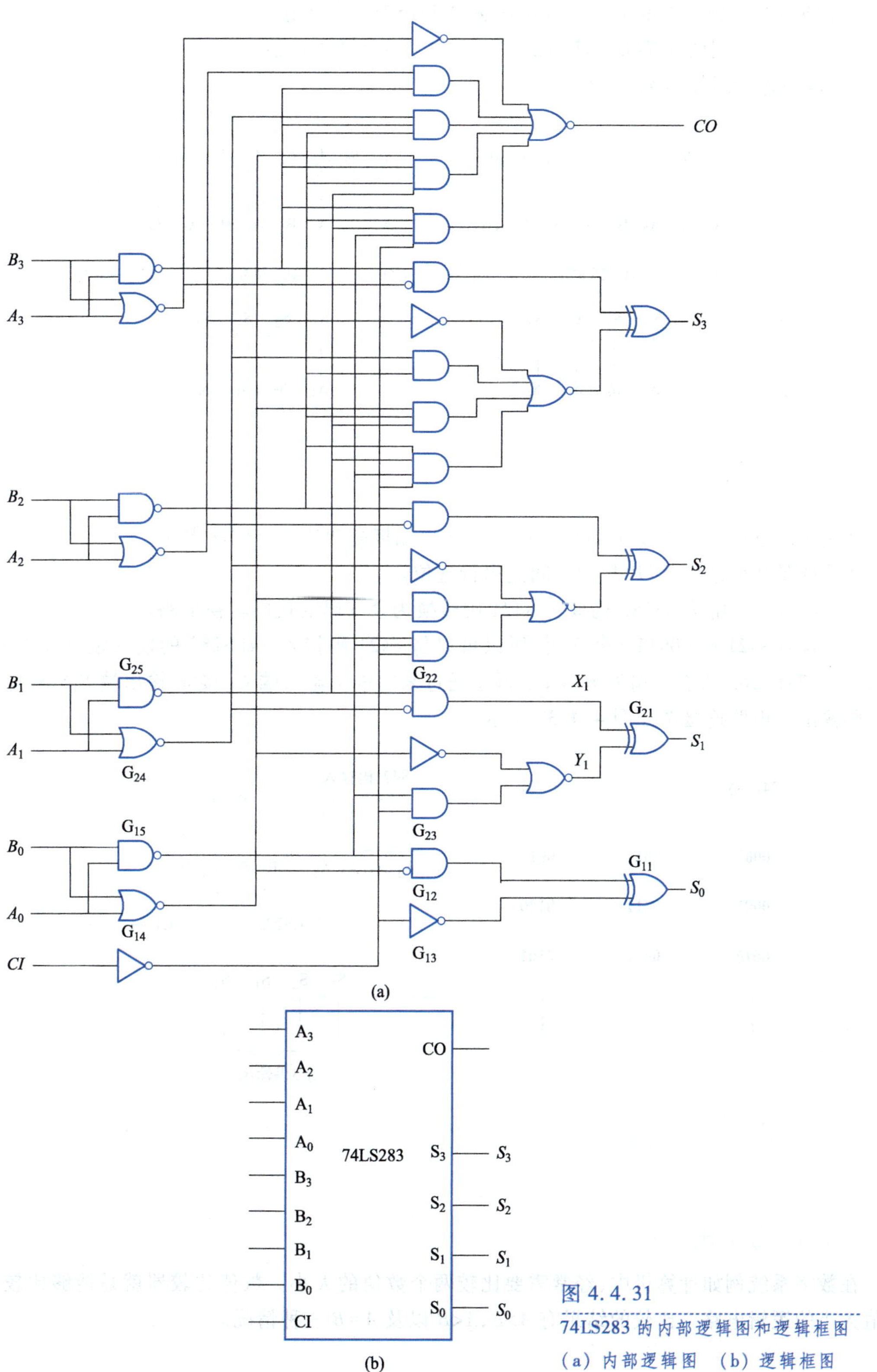

图 4.4.31

74LS283 的内部逻辑图和逻辑框图

(a) 内部逻辑图 (b) 逻辑框图

下面通过两个例子来说明超前进位加法器 74LS283 的应用。

【例 4.4.6】 用两片 74LS283 构成一个 8 位二进制数加法器。

解： 电路连接图如图 4.4.32 所示。

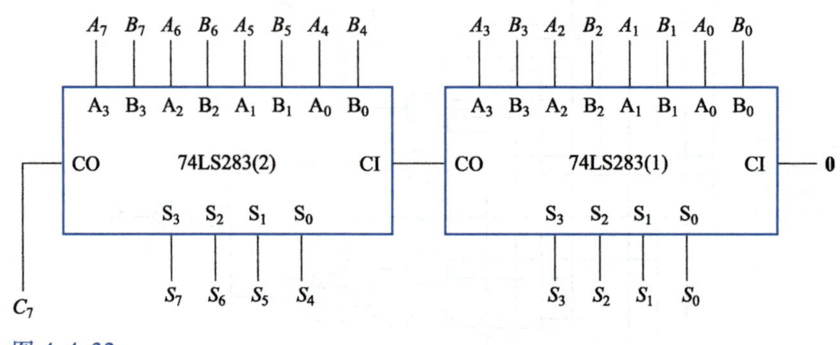

图 4.4.32

例 4.4.6 电路连接图

低四位的进位输入端接 **0**，低四位的进位输出端接高四位的进位输入端。

在片内是超前进位，而片与片之间是串行进位。

【例 4.4.7】 用 74LS283 构成将 8421 码转换为余 3 码的代码转换电路。

解： 因为 8421 码+**0011**＝余 3 码，所以可以将 8421 码接入 74LS283 的输入端 $A_3A_2A_1A_0$，将 **0011** 接入 74LS283 的输入端 $B_3B_2B_1B_0$，低位送过来的进位输入端 CI 接 **0**，输出端 $S_3S_2S_1S_0$ 即为余 3 码输出。电路连接图如图 4.4.33 所示。

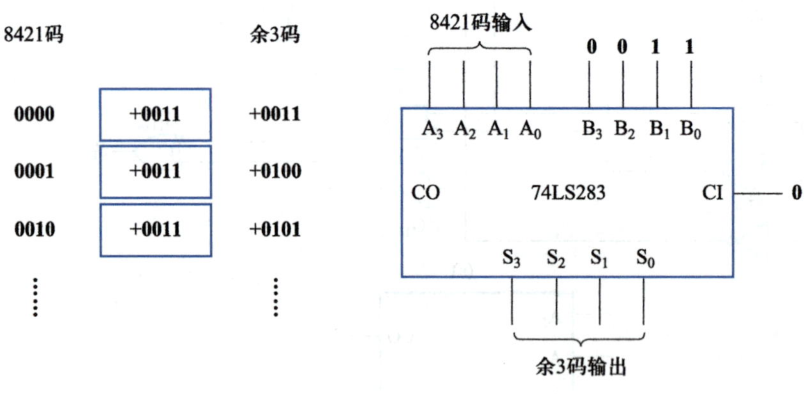

图 4.4.33

例 4.4.7 电路连接图

4.4.6 数值比较器

在数字系统例如计算机中，经常需要比较两个数值的大小。数值比较器就是能够比较两个数值大小的逻辑电路。比较的结果有 $A>B$，$A<B$ 以及 $A=B$ 三种情况。

1. 1 位数值比较器

输入：两个 1 位二进制数 A、B。输出：$Y_{A>B}=\mathbf{1}$，表示 A 大于 B；$Y_{A<B}=\mathbf{1}$，表示 A 小于 B；$Y_{A=B}=\mathbf{1}$，表示 A 等于 B。

可以得出如表 4.4.12 所示的真值表。

表 4.4.12　1 位数值比较器真值表

输入		输出		
A	B	$Y_{A>B}$	$Y_{A<B}$	$Y_{A=B}$
0	**0**	**0**	**0**	**1**
0	**1**	**0**	**1**	**0**
1	**0**	**1**	**0**	**0**
1	**1**	**0**	**0**	**1**

从真值表可以看出：

① $A>B(A=\mathbf{1},B=\mathbf{0})$ 时，$A\overline{B}=\mathbf{1}$，则 $Y_{A>B}=A\overline{B}$

② $A<B(A=\mathbf{0},B=\mathbf{1})$ 时，$\overline{A}B=\mathbf{1}$，则 $Y_{A<B}=\overline{A}B$

③ $A=B$ 时，$A\odot B=\mathbf{1}$，则 $Y_{A=B}=\overline{A\oplus B}=A\odot B$

从输出逻辑函数式可以画出 1 位数值比较器的逻辑电路图如图 4.4.34 所示。

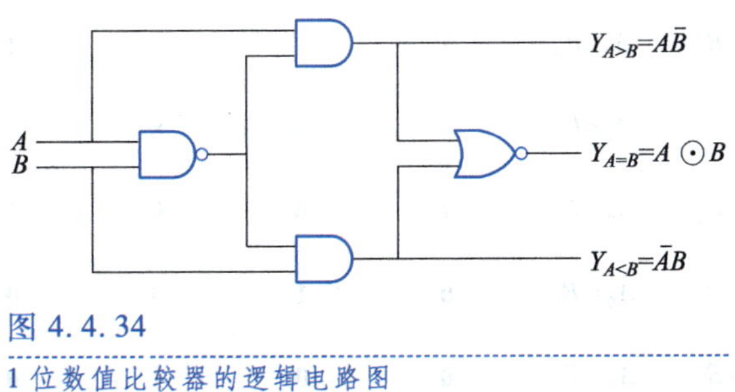

图 4.4.34

1 位数值比较器的逻辑电路图

2. 多位数值比较器

在比较两个多位数的大小时，必须自高而低地逐位比较，而且只有在高位相等时，才需要比较低位。

以两个 4 位二进制数 $A_3A_2A_1A_0$ 和 $B_3B_2B_1B_0$ 的比较为例加以说明。

首先比较最高位 A_3 和 B_3，如果 $A_3>B_3$，肯定是 $A>B$；如果 $A_3<B_3$，肯定是 $A<B$；如果 $A_3=B_3$，才必须要通过比较下一位 A_2 和 B_2 来判断 A 和 B 的大小。其他以此类推。

根据上述原理，可以得到表示 $A>B$，$A<B$ 和 $A=B$ 的逻辑函数式为

$$
\begin{cases}
Y_{A<B}=\overline{A}_3B_3+(A_3\odot B_3)\overline{A}_2B_2+(A_3\odot B_3)(A_2\odot B_2)\overline{A}_1B_1 \\
\qquad +(A_3\odot B_3)(A_2\odot B_2)(A_1\odot B_1)\overline{A}_0B_0 \\
Y_{A=B}=(A_3\odot B_3)(A_2\odot B_2)(A_1\odot B_1)(A_0\odot B_0) \\
Y_{A>B}=\overline{Y_{A<B}+Y_{A=B}}
\end{cases}
\tag{4.4.33}
$$

这样，可以总结两个多位数比较大小的方法，从高位到低位进行比较，如果在某一高位上能够确定大小，就不需要比较更低的位了。

4 位数值比较器 74HC85 的真值表如表 4.4.13 所示。

表 4.4.13　74HC85 的真值表

比较输入				级联输入			输出		
A_3　B_3	A_2　B_2	A_1　B_1	A_0　B_0	$I_{A>B}$	$I_{A<B}$	$I_{A=B}$	$Y_{A>B}$	$Y_{A<B}$	$Y_{A=B}$
$A_3>B_3$	×	×	×	×	×	×	1	0	0
$A_3<B_3$	×	×	×	×	×	×	0	1	0
$A_3=B_3$	$A_2>B_2$	×	×	×	×	×	1	0	0
$A_3=B_3$	$A_2<B_2$	×	×	×	×	×	0	1	0
$A_3=B_3$	$A_2=B_2$	$A_1>B_1$	×	×	×	×	1	0	0
$A_3=B_3$	$A_2=B_2$	$A_1<B_1$	×	×	×	×	0	1	0
$A_3=B_3$	$A_2=B_2$	$A_1=B_1$	$A_0>B_0$	×	×	×	1	0	0
$A_3=B_3$	$A_2=B_2$	$A_1=B_1$	$A_0<B_0$	×	×	×	0	1	0
$A_3=B_3$	$A_2=B_2$	$A_1=B_1$	$A_0=B_0$	1	0	0	1	0	0
$A_3=B_3$	$A_2=B_2$	$A_1=B_1$	$A_0=B_0$	0	1	0	0	1	0
$A_3=B_3$	$A_2=B_2$	$A_1=B_1$	$A_0=B_0$	0	0	1	0	0	1

其中，三个输入端 $I_{A>B}$、$I_{A<B}$、$I_{A=B}$是来自低位的比较结果。

当 74HC85 输入的两个 4 位二进制数完全相同时，两个数的比较结果输出就取决于这三个输入端。

这三个附加输入端，是为了多片比较器级联以扩展位数而设置的。

74HC85 的内部逻辑图和逻辑框图如图 4.4.35 所示。

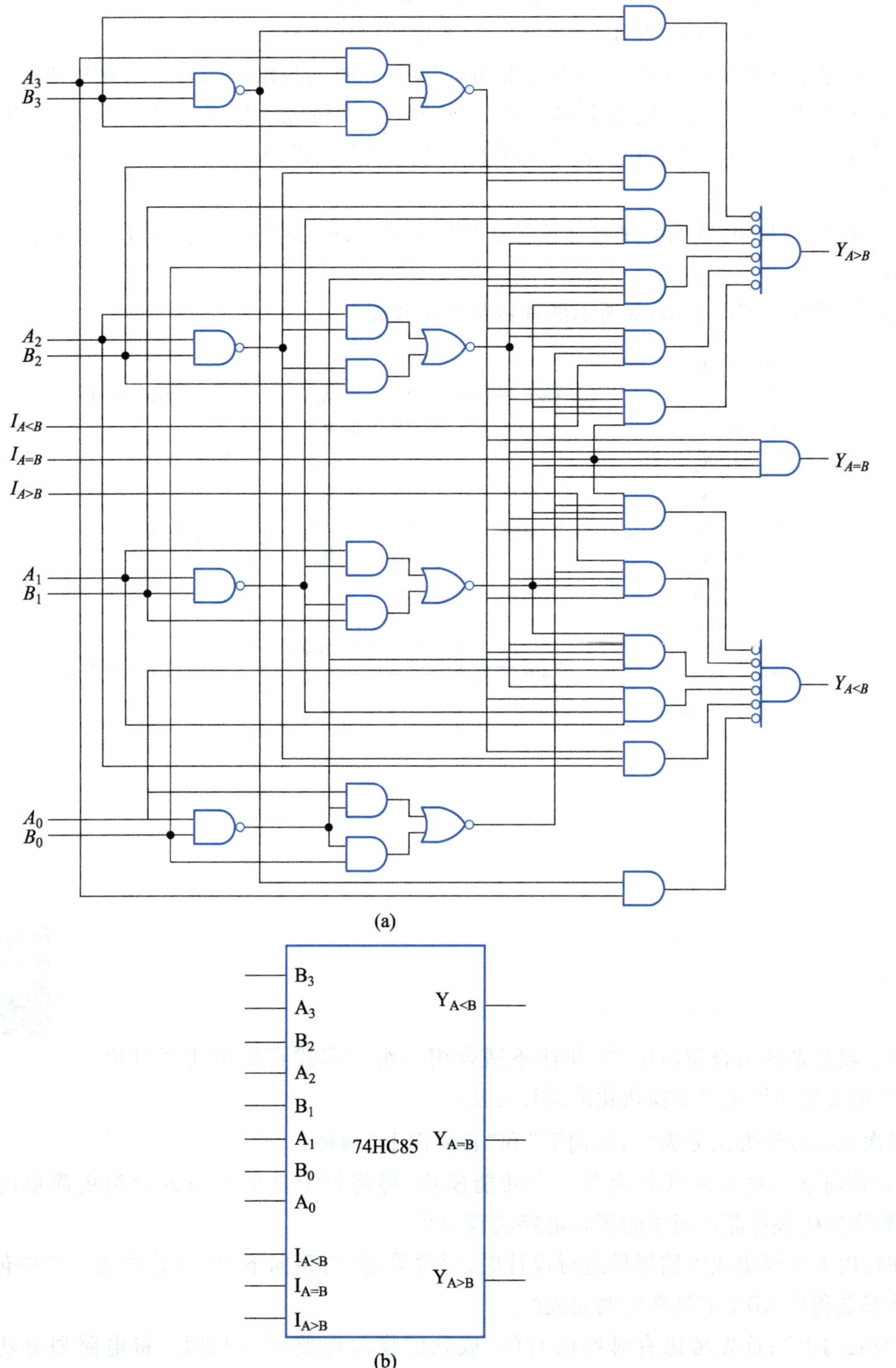

图 4.4.35

4 位数值比较器 74HC85

(a) 内部逻辑图 (b) 逻辑框图

下面通过一个例子来说明如何通过附加输入端扩展位数。

【例 4.4.8】 试用两片 74HC85 组成一个 8 位数值比较器。

解: 根据多位数比较的规则,在高位相等时取决于低位的比较结果。因此只要将两个数的高 4 位 $C_7C_6C_5C_4$ 和 $D_7D_6D_5D_4$ 接到第 2 片 74HC85 上,而将低 4 位 $C_3C_2C_1C_0$ 和 $D_3D_2D_1D_0$ 接到第 1 片 74HC85 上,同时把第 1 片的输出端 $Y_{A>B}$、$Y_{A<B}$和 $Y_{A=B}$接到第 2 片的附加输入端 $I_{A>B}$、$I_{A<B}$和 $I_{A=B}$即可。

因为第 1 片 74HC85 没有来自低位的比较信号输入,所以将它的 $I_{A>B}$和 $I_{A<B}$接 **0**,同时将它的 $I_{A=B}$接 **1**。

这样就得到了如图 4.4.36 所示的 8 位数值比较器。

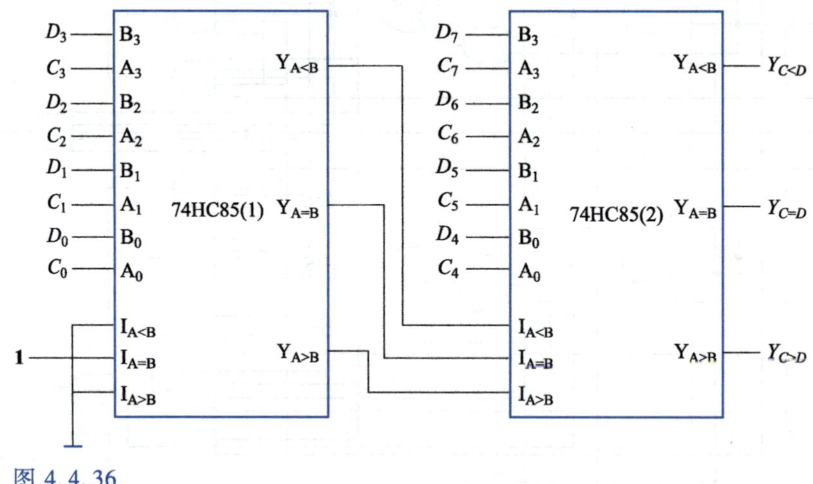

图 4.4.36

8 位数值比较器

4.5 组合逻辑电路设计实例

4.5.1 层次化和模块化的设计思想

对于较复杂的组合逻辑电路,往往不适合用一组方程式直接描述逻辑功能,通常需要采用层次化和模块化的设计方法。

层次化和模块化的设计思想

层次化的设计方法分为"自顶向下"和"自底向上"两种。

"自顶向下":将电路划分为若干个功能模块,再将每个功能模块划分为更简单的功能模块,直到这些模块都能用简单的逻辑电路实现为止。

在选用大规模集成电路器件进行设计时,通常采用"自顶向下"的设计方法。其中包括底层的设计都是利用 EDA 工具来辅助完成的。

"自底向上":首先考虑有哪些已有的、成熟的模块电路可以利用。将电路划分功能模块时,最后要划分到能利用这些已有的模块电路来实现为止。

模块化的设计方法是指将经过设计和验证的逻辑电路封装成模块,在后续的设计中可以反复使用。层次化和模块化的设计方法通常结合一起使用。

4.5.2　4位并行加减法运算电路的原理分析

4位并行加减法运算电路的原理分析

1. 设计内容及要求

① 设计一个4位并行加减法运算电路，要求置入的4位二进制数小于**1010**。

② 通过按键输入被加数、加数或被减数、减数，并设置加、减按键。

③ 允许减数大于被减数，负号可采用数码管或其他显示器件。

2. 总体方案设计

步骤1　为了便于观察置入两个4位二进制数的数值大小，根据人们的习惯，在寄存器的输出端，利用两个七段译码器将二进制数转化为十进制数；

步骤2　通过开关选择加/减运算方式；

步骤3　若选择加法运算方式，对所置入数送入加法运算电路进行运算；

例如$(\mathbf{0011})_B+(\mathbf{0110})_B=(\mathbf{1001})_B=9$　　【十进制：3+6=9】

又或$(\mathbf{1001})_B+(\mathbf{0100})_B=(\mathbf{1101})_B=13$　　【十进制：9+4=13】

步骤4　若选择减法运算方式，对所置入数送入减法运算电路进行运算；

例如：$(\mathbf{0111})_B-(\mathbf{0101})_B=(\mathbf{0010})_B=2$　　【十进制：7-5=2】

又或：$(\mathbf{0011})_B-(\mathbf{1001})_B=-(\mathbf{0110})_B=-6$　　【十进制：3-9=-6】

步骤5　为了便于观察最后的计算结果，以及对最后的计算结果的正确性能做出快速的判断，将计算出的结果输入七段显示译码器进行译码显示。

3. 方案的细节讨论

【细节1】　减法可以转化成加法，将减数通过互补器进行运算，求出补码，即可以在加法器的基础上进行减法的运算。

【细节2】　利用数字开关来选择+/-的运算方式。

【细节3】　作10以内的加法运算的时候，结果可能是0~18，然而译码器只能显示0~9的范围，所以需要增加一个译码器，显示计算结果的十位，同时对计算的结果需要做一定的处理，使其个位能正常显示。

【细节4】　作减法运算的时候，会出现减数A小于被减数B的情况，这个时候结果为负数，所以需要增加一个显示符号的译码器，对负号进行显示。另外个位显示的译码器只需要显示计算结果的绝对值，需要对计算结果进行取反处理。

【细节5】　作为结果显示的七段数码管有两种接法，根据选择的数码管的种类，决定数码管的连接方式，所以连接电路前，首先要判断数码管是共阴极还是共阳极。

从而得到4位并行加减法运算电路的原理框图如图4.5.1所示，包含了加、减运算方式选择，全加器、减法器、译码显示等模块。

4.5.3　4位并行加减法运算单元电路的设计

4位并行加减法运算单元电路的设计

1. 加法器的设计

① 可以利用超前进位加法器74LS283实现4位二进制数并行相加。

② 但是加法的结果处理却存在一个问题，在进行了A、B两个数的加法以

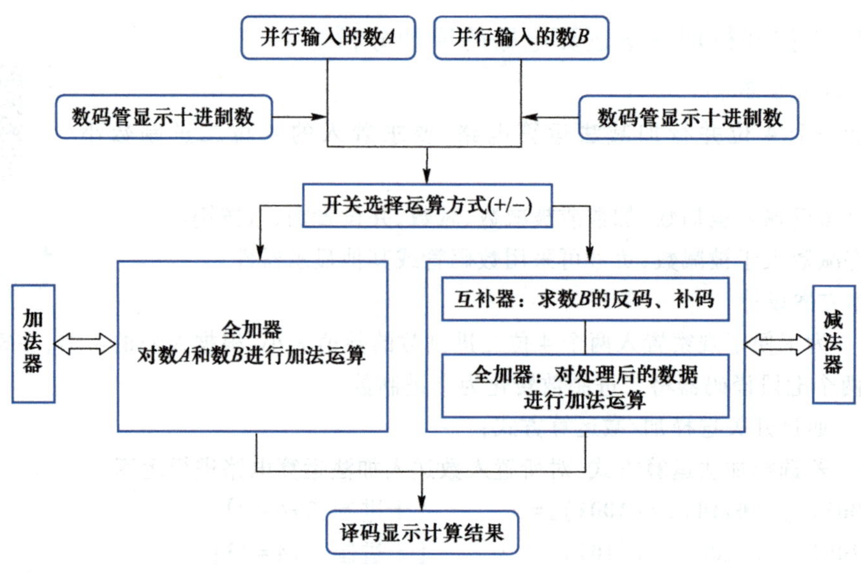

图 4.5.1

4 位并行加减法运算电路的原理框图

后，由于译码显示器只能显示 0~9，当计算结果> 9 时不能显示，所以需要用到两个译码器，其中一个表示计算结果的十位，另一个表示计算结果的个位。

③ 若计算结果> 9，超前进位加法器 74LS283 的进位信号为 **1**，接入到第二个译码器中，使计算结果的十位直接显示为 1。

④ 表示个位的译码器，可以将计算结果减去 10（即加上二进制数值 **0110**），此时译码器显示的结果等于原本的计算结果的个位。最终使得两片译码器的显示结果即为计算结果。

加法运算器单元设计电路图

⑤ 综上，针对加法的计算结果大于 9 的情况，对计算结果加上 **0110**。

2. 互补运算器单元电路的设计

减法运算的原理是将减法运算变成加法运算进行的。

$$A-B=A+B_{补}-2^{n}=A+B_{反}+\mathbf{1}-2^{n} \qquad (4.5.1)$$

所以只要求得减数的反码，即可利用加法器对两个数进行减法运算。

因为 $B\oplus \mathbf{1}=\overline{B}$，$B\oplus \mathbf{0}=B$，所以可以设置一个开关，低电平时表示是选择加法运算，高电平时选择减法运算，然后这个开关与 B 输出的每一位数字依次进行**异或**运算。

互补运算器单元的设计电路图

这样所得到的结果再送入到 74LS283 中，选择加法时，74LS283 的输出结果是 $A+B$；选择减法的时候，将进位输入端接逻辑 **1** 以实现加 1，由此求得 B 的补码。加法器相加的结果为 $A+\overline{B}+\mathbf{1}$。

3. 在互补运算器单元的基础上设计减法器

（1）当 $A\geqslant B$ 时，两数相减的结果为 A 加 B 的反码加 **1**。

（2）当 $A<B$ 时，计算结果是负数，译码器只显示其绝对值，将计算结果求反。同时，还需要增加一个译码器显示负号。

减法运算器单元的设计：$A \geqslant B$ 时

减法运算器单元的设计：$A<B$ 时

4. 设计二进制转化成十进制的译码器，并通过数码管显示数值的大小

在进行加法运算的时候，由于2位十以内的加法计算结果在0~18之间，所以输出结果需要两位译码器，一个译码器显示计算结果的十位，一个译码器显示计算结果的个位。因为十位只会显示1，所以可以直接判断计算结果大于9，然后给译码器置**1**，而个位的显示需要将计算结果减去10，也就是加上4位二进制数**0110**进行处理。

减法则不需要显示十位（减法的计算结果为0~9）。在进行减法运算的时候还会出现被减数 A 小于减数 B 的情况，导致计算的结果是负数时，需要再添加一个数码管显示负号。

74LS48可以进行4位二进制的译码，结果直接显示在七段数码管中。Multisim中DCD-HEX为内部自带译码的七段数码显示器，不需要经过74LS48译码即可直接显示十进制数值，更便捷。

4.5.4 顶层电路系统设计

4位并行加减法运算完整电路图扫码可看。

顶层电路系统设计

扩展思考

设计一个4位LED数码显示电路。要求写出其各输出端的逻辑函数式的最简式，画出其电路原理图。

本章小结

本章讲述了组合逻辑电路的特点，介绍了门级组合逻辑电路的分析方法和设计方法、介绍了编码器、译码器、数据选择器、加法器、数值比较器等常用组合逻辑电路模块的原理和使用方法，最后结合一个综合性组合逻辑电路设计实例，说明结合门电路和常用功能模块进行组合逻辑电路设计的方法。

习　题

4.1　由 3 线-8 线译码器 74HC138 和与非门电路构成的电路如习题 4.1 图所示，试求：(1) D_i 的表达式；(2) C_i 的表达式；(3) 写出该电路真值表；(4) 分析该电路实现何种功能；(5) 若 $S_1=\mathbf{0}$，则 D_i、C_i 分别为多少？

4.2　由 4 选 1 数据选择器构成的电路如习题 4.2 图所示，试写出输出量 F 的与或式。

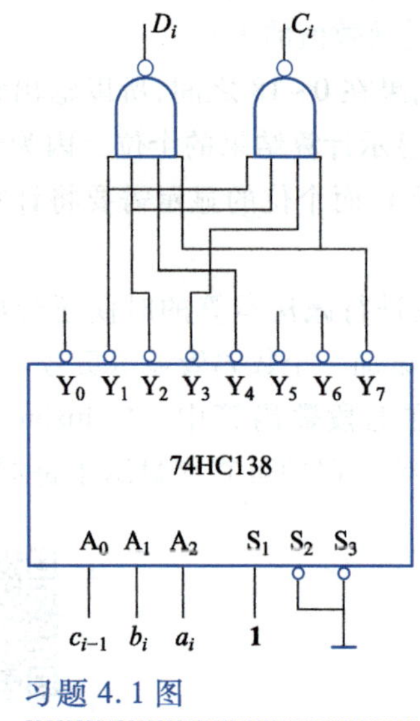

习题 4.1 图

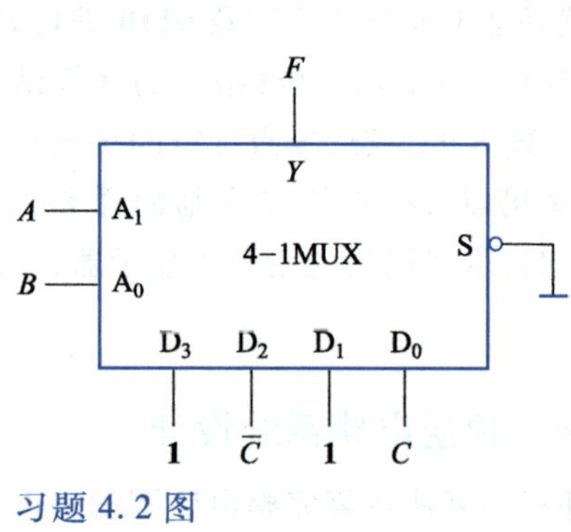

习题 4.2 图

4.3　由 4 位加法器 74LS283 构成的组合逻辑电路如习题 4.3 图所示，试分析其逻辑功能。

4.4　74HC138 组成电路如习题 4.4 图所示，试求 F 的表达式，并分析该电路的功能。

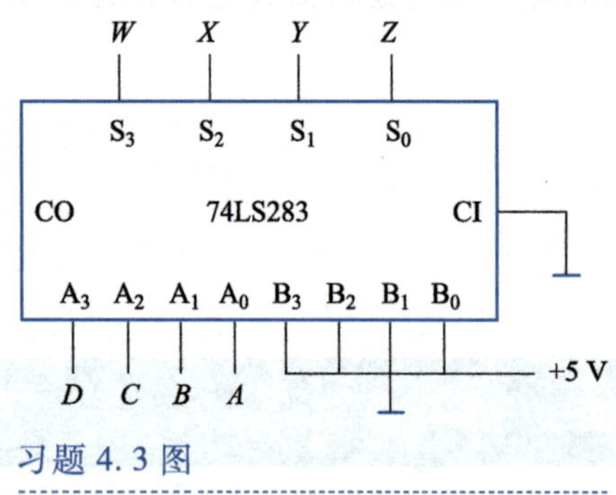

习题 4.3 图

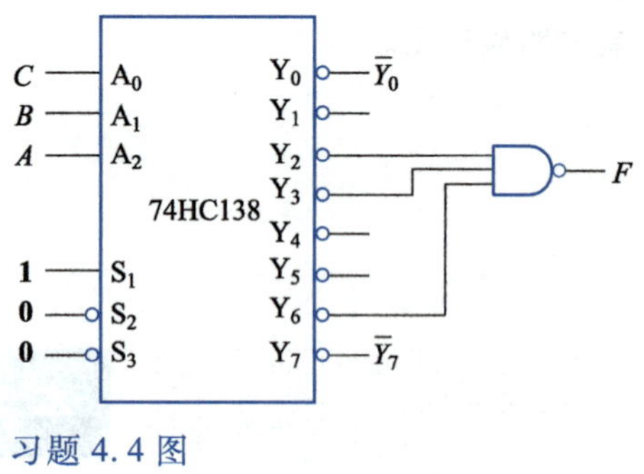

习题 4.4 图

4.5　已知逻辑电路如习题 4.5 图所示，试分析其逻辑功能。

4.6　试用与非门设计一个组合逻辑电路，其输入为 3 位二进制数，当输入中有奇数个 **1** 时输出为 **1**，否则输出为 **0**。

4.7　4 位无符号二进制数 $A(A_3A_2A_1A_0)$，请设计一个组合逻辑电路实现：当 $0 \leqslant A<8$ 或 $12 \leqslant A<15$ 时，F 输出 **1**；否则，F 输出 **0**。

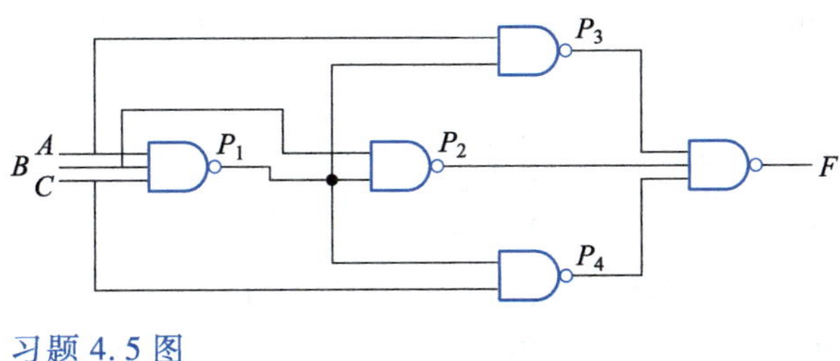

习题 4.5 图

4.8 约翰和简妮夫妇有两个孩子乔和苏，全家外出吃饭一般要么去汉堡店，要么去炸鸡店。每次出去吃饭前，全家要表决去哪家餐厅。表决的规则是如果约翰和简妮都同意，或多数同意吃炸鸡，则他们去炸鸡店，否则就去汉堡店。试设计一个组合逻辑电路实现上述表决电路。

4.9 如习题 4.9 图所示，图中①~⑤均为 2 线-4 线译码器。要求：

(1) 分别使译码器①~④处于工作状态，对应的 C、D 应输入何种状态(填习题 4.9 表 1)；

(2) 分析当译码器①工作时，对应 A、B 的状态写出 $\overline{Y}_{10}$~$\overline{Y}_{13}$ 的状态(填习题 4.9 表 2)；

(3) 说明该电路的逻辑功能。

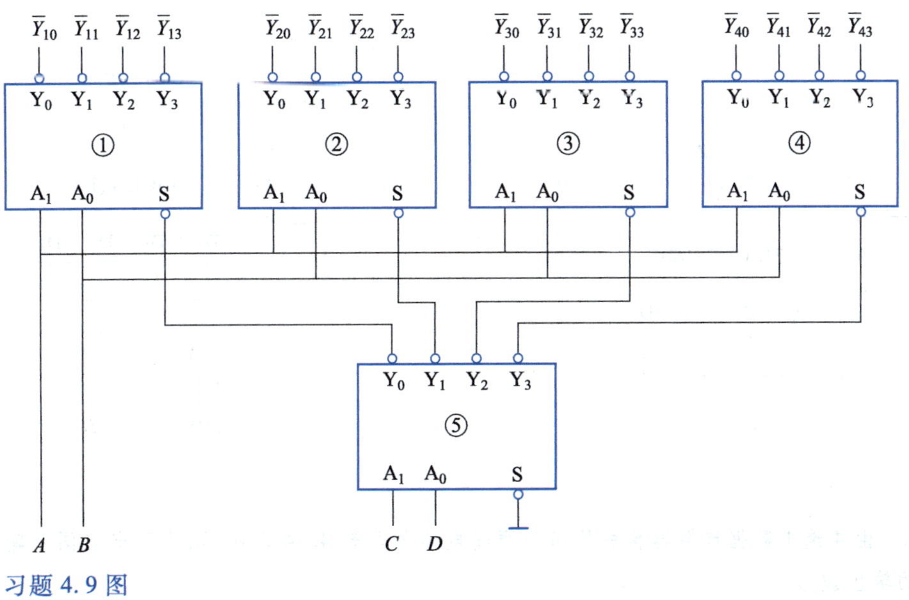

习题 4.9 图

习题 4.9 表 1

处于工作状态的译码器	C、D 应输入的状态	
	C	D
①		
②		
③		
④		

习题 4.9 表 2

A	B	$\overline{Y}_{10}$	$\overline{Y}_{11}$	$\overline{Y}_{12}$	$\overline{Y}_{13}$
0	0				
0	1				
1	0				
1	1				

4.10　写出习题 4.10 图所示电路的逻辑函数，并化简为最简**与或**式。

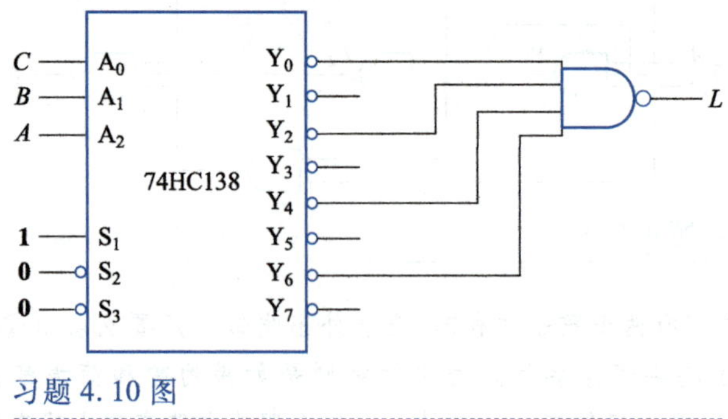

习题 4.10 图

4.11　试用一片 3 线-8 线译码器 74HC138 和最少的门电路设计一个奇偶校验器，要求当输入变量 $ABCD$ 中有偶数个 **1** 时输出为 **1**，否则为 **0**。($ABCD$ 为 **0000** 时视作偶数个 **1**)。

4.12　根据习题 4.12 图所示 4 选 1 数据选择器，写出输出 Z 的最简**与或**式。

4.13　由 4 选 1 数据选择器和门电路构成的组合逻辑电路如习题 4.13 图所示，试写出输出 E 的最简逻辑函数式。

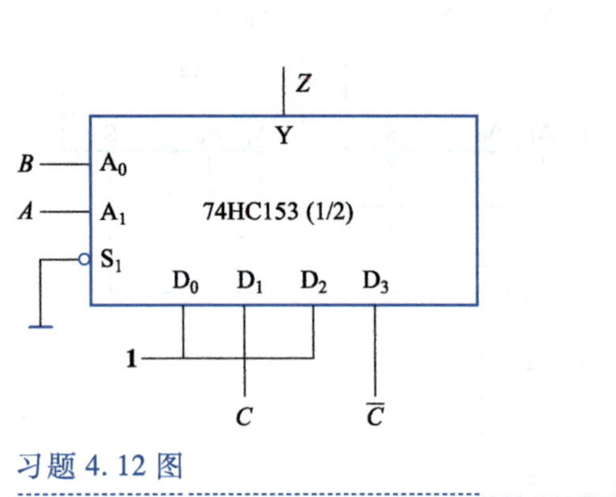

习题 4.12 图

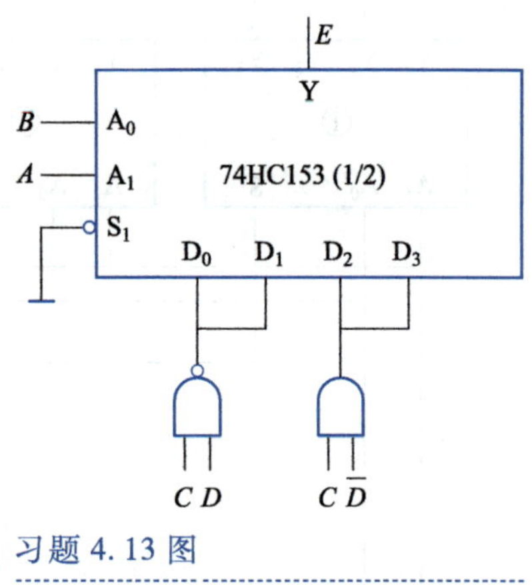

习题 4.13 图

4.14　由 4 选 1 数据选择器构成的组合逻辑电路如习题 4.14 图所示，请画出在图示输入信号作用下，L 的输出波形。

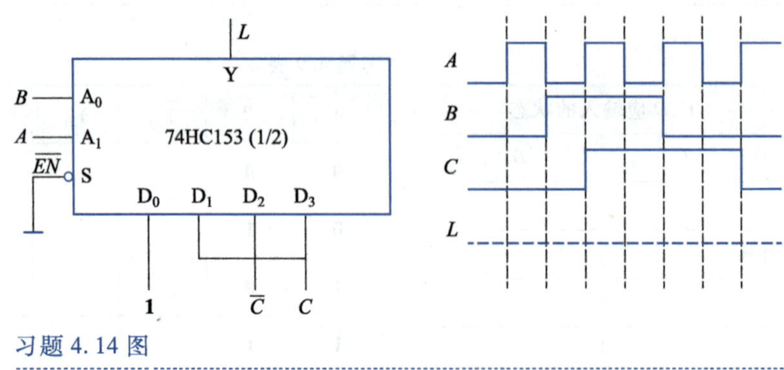

习题 4.14 图

4.15　已知用 8 选 1 数据选择器 74LS151 组成的组合逻辑电路如习题 4.15 图所示，请写出输出 F 的逻辑函数式，并将它化成最简**与或**式。

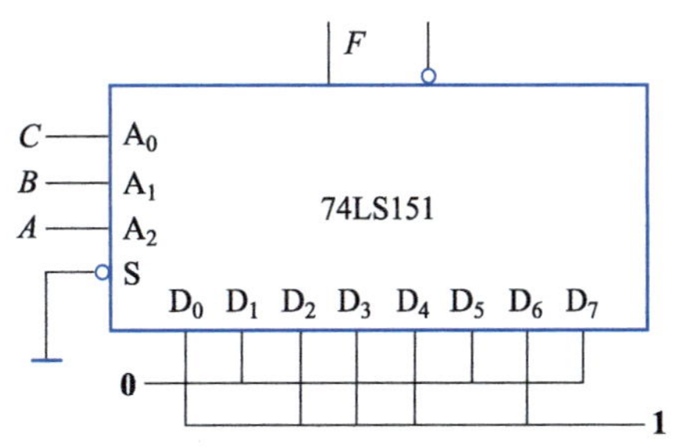

习题 4.15 图

4.16　用一个 8 选 1 数据选择器 74LS151 和**非**门实现：

$$Y=S+(A+B+\overline{C})(\overline{A}+C+BF)(\overline{B}+\overline{C}+\overline{A}\,\overline{D})(A+C+\overline{B}\,\overline{F})$$

4.17　习题 4.17 图所示是用两个 4 选 1 数据选择器组成的组合逻辑电路，试写出输出 Z 与输入 M、N、P、Q 之间的逻辑函数式。

4.18　试用 4 选 1 数据选择器 74HC153(1/2) 和最少量的**与非**门实现逻辑函数 $F=\overline{A}\,\overline{C}+\overline{C}D+\overline{B}\,\overline{C}\,\overline{D}$。

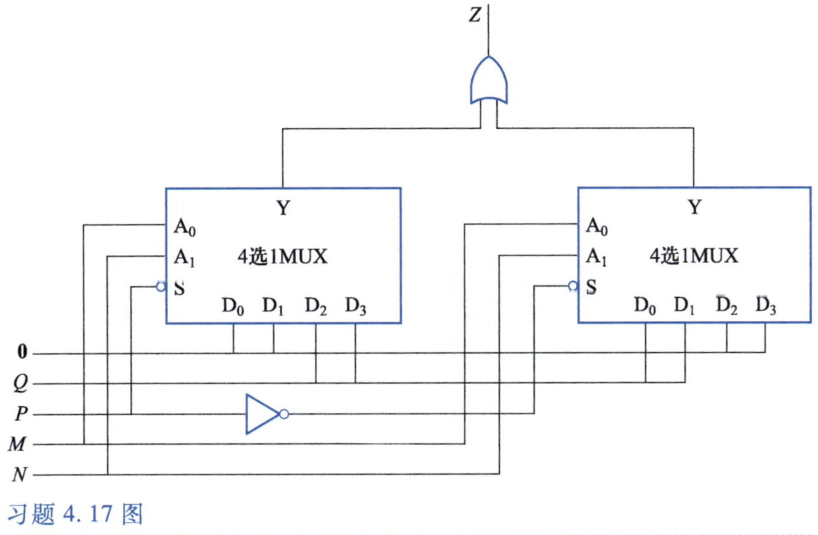

习题 4.17 图

4.19　用三片 4 位数值比较器 74HC85 实现两个 12 位二进制数比较。

4.20　用一片 4 位数值比较器 74HC85 和适量的门电路实现两个 5 位二进制数比较。

4.21　用两个 4 位加法器 74LS283 和适量门电路设计三个 4 位二进制数相加电路。

4.22　A、B 为 4 位二进制数，试用一片 74LS283 实现 $Y=4A+B$。

4.23　用一片 74LS283 和尽量少的门电路设计余 3 码到 2421 码的转换。

4.24　利用两片并行进位加法器和必要的门电路设计一个 8421 码加法器。8421 码的运算规则是：当两数之和小于等于 9(**1001**) 时，所得结果即为输出；当所得结果大于 9 时，则应加上 6(**0110**)。

第四章习题答案

4.15 已知用8选1数据选择器74LS151组成的组合逻辑电路如习题4.15图所示，请写出F的逻辑函数式，并将它化为最简与或式。

4.16 用一个8选1数据选择器74LS151和非门实现：

$F=S(A+B+C)(A+C+B)(B+C+D)(A+C+D)$ [illegible]

4.17 习题4.17图所示是用两个4选1数据选择器组成的逻辑电路，试写出输出Z与输入M,N,P,Q之间的逻辑函数式。

4.18 试用4选1数据选择器[illegible](1/2)和最少量的[illegible]

[illegible] $=\overline{[illegible]}C\overline{[illegible]}+BCD$。

4.19 [illegible]74HC85[illegible]

4.20 [illegible]74HC85[illegible]

4.21 [illegible]74LS283[illegible]

4.22 A,B为4位二进制数，试用一片74LS283实现Y=4A+B。

4.23 用一片74LS283和最少的门电路设计余3码到2421码的转换。

4.24 [illegible]设计一个8421码加法器。8421码的运算规则是：当两数之和小于等于9(1001)时，所得结果即为输出；当所得结果大于9时，则应加上6(0110)。

第五章 触发器与时序逻辑电路

章首导图

数字系统中，不仅需要具有逻辑运算和算术运算功能的组合逻辑电路，还需要在运算过程中将运算数据和结果进行存储的电路，组合逻辑电路和存储电路共同构成了时序逻辑电路。与组合逻辑电路不同的是，时序逻辑电路在任一时刻电路的输出不仅取决于该时刻电路的输入，而且与电路过去的输入有关。

本章首先讨论时序逻辑电路所需的基本逻辑单元电路，即锁存器和触发器。它们均能存放 1 位二进制数，是时序逻辑电路的存储单元电路。然后介绍时序逻辑电路的基本概念，讨论其分析和设计方法，最后介绍典型的时序电路模块及基于时序逻辑电路模块的分析和设计方法。

5.1 锁存器与触发器

5.1.1 锁存器

锁存器(latch)是一种直接由激励信号控制电路状态的存储单元，按照逻辑功能可分为 *RS* 锁存器和 *D* 锁存器；按照电路结构进行分类，可分为普通锁存器和门控锁存器。

1. 普通 *RS* 锁存器

RS 锁存器(reset-set 锁存器，复位-置位锁存器)是构成其他锁存器和触发器的基本单元，也称为基本 *RS* 触发器。由两个交叉耦合互联的**或非**门或者**与非**门组成，如图 5.1.1 所示。每个门的输出都连接到另一个门的输入上，引入了反馈，这是所有锁存器和触发器的特征。锁存器具有 **0** 和 **1** 两个稳定状态，可用于存储 1 位二进制数据，是一种双稳态逻辑器件。

注意到，每个锁存器均有两个互为反相的输出端 Q、$\overline{Q}$ 和两个输入端 S_D、R_D（高电平有效）或者 $\overline{S}_D$、$\overline{R}_D$（低电平有效），分别称作置位端和复位端。置位的意思是将输出端 Q 设置为高电平（逻辑 **1**），复位的意思是将输出端 Q 设置为低电平（逻辑 **0**）。

下面以图 5.1.1(a) 为例来说明 *RS* 锁存器的功能。

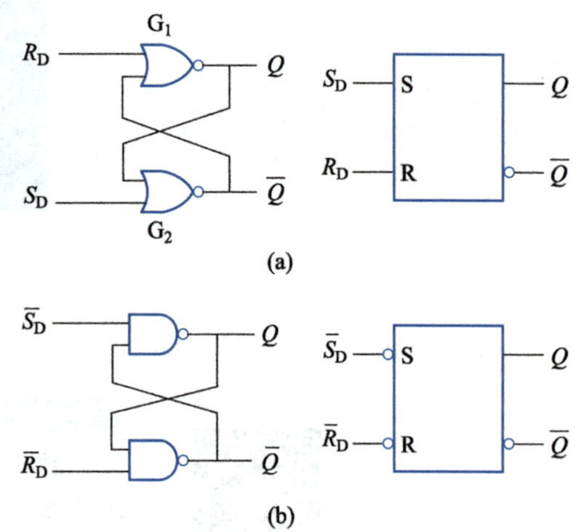

图 5.1.1

普通 *RS* 锁存器的两种实现方式及其逻辑符号

(a) 高电平有效输入 *RS* 锁存器 (b) 低电平有效输入 *RS* 锁存器

假设输入 S_D、R_D 为低电平。若输出 Q 为低电平，由于输出 Q 连到门 G_2 的一个输入上，而 S_D 为低电平，所以 G_2 输出必为高电平，这个高电平输出回接到门 G_1 的输入上，保证它的输出为低电平；若输出 Q 为高电平，由于输出 Q 连到门 G_2 的一个输入上，所以 G_2 输出必为低电平，这个低电平输出回接到门 G_1 的输入上，注意到 R_D 为低电平，故 G_1 输出为高电平。可见，锁存器输入 S_D、R_D 为低电平时，锁存器保持当前的状态，没有变化。

假设输入 S_D 为高电平、输入 R_D 为低电平。若输出 Q 为低电平，而 S_D 为高电平，所以 G_2 输出必为低电平，这个低电平输出回接到门 G_1 的输入上，注意到 R_D 为低电平，G_1 的输出为高电平；若输出 Q 为高电平，则 G_2 输出必为低电平，这个低电平输出回接到门 G_1 的输入上，注意到 R_D 为低电平，所以 G_1 输出为高电平。可见，锁存器输入 S_D 为高电平、输入 R_D 为低电平时，锁存器置位，输出为高电平。

假设输入 S_D 为低电平、输入 R_D 为高电平。若输出 Q 为低电平，而 S_D 为低电平，所以 G_2 输出必为高电平，这个高电平输出回接到门 G_1 的输入上，G_1 输出为低电平；若输出 Q 为高电平，则 G_2 输出必为低电平，这个低电平输出回接到门 G_1 的输入上，注意到 R_D 为高电平，所以 G_1 输出为低电平。可见，锁存器输入 S_D 为低电平、输入 R_D 为高电平时，锁存器复位，输出为低电平。

假设输入 S_D、R_D 为高电平，输出 Q、$\overline{Q}$ 均为低电平，不符合锁存器的定义，故输入端禁止同时施加高电平，或者说输入必须满足一个约束条件，即 $S_DR_D=\mathbf{0}$。

同样的方法亦可分析图 5.1.1(b) 所示锁存器电路的功能，其输入约束条件为 $\overline{S}_D+\overline{R}_D=\mathbf{1}$。

根据上述各情况，分别列出高电平有效输入和低电平有效输入时 *RS* 锁存器的真值表，如表 5.1.1、表 5.1.2 所示。

RS 锁存器的典型芯片是 74HC279A，该芯片集成了 4 个 *RS* 锁存器，具体可参考集成电路手册。

注意到，在数字系统中，当开关的触点和开关闭合处接触时，可能会发生几次物理振动或抖动，然后才能形成最后的固定接触，虽然这种抖动持续时间很短，但是它们在抖动中会产生电压脉冲，造成数字系统的误操作，这是不可接受的。

表 5.1.1 高电平有效输入 *RS* 锁存器真值表

输入		输出		说明
S_D	R_D	Q	$\overline{Q}$	
0	0	NC	NC	保持
0	1	0	1	复位
1	0	1	0	置位
1	1	0	0	无效

表 5.1.2 低电平有效输入 *RS* 锁存器真值表

输入		输出		说明
$\overline{S}_D$	$\overline{R}_D$	Q	$\overline{Q}$	
0	0	1	1	无效
0	1	1	0	置位
1	0	0	1	复位
1	1	NC	NC	保持

锁存器可用于消除机械开关接触"抖动"的影响，其原理图与波形图如图 5.1.2 所示。当开关由 $\overline{R}$ 原处于低电平稳定状态，$\overline{S}$ 原处于高电平稳定状态时，电路 Q 输出为低电平。当开关由 $\overline{R}$ 切换至 $\overline{S}$ 时，由于上拉电阻的存在，$\overline{R}$ 会变为高电平，开关闭合第一次接触时 $\overline{S}$ 变为低电平，尽管在开关接触抖动之前，$\overline{S}$ 在低电平上仅仅维持了很短的时间，但是也足以使锁存器置位。此后，开关接触抖动在 $\overline{S}$ 输入上产生任何的电压脉冲，锁存器的输入状态使锁存器在保持状态和置位状态中切换，因此锁存器保持输出为高电平。类似地，当开关由 $\overline{S}$ 切换至 $\overline{R}$ 时，锁存器保持输出为低电平。

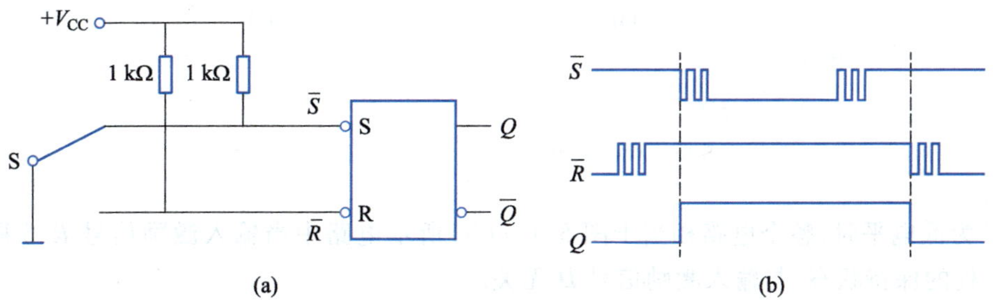

图 5.1.2

RS 锁存器消除机械开关接触"抖动"

(a) 原理图 (b) 波形图

2. 门控 *RS* 锁存器

若在普通 *RS* 锁存器的基础上增加门控信号，使得输入激励信号更新锁存器状态的时机可以受控，这样的锁存器称为门控 *RS* 锁存器，其逻辑电路和逻辑符号如图 5.1.3 所示。

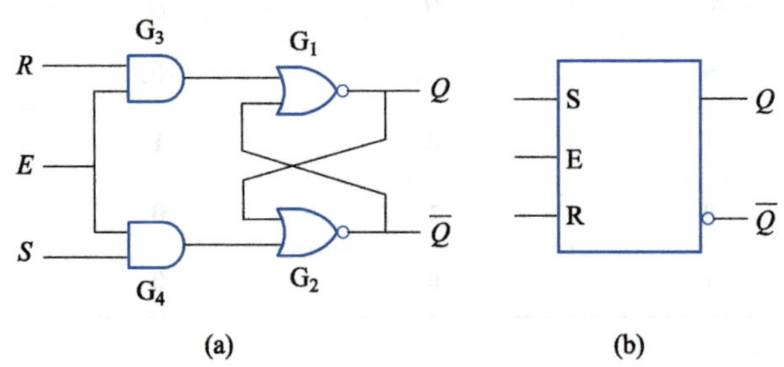

图 5.1.3

门控 *RS* 锁存器

(a) 逻辑电路图 (b) 逻辑符号

当 E 为高电平时，G_3 和 G_4 打开，整个电路相当于图 5.1.1(a)所示电路的功能，电路输出由输入激励信号 R、S 决定，按表 5.1.1 所示真值表输出；当 E 为低电平时，G_3 和 G_4 输出均为低电平，整个电路相当于图 5.1.1(a)所示电路所处的保持状态，与输入激励信号 R、S 无关。

可见，在 E 有效(高电平)期间，R 和 S 的变化将引起输出状态的变化，锁存器状态可以随输入激励变化发生多次翻转，输入约束条件($SR=\mathbf{0}$)仍然存在。

3. 门控 *D* 锁存器

另一种类型的门控锁存器是 *D* 锁存器，它不同于 *RS* 锁存器，除了控制信号 E 外只有一个输入，这个输入称为 D(data，数据)输入。图 5.1.4 所示为 *D* 锁存器的逻辑电路图和逻辑符号。

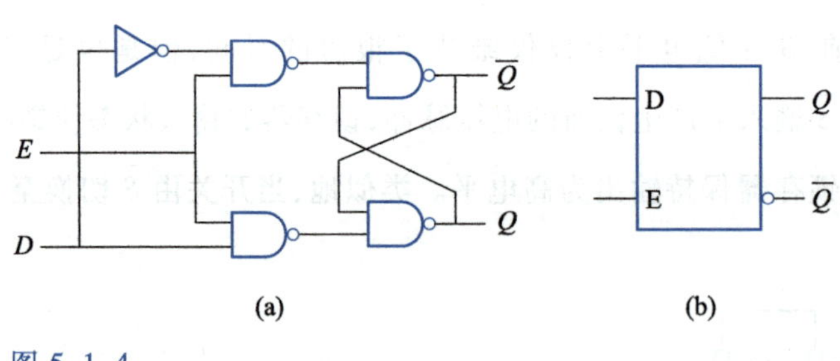

图 5.1.4

门控 *D* 锁存器

(a) 逻辑电路图 (b) 逻辑符号

当 E 为低电平时，整个电路相当于图 5.1.1(b)所示电路中当输入激励信号 R、S 同时为高电平时所处的保持状态，与输入激励信号 D 无关。

当 E 为高电平时，如果 D 也为高电平，则电路输出 Q 为高电平；如果 D 为低电平，则电路输出 Q 为低电平。换一种说法，当 E 为高电平时，输出 Q 跟随输入 D。门控 *D* 锁存器工作波形图如图 5.1.5 所示。

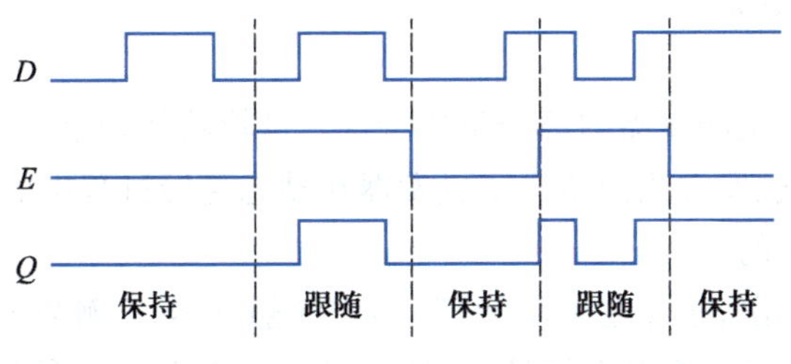

图 5.1.5
门控 D 锁存器工作波形图

门控 D 锁存器还有诸如用传输门实现的方式,具体见相关资料或书籍。门控 D 锁存器的典型芯片是 74HC75(该芯片集成了 4 个 D 锁存器)、74HC373(该芯片集成了 8 个 D 锁存器,其输出带有三态门输出,方便应用于微处理器或计算机的总线传输电路),它们的具体使用方法可参考集成电路手册。

5.1.2 触发器

1. 触发器的特点

在时序逻辑电路中,电路中的存储器件被要求能在同一控制信号的作用下同步工作,而普通 RS 锁存器的动作特点是在任何时刻,输入激励均能直接改变输出状态,即电路不具备记忆功能。而门控锁存器的动作特点是在控制端 E(或称为使能端)有效的时候,都可以接收输入激励,若输入激励多次变化,输出状态可能发生多次变化,称为“空翻”。可见锁存器不宜作为时序逻辑电路的存储器件。故需要用一个称为时钟的控制信号去控制存储单元状态改变的时间,这个时钟信号(CP 或 CLK)称为触发信号,它由高电平、低电平、上升沿或下降沿组成,如图 5.1.6 所示。

高电平或者低电平时触发信号有效,这种情形称为电平触发(level triggered),相对应的器件为锁存器(latch);上升沿或者下降沿时触发信号有效,这种情形称为边沿触发(edge triggered),相对应的器件为触发器(flip-flop)。

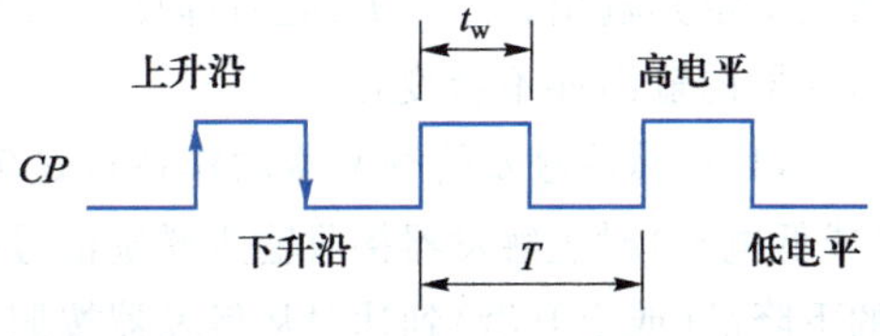

图 5.1.6
时钟信号示意图

可见,就电路结构而言,触发器应有一个时钟信号、一个或两个输入激励、两个互补的输出端,它是组成各种时序逻辑电路的单元级电路。

触发器的特点如下:

① 具有两个稳定的状态即 **0** 状态或 **1** 状态,可用来表示二进制数的 **0** 和 **1**,所以触发器又称为双稳态触发器。

② 具有触发翻转的特性,即两个稳态在外加输入激励信号和触发信号的作用下可以相互转换。

③ 具有“自行保持”或“记忆”功能,即利用不同的输入激励信号可将触发器设置成任意一个稳态 **1** 或 **0**,并且在输入激励信号撤销后保持该状态不变。

将触发信号到来前触发器所处状态用 Q 表示,称之为“现态”,触发脉冲到来后触发器所处

的状态用 Q^* 表示，称为“次态”。

2. 触发器的分类

逻辑功能和触发方式是触发器的两个重要特性。逻辑功能是指稳态下触发器的次态与初态和输入激励之间的关系，触发方式则指出了触发器在动态翻转过程中的动作特点，触发方式是由具体的电路内部结构决定的。

触发器有各种分类方法，按照逻辑功能可分为 *RS* 触发器、*D* 触发器、*JK* 触发器、*T* 触发器和 *T'* 触发器。按照触发方式可分为电平触发、脉冲触发和边沿触发三种类型。提醒读者注意脉冲触发也是在上升沿或下降沿有效时触发信号有效，并在后面的介绍中注意它和边沿触发的区别。

注意到同一种功能的触发器可以有不同的触发方式，不同的逻辑功能的触发器可以是同一种触发方式。

3. 触发器的触发方式及其特点

触发器的触发方式分为电平触发、脉冲触发和边沿触发方式，对应有不同的电路结构形式，其中电平触发方式即前述的门控锁存器，这里不再赘述。下面以 *D* 触发器为例介绍其他两种触发方式。

（1）脉冲触发

选择两个门控 *D* 锁存器，按照如图 5.1.7(a)所示的方式进行连接，第一个锁存器称之为主锁存器(master)，第二个锁存器称为从锁存器(slave)，这种电路结构被称为主从结构，注意到主锁存器的控制端和从锁存器的控制端是反相的两个信号，即主锁存器和从锁存器不会同时工作。

时钟信号为高电平时，主锁存器工作，从锁存器禁止工作；主锁存器的输出随输入激励信号 *D* 的变化而变化，从锁存器的输出保持原来的状态不变。

当时钟信号由高电平变为低电平时，亦即出现了下降沿，此时主锁存器禁止工作，从锁存器开始工作，从锁存器按照主锁存器下降沿时对应的输出亦即输入激励信号 *D* 在下降沿到来时的输入决定其输出，即 $Q=D$；此后即使输入激励 *D* 发生变化，由于主锁存器不工作，其输出不变，从锁存器的输出亦不会变化。

可见，脉冲触发的触发器动作特点是触发器的翻转分两步动作。第一步，时钟信号为高电平(或低电平)时主触发器接收输入激励信号被置成相应状态，从触发器保持不变；第二步，时钟信号的下降沿(或上升沿)到达时从触发器按照主触发器的状态而进行相对应的输出。所以，输出 *Q* 的状态改变发生在时钟信号的下降沿或者上升沿。脉冲触发器的逻辑符号如图 5.1.7(b)所示。

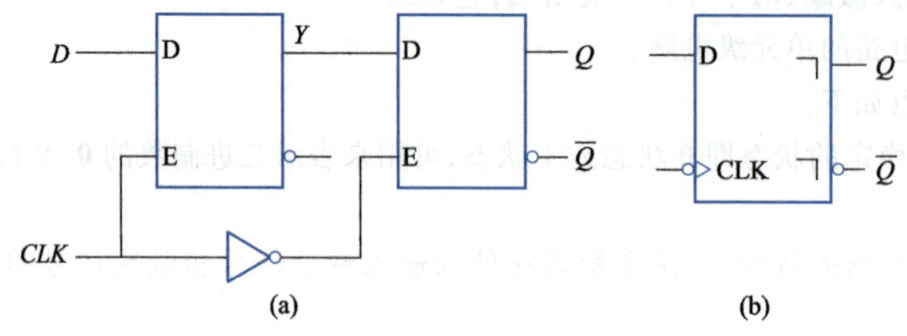

图 5.1.7

脉冲触发的 *D* 触发器

(a) 逻辑电路图 (b) 逻辑符号

(2) 边沿触发

图 5.1.8(a)所示为边沿触发器的原理框图,它由两个 D 锁存器组成。由图可见,当 CLK 处于高电平时,CLK_1为低电平,因而 FF_1 的输出 Q_1跟随输入激励信号 D 的状态变化,始终保持 $Q_1=D$。与此同时,CLK_2为高电平,FF_2 的输出 Q_2(亦即整个电路最后的输出 Q)保持原来的状态不变。

当 CLK 由高电平跳变至低电平时,CLK_1随之变成了高电平,于是 Q_1保持为 CLK 下降沿到达前瞬间输入端 D 的状态,此后不再跟随 D 的状态而改变。与此同时,CLK_2跳变为低电平,使 Q_2 与它的输入状态相同。由于 FF_2的输入就是 FF_1的输出 Q_1,所以输出端 Q_2 便被置成了与 CLK 下降沿到达前瞬间 D 端相同的状态,与以前和以后 D 的状态无关。

边沿触发器的动作特点是触发器的次态仅取决于时钟信号的上升沿或下降沿到达时输入激励信号的逻辑状态,而和以前或以后输入激励信号的状态无关,即输入激励信号的变化对触发器输出的状态没有影响。脉冲触发器的逻辑符号如图 5.1.8(b)所示。

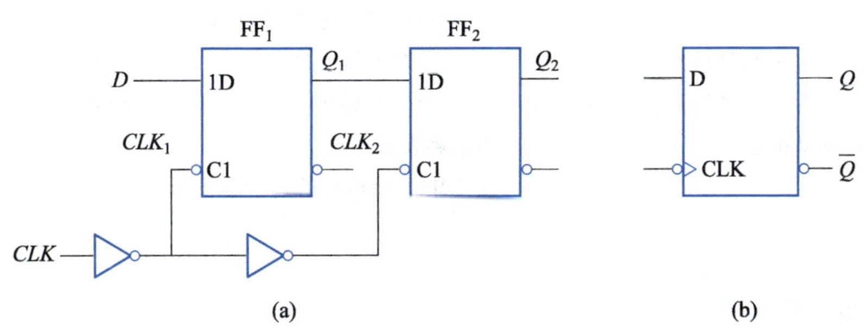

图 5.1.8

边沿触发的 D 触发器

(a) 原理电路图 (b) 逻辑符号

【例 5.1.1】 边沿触发 D 触发器的输入端波形如图 5.1.9 所示,请画出输出 Q 的波形。假设触发器初始状态为 **0** 状态。

分析:由边沿触发器的动作特点可知,触发器的次态仅取决于 CLK 上升沿到达时输入激励 D 的状态,即 $Q^*=D$。当 $D=\mathbf{1}$ 时,$Q^*=\mathbf{1}$;当 $D=\mathbf{0}$ 时,$Q^*=\mathbf{0}$,由此可得到图 5.1.9所示的波形。

目前集成电路产品中的边沿触发器电路还有维持阻塞触发器、利用门电路传输延迟时间的边沿触发器、CMOS 传输门的边沿触发器等几种电路结构形式。详情请参照相关资料或书籍。值得指出的是边沿触发器是以上三种触发方式中抗干扰能力最强的。

各种触发方式的触发器的比较如表 5.1.3 所示。

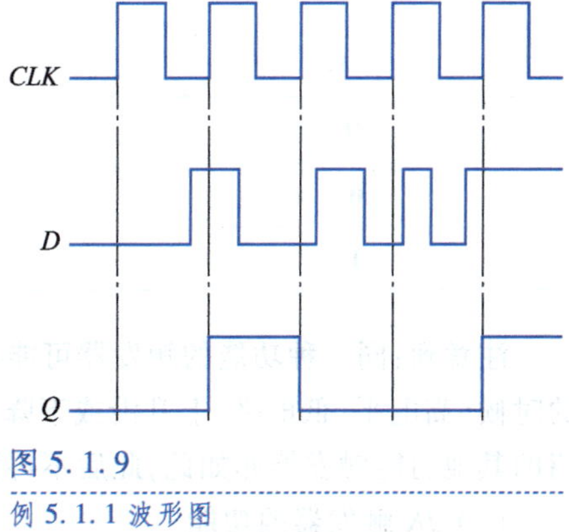

图 5.1.9

例 5.1.1 波形图

表 5.1.3　各种触发方式的触发器之比较

触发方式	动作特点	电路结构	逻辑符号举例
电平触发	时钟信号为高电平(或低电平)时触发器接收输入激励信号被置成相应状态,时钟信号为低电平(或高电平)时触发器保持原状态不变	锁存器加门控电路	S—1S—Q CLK—C1 R—1R—$\overline{Q}$
脉冲触发	时钟信号为高电平(或低电平)时主触发器接收输入激励信号被置成相应状态;从触发器的次态仅取决于时钟信号的下降沿(或上升沿)到达时主触发器的输出	主从结构	S—1S ┐—Q CLK—C1 R—1R ┐—$\overline{Q}$
边沿触发	触发器的次态仅取决于时钟信号的上升沿或下降沿到达时输入激励的逻辑状态	① 两个电平触发 D 锁存器构成 ② 维持阻塞触发器 ③ 利用门电路传输延迟时间的边沿触发器 ④ CMOS 传输门的边沿触发器	D—1D—Q CLK—>C1 $\overline{Q}$

4. 触发器的功能

(1) D 触发器的功能

如前所述,脉冲上升沿(或下降沿)到来前触发器的输出为现态,用 Q 表示,脉冲上升沿(或下降沿)到来后触发器的输出为次态,用 Q^* 表示,该状态一直保持到下一个脉冲上升沿(或下降沿)到来时。

边沿 D 触发器的特性方程如公式(5.1.1)所示,即当脉冲上升沿(或下降沿)到来时,触发器的输出为脉冲上升沿(或下降沿)到来时的输入激励信号 D。D 触发器的特性表如表 5.1.4 所示。

$$Q^* = D \tag{5.1.1}$$

表 5.1.4　D 触发器的特性表

D	Q^*	功能说明
0	0	置 0
1	1	置 1

注意到:同一种功能的触发器可能有多种触发方式。表 5.1.4 所示的表格在触发脉冲有效的时候(高电平、低电平、上升沿或下降沿)适用,其他时间段触发器保持原来的状态。接下来介绍的其他功能触发器亦如此,此后不再赘述。

(2) JK 触发器的功能

图 5.1.10(a)所示为 JK 触发器的逻辑电路,图 5.1.10(b)所示为其逻辑符号。由逻辑电路图可知输入激励来自外加输入激励信号 J、K,$D=J\overline{Q}+\overline{K}Q$,根据边沿 D 触发器的特性可以得出 JK 触发

器的特性方程，如公式(5.1.2)所示，并由此可以得到 *JK* 触发器的特性表，如表 5.1.5 所示。

$$Q^{*}=J\overline{Q}+\overline{K}Q \tag{5.1.2}$$

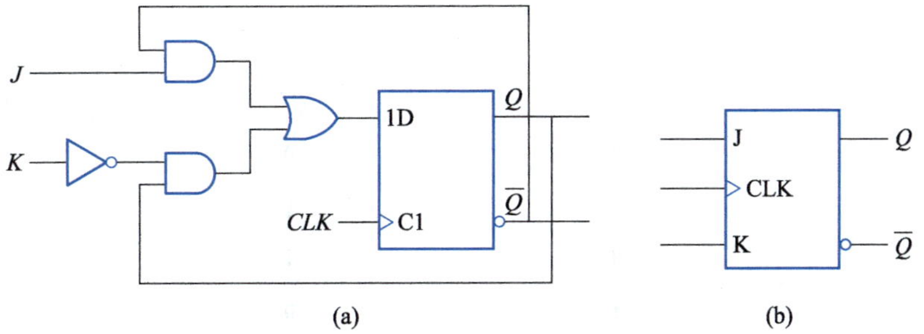

(a) (b)

图 5.1.10

JK 触发器

(a) 逻辑电路图 (b) 逻辑符号

表 5.1.5 *JK* 触发器的特性表

J	K	Q	Q^{*}	功能说明
0	0	0	0	保持
0	0	1	1	
0	1	0	0	置 0
0	1	1	0	
1	0	0	1	置 1
1	0	1	1	
1	1	0	1	翻转
1	1	1	0	

(3) *T*(toggle)触发器的功能

图 5.1.11(a)、(b)给出了 *T* 触发器的两种实现方式，5.1.11(c)给出了 *T* 触发器的逻辑符号。

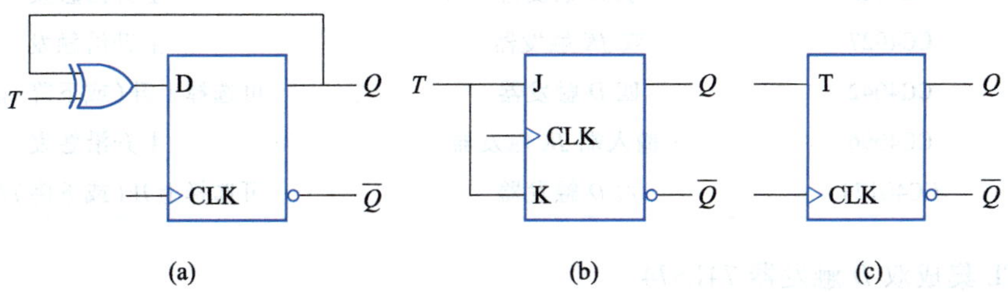

图 5.1.11

T 触发器

(a) *T* 触发器实现方式 1 (b) *T* 触发器实现方式 2 (c) 逻辑符号

图 5.1.11(a)中,由电路可知:$D=T\oplus Q$,根据边沿 D 触发器的特性可以得出 T 触发器的特性方程,如公式(5.1.3)所示,特性表如表 5.1.6 所示。

$$Q^{*}=T\oplus Q \tag{5.1.3}$$

表 5.1.6　T 触发器的特性表

T	Q	Q^{*}	功能说明
0	0	0	保持
0	1	1	
1	0	1	翻转
1	1	0	

5. 常用集成触发器及其应用

目前市场上出售的常用集成触发器有 RS 触发器、JK 触发器和 D 触发器,部分集成触发器列表如表 5.1.7 所示。T 触发器可以通过 D 触发器和 JK 触发器获得。用户可根据实际情况选用。D 触发器、JK 触发器应用范围很广,可用作数字信号的寄存器、移位寄存器、分频等,在后续的小节中会有详细介绍,这里仅对它们做一个简单介绍。

表 5.1.7　部分集成触发器列表

系列	型号	名称	触发方式
TTL	74LS71	主从 RS 触发器	下降沿触发
	74LS74	双 D 触发器	上升沿触发
	74LS76	双 JK 触发器	下降沿触发
	74LS174	六 D 触发器	上升沿触发
	74LS175	四 D 触发器	上升沿触发
	74LS107	双 JK 触发器	下降沿触发
	74LS112	双 JK 触发器	下降沿触发
	74LS113	双 JK 触发器	下降沿触发
	74LS109	双 JK 触发器	上升沿触发
	74LS373	八 D 锁存器	三态输出 高电平触发
CMOS	CC4013	双 D 触发器	上升沿触发
	CC4027	双 JK 触发器	上升沿触发
	CC4042	四 D 触发器	可选择上升(或下降)沿触发
	CC4096	三输入端 JK 触发器	上升沿触发
	CC40174	六 D 触发器	可选择上升(或下降)沿触发

(1) TTL 集成双 D 触发器 74LS74

74LS74 是 TTL 集成双 D 触发器,其引脚分布图和逻辑符号如图 5.1.12 所示。该芯片内含 2 个 D 触发器,均属于上升沿触发的边沿触发器。每个触发器均带有直接置 **0** 端和直接置 **1** 端,均为低电平有效,注意到它们不能同时为低电平,其功能表如表 5.1.8 所示。

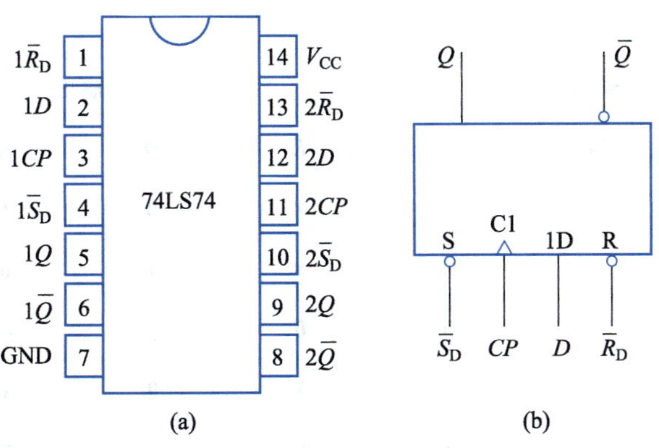

图 5.1.12

双 *D* 触发器 74LS74

(a) 引脚分布图 (b) 逻辑符号

表 5.1.8 74LS74 功能表

输入				输出		功能说明
$\overline{R}_D$	$\overline{S}_D$	CP	D	Q	$\overline{Q}$	
0	**1**	×	×	**0**	**1**	异步置 **0**
1	**0**	×	×	**1**	**0**	异步置 **1**
1	**1**	↑	**0**	**0**	**1**	置 **0**
1	**1**	↑	**1**	**1**	**0**	置 **1**

(2) TTL 集成双 *JK* 触发器 74LS112

74LS112 是 TTL 集成双 *JK* 触发器,其引脚分布图和逻辑符号如图 5.1.13 所示。该芯片内含 2 个 *JK* 触发器,均属于下降沿触发的边沿触发器。每个触发器均带有直接置 **0** 端和直接置 **1** 端,均为低电平有效,注意到它们不能同时为低电平,其功能表如表 5.1.9 所示。

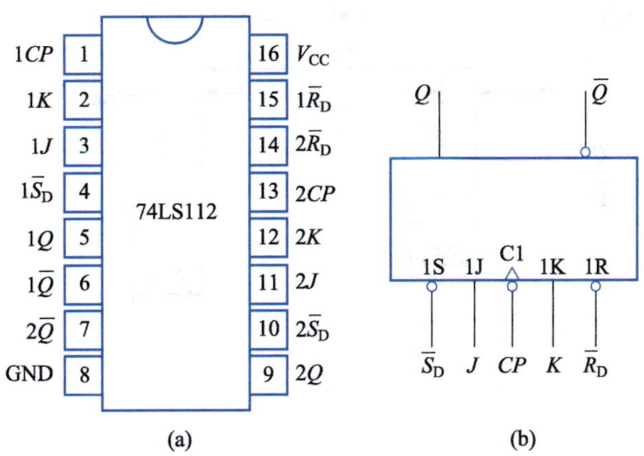

图 5.1.13

双 *JK* 触发器 74LS112

(a) 引脚分布图 (b) 逻辑符号

表 5.1.9　74LS112 功能表

输入					输出		功能说明
$\overline{R}_D$	$\overline{S}_D$	CP	J	K	Q	$\overline{Q}$	
0	**1**	×	×	×	**0**	**1**	异步置 **0**
1	**0**	×	×	×	**1**	**0**	异步置 **1**
1	**1**	↓	**0**	**0**	Q	$\overline{Q}$	保持
1	**1**	↓	**0**	**1**	**0**	**1**	置 **0**
1	**1**	↓	**1**	**0**	**1**	**0**	置 **1**
1	**1**	↓	**1**	**1**	$\overline{Q}$	Q	翻转

6. 触发器的动态特性

动态特性反映了触发器对输入信号和时钟信号两者间相互配合关系的时间要求，以及输出状态对时钟信号响应的延迟时间要求等。以边沿 D 触发器为例介绍几个参数。图 5.1.14 所示为边沿 D 触发器的动态特性分析图。表 5.1.10 所示为同类型但属于不同系列的 4 种 CMOS 和双极型(TTL) D 触发器的比较。

(1) 建立时间 t_{SU}

建立时间是输入先于时钟脉冲的触发边沿到来所需要的最小时间间隔，在图 5.1.14 中即输入激励信号 D 到达高电平的 50%的点与时钟脉冲上升沿 50%的点之间的时间间隔，它有效保证了与 D 相关的电路建立起稳定的状态，使触发器状态得到正确的转换。

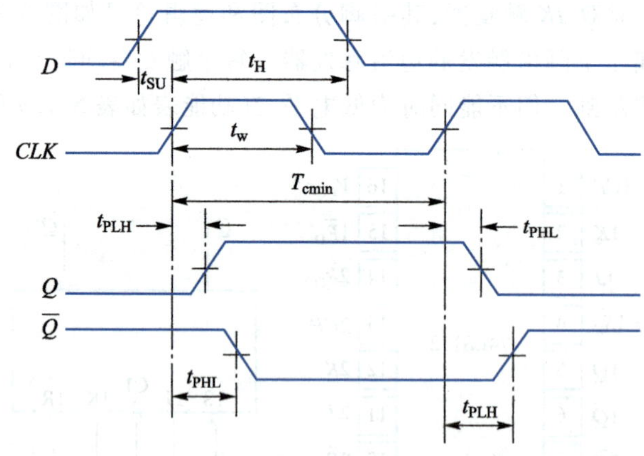

图 5.1.14

边沿 D 触发器的动态特性分析图

表 5.1.10　4 种不同系列 D 触发器在 25℃时工作参数的比较

参数	CMOS		双极型(TTL)	
	74HC74A	74AHC74	74LS74A	74F74
t_{PHL}	17 ns	4.6 ns	40 ns	6.8 ns
t_{PLH}	17 ns	4.6 ns	25 ns	8.0 ns
t_{SU}	14 ns	5 ns	20 ns	2 ns
t_H	3 ns	0.5 ns	5 ns	1 ns
t_w(CLK 高电平)	10 ns	5 ns	25 ns	4 ns
t_w(CLK 低电平)	10 ns	5 ns	25 ns	5 ns
f_{max}	35 MHz	170 MHz	25 MHz	100 MHz
功率损耗	0.012 mW	1.1 mW	44 mW	88 mW

(2) 保持时间 t_H

保持时间是时钟脉冲的触发边沿到来之后,输入激励信号的逻辑电平需要保持的最小时间间隔,以保证输入激励 D 的状态可靠地按时序进入到触发器。

(3) 触发脉冲宽度 t_w

触发脉冲宽度通常由生产商来为时钟、置数端和清零端指定,典型的情况是时钟由其高电平持续最小时间和低电平持续最小时间来指定,该宽度保证了触发器内部各电路正确翻转。

(4) 传输延迟时间 t_{PHL}和 t_{PLH}

传输延迟时间是施加输入激励信号并导致输出发生变化所需要的时间间隔,有 2 个重要的传输延迟时间。

传输延迟时间 t_{PHL}:从时钟脉冲的触发边沿的 50%到输出高电平转到低电平的 50%之间的时间间隔。

传输延迟时间 t_{PLH}:从时钟脉冲的触发边沿的 50%到输出低电平转到高电平的 50%之间的时间间隔。

(5) 最高触发频率 f_{max}

触发器内部都要完成一系列动作,需要一定的时间延迟,所以对于时钟脉冲最高工作频率有一个限制,对超过这个限制的时钟频率,触发器将不能足够快地做出响应,其功能会减弱。

(6) 功率损耗

任何数字电路都需要直流电源为其提供工作点,因此需要消耗功率。

5.2 时序逻辑电路的基本概念

5.2.1 时序逻辑电路的基本结构

时序逻辑电路的基本结构框图如图 5.2.1 所示,它由组合逻辑电路和具有记忆功能的存储电路两部分组成。

1. 时序逻辑电路的结构特点

与组合逻辑电路相比，时序逻辑电路在结构上具有2个特点：

① 由于含有触发器的存储电路，因此具有记忆过去输入信号的功能，即时序逻辑电路在任一时刻的状态变量不仅是输入信号的函数，而且还是电路以前状态的函数，并由当前输入变量和状态决定电路的下一个状态；

② 时序逻辑电路的输出信号由输入信号和电路状态共同决定。

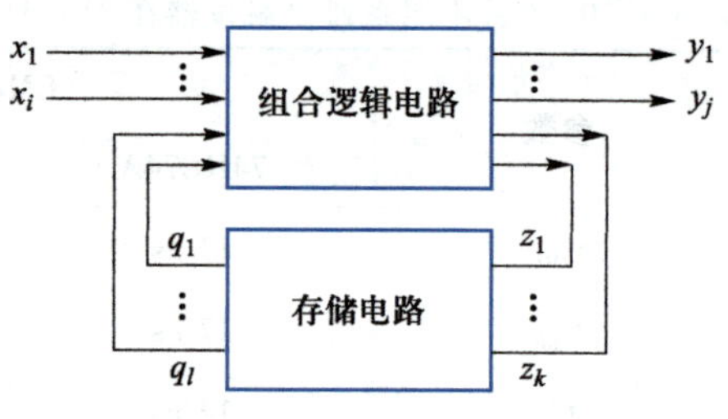

图 5.2.1

时序逻辑电路基本结构框图

2. 时序逻辑电路的方程描述

图 5.2.1 中，$X(x_1,x_2,\cdots,x_i)$为输入信号，$Y(y_1,y_2,\cdots,y_j)$为输出信号，$Z(z_1,z_2,\cdots,z_k)$为存储电路的驱动信号，$Q(q_1,q_2,\cdots,q_l)$为存储电路的状态信号。这些信号之间的逻辑关系可以用下列3个方程进行描述：

(1) 驱动方程 $Z=G(X,Q)$

$$\begin{cases} z_1=g_1(x_1,x_2,\cdots,x_i,q_1,q_2,\cdots,q_l) \\ \cdots\cdots\cdots\cdots \\ z_k=g_k(x_1,x_2,\cdots,x_i,q_1,q_2,\cdots,q_l) \end{cases} \tag{5.2.1}$$

(2) 状态方程 $Q^*=H(Z,Q)$

$$\begin{cases} q_1^*=h_1(z_1,z_2,\cdots,z_k,q_1,q_2,\cdots,q_l) \\ \cdots\cdots\cdots\cdots \\ q_l^*=h_l(z_1,z_2,\cdots,z_k,q_1,q_2,\cdots,q_l) \end{cases} \tag{5.2.2}$$

(3) 输出方程 $Y=F(X,Q)$

$$\begin{cases} y_1=g_1(x_1,x_2,\cdots,x_i,q_1,q_2,\cdots,q_l) \\ \cdots\cdots\cdots\cdots \\ y_j=g_j(x_1,x_2,\cdots,x_i,q_1,q_2,\cdots,q_l) \end{cases} \tag{5.2.3}$$

其中，Q表示触发脉冲到来前存储电路的状态，称为“**现态**”，Q^*表示触发脉冲到来后存储电路的状态，称为“**次态**”。

5.2.2 时序逻辑电路的分类

(1) 根据时钟信号的作用方式分类

按这种方式，时序逻辑电路可分为异步时序逻辑电路和同步时序逻辑电路。电路中包含有若干触发器，如果它们的时钟信号没有接到统一的时钟脉冲上，从而电路各触发器的状态更新不是同时发生的，这种电路称为异步时序逻辑电路。如果它们的时钟信号共用一个脉冲信号，各触发器的状态更新是同时发生的，这种电路称为同步时序逻辑电路。

(2) 根据电路结构分类

米利(Mealy)型时序逻辑电路中，电路输出不仅取决于存储电路的状态Q，而且还取决于输入变量X，即输出方程为$Y=F(X,Q)$；在穆尔(Moore)型电路中，输出信号仅仅取决于存储电路的状态,即输出方程为 $Y=F(Q)$。由此可见,穆尔型电路为米利型电路的特例。

5.2.3 时序逻辑电路功能的描述方式

理论上讲,5.2.1 节所述的 3 组方程可以准确地描述时序逻辑电路的功能,但这种描述方式比较抽象,仅从它难以判断电路的逻辑功能,在设计时序逻辑电路时,也很难根据给出的逻辑需求写出这 3 组方程,因此还需要其他比较直观的表达方式描述电路状态变化的全过程,这些表达方式包括状态转换真值表、状态转换图、时序图等。

(1) 逻辑方程组

方程组包括驱动方程、状态方程、输出方程。其中,状态方程表达了触发器从现态到次态的状态转换特性,次态用“ * ”表示,未标注的变量为现态值。

(2) 状态转换真值表

根据逻辑方程组可以列出状态转换真值表(简称状态转换表),它反映了触发器从现态到次态的转换以及电路的输出。

(3) 状态转换图

状态转换图是将输入、现态到次态的状态转换过程以及输出情况以信号流图的方式进行表达,简洁直观。

(4) 时序图

通常把时序逻辑电路的状态和输出与时钟脉冲信号和输入信号相对应的波形图称之为时序图,可以由逻辑方程组得到。

以上若干表达方式将会在后续时序逻辑电路的分析和设计过程中结合具体问题通过实例进行介绍。

5.3 时序逻辑电路的分析

时序逻辑电路的分析是针对给定的时序逻辑电路,通过一定的分析方法找到该电路状态变化的全过程及输出情况,从而说明该电路的逻辑功能。本节主要介绍时序逻辑电路的一般分析步骤,并通过例题加深对分析方法的理解。

5.3.1 时序逻辑电路的一般分析步骤

时序逻辑电路分析的一般步骤如下:

① 确定时序逻辑电路的类型,判断该电路是同步时序逻辑电路还是异步时序逻辑电路。

② 根据电路写出各触发器的驱动方程和时钟方程。时钟方程仅针对异步时序逻辑电路,同步时序逻辑电路无须写时钟方程。

③ 写出各触发器的状态方程。将各触发器的驱动方程代入到触发器的特性方程即可得到状态方程。

④ 根据电路写出输出方程。

⑤ 选用合适的描述方式。可以选择状态转换真值表、状态转换图等方式对电路进行描述。

⑥ 视具体需要检查电路是否具有自启动的功能。

⑦ 总结描述时序逻辑电路的功能。

5.3.2 同步时序逻辑电路分析举例

【例 5.3.1】 分析图 5.3.1 所示同步时序逻辑电路的功能。

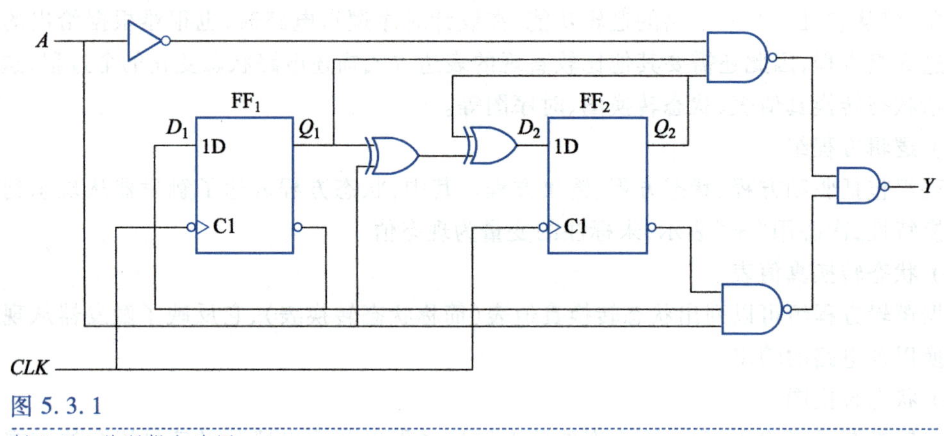

图 5.3.1

例 5.3.1 的逻辑电路图

解：(1) 该电路是一个同步米利型逻辑电路，2 个触发器在触发脉冲到来时同时按照各自规律工作。

(2) 写出驱动方程

$$\begin{cases} D_1 = \overline{Q}_1 \\ D_2 = A \oplus Q_1 \oplus Q_2 \end{cases}$$

(3) 将驱动方程代入到 D 触发器的特性方程，得到状态方程

$$\begin{cases} Q_1^* = D_1 = \overline{Q}_1 \\ Q_2^* = D_2 = A \oplus Q_1 \oplus Q_2 \end{cases}$$

(4) 写出输出方程

$$Y = \overline{\overline{\overline{A}Q_1Q_2} \cdot \overline{A\overline{Q}_1\overline{Q}_2}} = \overline{A}Q_1Q_2 + A\overline{Q}_1\overline{Q}_2$$

(5) 列出状态转换真值表

根据状态方程和输出方程列出状态转换真值表如表 5.3.1 所示。

表 5.3.1　例 5.3.1 的状态转换真值表

输入	现态		次态		输出
A	Q_2	Q_1	Q_2^*	Q_1^*	Y
0	0	0	0	1	0
0	0	1	1	0	0
0	1	0	1	1	0
0	1	1	0	0	1

续表

输入	现态		次态		输出
A	Q_2	Q_1	Q_2^*	Q_1^*	Y
1	0	0	1	1	1
1	1	1	1	0	0
1	1	0	0	1	0
1	0	1	0	0	0

(6) 画出状态转换图

根据状态转换真值表可以画出状态转换图,如图 5.3.2 所示。

(7) 逻辑功能描述

由状态转换图可以看出,图 5.3.1 所示电路是一个可逆 2 位二进制计数器。当 A=**0** 时,进行递增计数,在 CP 脉冲作用下,Q_2Q_1 按照 **00—01—10—11** 变化,相当于加 1 计数器,Y 在 Q_2Q_1=**11** 时输出 **1**,此时 Y 为进位信号。当 A=**1** 时,进行递减计数,在 CP 脉冲作用下,Q_2Q_1 按照 **11—10—01—00** 变化,相当于减 1 计数器,Y 在 Q_2Q_1 = **00** 时输出 **1**,此时 Y 为借位信号。

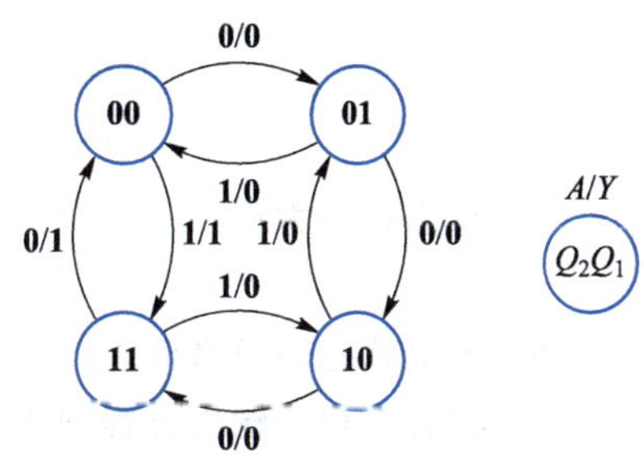

图 5.3.2

例 5.3.1 的状态转换图

由此可见,时序逻辑电路的分析过程重点是得到 3 种方程,只要 3 种方程能明确得到,就能够分析得到该时序逻辑电路的功能,状态转换真值表、状态转换图、时序图等均为描述时序逻辑电路功能的不同表达形式,在电路分析的过程中可以按照实际需要进行选择,完成对时序逻辑电路的分析。

例 5.3.2 讲解

5.3.3 异步时序逻辑电路分析举例

【例 5.3.2】 分析图 5.3.3 所示异步时序逻辑电路的功能。

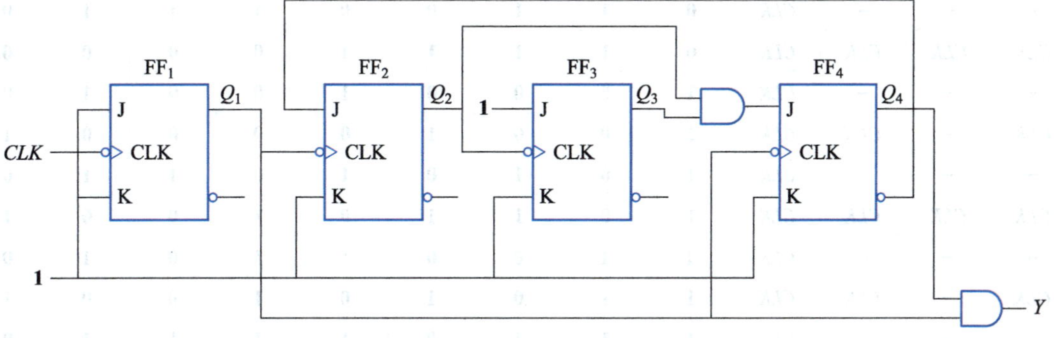

图 5.3.3

例 5.3.2 的逻辑电路图

解：（1）该电路是一个异步穆尔型逻辑电路，4个触发器在各自的触发脉冲到来时按照各自规律工作。

（2）写出时钟方程、驱动方程

$$\begin{cases}CP_1 = CLK\downarrow \\ CP_2 = CP_4 = Q_1\downarrow \\ CP_3 = Q_2\downarrow\end{cases} \qquad \begin{cases}J_1 = K_1 = \mathbf{1} \\ J_2 = \overline{Q}_4 \quad K_2 = \mathbf{1} \\ J_3 = K_3 = \mathbf{1} \\ J_4 = Q_2Q_3 \quad K_4 = \mathbf{1}\end{cases}$$

（3）将驱动方程代入到 JK 触发器的特性方程，得到状态方程

$$\begin{cases}Q_1^* = (J_1\overline{Q}_1 + \overline{K}_1Q_1)\cdot CP_1 = \overline{Q}_1\cdot CP_1 \\ Q_2^* = (J_2\overline{Q}_2 + \overline{K}_2Q_2)\cdot CP_2 = \overline{Q}_4\overline{Q}_2\cdot CP_2 \\ Q_3^* = (J_3\overline{Q}_3 + \overline{K}_3Q_3)\cdot CP_3 = \overline{Q}_3\cdot CP_3 \\ Q_4^* = (J_4\overline{Q}_4 + \overline{K}_4Q_4)\cdot CP_4 = Q_3Q_2\overline{Q}_4\cdot CP_4\end{cases}$$

（4）写出输出方程

$$Y = Q_4Q_1$$

（5）列出状态转换真值表

根据状态方程和输出方程列出状态转换真值表如表5.3.2所示。

表5.3.2　例5.3.2的状态转换真值表

时钟信号				现态				次态				输出
CP_4	CP_3	CP_2	CP_1	Q_4	Q_3	Q_2	Q_1	Q_4^*	Q_3^*	Q_2^*	Q_1^*	Y
–	–	–	*CLK*	**0**	**0**	**0**	**0**	**0**	**0**	**0**	**1**	**0**
CLK	–	*CLK*	*CLK*	**0**	**0**	**0**	**1**	**0**	**0**	**1**	**0**	**0**
–	–	–	*CLK*	**0**	**0**	**1**	**0**	**0**	**0**	**1**	**1**	**0**
CLK	*CLK*	*CLK*	*CLK*	**0**	**0**	**1**	**1**	**0**	**1**	**0**	**0**	**0**
–	–	–	*CLK*	**0**	**1**	**0**	**0**	**0**	**1**	**0**	**1**	**0**
CLK	–	*CLK*	*CLK*	**0**	**1**	**0**	**1**	**0**	**1**	**1**	**0**	**0**
–	–	–	*CLK*	**0**	**1**	**1**	**0**	**0**	**1**	**1**	**1**	**0**
CLK	*CLK*	*CLK*	*CLK*	**0**	**1**	**1**	**1**	**1**	**0**	**0**	**0**	**0**
–	–	–	*CLK*	**1**	**0**	**0**	**0**	**1**	**0**	**0**	**1**	**0**
CLK	–	*CLK*	*CLK*	**1**	**0**	**0**	**1**	**0**	**0**	**0**	**0**	**1**
–	–	–	*CLK*	**1**	**0**	**1**	**0**	**1**	**0**	**1**	**1**	**0**
CLK	*CLK*	*CLK*	*CLK*	**1**	**0**	**1**	**1**	**0**	**1**	**0**	**0**	**1**
–	–	–	*CLK*	**1**	**1**	**0**	**0**	**1**	**1**	**0**	**1**	**0**
CLK	–	*CLK*	*CLK*	**1**	**1**	**0**	**1**	**0**	**1**	**0**	**0**	**1**
–	–	–	*CLK*	**1**	**1**	**1**	**0**	**1**	**1**	**1**	**1**	**0**
CLK	–	*CLK*	*CLK*	**1**	**1**	**1**	**1**	**0**	**0**	**0**	**0**	**1**

注：表中时钟信号标注“*CLK*”表示有时钟脉冲下降沿的到来，标注“–”表示没有时钟脉冲下降沿的到来。

(6) 画出状态转换图

根据表 5.3.2 所示的状态转换真值表可以画出该电路的状态转换图,如图 5.3.4 所示。

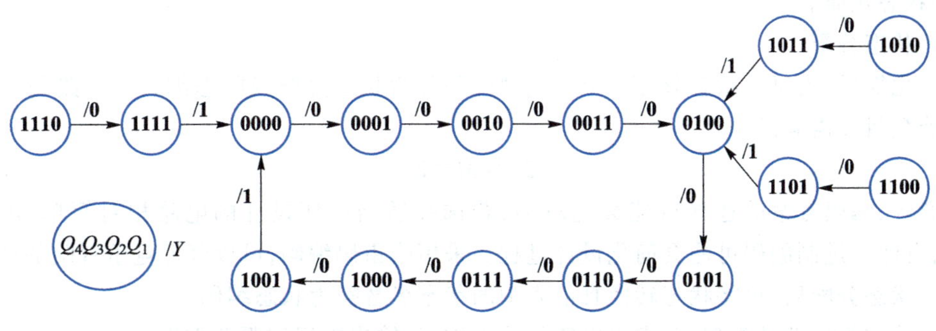

图 5.3.4

例 5.3.2 的状态转换图

(7) 电路功能描述

由状态转换图可以看出,该电路是一个带进位的异步十进制加法计数器,且该电路可以自启动。

5.4 同步时序逻辑电路的设计

时序逻辑电路设计是根据给定的逻辑功能需求,选择适当的逻辑器件,设计出符合要求的时序逻辑电路。本节讨论的是基于触发器及门电路的同步时序逻辑电路的设计。

5.4.1 同步时序逻辑电路设计的一般步骤

同步时序逻辑电路的一般设计过程如图 5.4.1 所示。

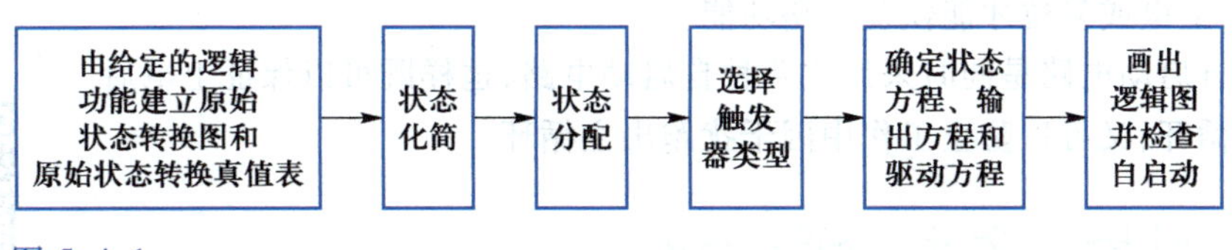

图 5.4.1

同步时序逻辑电路的一般设计过程

下面对设计过程主要步骤加以说明。

(1) 进行逻辑抽象,得出原始的状态转换图和状态转换真值

① 分析给定的逻辑功能,确定输入变量和输出变量的数目,并用相应的字母表示。

② 确定所有可能的状态及状态转换之间的关系和输入条件,并对电路的每个状态进行编号。从设定的初始状态开始,根据输入条件确定转换方向和输出,直到画出从每一个状态开始到下一个状态的转换和输出,画出原始的状态转换图。

③ 列出原始的状态转换真值表。

(2) 状态化简

原始的状态转换图可能隐含多余的状态,为了使电路简化,需要找出其中可能的等效状态,进行状态化简。

(3) 状态分配

状态化简后,为每个状态分配一个二进制代码称为状态分配或状态编码。电路的状态数 M 和触发器数目 n 需满足

$$2^{n-1}<M\leqslant 2^{n} \tag{5.4.1}$$

注意到,编码方案的选择可能会比较多,若选择适当可使设计的电路相对简单、可靠。例如,采用自然二进制编码可能会简化设计过程。采用格雷码编码,可以降低竞争冒险的产生。

完成状态分配后,可将状态转换真值表中的状态名替换为状态编码。

(4) 确定触发器的类型,并求出电路的状态方程、输出方程和驱动方程

确定触发器类型后,可根据编码后的状态转换图和状态转换真值表找到电路的状态方程和输出方程,进而求出电路的驱动方程。

(5) 画出相应的逻辑图,并检查电路是否能自启动

根据得到的驱动方程和输出方程,可画出逻辑电路图。若电路有无效状态,则需检查所设计的电路能否自启动。

如果不能自启动,主要有两种解决方法。一种是修改设计,将无效状态强制转移至主循环之中;另一种是利用触发器的直接清零端和直接置数端,确定上电瞬间电路进入有效状态。图 5.4.2 所示为高电平手动复位的电路。

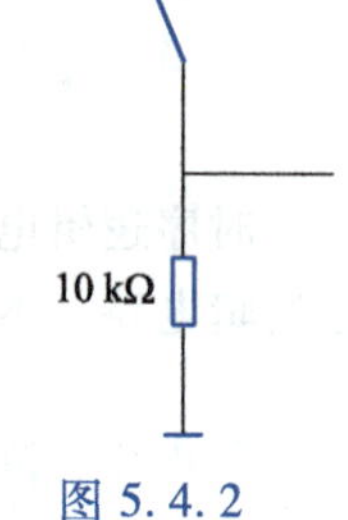

图 5.4.2 复位电路

第一种方法实现自启动的优点是不管在何种情况下都可以保证电路工作在主循环。缺点是无效状态至少需要一个时钟周期才能转入主循环。如果要求时序电路任何时刻都不允许进入某些无效状态,则这种方法无效。

第二种方法实现自启动的优点是可以按最快的速度使时序电路进入主循环。缺点是初始化结束后,电路如果受到干扰进入无效状态,就不能返回主循环,需要重新上电或复位才能恢复电路功能。

理想的自启动电路是同时采用这两种自启动电路,这样既可以保证上电后快速进入主循环,又可以防止工作中因干扰跑出主循环。

例 5.4.1 讲解

5.4.2 同步时序逻辑电路设计举例

【例 5.4.1】 设计一个同步递增加 1 的五进制计数器。

解: (1) 根据设计要求,该电路应有 5 个状态,分别用 $S_i(i=0\sim4)$ 表示。电路有 1 个进位输出信号,用 Y 表示,$Y=\mathbf{0}$ 表示无进位,$Y=\mathbf{1}$ 表示有进位。画出状态转换图,如图 5.4.3 所示。该状态转换图无须化简。

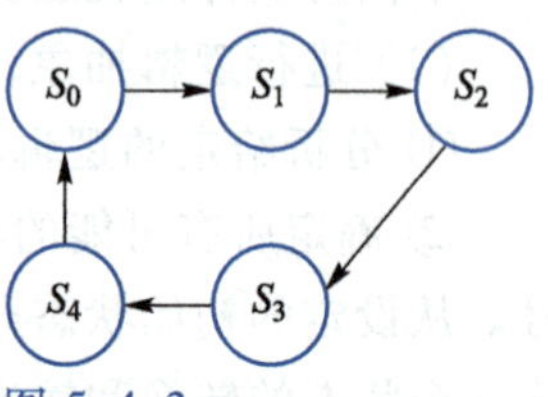

图 5.4.3 五进制计数器的状态转换图

(2) 状态分配,列状态转换真值表,如表 5.4.1 所示。

(3) 选择触发器,求各触发器的驱动方程和输出方程。

本例题选用 JK 触发器。根据表 5.4.1 的状态转换真值表,写出状态方程和输出方程。

表 5.4.1　例 5.4.1 的状态转换真值表

状态及编码	现态			次态			输出
	Q_2	Q_1	Q_0	Q_2^*	Q_1^*	Q_0^*	Y
S_0(**000**)	**0**	**0**	**0**	**0**	**0**	**1**	**0**
S_1(**001**)	**0**	**0**	**1**	**0**	**1**	**0**	**0**
S_2(**010**)	**0**	**1**	**0**	**0**	**1**	**1**	**0**
S_3(**011**)	**0**	**1**	**1**	**1**	**0**	**0**	**0**
S_4(**100**)	**1**	**0**	**0**	**0**	**0**	**0**	**1**

$$\begin{cases} Q_2^*(Q_2,Q_1,Q_0)=m_3+\sum d(5,6,7)=\overline{Q}_2Q_1Q_0 \\ Q_1^*(Q_2,Q_1,Q_0)=m_1+m_2+\sum d(5,6,7)=Q_0\overline{Q}_1+\overline{Q}_0Q_1 \\ Q_0^*(Q_2,Q_1,Q_0)=m_0+m_2+\sum d(5,6,7)=\overline{Q}_2\overline{Q}_1\overline{Q}_0+\overline{Q}_2Q_1\overline{Q}_0=\overline{Q}_2\overline{Q}_0 \end{cases}$$

$$Y=Q_2\overline{Q}_1\overline{Q}_0+\sum d(5,6,7)=Q_2$$

与 JK 触发器的特性方程 $Q^*=J\overline{Q}+\overline{K}Q$ 相比较,容易得出各个触发器的驱动方程。

$$\begin{cases} J_2=Q_1Q_0 & K_2=\mathbf{1} \\ J_1=Q_0 & K_1=Q_0 \\ J_0=\overline{Q}_2 & K_0=\mathbf{1} \end{cases}$$

(4) 检查能否自启动。

分别将电路的 3 个无效状态 **101**、**110**、**111** 作为现态,代入到电路的状态方程求其次态,得到的状态转换图如图 5.4.4 所示。由此可以看出,这 3 个状态在经过 1 个时钟周期后全部进入到有效循环状态,可以自启动。

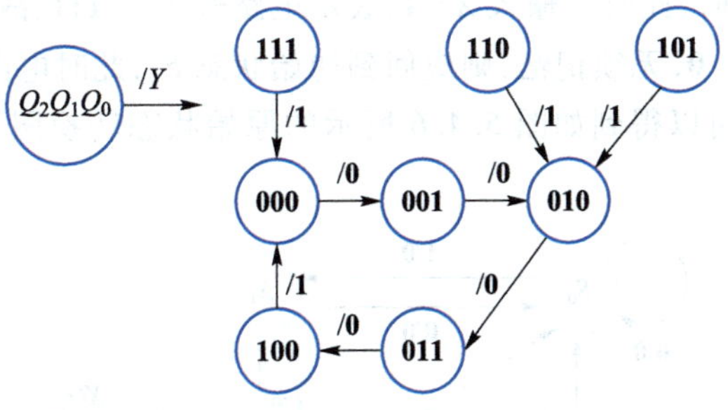

图 5.4.4

例 5.4.1 的状态转换图

(5) 画出逻辑电路图,如图 5.4.5 所示。

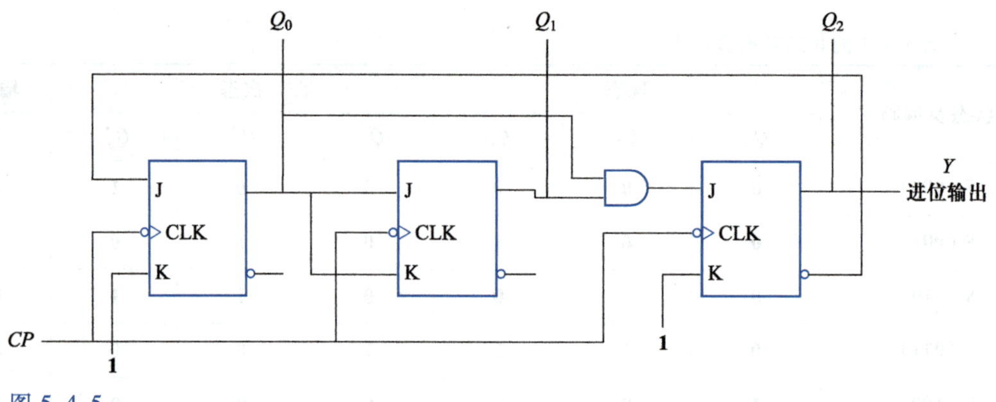

图 5.4.5
例 5.4.1 的逻辑电路图

【例 5.4.2】 用同步时序逻辑电路实现一个串行数据检测器的功能。当检测到电路的输入信号 X 出现 **111** 序列编码时，电路输出 Z 为 **1**，否则为 **0**。

例 5.4.2 讲解

解：(1) 根据给定的逻辑功能建立原始状态转换图和原始状态转换真值表

从给定的逻辑功能可知，电路应有 1 个输入信号 X、1 个输出信号 Z。设电路的初始状态为 S_0，电路输出 $Z=\mathbf{0}$。下面分几种情况进行讨论。

① 初始状态下，此时若输入 $X=\mathbf{0}$，不是输入的第一个 **1**，无须记忆，电路应保持在状态 S_0 不变；若输入 $X=\mathbf{1}$，需要电路记住输入的第一个 **1** 的状态，用状态 S_1 表示，此时电路输出 $Z=\mathbf{0}$。

② 电路处于状态 S_1 时，此时若输入 $X=\mathbf{0}$，表示连续输入编码 **10**，需要重新检测，则应回到初始状态 S_0；若输入 $X=\mathbf{1}$，需要电路记住输入了 **11** 的状态，用状态 S_2 表示，此时电路输出 $Z=\mathbf{0}$。

③ 电路处于状态 S_2 时，此时若输入 $X=\mathbf{0}$，此时输入序列为 **110**，不符合要求，而且这个 **0** 无须记忆，则应回到初始状态 S_0，此时电路输出 $Z=\mathbf{0}$；若输入 $X=\mathbf{1}$，需要电路记住输入了 **111** 的状态，用状态 S_3 表示，此时电路输出 $Z=\mathbf{1}$。

④ 电路处于状态 S_3 时，此时若输入 $X=\mathbf{1}$，表示电路输入了 **111**，故应仍旧回到状态 S_3，此时电路输出 $Z=\mathbf{1}$；若输入 $X=\mathbf{0}$，无须记忆，则应回到初始状态 S_0，此时电路输出 $Z=\mathbf{0}$。

根据上述情况分析，可以得到如图 5.4.6 所示的原始状态转换图和如表 5.4.2 所示的原始状态转换真值表。

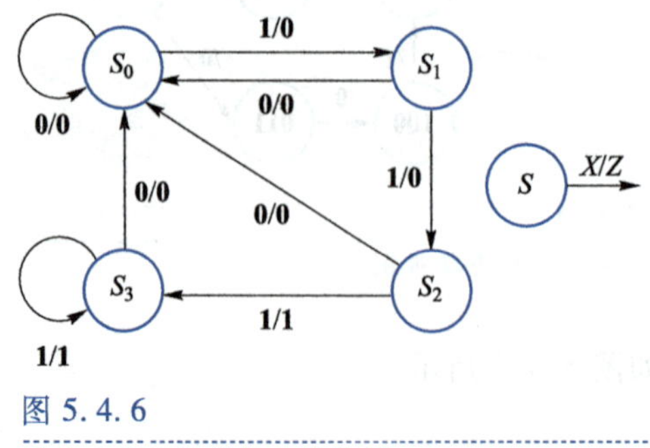

图 5.4.6
例 5.4.2 的原始状态转换图

表 5.4.2 例 5.4.2 的原始状态转换真值表

现态	次态/输出	
	$X=\mathbf{0}$	$X=\mathbf{1}$
S_0	$S_0/\mathbf{0}$	$S_1/\mathbf{0}$
S_1	$S_0/\mathbf{0}$	$S_2/\mathbf{0}$
S_2	$S_0/\mathbf{0}$	$S_3/\mathbf{1}$
S_3	$S_0/\mathbf{0}$	$S_3/\mathbf{1}$

(2) 状态化简

观察表 5.4.2,表中的最后两行,在 $X=\mathbf{0}$ 和 $X=\mathbf{1}$ 时,分别具有相同的次态和相同的输出,因此 S_2和 S_3是等价状态,可以进行合并。由此可以得到化简后的状态转换真值表,如表 5.4.3 所示。得到的状态转换图如图 5.4.7 所示。

表 5.4.3 例 5.4.2 化简后的状态转换真值表

现态	次态/输出	
	$X=\mathbf{0}$	$X=\mathbf{1}$
S_0	$S_0/\mathbf{0}$	$S_1/\mathbf{0}$
S_1	$S_0/\mathbf{0}$	$S_2/\mathbf{0}$
S_2	$S_0/\mathbf{0}$	$S_2/\mathbf{1}$

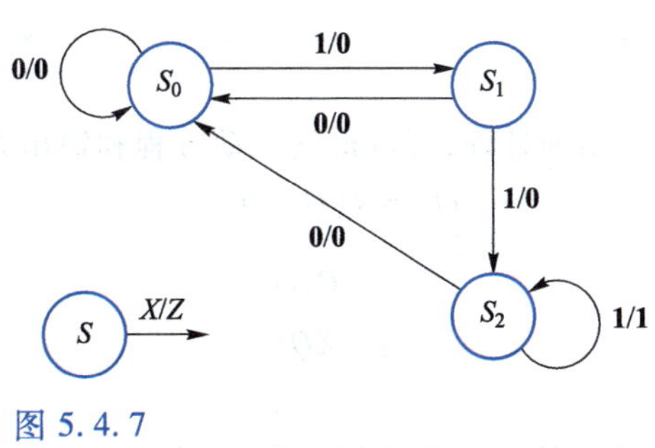

图 5.4.7

例 5.4.2 化简后的状态转换图

(3) 状态分配

由图 5.4.7 可知,电路有 3 个状态,可以用 2 位二进制编码(**00**、**01**、**10**、**11**)其中的 3 个来表示。本题选择 $S_0=\mathbf{00}$、$S_1=\mathbf{01}$、$S_2=\mathbf{10}$,得到的状态转换真值表如表 5.4.4 所示,用 2 个触发器实现电路的功能。

(4) 选择触发器类型、确定驱动方程和输出方程

本题选择 2 个 D 触发器实现。驱动方程的本质是获得怎样的激励信号,才能实现表 5.4.4 所示的状态变换,考虑到 D 触发器的激励特点,得到如表 5.4.5 所示的状态转换真值表及 2 个触发器的激励信号。

表 5.4.4　例 5.4.2 状态分配后的状态转换表

现态 Q_1Q_0	次态/输出 $Q_1^*Q_0^*/Z$	
	$X=0$	$X=1$
00	00/0	01/0
01	00/0	10/0
10	00/0	10/1

表 5.4.5　例 5.4.2 的状态转换真值表及激励信号

现态			次态/输出			激励信号	
Q_1	Q_0	X	Q_1^*	Q_0^*	Z	D_1	D_0
0	0	0	0	0	0	0	0
0	0	1	0	1	0	0	1
0	1	0	0	0	0	0	0
0	1	1	1	0	0	1	0
1	0	0	0	0	0	0	0
1	0	1	1	0	1	1	0
1	1	0	×	×	×	×	×
1	1	1	×	×	×	×	×

根据表 5.4.5,注意到无关项的处理,可以得到驱动方程和输出方程：

$$\begin{cases} D_1 = X(Q_1+Q_0) \\ D_0 = X\overline{Q_1}\,\overline{Q_0} \end{cases}$$

$$Z = XQ_1$$

（5）自启动检查

将状态 **11** 代入到驱动方程和输出方程进行验证,如表 5.4.6 所示,可以看出可以自启动。

表 5.4.6　例 5.4.2 的自启动验证

现态			次态/输出		
Q_1	Q_0	X	Q_1^*	Q_0^*	Z
1	1	0	0	0	0
1	1	1	1	0	1

（6）画出逻辑电路图

逻辑电路图如图 5.4.8 所示。

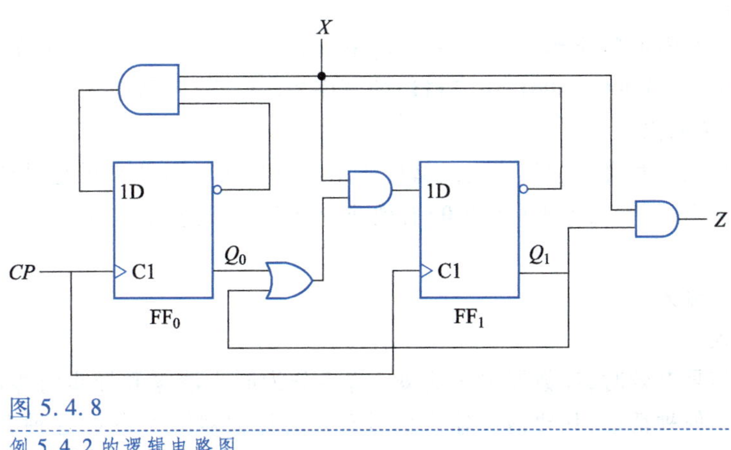

图 5.4.8

例 5.4.2 的逻辑电路图

5.5 常用时序逻辑电路模块

5.5.1 计数器概述

计数器是一种用途广泛的时序逻辑电路，它不仅能记录输入脉冲的个数，还可用于进行定时、分频、产生节拍脉冲和序列脉冲以及进行算术运算等。

1. 计数器的分类

计数器的种类很多，根据它们的不同特点，可以将计数器分成不同的类型。

按照计数器中触发器状态的更新是否同步可分为同步计数器和异步计数器。同步计数器中各触发器是同时动作的；异步计数器中，各触发器更新状态的时间有先有后，不是同时发生的。

按照计数器中数字编码的方式可分为二进制计数器、十进制计数器、任意进制计数器、格雷码计数器。在计数器中，状态组合的个数称为计数器的计数长度或者计数器的模。按照二进制数的规律对时钟脉冲进行计数的电路称为二进制计数器。在二进制计数器中，触发器的所有状态组合都被用来计数，故 n 位二进制计数器的计数长度为 2^n。例如 4 位二进制计数器即为十六进制计数器。按照十进制数规律对时钟脉冲进行计数的电路称为十进制计数器，它有 10 个状态，计数长度为 10。按照 M 进制数（非十进制、非 2^n进制）的规律对时钟脉冲进行计数的电路称为 M 进制计数器。按照格雷码的规律对时钟脉冲进行计数的电路称为格雷码计数器。

按照计数器计数过程中的增减规律可以分为加法计数器、减法计数器和可逆计数器。按照递增规律对时钟脉冲进行计数的电路称为加法计数器；按照递减规律对时钟脉冲进行计数的电路称为减法计数器；可逆计数器即为可控的加法计数器和减法计数器。

需要说明的是，计数器的状态数又称作模，N 进制计数器又称作模 N 计数器。

2. 计数器的组成结构及输入输出信号

计数器本质是一个时序逻辑电路，无论是同步计数器或是异步计数器，都是由若干触发器配合所需的门电路按照某种电路结构组成的，电路可按照 5.5 节的设计方法进行设计，将其进行封装可作为计数器模块应用。

对于计数器而言其输出包括：

（1）计数器输出

计数器按照计数器的数字编码方式进行输出，例如 4 位二进制加法计数器的 4 个输出端 $Q_3Q_2Q_1Q_0$按照 0~15（即 **0000**、**0001**、…、**1111**）的顺序依次输出，不断循环。

（2）进位/借位输出

当计数器计满状态时会有进位输出或借位输出。对加法计数器来讲是进位输出，对减法计数器来讲是借位输出，可能低电平（逻辑 **0**）有效或者高电平（逻辑 **1**）有效。

输入包括：

（1）计数脉冲输入

（2）清零输入

当清零输入信号有效时，计数器输出为 **0**。清零分为同步清零和异步清零两种方式。当不考虑脉冲信号处于何种情形，只要清零输入信号有效时计数器输出为 **0**，这种方式为异步清零。当清零有效时且当脉冲上升沿或者下降沿到来时清零，这种方式为同步清零。

（3）置数数据输入

当置数信号有效时，计数器输出为置数数据输入值。置数也分为同步置数和异步置数两种方式。

（4）使能输入信号

当使能输入信号有效时，计数器有输出，否则计数器保持在某个计数值。

5.5.2 集成计数器

集成计数器种类很多，是数字电路中使用最多的时序电路模块。表 5.5.1 列举了部分常用的集成计数器的相关信息。

表 5.5.1 部分常用集成计数器相关信息

<table>
<tr><th>计数器类型</th><th>代表型号</th><th>模及码制</th><th>计数方式</th><th>清零方式</th><th>置数方式</th><th>触发方式</th></tr>
<tr><td rowspan="8">同步</td><td>74 * * 160</td><td>模 10,8421 码</td><td>加法</td><td rowspan="2">异步,低电平有效</td><td rowspan="2">同步,低电平有效</td><td>上升沿</td></tr>
<tr><td>74 * * 161</td><td>模 16,二进制</td><td>加法</td><td>上升沿</td></tr>
<tr><td>74 * * 162</td><td>模 10,8421 码</td><td>加法</td><td rowspan="2">同步,低电平有效</td><td rowspan="2">同步,低电平有效</td><td>上升沿</td></tr>
<tr><td>74 * * 163</td><td>模 16,二进制</td><td>加法</td><td>上升沿</td></tr>
<tr><td>74 * * 190</td><td>模 10,8421 码</td><td>单时钟可逆</td><td rowspan="2">无</td><td rowspan="2">异步,低电平有效</td><td>上升沿</td></tr>
<tr><td>74 * * 191</td><td>模 16,二进制</td><td>单时钟可逆</td><td>上升沿</td></tr>
<tr><td>74 * * 192</td><td>模 10,8421 码</td><td>双时钟可逆</td><td rowspan="2">异步,高电平有效</td><td rowspan="2">异步,低电平有效</td><td>上升沿</td></tr>
<tr><td>74 * * 193</td><td>模 16,二进制</td><td>双时钟可逆</td><td>上升沿</td></tr>
<tr><td rowspan="3">异步</td><td>74 * * 90</td><td rowspan="2">二一五一十进制</td><td rowspan="2">加法</td><td rowspan="2">异步,高电平有效</td><td rowspan="2">异步置 9,
高电平有效</td><td>下降沿</td></tr>
<tr><td>74 * * 290</td><td>上升沿</td></tr>
<tr><td>74 * * 293</td><td>模 16,二进制</td><td>加法</td><td>异步,高电平有效</td><td>无</td><td>上升沿</td></tr>
</table>

注：① 表中 * 是指字母组合，表示芯片的性能，具体可参照相关资料。

② 异步或同步清零方式、异步或同步置数方式的含义见具体芯片介绍。

从使用集成计数器的角度来看，必须要了解芯片的各功能引脚、学会从芯片的功能表了解芯片的功能并掌握芯片的使用方法，下面以 74LS161、74LS192 为例介绍芯片及其使用。

1. 同步 4 位二进制加法计数器 74LS161

74LS161 内含 4 个触发器和若干门电路，当时钟上升沿到来时，各触发器同步翻转，按照二进制编码方式输出，其内部电路是按照上一节同步时序逻辑电路设计方法进行设计的，内部电路可查阅其他资料，在此不做赘述。其引脚分布和功能引脚排列如图 5.5.1(a)、(b)所示，功能表如表 5.5.2 所示。

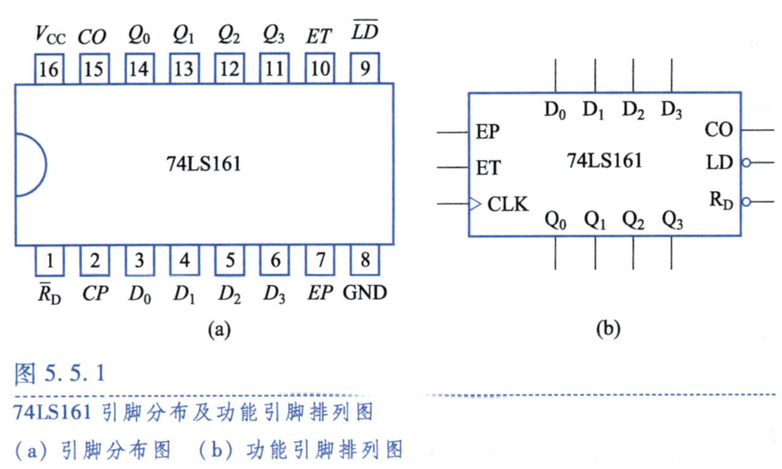

图 5.5.1

74LS161 引脚分布及功能引脚排列图

(a) 引脚分布图 (b) 功能引脚排列图

表 5.5.2 74LS161 的功能表

输入									输出				
清零	置数	使能		时钟	置数输入				计数器输出				进位输出
$\overline{R}_D$	$\overline{LD}$	ET	EP	CP	D_3	D_2	D_1	D_0	Q_3	Q_2	Q_1	Q_0	CO
L	×	×	×	×	×	×	×	×	L	L	L	L	L
H	L	×	×	↑	D_3	D_2	D_1	D_0	D_3	D_2	D_1	D_0	#
H	H	L	×	×	×	×	×	×	保持				#
H	H	×	L	×	×	×	×	×	保持				L
H	H	H	H	↑	×	×	×	×	计数				#

注：H 表示高电平，L 表示低电平，×表示可以是高电平或是低电平。#表示只有当使能端有效且 $Q_3Q_2Q_1Q_0=\mathbf{1111}$ 时，$CO=\mathbf{1}$，其余情况下 $CO=\mathbf{0}$(正逻辑情况下)。

74LS161 的时序图如图 5.5.2 所示。

图中，当 $\overline{R}_D=\mathbf{0}$ 时，无论其他各输入信号处于何种状态，也无须等待时钟脉冲上升沿的到来，各触发器立即置零，即计数器立即清零，输出 $Q_3Q_2Q_1Q_0=\mathbf{0000}$，这种清零方式为异步清零。

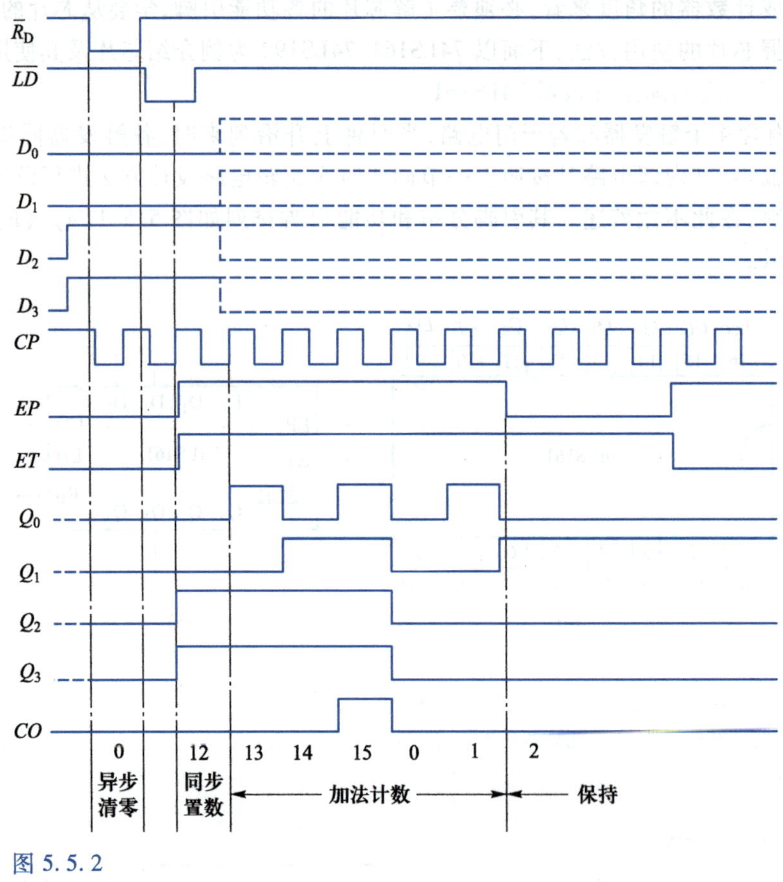

图 5.5.2

74LS161 的时序图

当 $\overline{R}_D=\mathbf{1}$ 时，若置数端有效即 $\overline{LD}=\mathbf{0}$，当下一个时钟脉冲上升沿到来后，计数器立即置数，即输出 $Q_3Q_2Q_1Q_0=D_3D_2D_1D_0=\mathbf{1100}$，这种置数方式为同步置数。

当 $\overline{R}_D=\overline{LD}=\mathbf{1}$ 且 $EP\cdot ET=\mathbf{1}$ 时，计数器处于计数状态，当计数至 **1111** 时，进位信号 $CO=\mathbf{1}$。当 $\overline{R}_D=\overline{LD}=\mathbf{1}$ 且 $EP\cdot ET=\mathbf{0}$ 时，计数器处于保持状态。只有当 $Q_3Q_2Q_1Q_0=\mathbf{1111}$ 且 $EP\cdot ET=\mathbf{1}$ 时，$CO=\mathbf{1}$，其余时间 $CO=\mathbf{0}$。

74LS161 可以从 **0000** 状态开始计数，也可以从置入的置数数据状态开始计数。当从 **0000** 状态开始计数时，直至计满 **1111** 后，再返回 **0000** 状态，开始新的计数循环，每次计满时进位信号为 **1**，其状态转换图如图 5.5.3 所示。

需要说明的是，当控制清零或控制置数的信号有效时，计数器若立即清零或者置数，这种方式属于异步清零或异步置数方式；若控制信号有效时，还需要等待时钟脉冲的到来（上升沿或者下降沿），则属于同步清零或同步置数方式，在计数器的使用中应特别注意这些特点。

2. 双时钟同步十进制可逆计数器 74LS192

双时钟同步十进制可逆计数器 74LS192 具有双时钟输入，并具有清零和置数等功能。其引脚分布及功能引脚排列如图 5.5.4 所示，功能表如表 5.5.3 所示。

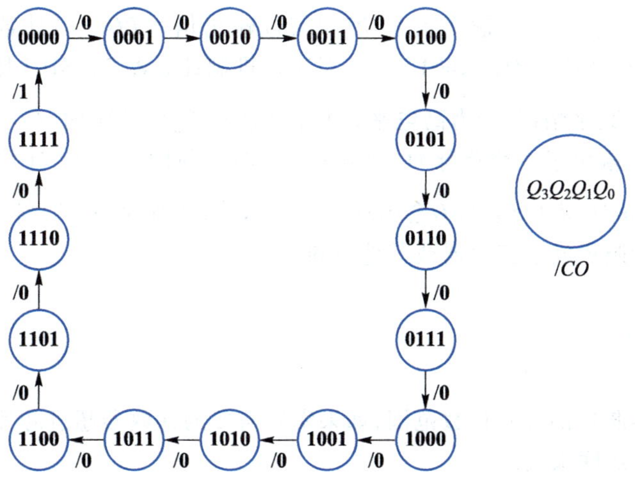

图 5.5.3

74LS161 的状态转换图

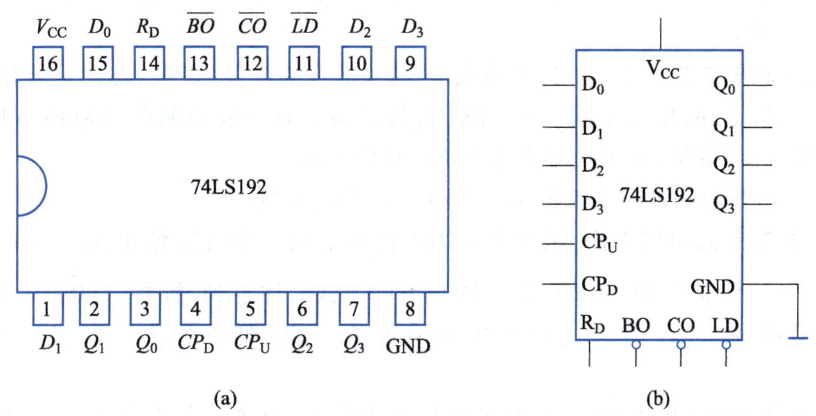

图 5.5.4

74LS192 引脚分布及功能引脚排列图

(a) 引脚图　(b) 功能引脚图

表 5.5.3　74LS192 的功能表

输入								输出			
清零	置数	时钟		置数输入				计数器输出			
R_D	$\overline{LD}$	CP_U	CP_D	D_3	D_2	D_1	D_0	Q_3	Q_2	Q_1	Q_0
H	×	×	×	×	×	×	×	L	L	L	L
L	L	×	×	D_3	D_2	D_1	D_0	D_3	D_2	D_1	D_0
L	H	↑	H	×	×	×	×	加法计数			
L	H	H	↑	×	×	×	×	减法计数			

注：H 表示高电平，L 表示低电平，×表示可以是高电平或是低电平。

注意，输出引脚还包括进位输出信号$\overline{CO}$和借位输出信号$\overline{BO}$。当计数器在加法计数过程中，只有当计数器输出 $Q_3Q_2Q_1Q_0$ = **1001** 时（若对十六进制计数器 74LS193 则是 $Q_3Q_2Q_1Q_0$ = **1111** 时），进位信号$\overline{CO}$ = **0**，其余情况$\overline{CO}$为高电平，即当 $Q_3Q_2Q_1Q_0$ = **1001** 时，$\overline{CO}$会在时钟脉冲处于低电平时输出 **0**，相当于输出了一个负脉冲，脉宽为一个时钟周期。同理，计数器在减法过程中，只有在 $Q_3Q_2Q_1Q_0$ = **0000** 时，借位信号$\overline{BO}$会出现一个负脉冲，脉宽为一个时钟周期。

其他计数器请参照集成电路手册或其他资料。

5.5.3 集成计数器的应用

1. 集成计数器的级联方法

每个集成计数器芯片都有其计数范围，如果实际需要的计数器超过芯片的计数范围时，就需要用到若干个计数器级联来实现。

计数器的级联规则是：加法计数时当低位计数器从全 **0** 状态增加到最大编码值状态时产生了进位信号，使高位计数器加 1。减法计数时当低位计数器从最大编码值状态复位到全 **0** 状态时产生了借位信号，使高位计数器减 1。一个 N 进制计数器与一个 M 进制计数器级联后可以得到（$N\times M$）进制计数器。

级联有同步和异步两种方式。同步方式中，低位芯片的进位（借位）输出信号作为高位芯片的工作状态控制信号，两片共用同一个 CLK，它只适用于有使能控制的计数器芯片；异步方式中，低位芯片的进位（借位）输出信号作为高位芯片的 CLK。

【例 5.5.1】 分别分析图 5.5.5(a)、(b)所示电路的功能。

解： 由图 5.5.5(a)可以看出，两片 74LS161 接入了同一个时钟脉冲，第(1)片的进位输出 CO 作为第(2)片的使能端 EP 和 ET，属于同步级联方式。注意到，置数端$\overline{LD}$恒为 **1**，清零端 R_D 接入一个清零脉冲，可以用来进行初始化清零的工作，即两个计数器芯片初始值为 00（**00000000**）。

第(1)片的使能端 EP 和 ET 恒为 **1**，始终处于计数工作状态。每当第(1)片从 0(**0000**)计数至 15(**1111**)时 CO 变为 **1**，使得下一个 CLK 信号到达时第(2)片为计数工作状态，计入 1（**0001**），同时第(1)片计为 0(**0000**)，它的进位输出 CO 回到低电平。

由此可见，每当第(1)片计满 16 个状态，第(2)片计数值加 1，直至第(2)片亦计满 16 个状态后，两个计数器重新回到 00(**00000000**)。故两个计数器芯片级联后是一个 256 进制加法计数器，计数器的 8 位输出按照 8 位二进制数编码输出。

由图 5.5.5(b)可以看出，74LS161(1)接入了计数时钟脉冲，74LS161(1)的进位输出 CO 经反相后接入了 74LS161(2)的计数时钟脉冲输入端，两个芯片的使能端 EP 和 ET 均接至高电平，两个芯片始终处于计数工作状态，属于异步级联方式。注意到，置数端$\overline{LD}$恒为 **1**，清零端 $\overline{R}_D$ 恒为 **1**。

74LS161(1)从 0(**0000**)计数至 15(**1111**)，当计数值在 0~14 时进位信号 CO 为 **0**，当计数值变为 15(**1111**)时 CO 变为 **1**，即出现了一个上升沿，高电平持续一个时钟周期，当计数器变为 0 时，CO 重新变为 **0**，于是又出现了一个下降沿，因此 CO 经反相后的信号其上升沿出现在 15(**1111**)结束的时刻，使 74LS161(2)计入 1(**0001**)，同时 74LS161(1)计为 0(**0000**)。

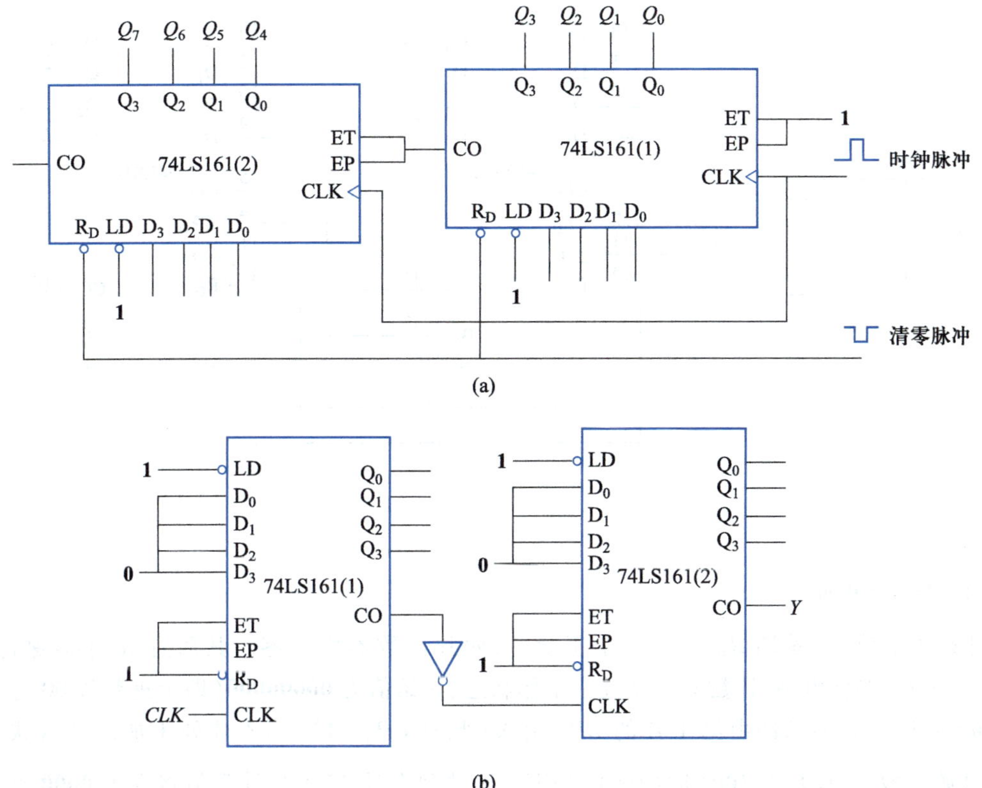

图 5.5.5

例 5.5.1 的电路图

(a) 同步方式 (b) 异步方式

由此可见,每当 74LS161(1)计满 16 个状态,74LS161(2)计数值加 1,直至 74LS161(2)亦计满 16 个状态后,两个计数器重新回到 00(**00000000**)。故两个计数器芯片级联后是一个 256 进制加法计数器。

注意:若将例 5.5.1 中图 5.5.5(a)、(b)的芯片换为 74LS160,则两个计数器芯片级联后是一个 100 进制的加法计数器,计数器高 4 位(十位)、低 4 位(个位)输出按照十进制数的规律变化。

【例 5.5.2】 分析图 5.5.6 所示电路的功能。

解: 由图 5.5.6 可以看出,两片 74LS192 的置数端$\overline{LD}$连接在一起,清零端 R_D 连接在一起,可见两个芯片可以同时置数或清零。

第 1 片的进位输出$\overline{CO}$连接到第 2 片的 CP_U,第 1 片的借位输出$\overline{BO}$连接到第 2 片的 CP_D,由此可看出第 1 片是低位芯片,第 2 片是高位芯片。M 是控制端,当 $M=\mathbf{0}$ 时,两个计数器进行加法计数;当 $M=\mathbf{1}$ 时,两个计数器进行减法运算。讨论分析如下。

例 5.5.2 讲解

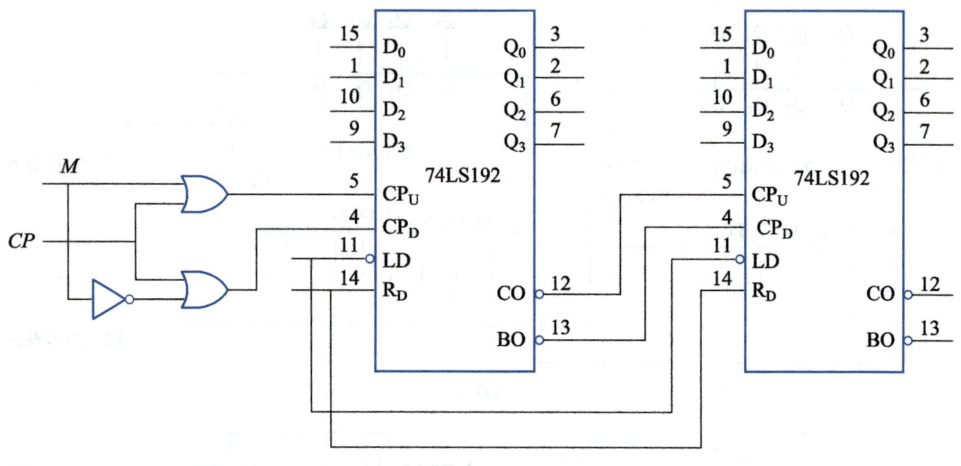

图 5.5.6

例 5.5.2 的电路图

（1）当 $M=\mathbf{0}$ 时

计数开始前，清零端 R_D 引入一个正脉冲，两片计数器均清零。其后置数端$\overline{LD}$保持高电平，清零端 R_D 接低电平，计数器又将处于工作状态，初始值为 **00000000**（即十进制数 00）。

$M=\mathbf{0}$，计数时钟脉冲由第 1 片的 CP_U 引入（此时 $CP_D=\mathbf{1}$），第 1 片处于加法计数状态，从 **0000** 开始计数，当计数至 **1001** 时$\overline{CO}=\mathbf{0}$，当下个脉冲到来时，第 1 片计数值将变为 **0000**，此时$\overline{CO}$将变为 **1**，即出现了 **0** 到 **1** 的跳变，触发第 2 片计数器计数值加 1，可见每当低位芯片从 **0000** 顺序计数至 **1001**，即计满 10 个状态，高位芯片加 1，直至计数至 **10011001**（十进制数 99），当下一个脉冲到来后，计数器又重新回到 **00000000**（十进制数 00）。因此两片计数器级联成为 100 进制加法计数器。

（2）当 $M=\mathbf{1}$ 时

计数开始前，两个芯片的数据输入端均设置为 **1001**（即初值为十进制数 99），清零端 R_D 接入低电平，并在置数端$\overline{LD}$引入一个负脉冲，两片计数器被置数为 **10011001**（十进制数 99）。其后，清零端 R_D 保持低电平，置数端 $\overline{LD}$保持高电平，计数器又将处于工作状态。

$M=\mathbf{1}$，计数时钟脉冲由第 1 片的 CP_D 引入（此时 CP_U 接高电平，即 $CP_U=\mathbf{1}$,），第 1 片处于减法计数状态，从 **1001** 开始计数，当计数至 **0000** 时$\overline{BO}=\mathbf{0}$，当下个脉冲到来时，第 1 片计数值将变为 **1001**，此时$\overline{BO}$将变为 **1**，即出现了 **0** 到 **1** 的跳变，触发第 2 片计数器计数值减 1，可见每当低位芯片从 **1001** 顺序计数至 **0000**，即计满 10 个状态，高位芯片减 1，直至计数至 **00000000**（十进制数 00）时，当下一个脉冲到来后，计数器又重新回到 **10011001**（十进制数 99）。因此两片计数器级联成为 100 进制减法计数器。

因此该电路是一个可控的 100 进制可逆计数器。$M=\mathbf{0}$ 时，计数器计数范围为 00～99，是一个 100 进制加法计数器；$M=\mathbf{1}$ 时，计数器计数范围为 99～00，是一个 100 进制减法计数器。

注意：若将例 5.5.2 中图 5.5.6 的芯片换为 74LS193，则两个计数器芯片级联后是一个 256

进制的可逆计数器。

2. 任意进制计数器的实现

目前常用的计数器芯片在计数进制上制作成应用较广的几种类型计数器，例如十进制计数器、4 位二进制计数器等。但工程上还经常需要其他进制的计数器，这里就有两种解决方案，一是通过 5.4 节介绍的方法设计这些计数器，二是可以由已有的集成计数器（或级联而成的计数器模块）通过一定的方式获得其他进制的计数器。本小节将介绍后一种方案。该方案有“清零”和“置数”两种方法。

(1) 清零法和置数法的工作原理

a. 清零法

该方法适用于有清零输入端的计数器。图 5.5.7(a) 所示为清零法原理示意图。对于 N 进制计数器，设其状态为 $S_i(i=0,1,\cdots,N-1)$，假设计数器从 S_0（一般编码为全 **0**）开始计数，经过 M 个计数脉冲后，电路进入 S_M 状态，此时将 S_M 状态译码产生一个清零信号加到计数器的清零输入端。

对有异步清零输入端的计数器而言，当这个清零信号加入后，计数器将立刻返回 S_0 状态，故 S_M 仅在极短的瞬时出现，不包含在稳定的状态循环中，故称其为过渡状态，这样就等于跳过了 $N-M$ 个状态，此时计数器共有 M 个状态，为 M 进制计数器。

对有同步清零输入端的计数器而言，当这个清零信号加入后，计数器并不会立即清零，必须等下一个脉冲到来后，计数器才被清零，故 S_M 状态会包含在稳定的状态循环中，这样就等于跳过了 $(N-M-1)$ 个状态，此时计数器共有 $(M+1)$ 个状态，为 $(M+1)$ 进制计数器。

b. 置数法

该方法适用于有预置数功能的计数器，图 5.5.7(b) 所示为置数法原理示意图。对于 N 进制计数器，设其状态为 $S_i(i=0,1,\cdots,N-1)$。

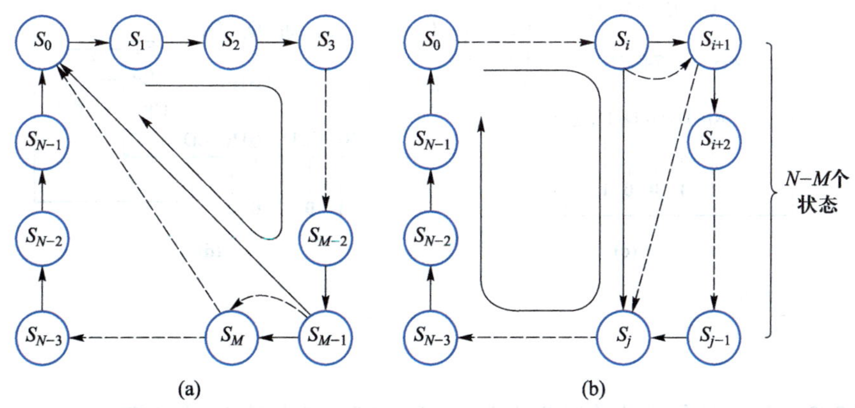

图 5.5.7

实现任意进制计数器的工作原理示意图

(a) 清零法　(b) 置数法

对于有异步置数输入端的计数器而言，当计数器计数至某个状态例如 S_{i+1} 时，产生一个置数信号接至置数输入端，计数器立即被设置为某个数值 S_j，S_{i+1} 只在极短的瞬时出现，并不包含在有效循环中，因此计数器跳过了($N-M$)个状态，获得 M 进制计数器。

对有同步置数输入端的计数器而言，当计数器计数至某个状态例如 S_i 时，产生一个置数信号接至置数输入端，计数器并不会立即置数，必须等下一个脉冲到来后，计数器才被设置为某个数值 S_j，从而跳过($N-M$)个状态，获得 M 进制计数器。

(2) 任意进制计数器的实现举例

设已有的集成计数器为 N 进制计数器，任意进制计数器为 M 进制计数器。若 $M<N$，只需一片 N 进制集成计数器，根据具体要求选用上述两种方法加以实现；若 $M>N$，则需先将若干集成计数器进行级联，使其成为某个大于 M 进制的计数器模块，然后根据要求选用上述两种方法加以实现；或者根据具体要求采用级联的方式实现。

a. $M<N$ 的情况举例

【例 5.5.3】 分析图 5.5.8 所示各电路中的 4 位二进制(16 进制)计数器芯片 74LS161 被接成了多少进制的计数器。

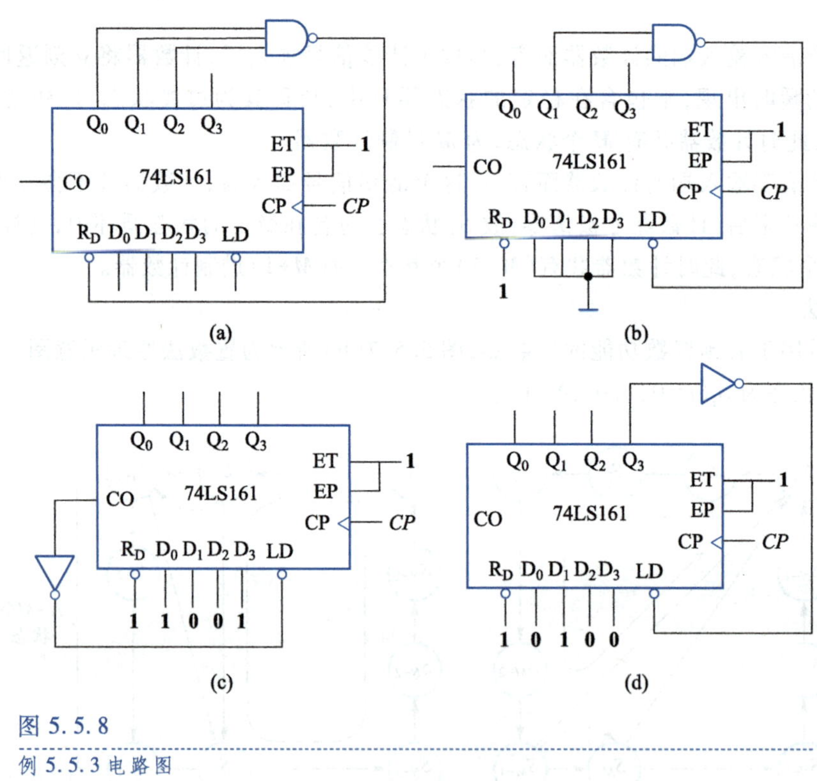

图 5.5.8

例 5.5.3 电路图

解： 图 5.5.8 所示的集成计数器芯片 74LS161 有 0~15 共计 16 个状态。

图 5.5.8(a)所示电路中，使能端 $EP=ET=\mathbf{1}$，允许计数；$\overline{LD}=\mathbf{1}$，表示不使用置数功能；计数器从 **0000** 开始计数；由图可看出清零端 $\overline{R}_D=\overline{Q_2Q_1Q_0}$。因此，当计数器计数至 **0111** 时，即 $Q_2Q_1Q_0=\mathbf{111}$ 时，$\overline{R}_D=\mathbf{0}$，因为 74LS161 是异步清零，故计数器立即清零，**0111** 属于过渡状态，电路共有 **0000~0110**(0~6)七个状态，因此该计数器电路实现了七进制计数器的功能。此电路采用

的是清零法。

图 5.5.8(b)中，使能端 $EP=ET=\mathbf{1}$，允许计数；$\overline{R}_D=\mathbf{1}$，表示不使用清零功能；由图可看出$\overline{LD}=\overline{Q_2Q_1}$，$D_3D_2D_1D_0=\mathbf{0000}$。因此，计数器从 **0000** 开始计数，当计数器计数至 **0110** 时，即 $Q_2Q_1=\mathbf{11}$ 时，$\overline{LD}=\mathbf{0}$，因为 74LS161 是同步置数，故计数器要等下一个时钟脉冲到来时才被置数为 **0000**，**0110** 应包含在计数器的计数状态中，电路共有 **0000**~**0110**(0~6)七个状态，因此该计数器电路实现了七进制计数器的功能。此电路采用的是置数法(置入的数据为零)。

图 5.5.8(c)中，使能端 $EP=ET=\mathbf{1}$，允许计数；$\overline{R}_D=\mathbf{1}$，表示不使用清零功能；由图可看出$\overline{LD}=\overline{CO}$，$D_3D_2D_1D_0=\mathbf{1001}$。因此，计数器从 **1001** 开始计数，当计数器计数至 **1111** 时，$\overline{LD}=\overline{CO}=\mathbf{0}$，因为 74LS161 是同步置数，故计数器要等下一个时钟脉冲到来时才被置数为 **1001**，**1111** 应包含在计数器的计数状态中，电路共有 **1001**~**1111**(9~15)七个状态，因此该计数器电路实现了七进制计数器的功能。此电路采用的是同步置数法(置入非零)，用的是计数器的后 M 个状态计数。

图 5.5.8(d)中，使能端 $EP=ET=\mathbf{1}$，允许计数；$\overline{R}_D=\mathbf{1}$，表示不使用清零功能；由图可看出$\overline{LD}=\overline{Q}_3$，$D_3D_2D_1D_0=\mathbf{0010}$。因此，计数器从 **0010** 开始计数，当计数器计数至 **1000** 时，$\overline{LD}=\overline{Q}_3=\mathbf{0}$，因为 74LS161 是同步置数，故计数器要等下一个时钟脉冲到来时才被置数为 **0010**，**1000** 应包含在计数器的计数状态中，电路共有 **0010**~**1000**(2~8)七个状态，因此该计数器电路实现了七进制计数器的功能。此电路采用的是同步置数法(置入非零)，用的是计数器的中间 M 个状态计数。

以上分析的时序转换如图 5.5.9 所示。

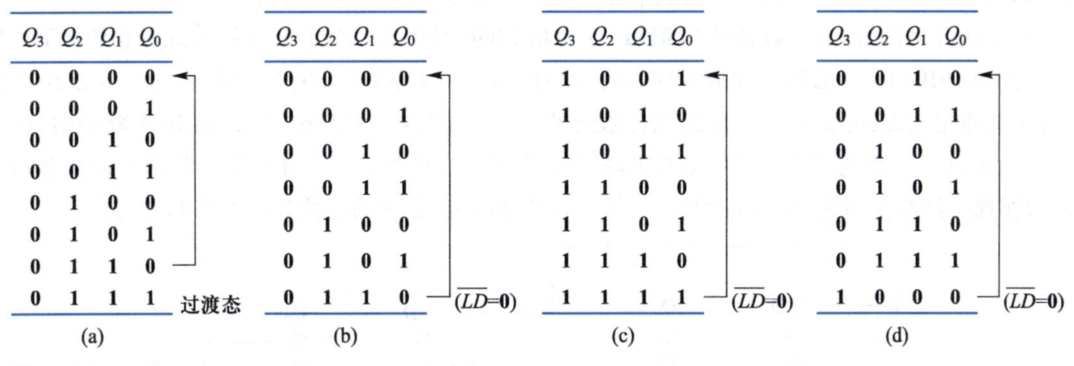

图 5.5.9

例 5.5.3 的时序转换

【例 5.5.4】 用 74LS192 配合适当的门电路实现模 6 减法计数器。

例 5.5.4 解答

解： 74LS192 是一个模 10 的可逆计数器，当它为减法计数器时，其状态变化规律是 9、8、…、1、0、9、8、…，如此反复。

该计数器有置数端，故可采用置数法实现所要求的功能，为此需要解决两个问题：① 何时置数(即何时使$\overline{LD}=\mathbf{0}$)；② 置数 $D_3D_2D_1D_0$ 为多少。

若本题要求的模 6 计数器是从 6 减至 1，因为是异步置数，则当计数至 0

(**0000**)的时候使置数端$\overline{LD}$=**0**,故$\overline{LD}=\overline{BO}$或者$\overline{LD}=\overline{\overline{Q}_3\ \overline{Q}_2\ \overline{Q}_1\ \overline{Q}_0}$,而置数 $D_3D_2D_1D_0$ = **0110**。实现的电路图如图 5.5.10 所示。

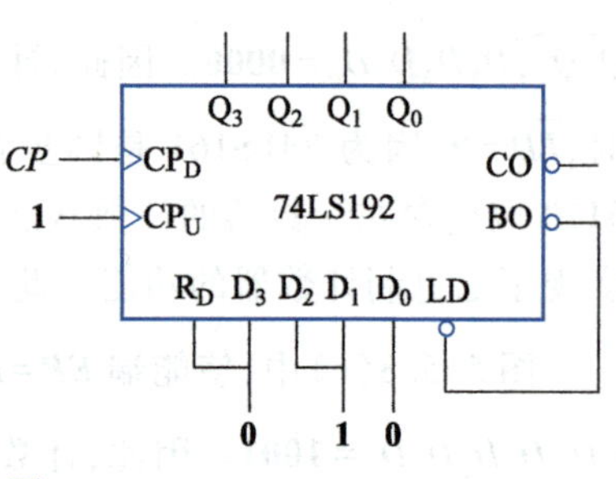

图 5.5.10

例 5.5.4 电路图

b. $M>N$ 的情况举例

当要求实现的模值 M 超过单片计数器的计数范围时,必须将多片计数器级联,才能实现模 M 计数器。常用的方法有两种:

方法一:若模 M 可以分解为 $M=M_1\times M_2\times\cdots\times M_n$($M_i<N$),则可用 n 片计数器分别组成模 M_1、M_2、…、M_n 的计数器,然后将它们异步级联即可组成模 M 计数器。

方法二:先将 n 片计数器级联组成最大计数值大于 M 的计数器,然后采用整体清零或整体置数的方法实现模 M 计数器。

【例 5.5.5】 选用适当的计数器芯片配合适当的门电路实现模 60 加法计数器。

解: 该电路要求实现加法计数器,故需使用加法集成计数器芯片,如 74LS161 或 74LS160。根据题目要求可知 M=60,可将其分解为 10 和 6 的乘积,故可用模 M_1=10 与模 M_2=6 的两个计数器异步级联而成。

模 M_1=10、模 M_2=6 的计数器均选择 74LS161 转变而成,即将 74LS161(1)、74LS161(2)分别变为模 10 计数器和模 6 计数器。参照上述 $M<N$ 的情况实现之。

采用负脉冲将两个计数器同时清零,即完成两个计数器的初值为 **00** 的设置。

74LS161(1)、74LS161(2)均采用清零法,当 74LS161(1)在 $Q_3Q_2Q_1Q_0$ = **1010** 时清零,其变化规律为从 0 至 9,74LS161(2)在 $Q_3Q_2Q_1Q_0$ = **0110** 时清零,其变化规律为从 0 至 5。

74LS161(1)的 Q_3 在计数器从 7(**0111**)变为 8(**1000**)时出现一个上升沿并维持高电平直至计数器变为 10(**1010**)时,计数器立即清零(**0000**),即 Q_3 出现一个下降沿,Q_3 经反相后接至 74LS161(2)的时钟脉冲输入端,可见 74LS161(2)的计数脉冲上升沿出现在 74LS161(1)计满 10 个状态时,即实现了"满十进一",实现了两个计数器的级联,当计数至 59,并在下一个脉冲到来时两个计数器均清零,故实现了计数范围为 0~59 即模 60 的加法计数器功能,实现的电路如图 5.5.11 所示。

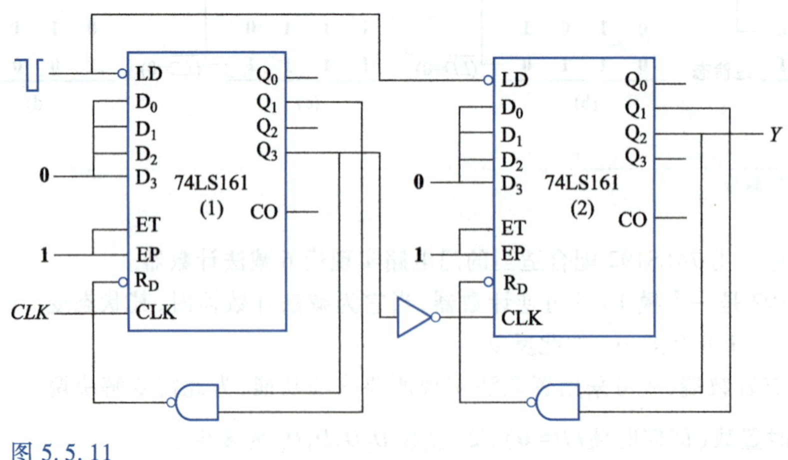

图 5.5.11

例 5.5.5 电路图

【例 5.5.6】 选用适当的计数器芯片配合适当的门电路实现模 82 加法计数器。

解：该电路要求实现加法计数器，故需使用加法计数器芯片，例如 74LS161 或者 74LS160。本例采用方法二，先将两个十进制计数器芯片 74LS160 级联实现了 100 进制计数器，如图 5.5.12所示。它作为一个计数器模块，输入信号包括 1 个同步置数端、1 个异步清零端、2 个使能端、1 个脉冲输入端及 8 个置数数据输入端，输出信号包括 8 个计数数据输出端和 1 个进位输出端。注意到 8 个计数数据输出端高 4 位和低 4 位之间是十进制的关系。现采用置数法实现该电路的功能。

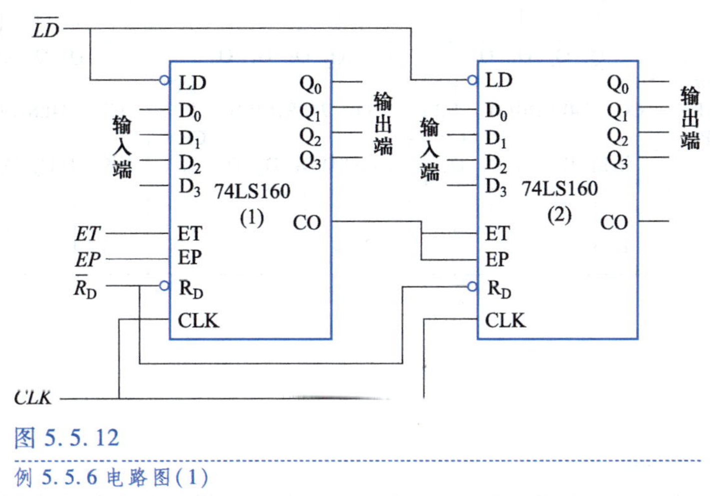

图 5.5.12

例 5.5.6 电路图(1)

本题要求实现模 $M=82$ 的计数器，本题选择置数数据输入为 00(即高 4 位、低 4 位均为 **0000**，即从 0 开始计数)，因级联而成的计数器模块为同步置数，故当计数器输出为 81 时即计数器高 4 位输出 $Q_3Q_2Q_1Q_0=\mathbf{1000}$、低 4 位输出 $Q_3Q_2Q_1Q_0=\mathbf{0001}$ 时置数端$\overline{LD}=\mathbf{0}$，因此$\overline{LD}=\overline{Q_{3高位}Q_{0低位}}$。实现的电路如图 5.5.13 所示。

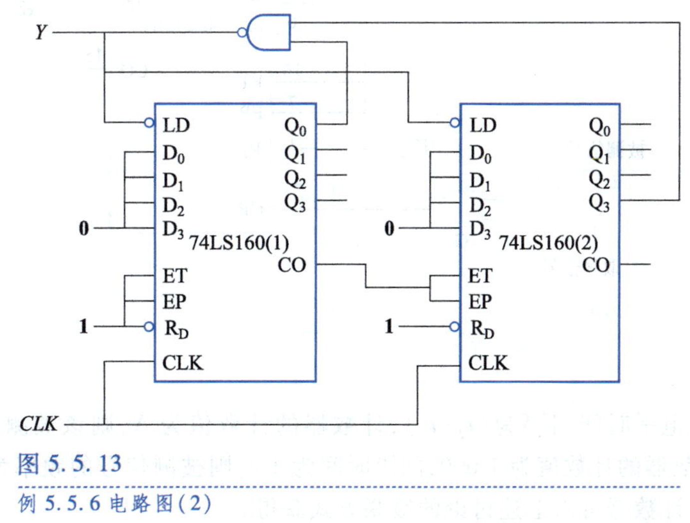

图 5.5.13

例 5.5.6 电路图(2)

3. 分频器的实现

注意到，模 N 计数器进位输出端输出脉冲的频率是输入脉冲频率的 $1/N$，因此可用模 N 计数器组成 N 分频器。

例如某石英晶体振荡器输出脉冲信号的频率为 32 768 Hz，因为 $32\ 768=2^{15}$，经 15 级二分频，即可获得 1Hz 的脉冲信号，因此将 4 片 74LS161 级联组成分频器，将得到频率为 1 Hz 的脉冲信号，从最高位片 74LS161(4) 的 Q_2 端输出即可，如图 5.5.14 所示。

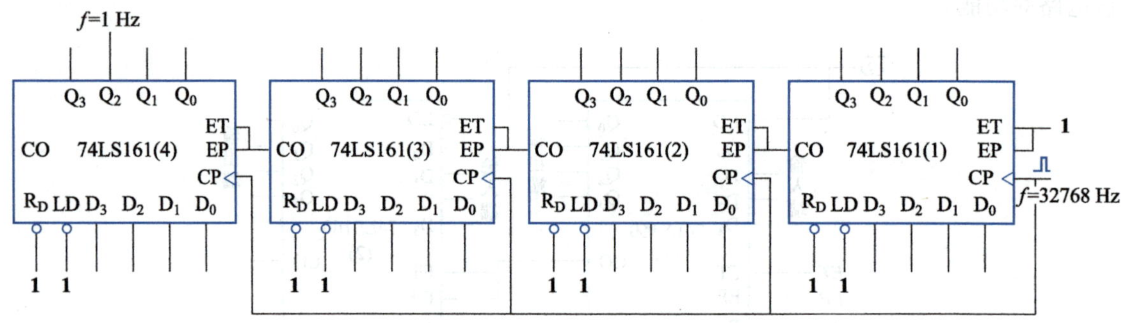

图 5.5.14

分频器示例

4. 测量脉冲的频率和周期

(1) 测量脉冲的频率

测量脉冲频率的电路原理图如图 5.5.15 所示。图中取样信号和被测信号相与后进入计数器中，取样信号高电平期间由计数器进行计数，取样信号低电平期间计数器保持。

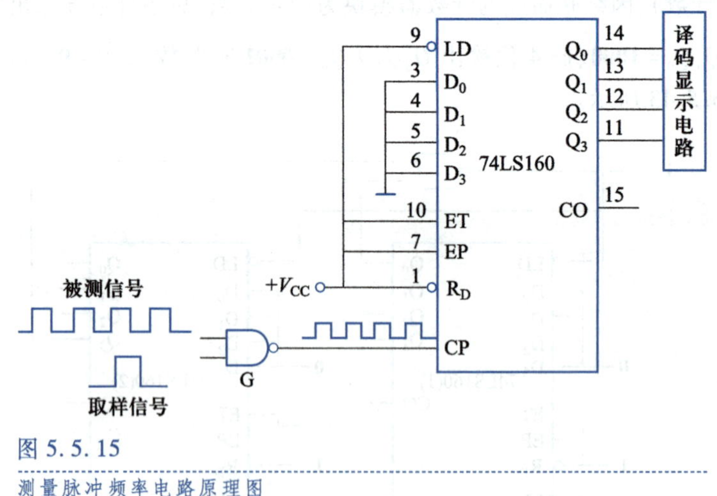

图 5.5.15

测量脉冲频率电路原理图

设取样信号高电平时间间隔为 (t_2-t_1)，计数器的计数值为 N，则该被测信号的频率为 $f=N/(t_2-t_1)$。若计数器的计数值为 1 000，间隔时间为 1 s，则被测信号的频率为 1 000 Hz。注意到，根据测量要求，计数器可由上述讨论的级联方式获得。

(2) 测量脉冲的周期

测量脉冲周期的电路原理图如图 5.5.16 所示。图中被测信号输入到 T 触发器后可产生一个宽度为被测信号周期的高电平信号,它与基准脉冲信号相与后进入到计数器中进行计数。

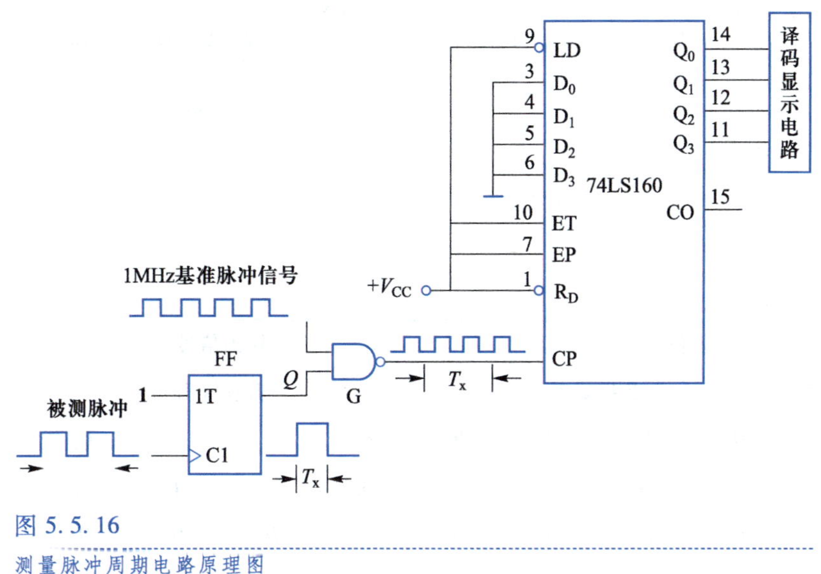

图 5.5.16

测量脉冲周期电路原理图

设被测信号周期为 T_x,基准脉冲信号频率为 f_b,计数器的计数值为 N,则该被测信号的频率为 $f=f_b/N$。若计数器的计数值为 10 000,基准脉冲信号频率为 1 MHz,则被测信号的频率为 100 Hz。

5.5.4 寄存器与移位寄存器

在数字电路中,用来接收、存放、传递二进制数据或指令代码的数字逻辑部件称为寄存器,它必须具备接收和寄存数码的功能,由具有存储功能的触发器构成,每一个触发器可存放一位二进制数或一个逻辑变量,由 n 个触发器构成的寄存器可存放 n 位二进制数或 n 个逻辑变量的值。若寄存器不仅可以寄存数码,而且还可在移位脉冲作用下根据需要向左或向右移动,则称为移位寄存器。

移位寄存器本质上是时序逻辑电路,将其封装后即成为普通集成寄存器和集成移位寄存器。

1. 普通集成寄存器

普通集成寄存器可以分为两类:一类是由多个边沿触发 D 触发器组成的触发型集成寄存器,如 74LS171(4 位)、74LS175(4 位)、74LS273(8 位)等;另一类是由多个带使能端 D 触发器构成的锁存型集成寄存器,如 74LS375(4 位)、74LS373(8 位)等。

两类寄存器的代表芯片功能引脚如图 5.5.17 所示,功能表分别如表 5.5.4 和表 5.5.5 所示。其他集成寄存器的功能可查阅集成电路手册或其他参考资料。

2. 集成移位寄存器

移位寄存器兼具储存代码和移位的功能。移位功能是指寄存器里存储的代码能在移位脉冲的作用下依次左移或右移。本质上它亦属于时序逻辑电路。可用于寄存代码、数据的串-并转换、数值运算、数据处理等方面。

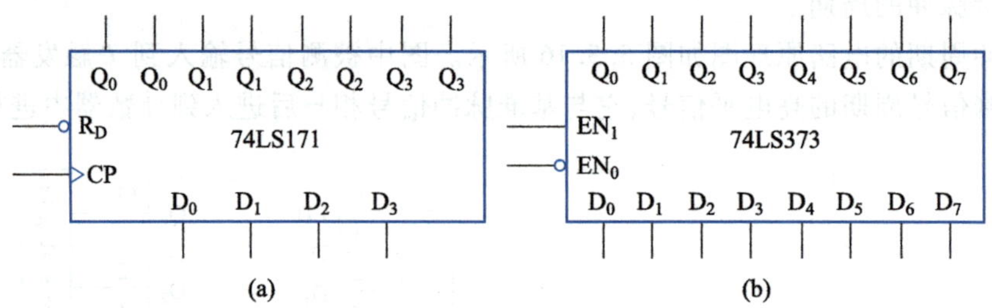

图 5.5.17

集成寄存器代表芯片功能引脚图

（a）74LS171 （b）74LS373

表 5.5.4 74LS171 功能表

输入信号						输出信号				工作模式
清零	时钟	数据输入				数据输出				
$\overline{R}_D$	CP	D_3	D_2	D_1	D_0	Q_3	Q_2	Q_1	Q_0	
L	×	×	×	×	×	L	L	L	L	异步清零
H	↑	D_3	D_2	D_1	D_0	D_3	D_2	D_1	D_0	数码寄存
H	H	×	×	×	×	保持				数据保持
H	L	×	×	×	×	保持				数据保持

表 5.5.5 74LS373 功能表

输入信号						输出信号	工作模式
使能输入		数据输入				数据输出	
$\overline{EN}_0$	EN_1	$D_7D_6D_5D_4D_3D_2D_1D_0$				$Q_7Q_6Q_5Q_4Q_3Q_2Q_1Q_0$	
L	H	$d_7d_6d_5d_4d_3d_2d_1d_0$				$d_7d_6d_5d_4d_3d_2d_1d_0$	数码寄存
L	L	×	×	×	×	保持	数据保持
H	×	×	×	×	×	高阻	禁止

集成移位寄存器的主要产品有：4 位移位寄存器 74LS195、4 位双向移位寄存器 74LS194；8 位移位寄存器 74LS164、8 位双向移位寄存器 74LS198。

本节以常见的集成移位寄存器 74LS194 为例介绍移位寄存器的功能及移位寄存器的应用。其他集成移位寄存器的功能可查阅集成电路手册或其他参考资料。

（1）集成移位寄存器 74LS194 介绍

74LS194 的引脚分布和功能引脚如图 5.5.18 所示，其功能描述如表 5.5.6 所示。

其中 D_{SL} 和 D_{SR} 分别是左移和右移串行数据输入端。D_0、D_1、D_2 和 D_3 是并行数据输入端。Q_0 和 Q_3 分别是左移和右移时的串行输出端，Q_0、Q_1、Q_2 和 Q_3 为并行输出端。CP 为时钟脉冲输入，$\overline{R}_D$ 为清零端。

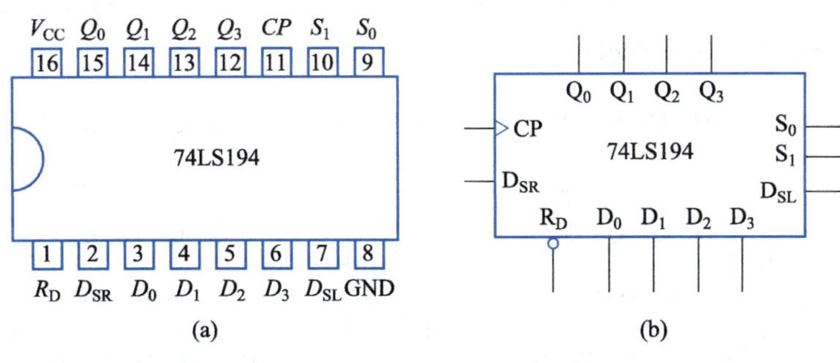

图 5.5.18

74LS194 的引脚分布和功能引脚排列图

(a) 引脚图 (b) 功能引脚图

表 5.5.6 74LS194 功能表

输入										输出				工作模式
清零	控制		串行输入		时钟	并行输入								
$\overline{R}_D$	S_1	S_0	D_{SL}	D_{SR}	CP	D_0	D_1	D_2	D_3	Q_0^*	Q_1^*	Q_2^*	Q_3^*	
L	×	×	×	×	×	×	×	×	×	L	L	L	L	异步清零
H	L	L	×	×	×	×	×	×	×	Q_0	Q_1	Q_2	Q_3	保持
H	L	H	×	H	↑	×	×	×	×	H	Q_0	Q_1	Q_2	右移
H	L	H	×	L	↑	×	×	×	×	L	Q_0	Q_1	Q_2	
H	H	L	H	×	↑	×	×	×	×	Q_1	Q_2	Q_3	H	左移
H	H	L	L	×	↑	×	×	×	×	Q_1	Q_2	Q_3	L	
H	H	H	×	×	↑	d_0	d_1	d_2	d_3	d_0	d_1	d_2	d_3	并行置数

(2) 集成移位寄存器的应用

a. 实现数据的串-并转换

在数字系统中,信息的传输通常是串行的,而对数据进行处理与加工往往是并行的,因此需要进行输入、输出的串-并转换。

【例 5.5.7】 分析图 5.5.19 所示电路的功能。

例 5.5.7 讲解

解:(1)由电路图可知,2 个 74LS194 级联起来,高位芯片(左)的输出 Q_4 连至低位芯片的右移数据输入端,共同组成了一个 8 位右移寄存器,串行数据 $D_6 \sim D_0$从低位芯片的 D_{SR}依次输入,2 个芯片的控制端 $S_1=\overline{Q}_8$、$S_0=\mathbf{1}$,2 个芯片接入同一个时钟脉冲和同一个清零信号,数据输入为 **01111111**。

(2)开始时在清零端接入一个清零脉冲,2 个芯片输出清零。此时高位芯片的 $Q_8=\mathbf{0}$,经反相后使得 $S_1S_0=\mathbf{11}$,当脉冲到来时完成并行输入,故寄存器输出 $Q_1Q_2Q_3Q_4Q_5Q_6Q_7Q_8=$ **01111111**,此时 $S_1S_0=\mathbf{01}$,寄存器属于右移工作模式,每当脉冲到来时寄存器完成数据右移工作(串行输入),可以由输出端获得并行输出信号。注意到当数据移动至 $Q_1Q_2Q_3Q_4Q_5Q_6Q_7Q_8=$

$D_0D_1D_2D_3D_4D_5D_6$ **0** 时，又会使 $S_1S_0=\mathbf{11}$，并在下个脉冲到来时完成并行输入，电路又回到初始状态。整个工作过程如表 5.5.7 所示。

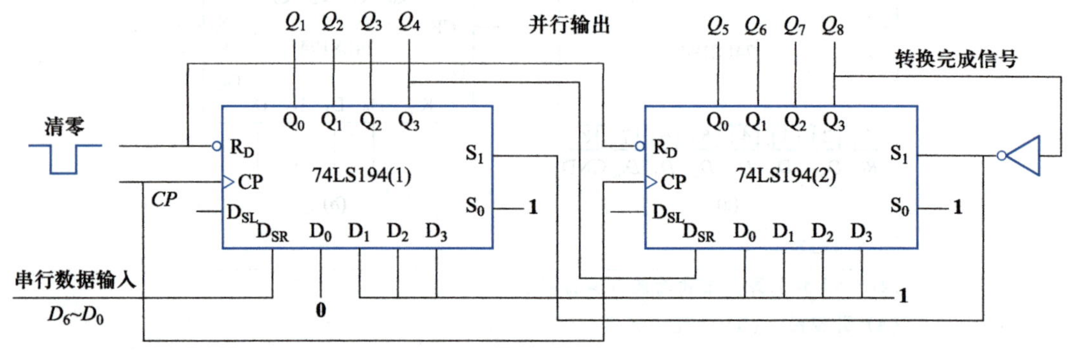

图 5.5.19

串入-并出转换电路

表 5.5.7　例 5.5.7 状态表

$\overline{R}_D$	CP	Q_1	Q_2	Q_3	Q_4	Q_5	Q_6	Q_7	Q_8	操作
0	×	0	0	0	0	0	0	0	0	清零
1	↑	0	1	1	1	1	1	1	1	并行输入
1	↑	D_6	0	1	1	1	1	1	1	右移
1	↑	D_5	D_6	0	1	1	1	1	1	
1	↑	D_4	D_5	D_6	0	1	1	1	1	
1	↑	D_3	D_4	D_5	D_6	0	1	1	1	
1	↑	D_2	D_3	D_4	D_5	D_6	0	1	1	
1	↑	D_1	D_2	D_3	D_4	D_5	D_6	0	1	
1	↑	D_0	D_1	D_2	D_3	D_4	D_5	D_6	0	
1	↑	0	1	1	1	1	1	1	1	并行输入

b. 移位寄存器构成的移位型计数器

移位型计数器的状态变化顺序必须符合移位的规律，移位型计数器主要有环形计数器和扭环形计数器。其状态转换图如图 5.5.20 所示。

由状态转换图亦可以看出，这两种计数器均可通过移位寄存器右移获得，需要解决两个问题：第一，初值如何设置？第二，右移数据如何得到？

第一个问题可以通过将寄存器设置为并行输入工作模式输入初值的方式来解决；第二个问题可以利用一个组合逻辑电路得到右移数据，其模型如图 5.5.21 所示。

观察环形计数器、扭环形计数器的状态转换图可知，它们的初值可分别设置为 **1000** 和 **0000**。为了得到右移数据，现将此二者的变化规律用状态转换真值表表示出来，分别如表 5.5.8、表 5.5.9 所示。

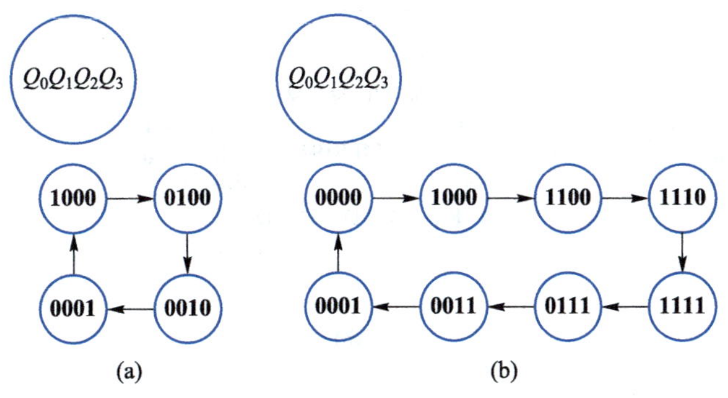

图 5.5.20

状态转换图

(a) 环形计数器 (b) 扭环形计数器

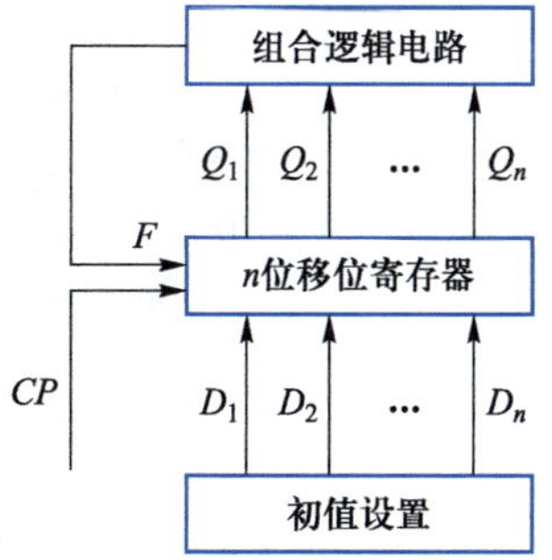

图 5.5.21

移位型计数器原理框图

表 5.5.8 环形计数器状态转换真值表

Q_0	Q_1	Q_2	Q_3	Q_0^*	Q_1^*	Q_2^*	Q_3^*	D_{SR}
1	**0**	**0**	**0**	**0**	**1**	**0**	**0**	**0**
0	**1**	**0**	**0**	**0**	**0**	**1**	**0**	**0**
0	**0**	**1**	**0**	**0**	**0**	**0**	**1**	**0**
0	**0**	**0**	**1**	**1**	**0**	**0**	**0**	**1**

表 5.5.9 扭环形计数器状态转换真值表

Q_0	Q_1	Q_2	Q_3	Q_0^*	Q_1^*	Q_2^*	Q_3^*	D_{SR}
0	**0**	**0**	**0**	**1**	**0**	**0**	**0**	**1**
1	**0**	**0**	**0**	**1**	**1**	**0**	**0**	**1**
1	**1**	**0**	**0**	**1**	**1**	**1**	**0**	**1**
1	**1**	**1**	**0**	**1**	**1**	**1**	**1**	**1**
1	**1**	**1**	**1**	**0**	**1**	**1**	**1**	**0**
0	**1**	**1**	**1**	**0**	**0**	**1**	**1**	**0**
0	**0**	**1**	**1**	**0**	**0**	**0**	**1**	**0**
0	**0**	**0**	**1**	**0**	**0**	**0**	**0**	**0**

由此可以得到环形计数器的右移数据为 $D_{SR}=Q_3$，扭环形计数器的右移数据为 $D_{SR}=\overline{Q}_3$。实现的电路如图 5.5.22 所示。图 5.5.22(a)中，S_0 固定接 **1**，采用一个加于 S_1 的正脉冲信号实现并行数据输入初值 **1000**；图 5.5.22(b)中，采用一个加于清零端的负脉冲信号实现清零，使数据输入初值 **0000**。

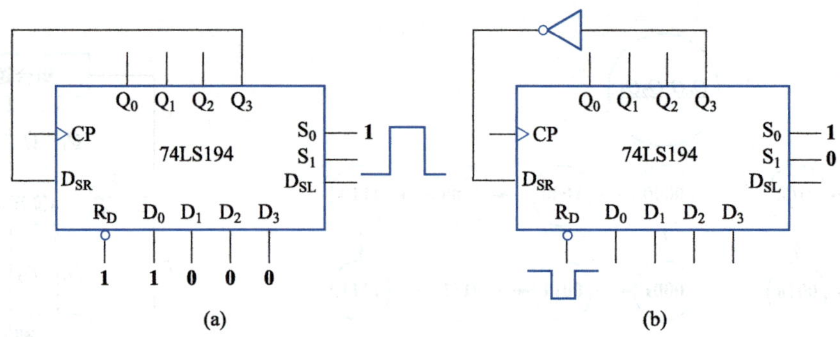

图 5.5.22

移位型计数器实现原理图

(a) 环形计数器 (b) 扭环形计数器

扩展思考

R5.5.1 若将例 5.5.3 和例 5.5.4 的计数器改为 74LS160，重新分析各电路分别是几进制的计数器？若要求的模 6 减法计数器是从 5 减至 0，该怎样设计电路？

R5.5.2 例 5.5.5 中若进位脉冲不经反相器，而是直接接入 74LS161，会出现什么现象？若用两个 74LS160 替代 74LS161 实现该电路的功能，该怎样设计电路？

R5.5.3 例 5.5.6 中的电路没有实现进位信号输出，试补充设计进位信号输出电路。若将图 5.5.13 所示电路中的计数器换为 2 个 74LS161，则计数器的计数范围是多少？

5.6 基于集成器件的时序逻辑电路的分析与设计

分析与设计是研究时序逻辑电路的两个重要组成部分。在本章的 5.3 节和 5.4 节分析和设计时序逻辑电路中，组成电路的元器件是触发器和门电路，5.5 节介绍了时序逻辑电路的若干集成模块，它们亦是组成时序逻辑电路的器件。因此本节主要讨论基于集成器件的时序逻辑电路的分析和设计方法。

5.6.1 基于集成器件的时序逻辑电路分析方法

由于中规模集成器件的控制功能较多，在分析过程中首先要根据中规模集成器件的功能表及其控制端使用情况确定其性能，然后再根据各中规模集成器件之间的连接关系确定整个电路的逻辑功能。

【例 5.6.1】 分析图 5.6.1 所示电路的功能。

解：（1）电路构成描述

电路由一个 8 选 1 数据选择器 74LS151 和一个移位寄存器 74LS194 组成。对于移位寄存器 74LS194 而言，其控制端 S_1S_0 起初为 **11**，此时工作于并行输入工作模式，故当时钟脉冲 CP 的上升沿到来时，$Q_0Q_1Q_2Q_3=D_0D_1D_2D_3=$ **1111**；随后 S_1S_0 变成了 **10** 状态，处于左移工作模式，并将 $Q_1Q_2Q_3$ 依次接至数据选择器

例 5.6.1 讲解

的地址码输入端 $A_2A_1A_0$，同时将数据选择器的输出 Y 接至 74LS194 的左移数据输入端，Q_1 作为电路的输出端 Z。对于数据选择器 74LS151 而言，$\overline{S}=\mathbf{0}$，数据选择器被允许工作，数据输入端 $D_7=\mathbf{0}$、$D_6=D_1=X$、$D_5=D_2=\overline{X}$、$D_4=D_3=D_0=\mathbf{1}$，其输入为 X，可作为控制变量，这里要分两种情况 $X=\mathbf{0}$ 和 $X=\mathbf{1}$ 来分析。

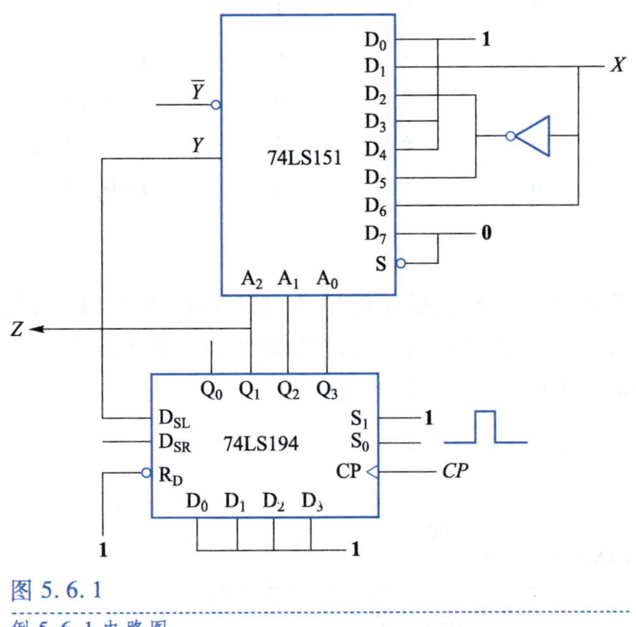

图 5.6.1
例 5.6.1 电路图

(2) 写出表达式

$$D_{SL}=Y=\overline{Q}_1\overline{Q}_2\overline{Q}_3+\overline{Q}_1\overline{Q}_2Q_3X+\overline{Q}_1Q_2\overline{Q}_3\overline{X}+\overline{Q}_1Q_2Q_3+Q_1\overline{Q}_2\overline{Q}_3+Q_1\overline{Q}_2Q_3\overline{X}+Q_1Q_2\overline{Q}_3X$$

$$Z=Q_1$$

(3) 作出工作状态转换真值表

根据上述表达式，初始值 $Q_1Q_2Q_3=D_1D_2D_3=\mathbf{111}$，分别在 $X=\mathbf{0}$ 和 $X=\mathbf{1}$ 两种情况下每当脉冲上升沿到来时寄存器左移一位，作出工作状态转换真值表如表 5.6.1 所示。

表 5.6.1　例 5.6.1 工作状态转换真值表

X	CP	Q_1	Q_2	Q_3	$D_{SL}=Y$	$Z=Q_1$
0	0	1	1	1	$Y=D_7=0$	1
0	1	1	1	0	$Y=D_6=X=0$	1
0	2	1	0	0	$Y=D_4=1$	1
0	3	0	0	1	$Y=D_1=X=0$	0
0	4	0	1	0	$Y=D_2=\overline{X}=1$	0
0	5	1	0	1	$Y=D_5=\overline{X}=1$	1
0	6	0	1	1	$Y=D_3=1$	0

续表

X	CP	Q_1	Q_2	Q_3	$D_{SL}=Y$	$Z=Q_1$
1	0	**1**	**1**	**1**	$Y=D_7=\mathbf{0}$	**1**
1	1	**1**	**1**	**0**	$Y=D_6=X=\mathbf{1}$	**1**
1	2	**1**	**0**	**1**	$Y=D_5=\overline{X}=\mathbf{0}$	**1**
1	3	**0**	**1**	**0**	$Y=D_2=\overline{X}=\mathbf{0}$	**0**
1	4	**1**	**0**	**0**	$Y=D_4=\mathbf{1}$	**1**
1	5	**0**	**0**	**1**	$Y=D_1=X=\mathbf{1}$	**0**
1	6	**0**	**1**	**1**	$Y=D_3=\mathbf{1}$	**0**

（4）功能描述

由表 5.6.1 可以看出：当 $X=\mathbf{0}$ 时，输出信号 $Z=\mathbf{1110010}$；当 $X=\mathbf{1}$ 时，输出信号 $Z=\mathbf{1110100}$。该电路为可控序列信号发生器，X 为控制信号，控制输出端输出不同的序列信号。

【例 5.6.2】 分析图 5.6.2 所示电路的功能。

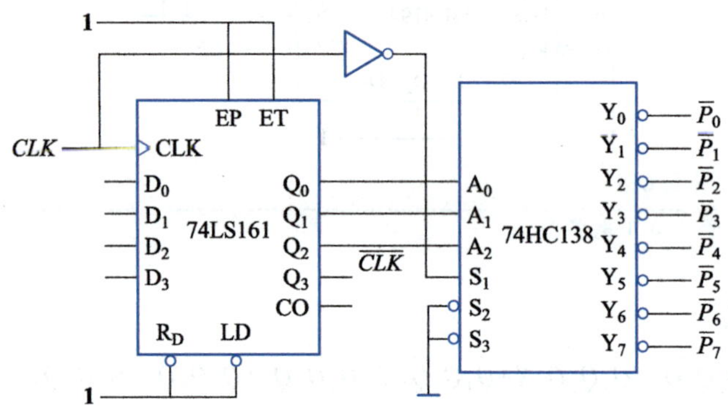

图 5.6.2

例 5.6.2 电路图

解：（1）电路构成

4 位二进制加法计数器 74LS161 的使能端、清零端、置数端均接高电平，故 74LS161 处于自然计数工作状态。

3 线-8 线译码器 74HC138 的两个使能端 $\overline{S}_3$ $\overline{S}_2$ 接低电平，另一个使能端 $S_1=\overline{CLK}$，表明当 $CLK=\mathbf{1}$ 期间，$S_1=\mathbf{0}$，禁止译码器工作；当 $CLK=\mathbf{0}$ 期间，$S_1=\mathbf{1}$，允许译码器工作，译码器的地址输入 $A_2A_1A_0$ 连接至计数器的输出端 $Q_2Q_1Q_0$。

（2）分析

注意到 74LS161 的输出端 $Q_3Q_2Q_1Q_0$ 按照 4 位二进制数的变化规律依次输出。在一个时钟周期中，当 $CLK=\mathbf{1}$ 期间，$S_1=\mathbf{0}$，译码器的 8 个输出端输出全部为 $\mathbf{1}$；当 $CLK=\mathbf{0}$ 期间，$S_1=\mathbf{1}$，允许译码器工作。

(3) 作出工作状态转换真值表

根据上述分析结果，作出工作状态转换真值表如表 5.6.2 所示。

表 5.6.2　例 5.6.2 工作状态转换真值表

CLK 周期	*CLK*	A_2 Q_2	A_1 Q_1	A_0 Q_0	$\overline{P}_7$	$\overline{P}_6$	$\overline{P}_5$	$\overline{P}_4$	$\overline{P}_3$	$\overline{P}_2$	$\overline{P}_1$	$\overline{P}_0$
1	0	0	0	0	1	1	1	1	1	1	1	0
2	0	0	0	1	1	1	1	1	1	1	0	1
3	0	0	1	0	1	1	1	1	1	0	1	1
4	0	0	1	1	1	1	1	1	0	1	1	1
5	0	1	0	0	1	1	1	0	1	1	1	1
6	0	1	0	1	1	1	0	1	1	1	1	1
7	0	1	1	0	1	0	1	1	1	1	1	1
8	0	1	1	1	0	1	1	1	1	1	1	1

(4) 功能描述

由表 5.6.2 可以看出，在计数过程中 $Q_2Q_1Q_0$ 从 **000** 逐一变化至 **111**，在每一个 *CLK* 周期的低电平期间，译码器的 8 个输出端依次输出低电平，*CLK* 周期的高电平期间，译码器的 8 个输出端均输出高电平，作出时序图，如图 5.6.3 所示。可见该电路是一个顺序脉冲发生器（又称节拍脉冲发生器）。

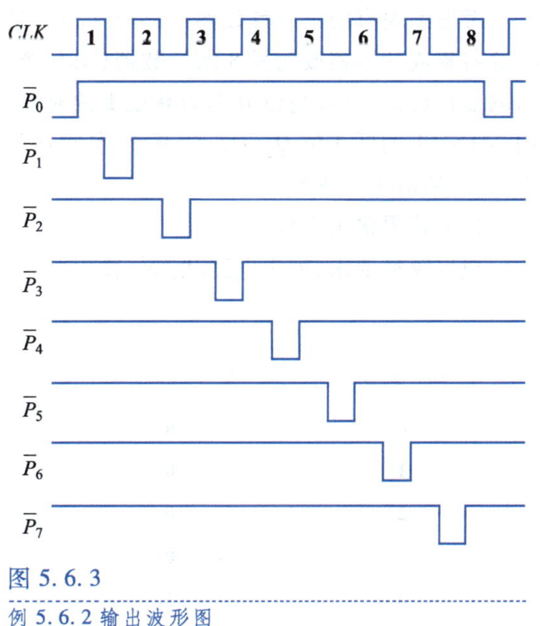

图 5.6.3
例 5.6.2 输出波形图

注意在数控装置和 CPU 中需要某些设备或部件按照人们预先规定的顺序进行运算或操作，这就要求该设备或部件的控制部分不仅能正确地发出各种控制信号，而且要求能产生一组在时间上有一定先后顺序的脉冲信号，以实现设备或部件各部分的协调动作。因此本电路实现的顺序脉冲发生器能满足上述要求。

一般采用按自然计数工作状态的计数器和译码器组成，计数器在输入计数脉冲（时钟脉冲）的操作下，其状态是依次转换的，用译码器把这些状态“翻译”出来，就可以得到顺序脉冲。由此可见“计数器+译码器”是顺序脉冲发生器的模型电路。

5.6.2 基于集成器件的时序逻辑电路设计方法

1. 以计数器为核心的时序逻辑电路设计

如 5.5 节介绍,一个模 M 的计数器具有 M 个状态,因此它可用作状态数小于或等于 M 的时序逻辑电路的状态发生器,即时序逻辑电路的状态转换可用计数器的计数操作(递增或递减)来实现,而时序逻辑电路的状态又可用计数器的各种逻辑操作(例如计数、置数、清零、保持等)来完成,时序逻辑电路的输出本质上是电路状态的逻辑函数,可以通过组合逻辑电路实现。下面通过例题来展现以计数器为核心的时序逻辑电路的设计方法。

在数字信号的传输和数字电路设计中,有时需要用到一种非常特殊的数字信号。一般情况下将这种特殊的串行数字信号称为序列信号。能生成这样的一组特定序列信号的电路叫作序列信号发生器。

【例 5.6.3】 设计一个 **00010111** 序列信号发生器。

例 5.6.3 讲解

解:(1) 分析要求,并确定电路的状态及其数目、输入及输出情况

题目要求的序列信号的长度为 8 位,故电路的状态数为 8,可以采用模 8 的计数器。电路没有输入,应有一个序列信号输出端,用 Y 表示。

(2) 电路状态的实现

考虑到现有的集成计数器产品有 4 位二进制计数器和十进制计数器,故需将这些集成计数器改为模 8 的计数器(具体方法见 5.5.3 节)。注意到 4 位二进制计数器计数输出的变化规律,其最高位分别为 **0** 或 **1** 的时候,低 3 位正好是一个模 8 的计数器,因此本题就选用 74LS161 的低 3 位 Q_2、Q_1、Q_0 作为本时序逻辑电路的状态输出,该计数器使能端允许其工作,亦无须清零和置数。

(3) 获得输出方程

根据题目要求,列出电路状态与输出关系真值表,如表 5.6.3 所示。

表 5.6.3 例 5.6.3 电路状态与输出关系真值表

CLK 周期	Q_2	Q_1	Q_0	Y
0	**0**	**0**	**0**	**0**
1	**0**	**0**	**1**	**0**
2	**0**	**1**	**0**	**0**
3	**0**	**1**	**1**	**1**
4	**1**	**0**	**0**	**0**
5	**1**	**0**	**1**	**1**
6	**1**	**1**	**0**	**1**
7	**1**	**1**	**1**	**1**
8	**0**	**0**	**0**	**0**

根据表 5.6.3 可以写出输出与状态的逻辑关系,即

$$Y=\overline{Q}_2Q_1Q_0+Q_2\overline{Q}_1Q_0+Q_2Q_1\overline{Q}_0+Q_2Q_1Q_0$$

可选择的组合逻辑电路有很多实现方式，这里采用 8 选 1 数据选择器 74LS152，考虑到它是反相输出，故重写表达式，即

$$
\begin{aligned}
Y &= \overline{Q}_2\overline{Q}_1\overline{Q}_0+\overline{Q}_2\overline{Q}_1Q_0+\overline{Q}_2Q_1\overline{Q}_0+Q_2\overline{Q}_1\overline{Q}_0 \\
&= \overline{Q}_2\overline{Q}_1\overline{Q}_0\cdot\mathbf{1}+\overline{Q}_2\overline{Q}_1Q_0\cdot\mathbf{1}+\overline{Q}_2Q_1\overline{Q}_0\cdot\mathbf{1}+\overline{Q}_2Q_1Q_0\cdot\mathbf{0}+ \\
&\quad Q_2\overline{Q}_1\overline{Q}_0\cdot\mathbf{1}+Q_2\overline{Q}_1Q_0\cdot\mathbf{0}+Q_2Q_1\overline{Q}_0\cdot\mathbf{0}+Q_2Q_1Q_0\cdot\mathbf{0}
\end{aligned}
$$

故数据选择器地址输入 $A_2A_1A_0=Q_2Q_1Q_0$，8 路数据输入为 $D_0=D_1=D_2=D_4=\mathbf{1}$、$D_3=D_5=D_6=D_7=\mathbf{0}$。连接的电路如图 5.6.4 所示。

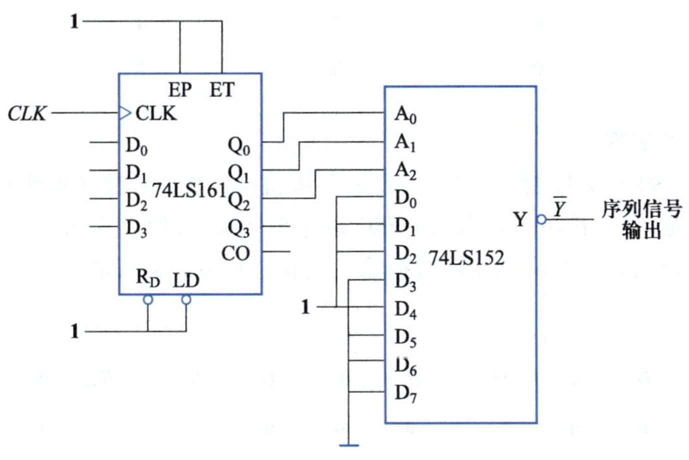

图 5.6.4

例 5.6.3 实现的电路图

本题表明，序列信号发生器可以用“计数器+数据选择器”的电路模型实现。在需要修改长度为 8 的序列信号时，只要修改 $D_0\sim D_7$ 的高低电平即可实现。

2. 以移位寄存器为核心的时序逻辑电路设计

移位寄存器也是一种常用的时序器件，以移位寄存器为核心的控制器亦是重要的控制器结构模式。在这种结构中，移位寄存器用以存储现态和产生次态，并利用其各种基本逻辑操作左移、右移、保持、并行置数等实现控制器的状态转换，产生相应的控制信号序列。

【例 5.6.4】 设计一个 4 路灯光控制电路，要求红、绿、黄、蓝 4 种颜色的灯在时钟信号作用下按表 5.6.4 中规定的顺序转换状态（其中 *CLK* 顺序 6 表示循环回到状态 0），每种状态持续时间为 1 s。表中的 **1** 表示灯“亮”，**0** 表示灯“灭”。要求尽可能采用中规模集成电路芯片。

例 5.6.4 讲解

解：(1) 分析要求，并确定电路的状态及其数目、输入及输出情况。

由题目要求可以看出灯光控制电路的状态数应为 6，本题目选择移位寄存器作为控制器。本电路没有输入，应有控制灯的 4 个输出端，分别用 R、Y、G、B 表示。

表 5.6.4　例 5.6.4 要求的灯光控制电路要求

CLK 周期	红	黄	绿	蓝
0	0	0	0	1
1	0	0	1	0
2	0	1	0	0
3	1	0	0	0
4	0	1	0	0
5	0	0	1	0
6	0	0	0	1

（2）电路状态的实现

题目选用 74LS194 作为控制器，它可以通过左移、右移、并行置数达到状态的变换，本题选用 74LS194 左移来实现，并设其初始状态为 **0000**，共有 6 个状态，如表 5.6.5 所示。表中也列出了输出和状态的关系以及状态对应的左移数据输入端和芯片控制输入端应有的状态。

表 5.6.5　例 5.6.4 要求的状态转换真值表

CLK 周期	Q_0	Q_1	Q_2	Q_3	R	Y	G	B	D_{SL}	S_1	S_0	状态
0	0	0	0	1	0	0	0	1	1	1	0	左移
1	0	0	1	1	0	0	1	0	1	1	0	左移
2	0	1	1	1	0	1	0	0	1	1	0	左移
3	1	1	1	1	1	0	0	0	0	1	0	左移
4	1	1	1	0	0	1	0	0	0	1	0	左移
5	1	1	0	0	0	0	1	0	×	1	1	置数

（3）写出相关表达式

初始时，S_0加一个正脉冲 CP，置数端 $D_0D_1D_2D_3 = \mathbf{0001}$。

输出方程：$R=\overline{\overline{Q_0Q_1Q_2Q_3}}$　　$Y=\overline{\overline{\overline{Q_0}Q_1Q_2Q_3}\cdot\overline{Q_0Q_1Q_2\overline{Q_3}}}$

$G=\overline{\overline{\overline{Q_0}\,\overline{Q_1}Q_2Q_3}\cdot\overline{Q_0Q_1\overline{Q_2}\,\overline{Q_3}}}$　　$B=\overline{\overline{\overline{Q_0}\,\overline{Q_1}\,\overline{Q_2}Q_3}}$

左移数据输入端：$D_{SL}=\overline{\overline{\overline{Q_0}\,\overline{Q_1}\,\overline{Q_2}Q_3}\cdot\overline{\overline{Q_0}\,\overline{Q_1}Q_2Q_3}\cdot\overline{\overline{Q_0}Q_1Q_2Q_3}}$

工作方式控制端：$S_1=\mathbf{1}$　　$S_0=Q_0Q_1\overline{Q_2}\,\overline{Q_3}+CP$

（4）画出实现的电路图

采用 74LS194 左移实现状态的变化，4 线-16 线译码器 74LS154 配合与非门器件实现各组合逻辑关系，如图 5.6.5 所示。

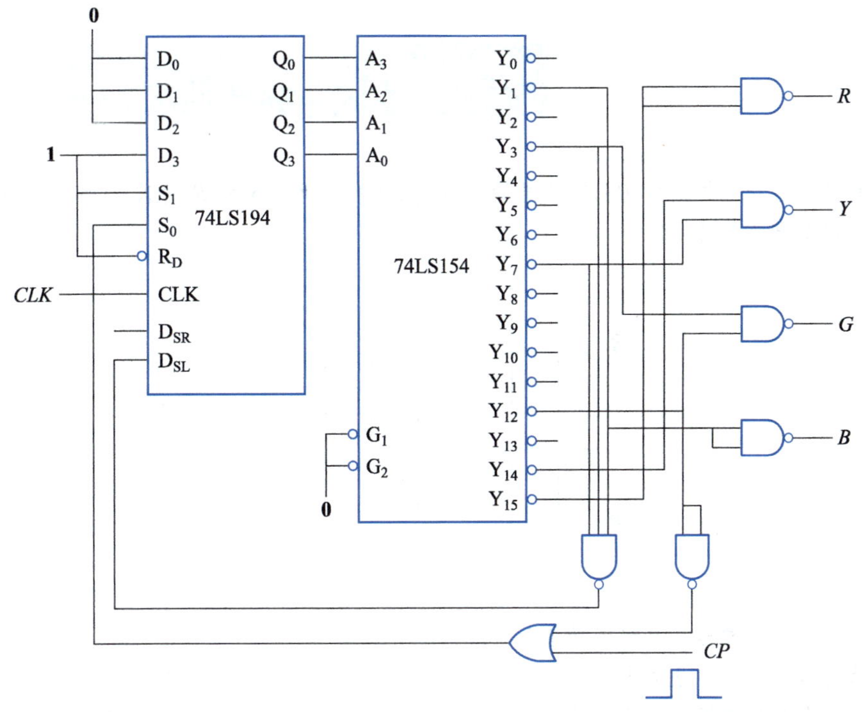

图 5.6.5

例 5.6.4 实现的电路图

扩展思考

R5.6.1 例 5.6.1 中，若序列信号的长度为 M，分 $M>16$ 和 $M\leqslant 16$ 两种情况，讨论该怎样设计电路。

R5.6.2 例 5.6.2 中若需要输出 16 路顺序脉冲，该怎样修改电路？若需要输出 10 路顺序脉冲呢？若将图 5.6.2 中接至 S_1 的反相器去掉，改为 S_1 直接接高电平，试画出电路输出的波形图。

R5.6.3 设计一个顺序脉冲发生器。要求画出其状态转换图或时序图，画出其电路原理图。

本章小结

本章首先对锁存器的基本概念及两种锁存器进行了介绍，突出表达了锁存器的电平触发特点。对触发器的结构、原理、功能及其描述、应用和动态参数等方面进行了较为详细的介绍。

本章还介绍了时序逻辑电路基本概念，详细地讨论了时序逻辑电路的分析方法和设计方法，并举例说明和展现了分析与设计的整体过程。在此基础上，介绍了几种常用的时序逻辑电路模块(中规模集成器件)及其具体应用。最后介绍了基于集成器件的时序逻辑电路的分析与设计方法。

习 题

5.1 画出由**与非**门构成的 *RS* 锁存器输出端 Q、$\overline{Q}$ 的波形。$\overline{S}$ 和 $\overline{R}$ 的波形如习题 5.1 图所示。(假设锁存器初始状态为 $Q=\mathbf{0}$)

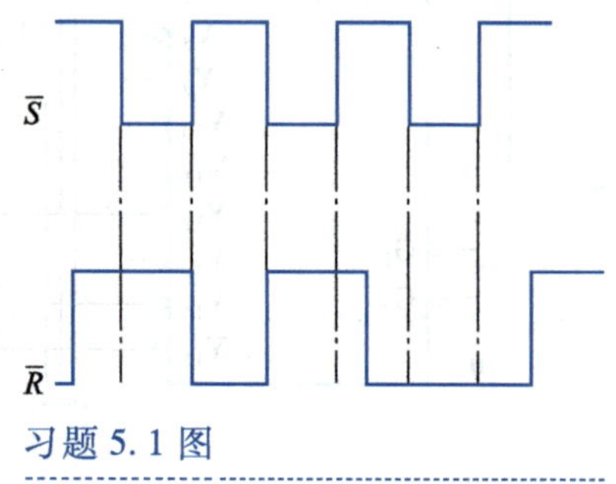

习题 5.1 图

5.2 为什么说触发器具有记忆功能?

5.3 触发器有哪几种分类方式?

5.4 目前大多数使用的是 *D* 触发器、*JK* 触发器,在需要使用其他类型触发器时,可以通过逻辑功能转换的方法,把 *D* 触发器、*JK* 触发器转换为需要的触发器,试举例说明。

5.5 时序逻辑电路按照电路结构可分为哪两种类型的电路?

5.6 选择题

(1) 下列触发器中没有约束条件的是(　　)。

A. 基本 *RS* 触发器　　B. 主从 *RS* 触发器

C. 维持阻塞 *RS* 触发器　　D. 边沿 *D* 触发器

(2) *JK* 触发器在 *CP* 脉冲作用下,要使 $Q^*=Q$,则输入信号为(　　)。

A. $J=K=\mathbf{1}$　　B. $J=\mathbf{0},K=\mathbf{1}$　　C. $J=K=\mathbf{0}$　　D. $J=\mathbf{1},K=\mathbf{0}$

(3) *JK* 触发器在 *CP* 脉冲作用下,要使 $Q^*=\overline{Q}$,则输入信号为(　　)。

A. $J=K=\mathbf{1}$　　B. $J=\mathbf{0},K=\mathbf{1}$　　C. $J=K=\mathbf{0}$　　D. $J=\mathbf{1},K=\mathbf{0}$

(4) *D* 触发器在 *CP* 脉冲作用下,要使 $Q^*=\overline{Q}$,则输入信号为(　　)。

A. $D=Q$　　B. $D=\mathbf{0}$　　C. $D=\overline{Q}$　　D. $D=\mathbf{1}$

(5) 如习题 5.6 图所示电路,若输入 *CP* 脉冲的频率为 100 kHz,则输出 *Q* 的频率为(　　)。

A. 500 kHz　　B. 200 kHz

C. 100 kHz　　D. 50 kHz

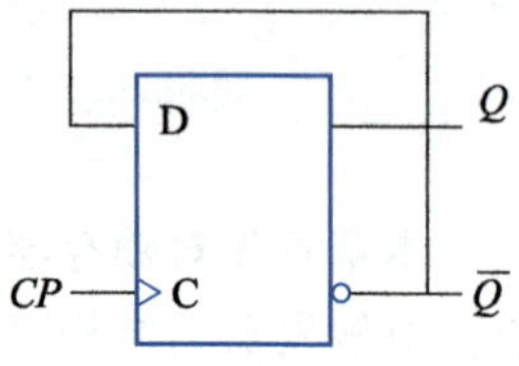

习题 5.6 图

(6) 时序逻辑电路的一般结构由组合电路与(　　)组成。

A. 全加器　　B. 存储电路

C. 译码器　　D. 数据选择器

(7) 同步时序逻辑电路的设计中,进行状态化简的目的是(　　)。

A. 减少电路中的逻辑门　　B. 简化电路的结构

C. 提高电路的速度　　D. 提高电路的可靠性

(8) 一个4位二进制减法计数器的起始值为**1001**,经过100个时钟脉冲作用之后计数器的值为(　　)。

A. **1100**　　B. **0100**　　C. **1101**　　D. **0101**

(9) 用 n 个触发器构成计数器,则该计数器的最大计数长度(计数模)为(　　)。

A. n　　B. $2n$　　C. n^2　　D. 2^n

(10) 构成一个8421码计数器,需要触发器的个数为(　　)。

A. 3　　B. 4　　C. 5　　D. 10

5.7 已知上升沿触发的 D 触发器输入端的波形如习题5.7图所示,画出输出端 Q 的波形。若为下降沿触发,画出输出端 Q 的波形。设触发器的初始状态为 $Q=\mathbf{0}$。

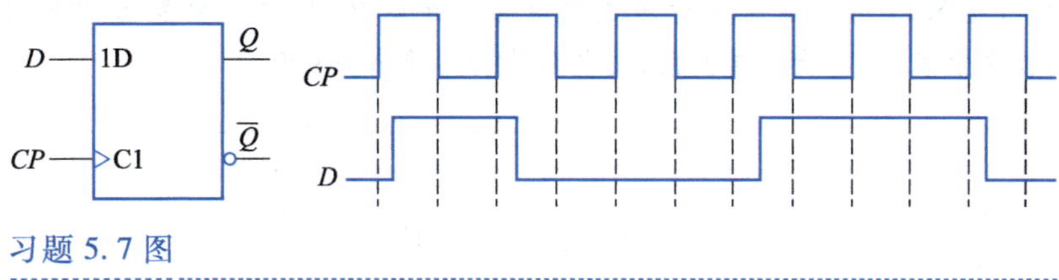

习题5.7图

5.8 写出习题5.8图中各个触发器的特性方程,并画出在时钟信号作用下各输出端的波形,设各触发器的初始状态均为 $Q=\mathbf{0}$。

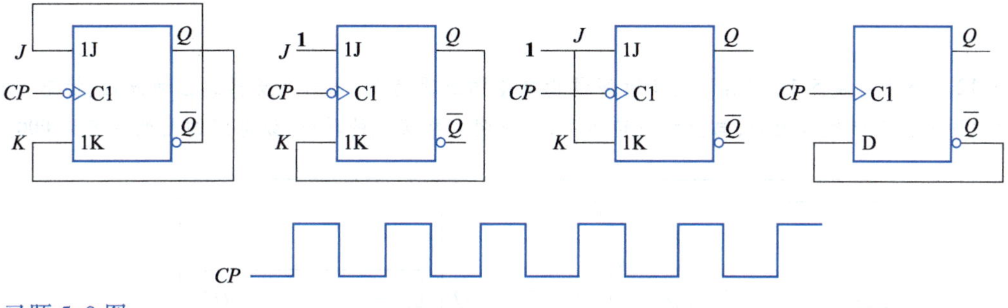

习题5.8图

5.9 分析习题5.9图所示同步时序逻辑电路的逻辑功能,写出触发器的驱动方程、状态方程,列出状态转换真值表,画出状态转换图。

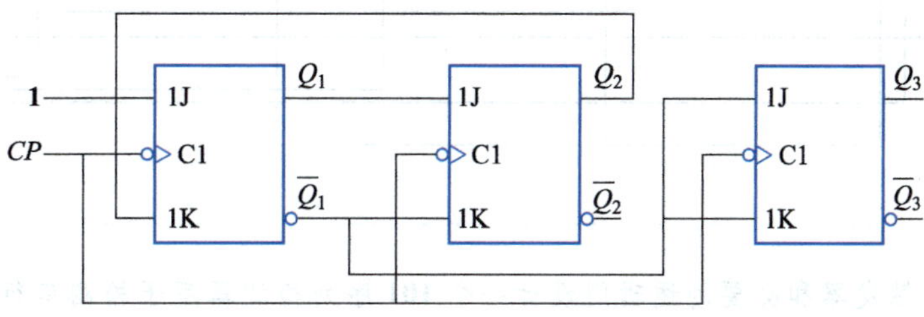

习题5.9图

5.10　分析习题5.10图所示同步时序逻辑电路的逻辑功能，写出触发器的驱动方程、状态方程，列出状态转换真值表，画出状态转换图，设电路的初始状态为**000**。

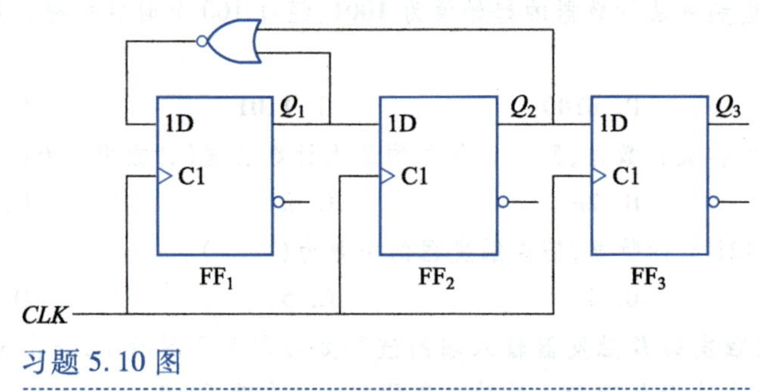

习题5.10图

5.11　分析习题5.11图所示同步时序逻辑电路的逻辑功能，写出触发器的驱动方程、状态方程，列出状态转换真值表，画出状态转换图，设电路的初始状态为**000**。

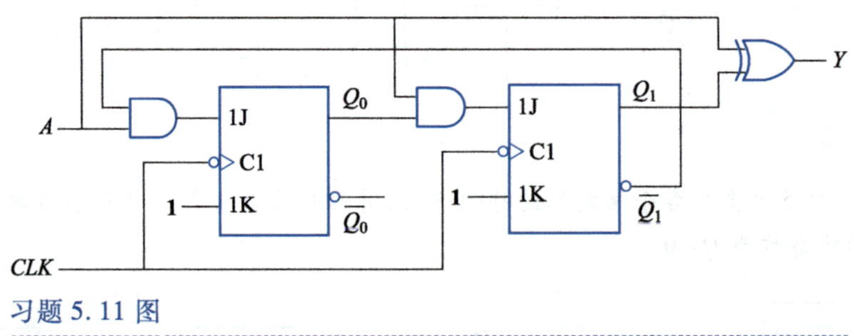

习题5.11图

5.12　分析习题5.12图所示同步时序逻辑电路的逻辑功能，写出触发器的驱动方程、状态方程、输出方程，列出状态转换真值表，画出状态转换图，并说明电路实现的功能，设电路的初始状态为**000**。

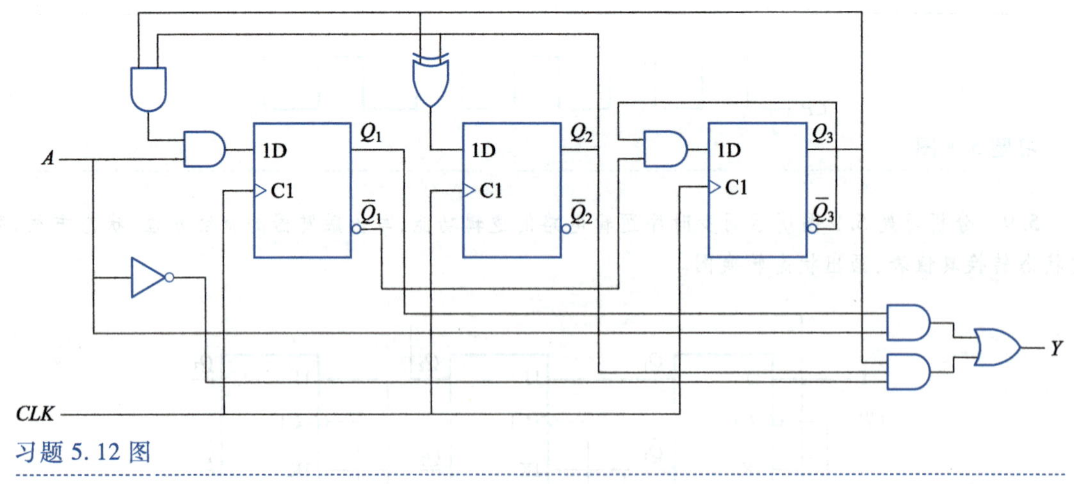

习题5.12图

5.13　试用D触发器和必要的逻辑门设计一个**101**序列检测器用于检测串行二进制序列（例如二进制序列信号X=**0101001011**），要求当出现**101**时，检测器输出Z为**1**，否则输出Z为**0**，画出实现该功能的逻辑电路图。

5.14 用 *JK* 触发器和必要的逻辑门设计一个同步模 6 加法计数器(按照 0、1、2、3、4、5 的规律变化),画出实现该功能的逻辑电路图。

5.15 用 *JK* 触发器和必要的逻辑门设计一个变模计数器。当控制端 $M=0$ 时,计数器按照 0、1、2、3 的规律变化;当控制端 $M=1$ 时,计数器按照 0、1、2 的规律变化,画出实现该功能的逻辑电路图。

5.16 使用 *D* 触发器和必要的逻辑门设计一个同步 4 位格雷码计数器,画出实现该功能的逻辑电路图。

5.17 分析习题 5.17 图所示计数器电路,画出它的状态转换图,并确定该计数器为多少进制的计数器。

5.18 分析习题 5.18 图所示计数器电路,画出它的状态转换图,并确定该计数器为多少进制的计数器。

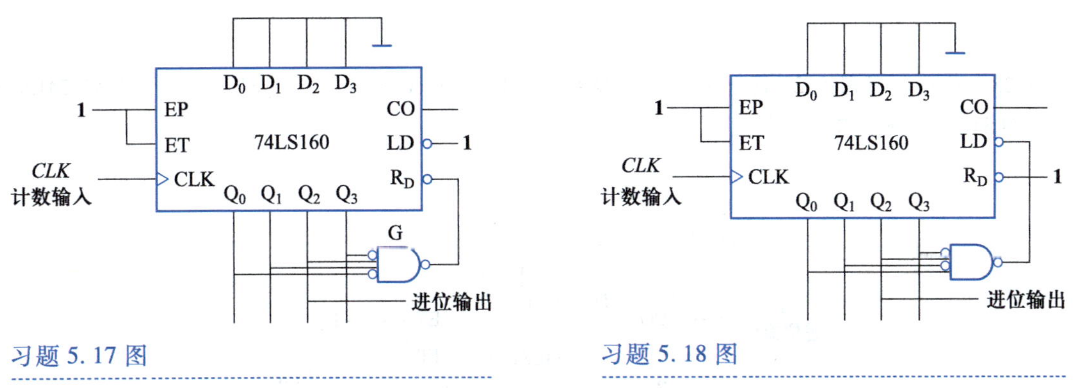

习题 5.17 图

习题 5.18 图

5.19 分析习题 5.19 图所示计数器电路,画出它的状态转换图,并确定该计数器为多少进制的计数器。

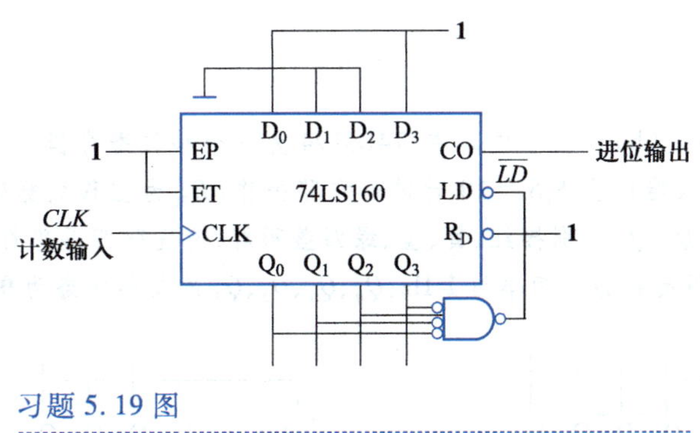

习题 5.19 图

5.20 分别将习题 5.17、习题 5.18、习题 5.19 中的计数器替换为 74LS161,重新回答上述问题。

5.21 习题 5.21 图所示电路是由两片同步十进制计数器 74LS160 组成的计数器,试分析这是多少进制的计数器。

5.22 分别将习题 5.21 中的计数器替换为 74LS161,重新回答上述问题。

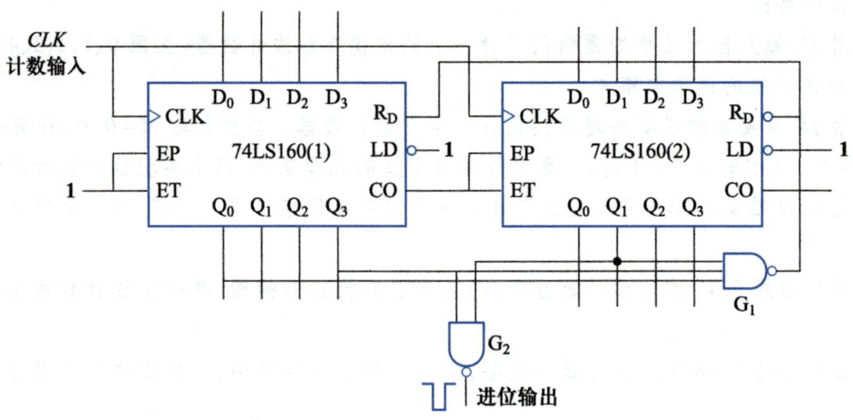

习题 5.21 图

5.23　试分析习题 5.23 图所示的计数器在 $M=\mathbf{1}$ 和 $M=\mathbf{0}$ 时各为几进制计数器。若将 74LS160 换为 74LS161，重新回答上述问题。

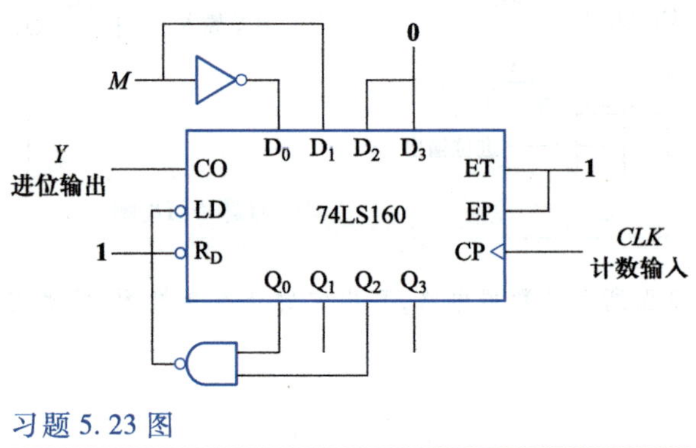

习题 5.23 图

5.24　习题 5.24(a)、(b)图所示电路中，74LS194 为一个移位寄存器。当 $S_1S_0=\mathbf{01}$ 时进行右移操作（D_{SR}为右移数据输入端）；当 $S_1S_0=\mathbf{10}$ 时进行左移操作（D_{SL}为左移数据输入端）。CP 为脉冲输入端。若输出端 Q_0、Q_1、Q_2、Q_3 分别接红、黄、蓝、绿四盏彩灯，请说明四盏彩灯展示的状态（设输出为 **1** 时灯亮，否则灯灭）。设时钟脉冲频率为 1 Hz，Q_0、Q_1、Q_2、Q_3 的初始状态为 **0000**。

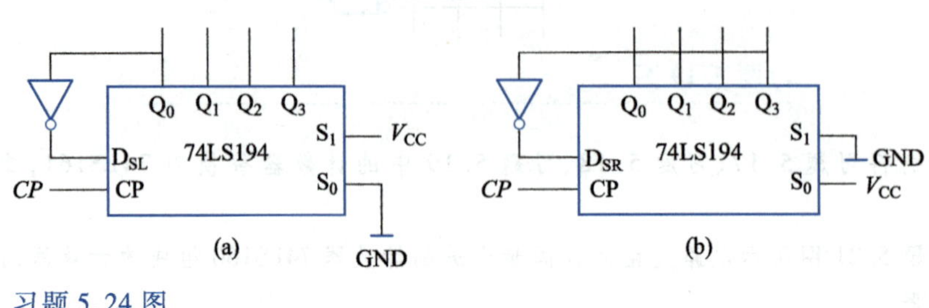

习题 5.24 图

5.25 由移位寄存器74LS194构成的电路如习题5.25图所示，试分析该电路的逻辑功能，并对应 CLK 画出输出 $Q_0 \sim Q_3$ 的波形。

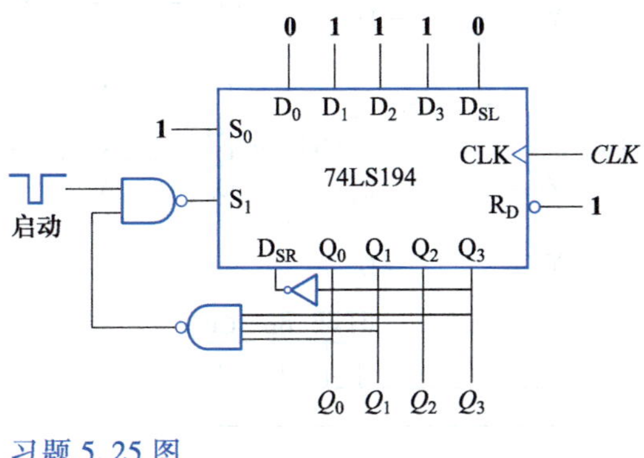

习题5.25图

5.26 习题5.26图所示电路中，74LS194为一个移位寄存器。当 $S_1S_0=\mathbf{01}$ 时进行右移操作（D_{SR} 为右移数据输入端）；当 $S_1S_0=\mathbf{10}$ 时进行左移操作（D_{SL} 为左移数据输入端）；当 $S_1S_0=\mathbf{11}$ 时进行并行输入数据操作，$Q_0Q_1Q_2Q_3=D_0D_1D_2D_3$。$CLK$ 为脉冲输入端，初始时设置 $S_1S_0=\mathbf{11}$。若两个74LS194的输出端 Q_0、Q_1、Q_2、Q_3 分别接4个发光二极管，请分别分析当 $S_1S_0=\mathbf{10}$ 时及 $S_1S_0=\mathbf{01}$ 时，发光二极管的工作情况，试说明电路的功能。设时钟脉冲频率为1 Hz。

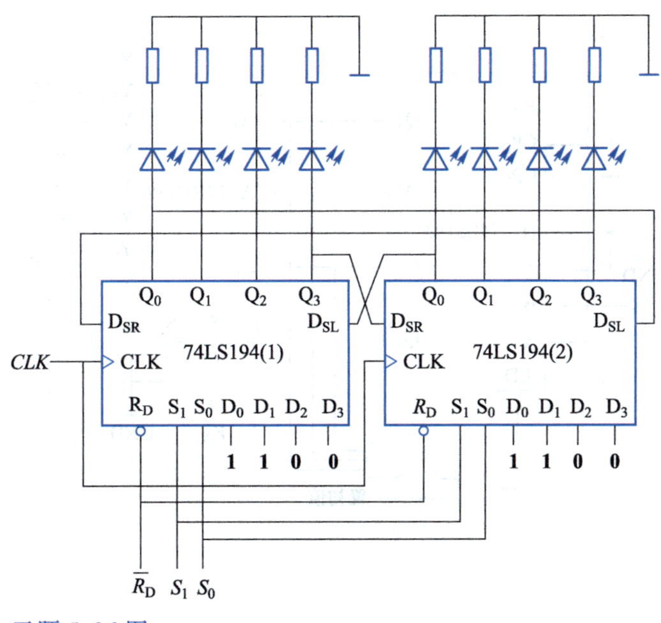

习题5.26图

5.27 习题5.27图所示电路中，74LS147为一个二-十进制编码器，74LS160为一个十进制加法计数器。74LS160中的 CO 为进位脉冲，当 $Q_3Q_2Q_1Q_0$ 为 **1001** 时，$CO=\mathbf{1}$。请说明当输入控制信号 A、B、C、D 分别为 **0**（其余控制信号为 **1**）时数码管的显示情况，Y 端输出的频率各为多少？设时钟脉冲 CP 的周期为1 s。

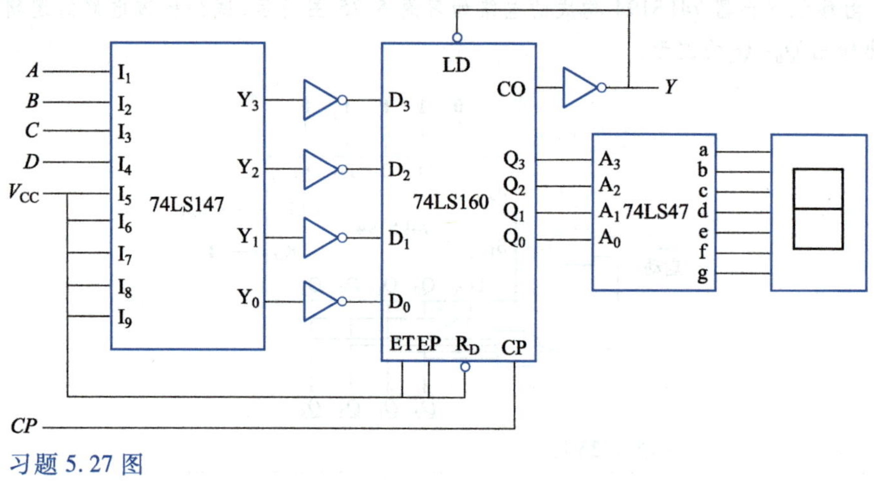

习题 5.27 图

5.28 习题 5.28 图所示电路中，74LS193 是一个 4 位二进制同步可逆计数器，R_D 及 $\overline{LD}$ 分别为清零端和置数端，D、C、B、A 为预置初值，Q_3、Q_2、Q_1、Q_0 分别为计数输出端；74HC138 是一个 3 线-8 线译码器。M 为一个控制信号，电路的输出信号为 R、G、Y，分别表示红、绿、黄三盏灯，并设灯亮为 **1**，灯灭为 **0**，电路的时钟脉冲周期为 1 s，试分析该电路的功能。

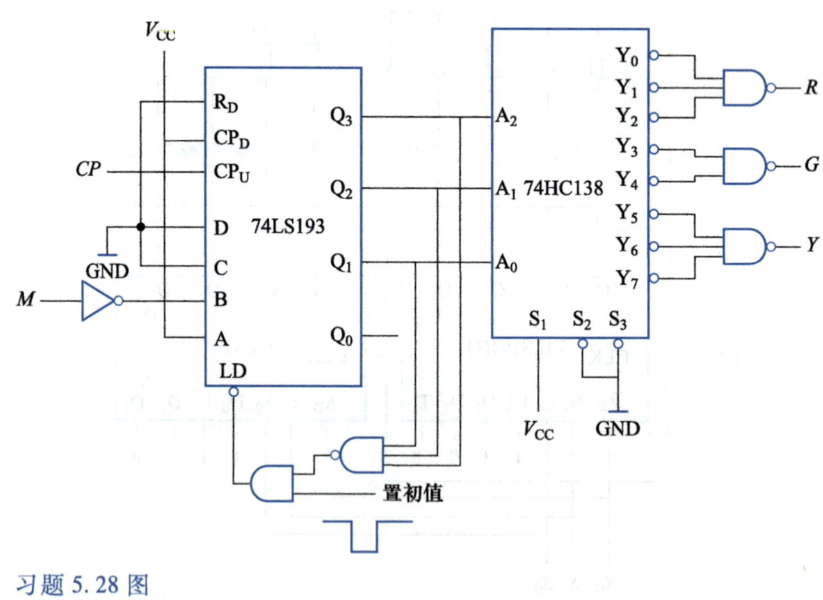

习题 5.28 图

5.29 习题 5.29 图所示电路中，74LS193 为一个 4 位二进制可逆计数器，74LS151 为一个 8 选 1 数据选择译码器，74LS194 为一个移位寄存器。如果输出 R_1、G_1、Y_1、B_1 分别连红、绿、黄、蓝四盏灯，R_2、G_2、Y_2、B_2 亦分别连另外红、绿、黄、蓝四盏灯，灯亮为 **1**，灯灭为 **0**，它们按照 R_1、G_1、Y_1、B_1、B_2、Y_2、G_2、R_2 的顺序一字排开布置，试分析电路的功能。设 CP 脉冲周期为 8 s。

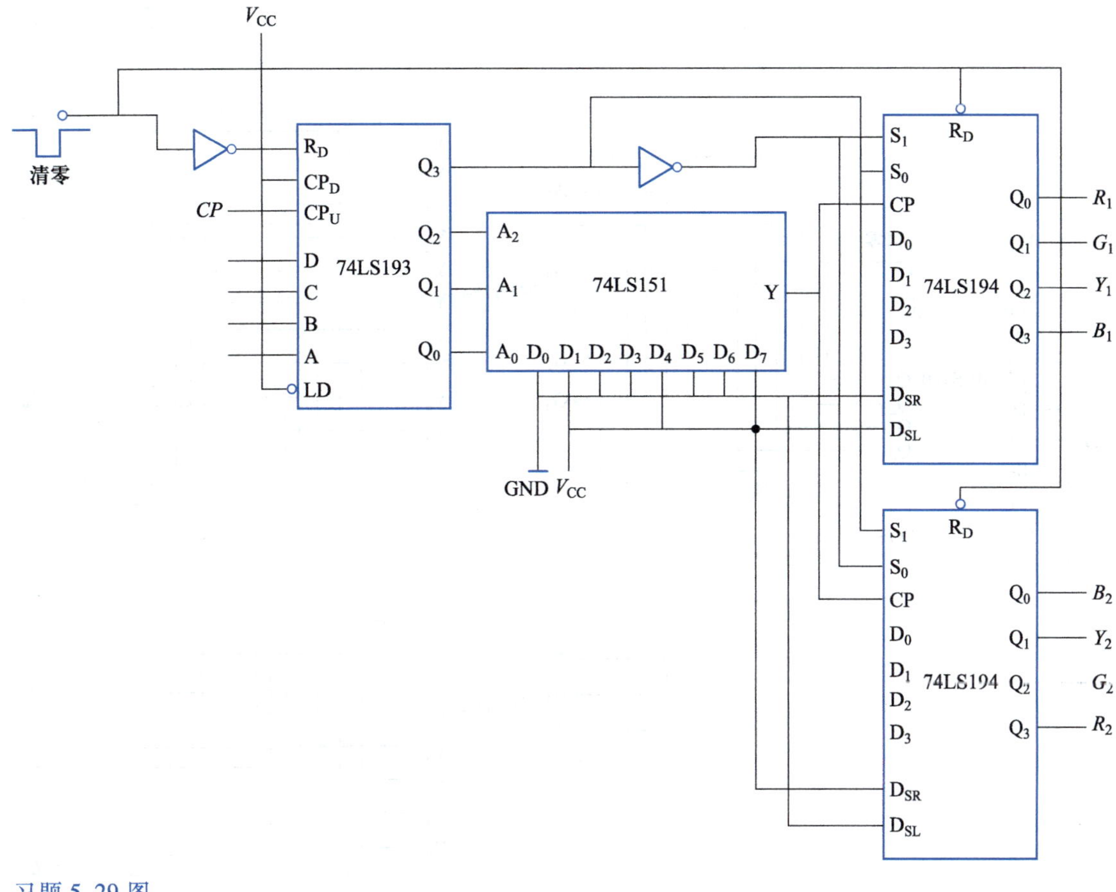

习题 5.29 图

5.30 习题 5.30 图所示电路中，74LS154 为一个 4 线-16 线译码器，74LS160 为一个十进制加法计数器。74LS160 的 CO 为进位脉冲，当 $Q_3Q_2Q_1Q_0$ 为 **1001** 时，$CO=\mathbf{1}$。设 L_0、L_1、L_2、L_3、L_4、L_5、L_6、L_7、L_8、L_9 为从左至右排开的 10 盏灯，请分析该电路的功能。设时钟脉冲 CP 的周期为 1 s。

5.31 习题 5.31 图所示电路由一个 4 位双向移位寄存器 74LS194 和 3 线-8 线译码器 74HC138 和一个六十进制计数器组成。当 $S_1=\mathbf{1}, S_0=\mathbf{0}, \overline{R}_D=\mathbf{1}$ 时，移位寄存器左移工作；当 $S_1=\mathbf{0}, S_0=\mathbf{1}, \overline{R}_D=\mathbf{1}$ 时，移位寄存器右移工作；当 $S_1=\mathbf{0}, S_0=\mathbf{0}, \overline{R}_D=\mathbf{1}$ 时，移位寄存器处于保持状态；当 $S_1=\mathbf{1}, S_0=\mathbf{1}, \overline{R}_D=\mathbf{1}$ 时，移位寄存器处于并行输入状态。D_{SL}、D_{SR} 分别为左移串行数据输入端和右移串行数据输入端。D_0、D_1、D_2、D_3 为并行数据输入端。Q_1、Q_2、Q_3、Q_4 为寄存器输出端。该电路利用加在 $\overline{R}_D$ 的负脉冲为寄存器预置初值 **1000**。六十进制计数器按照 00—59 变化。要求：(1) 设计六十进制计数器；(2) 试分析该电路的功能。

5.32 试用移位寄存器 74LS194 和必要的门电路设计一个能产生序列信号 **00001011** 的序列信号发生器。

5.33 试用计数器 74LS161 和必要的门电路设计一个能产生序列信号 **00001011** 的序列信号发生器。

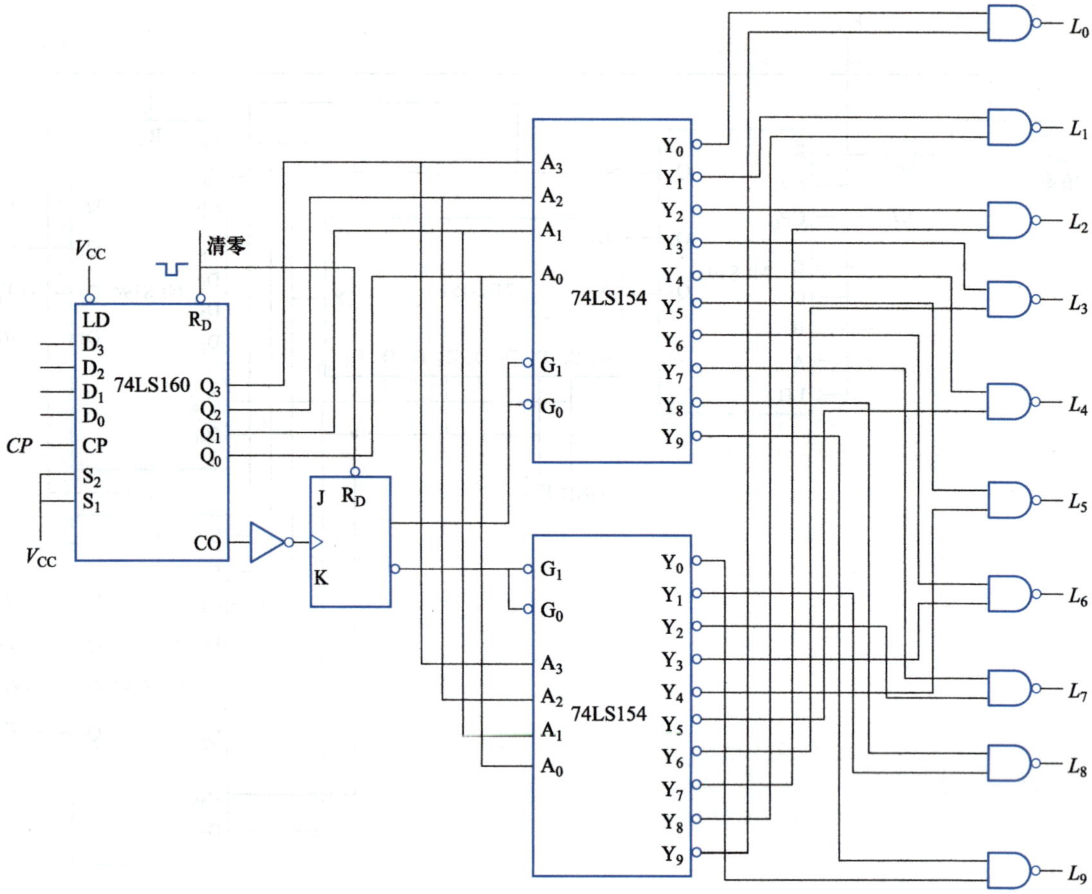

习题 5.30 图

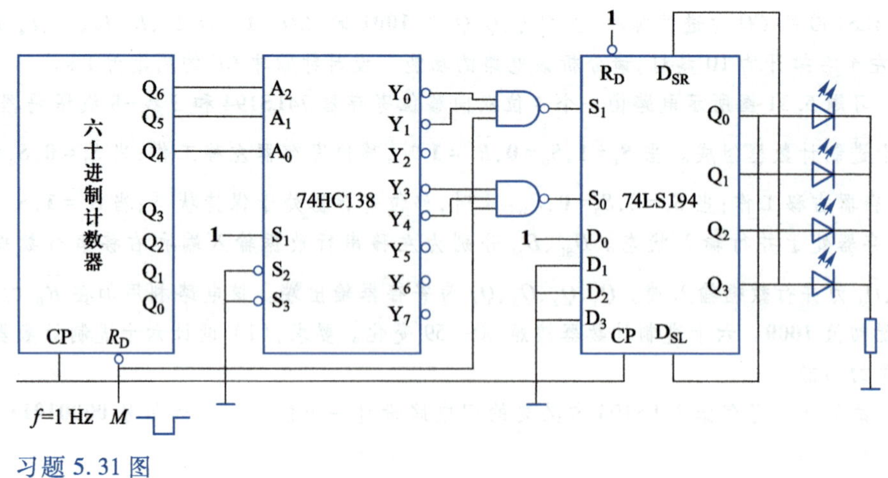

习题 5.31 图

5.34　选择计数器 74LS161 和适当的门电路设计一个按照 0、2、4、6、8 的规律变化并不断重复的电路(间隔时间为 1 s)。要求:(1) 用一个数码管显示变化的数字;(2) 用电路设置一个开关,当开关打开时,数码管没有显示,当开关闭合时,数码管按要求规律进行显示。(设开关打开时表示输入为 **0**,开关闭合时表示输入为 **1**)

5.35　用 3 片十进制计数器 74LS160 和必要的门电路设计一个 365 进制的计数器,要求计数状态序列值为(1—365),且带有进位输出端 Z。

第五章习题答案

5.34 试用计数器74LS161和适当的门电路设计一个按照0,2,4,6,8的规律变化并不断重复的电路(计数时间为1s)。要求:(1)用一个数码管显示变化的数字;(2)用电路设置一个开关,当开关打开时,数码管只有显示一当开关闭合时,数码管按要求循环往复显示。(设开关打开时表示输入为0,开关闭合时表示输入为1)

5.35 [illegible]74LS160[illegible]一个7段[illegible]

[illegible]

第六章　半导体存储器及可编程逻辑器件

章首导图

在计算机等各类数字系统中，需要存储诸如程序、数据等大量的二值数据，半导体存储器是最为常用的用来存储二值数据的器件之一。本章将介绍半导体存储器的基本结构和工作原理，以及各类存储器的特点。对于存储器的读写控制和容量扩展等内容，本章也做了介绍。

由于可编程逻辑器件与存储器有一定的关联度，也对可编程器件的基本原理及应用进行了介绍。

6.1　只读存储器 ROM

半导体存储器从数据读写的功能上，可以分为两大类，即只读存储器（read-only memory，ROM）和随机存取存储器（random access memory，RAM）。

ROM 器件并非不能写入数据，而是在系统的工作期间，主要提供数据读取的功能。根据是否允许用户对 ROM 写入数据，又可将 ROM 分为固定 ROM（或掩模 ROM）和可编程 ROM（programmable read-only memory，PROM）。PROM 又可分为一次可编程 ROM（one time programmable read-only memory，OTP-ROM），光可擦除可编程 ROM（erasable programmable read-only memory，EPROM），电可擦除可编程 ROM（electrical erasable programmable read-only memory，E^2PROM）和快闪存储器（flash memory）。ROM 常用于存放系统程序、数据表、字符代码等相对固定的数据。ROM 存储的数据不会因断电而消失，即具有非易失性。

6.1.1 只读存储器的基本原理

只读存储器主要由存储阵列、地址译码器和输出控制电路三部分组成，其基本原理框图如图 6.1.1所示。

存储阵列由许多存储单元组成，每个存储单元存放 1 位二值数据。通常存储单元排列成矩阵形式，且按一定位数进行编组，每次读出一组数据，这里的组通常称为字。一个字中所含的位数称为字长。我们常以字数和字长的乘积表示存储器的容量。

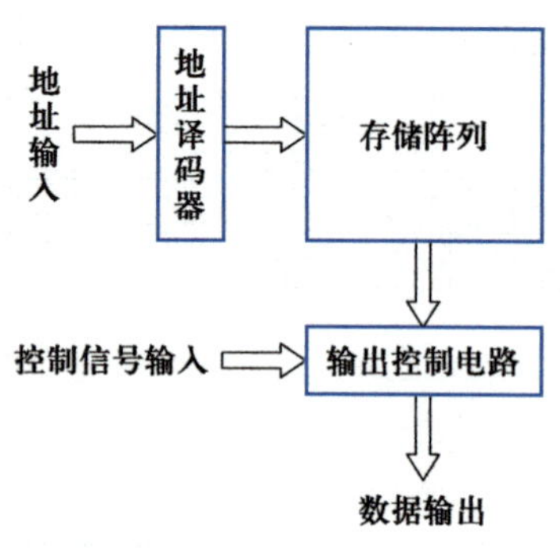

图 6.1.1

ROM 的基本原理框图

为了读取各个不同的字，给每个字赋予一个编号，称为地址。构成字的存储单元也称为地址单元。地址译码器将输入的地址代码译成相应的地址信号，从存储矩阵中选出相应的存储单元，并将其中的数据送到输出控制电路。通常，存储单元的个数 N 与二进制地址码的位数 n 的关系为 $N=2^n$。输出控制电路一般都包含三态缓冲器，当没有数据输出需求时，将输出设为高阻态，相当于与总线脱离，这样就不会影响总线上其他器件的工作。

图 6.1.2 是一个 ROM 的结构示意图，其中存储阵列由字线和位线交叉处的二极管构成。该存储器有 4 个地址单元(4 个字)，字长为 4 位，容量为 4×4 位，即 16 位。

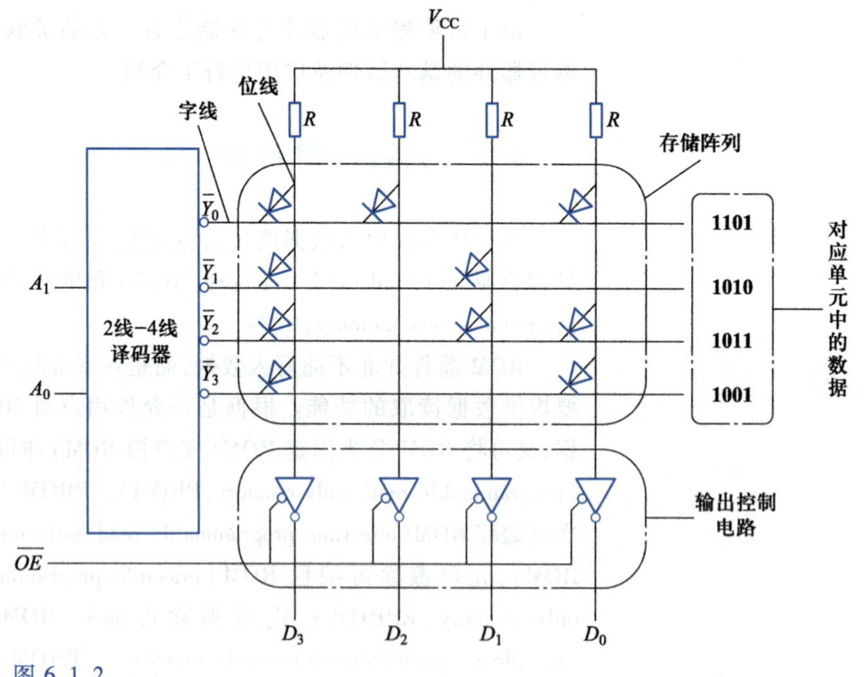

图 6.1.2

ROM 结构示意图

在读操作时，假设给定的地址码 $A_1A_0=$ **01**，2 线-4 线译码器输出端 $\overline{Y}_0 \sim \overline{Y}_3$ 中只有 $\overline{Y}_1$ 为低电

平，则$\overline{Y}_1$字线与位线交叉点上的所有二极管都导通，使相应的位线也变为低电平，而交叉处没有二极管的位线仍保持高电平。此时，若输出使能控制信号$\overline{OE}=\mathbf{0}$，则位线电平经缓冲器反相输出，这时$D_3D_2D_1D_0=\overline{\mathbf{0101}}=\mathbf{1010}$，即读出了给定地址单元的内容。

ROM 属于组合电路，只要给定一组输入（地址），便可得到一组输出（内容）。图 6.1.2 所示 ROM 的 4 个地址内所存储的数据如图中标注所示。

由以上分析可知，字线与位线交叉点相当于一个存储单元，此处若连接有二极管，则存储单元的值相当于 **1**，否则为 **0**（注意，这个结果是经输出反向后的值）。交叉点上的二极管也可用 MOS 管代替，但原理是相似的。

存储器容量越大，其中的存储单元就越多。例如，一个容量为 256 个字，字长为 8 位的存储器，其总共有 256×8 = 2 048 个存储单元。存储容量较大时，通常采用 K、M、G 或 T 为容量单位，其中 1 K = 2^{10} = 1 024，1 M = 2^{20} = 1 024 K，1 G = 2^{30} = 1 024 M，1 T = 2^{40} = 1 024 G。

6.1.2 二维译码与存储阵列

如果采用图 6.1.2 中的译码方式，构造一个 2^8×1 位的 ROM，则需要 256 根字线，译码电路规模显著增大，当存储器的容量继续增大时，这种译码方式会使译码电路的规模急剧膨胀。而采用如图 6.1.3 所示行译码和列译码的二维译码结构，可以大大减少选择线数量，同样构造一个 2^8×1 位的 ROM，只需要行、列译码器各 16 根选择线，在很大程度上减小了译码电路的规模。

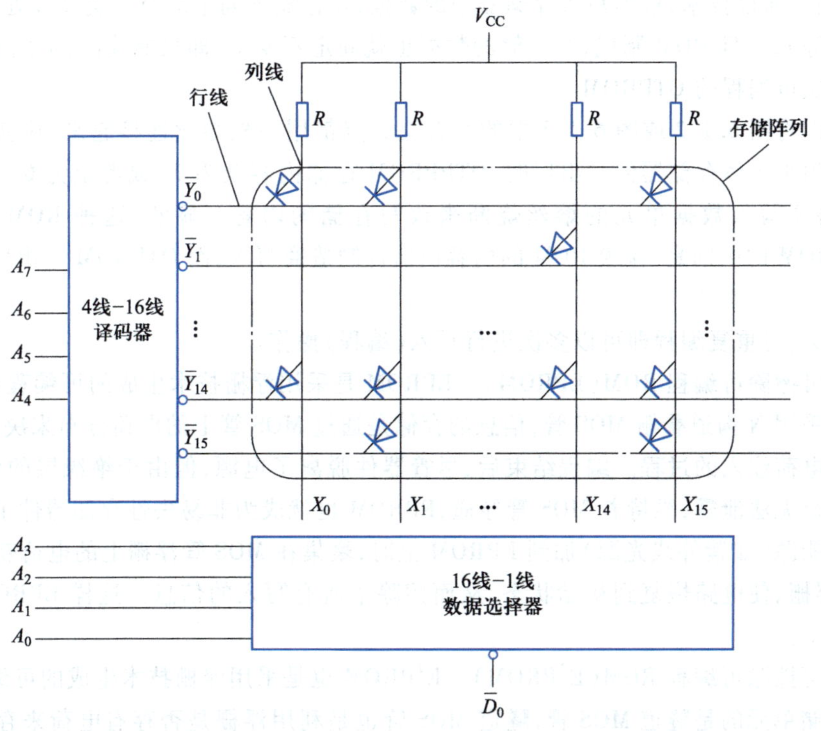

图 6.1.3
二维译码方式的 ROM 结构示意图

在图 6.1.3 中，当给定的地址码为 $A_7A_6A_5A_4A_3A_2A_1A_0$ = **00010001** 时，由于高 4 位地址 $A_7A_6A_5A_4$ = **0001**，经 4 线-16 线译码器译码，输出$\overline{Y}_1$ 行线为低电平，$\overline{Y}_1$ 行线与列线交叉点上的所有二极管都导通，由图 6.1.3 可以看到，与$\overline{Y}_1$ 相交叉的列线 $X_0 \sim X_{15}$ 中，只有 X_{14} 交叉点上有二极管，所以 X_{14} 变为低电平，其他列线全保持高电平。而此时地址码的低 4 位 $A_3A_2A_1A_0$ = **0001**，数据选择器选择 X_1 列线输出，图中 X_1 行线和$\overline{Y}_1$ 行线交叉处没有二极管，所以有 X_1 = **1**，经反相后，可得到 D_0 = **0**，这就是地址 **00010001** 中的内容。

由此可以看出，图 6.1.3 所示的 ROM，4 线-16 线译码器实现行的选择，16 线-1 线数据选择器实现列的选择，从而完成行和列的译码。ROM 通过行和列交叉点上是否放置二极管来存储 **0** 和 **1**。

由于二维译码需通过行、列共同作用才能选中地址单元，所以存储矩阵中水平线不再是字线，而称为行线或行选择线。

6.1.3 可编程 ROM

1. 单次写入的 ROM

(1) 掩模 ROM

在图 6.1.2 和图 6.1.3 中，存储阵列可用二极管构成，也可用 MOS 管或 BJT 管构成。

这类 ROM 也称为固定 ROM 或掩模 ROM，器件制造商根据用户提供的 ROM 存储内容，在制造芯片时，利用掩模技术，根据写入存储器中的数据，在存储阵列中的对应交叉线处，放置二极管(或 MOS 管等)，一旦 ROM 制成，其存储的数据也就固定不变了，即只能读出，不能改写。

(2) 一次可编程的 OTPROM

如果我们将图 6.1.2 或图 6.1.3 中的所有交叉点都用一根熔丝连接起来，这就形成了一种称为熔丝型的半导体存储器件。出厂时，OTPPROM 存储内容全为 **1**(或者全为 **0**)，用户通过专用编程器，将要写入数据单元的熔丝烧断来改写存储的内容。显然，这种 ROM 只能烧写一次，与掩膜 ROM 的区别是，掩膜 ROM 的内容由器件制造商写入，而 OTPROM 可由用户写入。

2. 可重复编程的 ROM

顾名思义，可重复编程即可以多次进行写入(编程)操作。

(1) 光可擦除可编程 ROM(EPROM)。EPROM 是采用浮栅技术生成的可编程存储器，它的存储单元多采用 N 沟道叠栅 MOS 管，信息的存储是通过 MOS 管上的电荷分布来决定的，编程过程就是一个电荷注入的过程。编程结束后，尽管器件脱离了电源，但由于绝缘层的包围，注入到浮栅上的电荷无法泄露，维持着 MOS 管导通，EPROM 也就成为非易失性存储器件了。

当外部能源(如紫外线光源)加到 EPROM 上时，聚集在 MOS 管浮栅上的电荷获得足够的能量，逃逸出浮栅，使电路恢复到初始状态，从而擦除了所有写入的信息。这样 EPROM 又可以写入新的信息了。

(2) 电可擦除可编程 ROM(E^2PROM)。E^2PROM 也是采用浮栅技术生成的可编程 ROM，但是构成其存储单元的是隧道 MOS 管，隧道 MOS 管也是利用浮栅是否存有电荷来存储二值数据的，不同的是隧道 MOS 管是用电擦除的，并且擦除的速度要快得多(一般为 ms 数量级)。

E^2PROM 的电擦除过程就是改写过程。它具有 ROM 的非易失性，又具备类似 RAM 的功能,可以随时改写(可重复擦写1万次以上)。E^2PROM 的擦除需要较高的电压,所以目前大多数 E^2PROM 芯片内部都备有升压电路,使用时只需提供单电源供电,便可进行读、擦除或写操作,这为数字系统的设计和在线调试提供了极大的方便。

(3) 快闪存储器(flash memory)。快闪存储器的存储单元也是采用浮栅型MOS管,存储器中数据的擦除和写入是分开进行的,与 E^2PROM 相比,快闪存储器采用按块擦除、按字写入的方式,写入速度快于 E^2PROM。

上述可编程ROM的发展,实际上已经改变了ROM最初只读存储器的含义,其既有读功能,又有写功能。特别是快闪存储器具有的大容量、可读写、非易失性特点,使之广泛应用于各种数码产品中。

6.1.4 ROM实例

1. W25Q128FV简介

当存储器的字长和容量增加时,势必会造成器件地址引脚和数据引脚数量的增加。在电子设备日益小型、微型化的今天,为了减少芯片引脚数量,从而减少芯片的体积,很多存储芯片的地址和数据线都采用了串行的工作模式,即地址和数据信号都不是像前面介绍的由芯片的引脚同时提供,而是通过一根地址线,在时钟的作用下,逐位移入芯片,而读出的数据也是由一根数据线,在时钟的作用下逐位移出芯片,这样就大大减小了芯片的体积,减少了外部引脚数量,为有限的空间和引脚资源提供了存储解决方案。

W25Q128FV为128 Mbit(64×2 Mbit)的串行快闪存储器,工作电压为2.7~3.6 V,读取最高速率为35 MB/s,工作电流小于4mA,可以进行10万次擦写,数据保留时间大于20年。

图6.1.4是它的引脚图,图中 V_{CC} 是工作电压,$\overline{CS}$ 是片选信号,$\overline{WP}$ 是读保护控制信号,DO 为数据输出端,DI 为数据输入端,CLK 是时钟信号,$\overline{HOLD}$ 为有效控制,当它为低电平时,DO 为高阻态,且忽略 DI 和 CLK 信号。

为了保证存储器准确无误地工作,加到存储器的地址和控制信号必须遵守规定的时序要求,W25Q128FV的读数据时序图如图6.1.5所示。

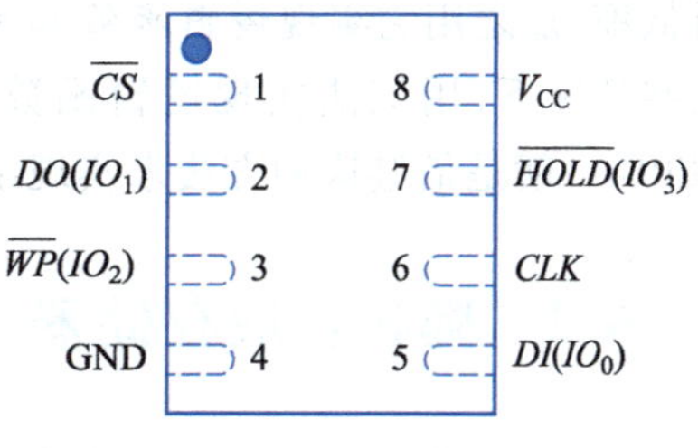

图6.1.4 W25Q128FV引脚图

读出一个字节的过程如下($\overline{HOLD}$=**1**):

(1) $\overline{CS}$=**0**;

(2) 在 DI 端输入读指令 **00000011**(03H),在时钟上升沿移入芯片;

(3) 在 DI 端输入24 bit的单元地址(高位在前),在时钟上升沿移入芯片;

(4) 由时钟的下降沿驱动,数据依次通过 DO 输出,高位在前。

在图6.1.6所示的工作模式下,CLK 最高频率为33 MHz,输入数据最小建立时间和保持时间均为5 ns。

W25Q128FV更详细的应用请参阅制造商的产品数据手册。

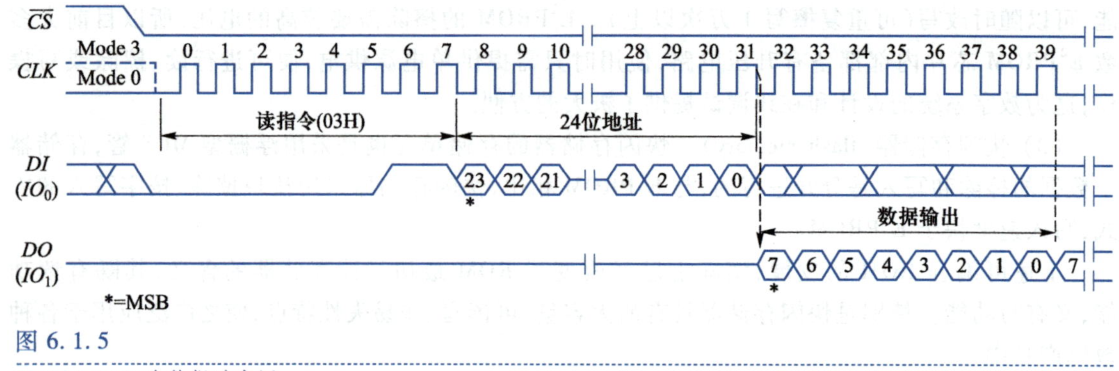

图 6.1.5

W25Q128FV 读数据时序图

2. ROM 应用举例

ROM 是一种组合逻辑电路,因此可以用它来实现各种组合逻辑函数,特别是多输入、多输出的逻辑函数。设计实现时,只需列出真值表,逻辑函数的输入作为地址,输出作为存储内容,将内容按地址写人 ROM 即可。下面举例说明 ROM 的简单应用。

用 ROM 实现 4 位硬件乘法器的电路如图 6.1.6 所示。该电路需要用 ROM 的 8 根地址线和 8 根数据线。地址线的高 4 位和低 4 位分别输入两个乘数,乘法运算的积就是高、低 4 位组成的 8 位地址指向单元的内容。两个 4 位二进制的乘积需要 8 位二进制,可能的组合有 256 种,所以选用容量为 256×8 位的 ROM 便可实现该乘法运算。

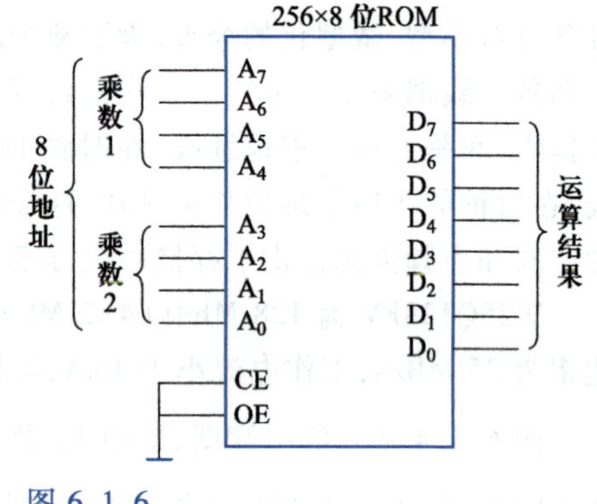

图 6.1.6

用 ROM 实现 4×4 位乘法器

随着集成电路技术的发展,ROM 的价格已变得相对低廉,加之用它实现逻辑函数非常简单易行,所以在某些情况下,用该法实现逻辑函数不失为一种有效的方法。后面介绍的现场可编程门阵列(FPGA)就是借鉴这种方法来实现组合逻辑函数的。

6.2 随机存取存储器 RAM

RAM 是另一大类存储器,它与 ROM 相比最大的区别就是数据的易失性,一旦失去供电,所存储的数据立即丢失。RAM 的最大优点是可以随时快速地从任一个指定地址读出或写入数据。

RAM 又分为静态 RAM(static random access memory, SRAM)和动态 RAM(dynamic random access memory, DRAM)。SRAM 中的存储单元相当于一个锁存器,有 **0**、**1** 两个稳态;DRAM 则是利用电容器存储电荷来保存 **0** 或 **1**。电容上的电荷逐渐消失,所以 DRAM 需要定时对其进行电荷的补充(刷新)。RAM 一般用在需要频繁读写数据的场合,如计算机系统中的数据缓存。

6.2.1 SRAM

1. SRAM 的基本结构及输入输出

静态 RAM 常称为 SRAM，它的基本结构与 ROM 类似，由存储阵列、地址译码器和输入/输出(续/写)控制电路三部分组成。SRAM 的一般结构框图如图 6.2.1 所示。

由于目前的 SRAM 的容量都比较大，所以地址线都采用行、列译码的方式，SRAM 常用的控制信号主要有$\overline{CE}$、$\overline{WE}$和$\overline{OE}$，其中$\overline{CE}$、$\overline{OE}$的作用与 ROM 相同，由于 SRAM 可读、可写，所以数据端口是双向的，在读/写控制信号$\overline{WE}$的控制下进行切换。SRAM 的典型控制模式如表 6.2.1 所示。

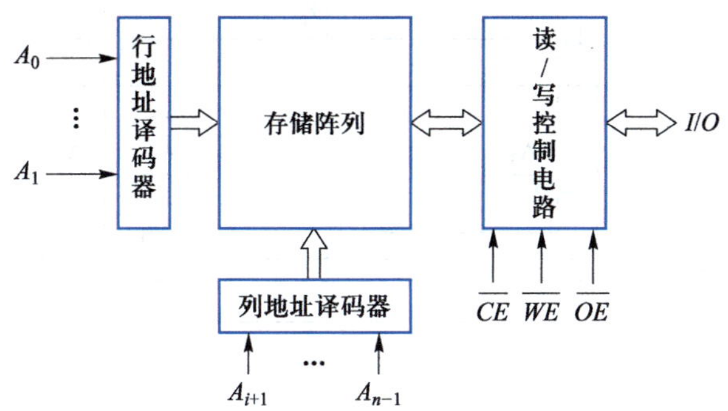

图 6.2.1

SRAM 结构框图

表 6.2.1 SRAM 的典型控制模式

工作模式	$\overline{CE}$	$\overline{WE}$	$\overline{OE}$	数据总线
保持(低功耗)	1	×	×	高阻
读	0	1	0	数据输出
写	0	0	×	数据输入
输出无效	0	1	1	高阻

2. SRAM 的存储单元

SRAM 与 ROM 的主要差别是存储单元结构。SRAM 的存储单元是由锁存器构成的，图 6.2.2 画出了存储阵列中第 j 列、第 i 行的存储单元结构示意图。$T_1 \sim T_4$ 为基本的 RS 触发器，用于存储 1 位二值数据。$X_i = \mathbf{1}$ 时，第 i 行被选中，T_5、T_6 导通，Q、$\overline{Q}$ 与 B、$\overline{B}$ 连通，$Y_j = \mathbf{1}$ 时，第 j 列被选中，T_7、T_8导通，这是第 i 行，第 j 列的存储单元与读写控制电路连通。当$\overline{CE} = \mathbf{0}$ 时，若$\overline{WE} = \mathbf{1}$，则 A_1 导通，A_2、A_3 截止，Q 的状态输出至 I/O 口，完成读操作；若$\overline{WE} = \mathbf{0}$，$A_1$ 截止，A_2、A_3 导通，Q 点等于输入的数据，完成写操作。SRAM 中数据由锁存器记忆，只要不断电，数据就能永久保存。

图 6.2.2 所示的 SRAM 存储单元由 6 个 MOS 管构成，所用的管子数目多、功耗大，集成度受到限制，对实现大容量存储器不利。与 ROM 类似，RAM 的读写操作也要遵循一定的时序，具体操作请参考器件的数据手册。

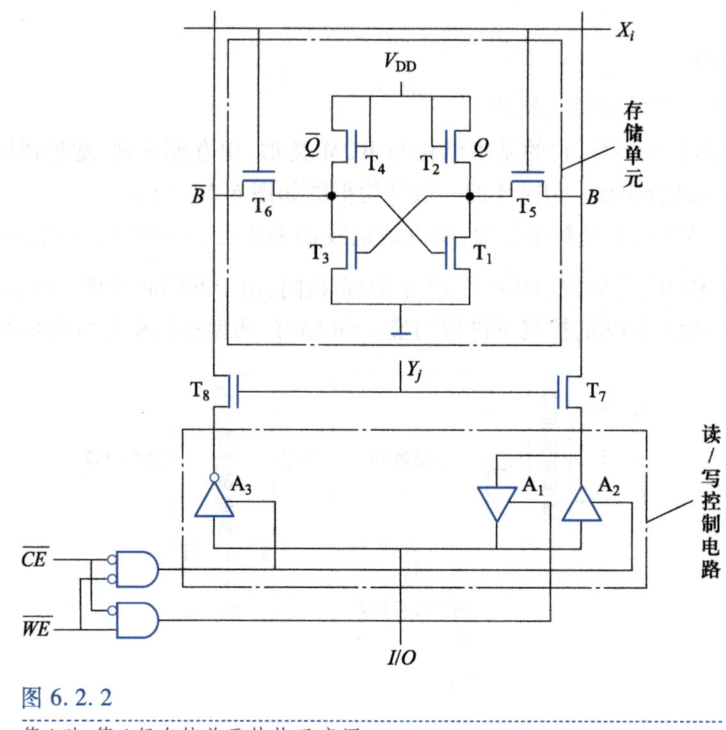

图 6.2.2

第 j 列、第 i 行存储单元结构示意图

6.2.2 DRAM

1. DRAM 存储单元

动态 RAM 也称为 DRAM。DRAM 的基本存储单元由一个 MOS 管和一个容量较小的电容器构成,如图 6.2.3 所示。DRAM 利用电容上的电荷来存储二值数字信息,例如当电容充有电荷时表示 **1**,而没有电荷时表示 **0**。由于电路有漏电流的存在,电容上的电荷不能长期保持,这就要对存储为 **1** 的电容定期补充电荷,以免数据丢失,这种补充电荷的操作称为刷新(refresh)或再生。很多 DRAM 中都有自动刷新电路,刷新间隔为几毫秒到十几毫秒之间,刷新时间通常小于 100 ns,对正常的读写操作影响很小。由于需要定时刷新,DRAM 的操作方式比 SRAM 要复杂一些,具体的操作可以参考器件的数据手册。

在写操作时,字线为高电平,T_1 管导通,电容 C_S 与位线连通,如果该位为 **1**,则通过 T_1 对 C_S 充电,为 **0** 则电容通过 T_1 放电。

在读操作时,同样是字线为高电平时,T_1 管导通,电容 C_S 与位线连通,通过输出控制电路,将电容上的电荷表示的数据传输到输出端口。读出时会造成电容电荷的损失,所以在每次读出后,也要对读出的单元进行刷新。

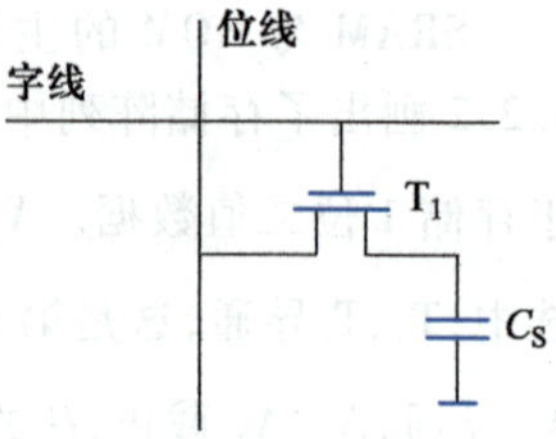

图 6.2.3

DRAM 基本存储单元

2. DRAM 的基本结构

由于 DRAM 的存储结构较简单,所以容易制作成集成度很高、存储容量很大的器件,因此就需要较多的地址线。为减少引线数目,DRAM 大都采用行、列地址分

时送入的方法。例如,对于一个 1 M 字的存储器,有 2^{20} 个地址,即需要 20 根地址线。为了减少外部地址线的数量,DRAM 都是采用将行、列地址分时输入的方法,即用 10 根地址线加少量控制线,先送 10 位行地址,再送 10 位列地址。

1 M×1 位 DRAM 的基本结构如图 6.2.4 所示,其内部设有行、列两个地址寄存器。通常先将行地址(地址码高位部分)加到地址线 A 上,在行地址选通信号 $\overline{RAS}$(row address strobe)控制下送入行地址寄存器中,然后将列地址(地址码低位部分)加到地址线 A 上,在列地址选通信号 $\overline{CAS}$(column address strobe)控制下送入列地址寄存器中。此外,DRAM 内部还设有刷新控制电路,自动产生刷新操作。

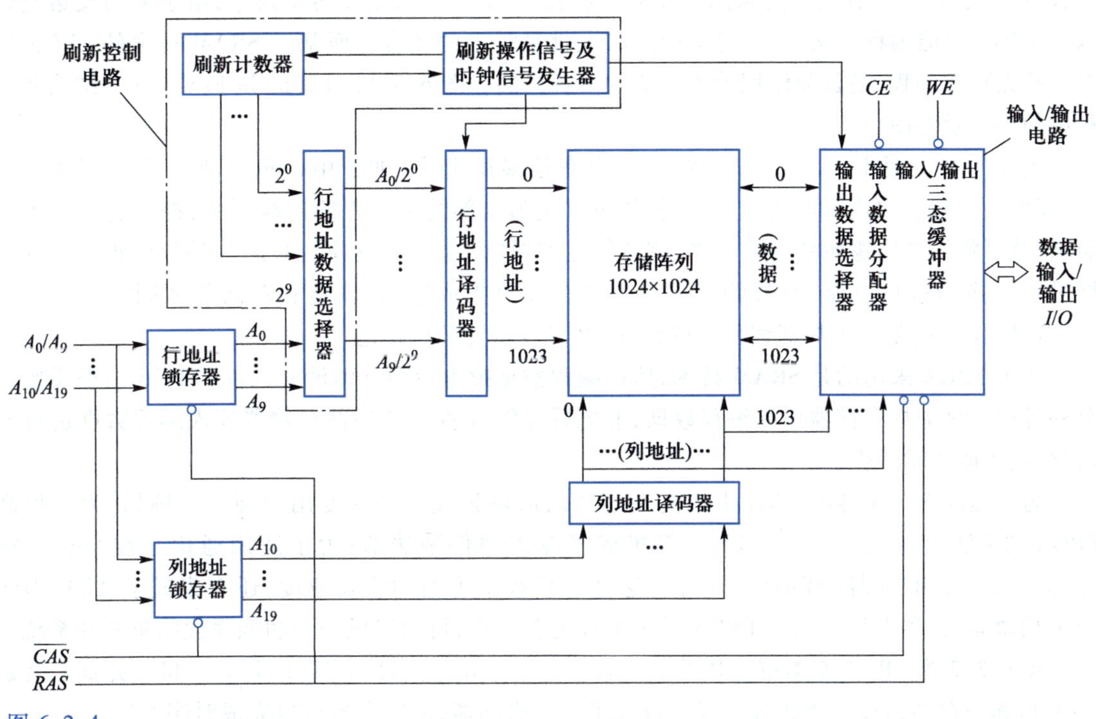

图 6.2.4

1 M×1 位 DRAM 基本结构

6.3 可编程逻辑器件 PLD

6.3.1 可编程逻辑器件的基本原理

经过前面的学习我们知道,通过向 ROM 或 RAM 中写入特定的数字,可以实现组合逻辑的功能,另外通过熔丝(根据需要熔断)、反熔丝(根据需要接通)和 MOS 管(通过栅极电压控制其通、断)等技术可实现内部线路的通、断。我们将上面的两种技术结合起来,就产生了一种新的集成电路 PLD(programmable logic device)。这种集成电路中集成了大量的事先没有连接(或已连接)的基本逻辑单元(如门电路,触发器等)及 ROM 或 RAM,用户可以根据需要的逻辑功能，将芯片内的各个逻辑单元重新连接，并在 ROM 或 RAM 中写入适当的数据，从而使原始的 PLD 构造出一个满足指定逻辑功能的电路，这就是 PLD 的基本原理。

随着集成电路技术的发展，PLD 内部电路的规模也日趋庞大。越大规模的电路，内部集成的逻辑单元就越多，能够通过重构而实现的功能也越强大。下面介绍两种最常用的 PLD。

6.3.2 常用可编程逻辑器件

1. 现场可编程门阵列(FPGA)

FPGA 是一种通过编程来实现用户所需逻辑功能的大规模集成电路。根据编程机理的不同，FPGA 大致分为两类，一类采用 SRAM 编程技术，另一类采用反熔丝技术，由于采用反熔丝技术的 FPGA 只能编程一次，适合定型产品和大批量需求的场合。而基于 SRAM 技术的 FPGA 可以进行无限次编程，是目前使用较为广泛的一种产品。图 6.3.1(a)、(b)是 FPGA 基本结构和编程后的局部示意图。

图 6.3.1(a)是 FPGA 的基本结构，图中有很多逻辑块(如图中白色方块)，不同厂家的产品，逻辑块中包含的逻辑电路有所不同，深色方块为内部的可编程的连线开关，控制这些开关的通断，就可将需要的逻辑块连接起来，完成特定的逻辑功能。I/O 模块是芯片外部引脚与内部数据进行交换的接口电路，通过编程可将 I/O 引脚设置成输入、输出和双向等不同的功能。图 6.3.1(b)示意的是一个局部编程后的情况，××表示交叉点相连。

由于 FPGA 采用的是 SRAM 技术，所以编程数据掉电后会立即消失，所以 FPGA 一般需要一个外部的非易失性存储器保存编程数据，上电后，FPGA 首先从外部存储器读入编程数据进行初始化后，才能正常工作。

为了提高 FPGA 性能，芯片生产商在芯片内部还集成了一些专用的硬核。例如：为了提高 FPGA 的乘法速度，主流的 FPGA 中都集成了专用硬件乘法器；为了适用通信总线与接口标准，集成了串并收发器(SERDES)，可以达到每秒数十千兆的收发速度，还有集成了 ARM、DSP Core 模块等，这些专用硬核与 FPGA 的可编程逻辑配合，可以组成一个功能强大的单芯片系统。

图 6.3.2 为 FPGA 基本逻辑块的结构图，其主要由查找表(LUT：look up table，实质上就是 SRAM)和寄存器组成。查找表一般完成纯组合逻辑功能，而寄存器可以完成时序逻辑。

2. 复杂可编程逻辑器件(CPLD)

图 6.3.3 为 CPLD 的结构图。其宏观结构与 FPGA 类似，但其逻辑块是基于与或阵列的结构，相对较为简单。CPLD 由可编程逻辑的功能块围绕一个可编程互连矩阵构成。由固定长度的金属线实现逻辑单元之间的互连，并增加了 I/O 控制模块的数量和功能。可以把 CPLD 的基本结构看成由可编程逻辑阵列(LAB)、可编程 I/O 控制模块和可编程内部连线(PIA)等三部分组成。

CPLD 的与或阵列结构，更适用于实现大规模组合功能，但触发器资源相对较少。CPLD 一般内部采用 E^2PROM 存储技术，可重复编程，并且系统掉电后，E^2PROM 中的数据不会丢失，适用于数据的保密。

图 6.3.4 为 CPLD 中可编程逻辑块的内部结构图，其主要是由一些与或阵列加上触发器构成的，其中与或阵列可以完成组合逻辑的功能，触发器用于完成时序逻辑。

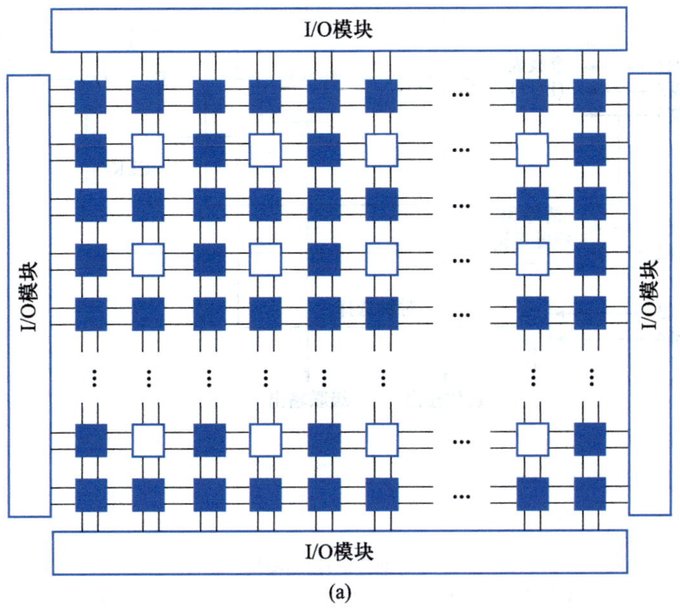

(a)

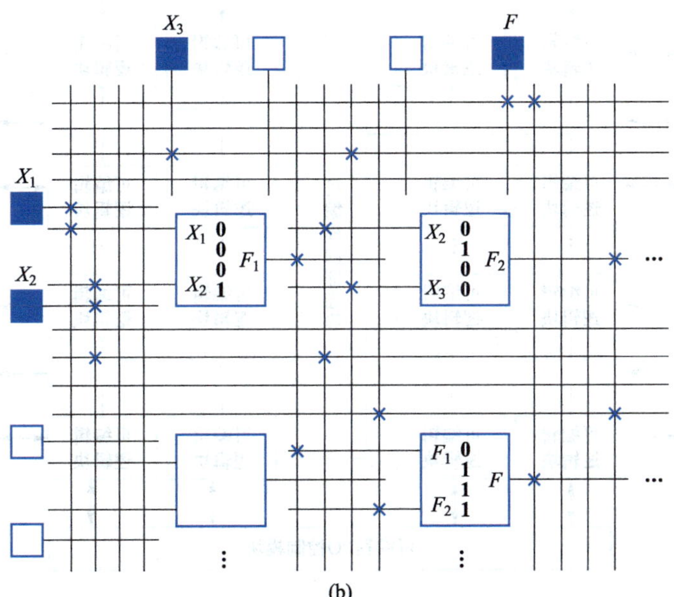

(b)

图 6.3.1

FPGA 基本结构和编程后的局部示意图

(a) 基本结构　(b) 编程后局部示意图

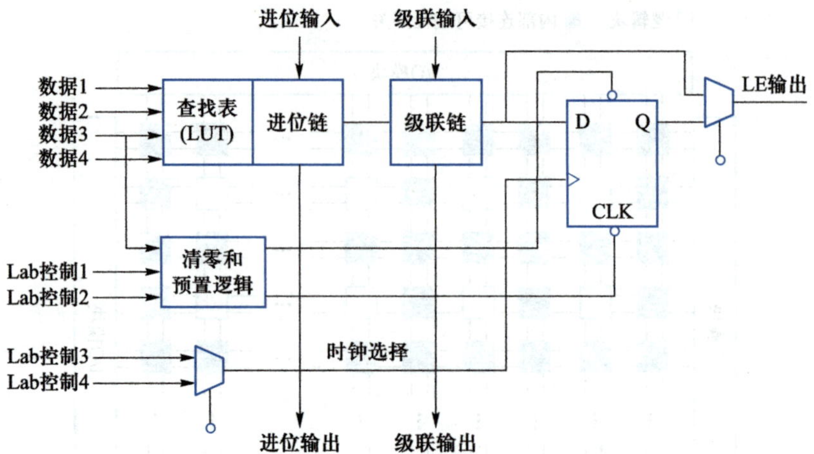

图 6.3.2

FPGA 基本逻辑块结构图

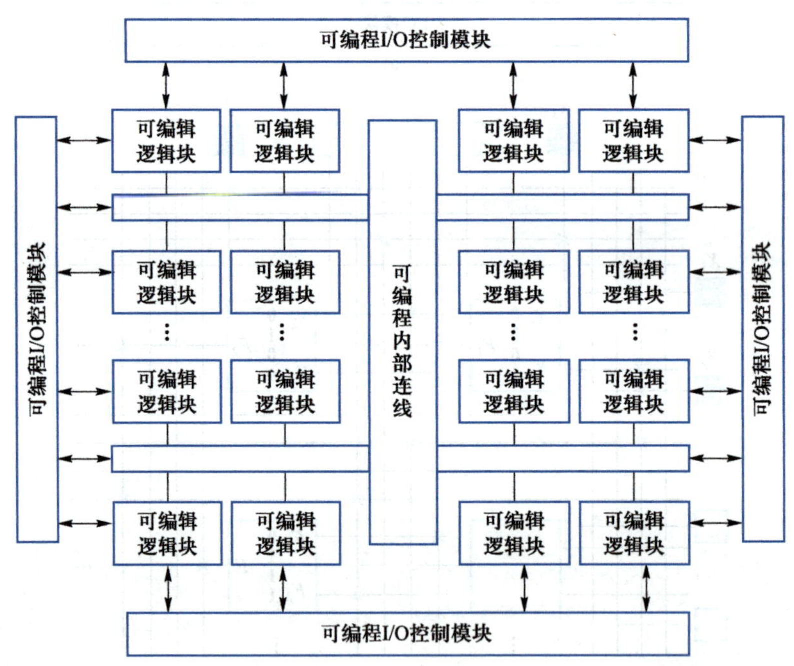

图 6.3.3

CPLD 结构图

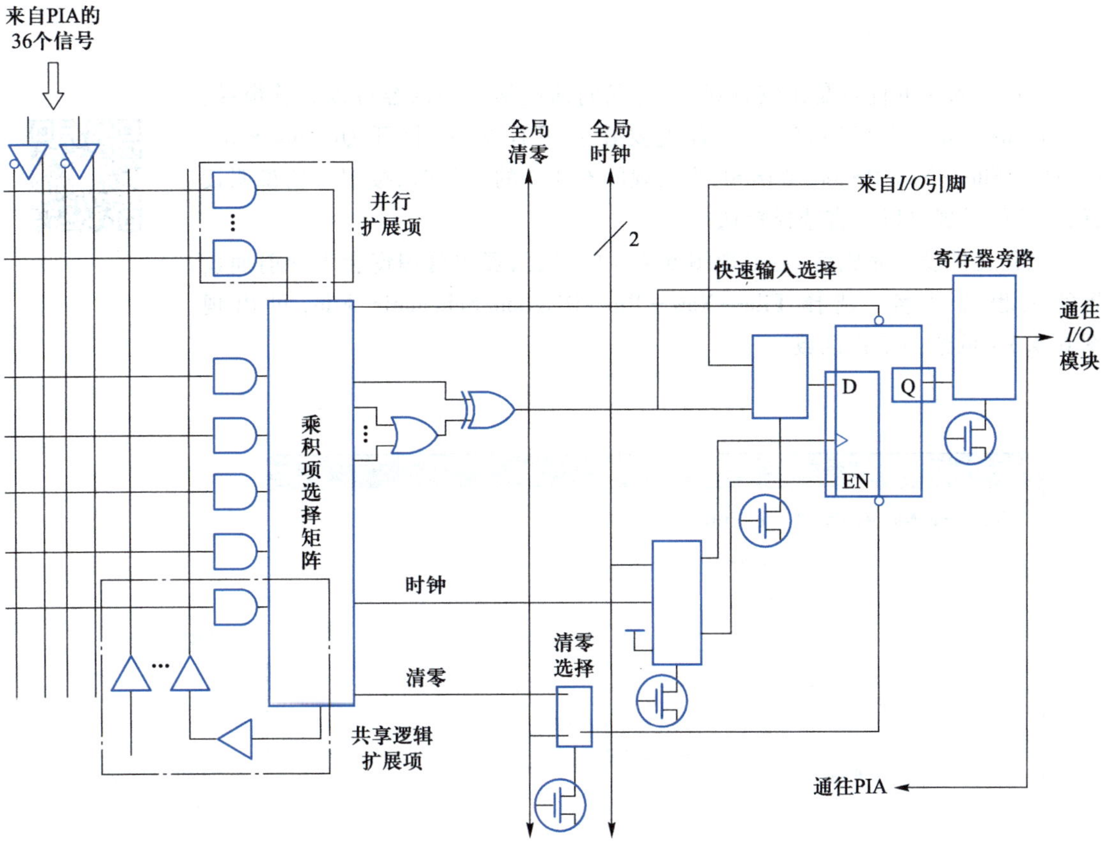

图 6.3.4

CPLD 中可编程逻辑块的内部结构

6.4 EDA 工具软件的使用

可编程逻辑器件的内部资源越来越多，要调配这些资源去完成我们需要的特定功能，必须借助专用的 EDA 工具。EDA 工具有很多，这里主要介绍较为常用的 Intel 公司的 Quartus Prime。Quartus Prime 的免费版本可以在 Intel 的官网上下载使用。

6.4.1 设计流程

图 6.4.1 是 EDA 设计的一般流程。

设计输入主要有图形和文本两种形式，设计的处理主要由工具软件自行完成，对于有目标板的实际应用，可以通过电脑对器件进行编程并进行实际运行测试。

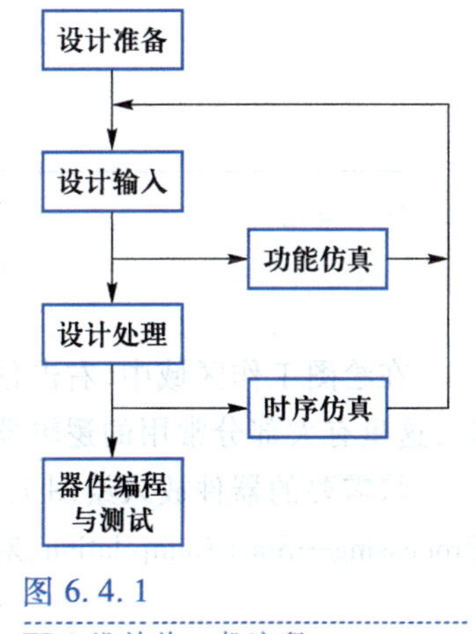

图 6.4.1

EDA 设计的一般流程

是否仿真可以根据需要选择，功能仿真主要是验证设计的电路功能是否符合设计要求，时序仿真由于包含了电路组成后的延时信息，能更好地反映芯片的实际工作情况。

6.4.2 图形输入法

图形输入法的优点是比较直观，且与我们前面学习的内容可以无缝衔接。用 Quartus Prime 进行项目设计，首先要建立工程文件，打开 Quartus Prime 后，选择 File—New Project Wizard，当出现图 6.4.2 的界面时，按图中的说明设置，后面的设置可以一直选择默认。

图形输入法

工程文件设置完成后，会出现图 6.4.3 的界面，资源管理窗会出现前面设置的工程文件名。选择 File—New—BlockDiagram/Schematic File，可出现图 6.4.3中的绘图工作区域。

图 6.4.2

工程文件设置界面

在绘图工作区域中，右击鼠标，选择 Insert—Symbol…，会出现如图 6.4.4 所示的器件列表窗口，这里有大部分常用的逻辑器件可以选择。

将需要的器件放入绘图工作区域，并按设计要求连接好(如图 6.4.5 所示)，选择菜单栏的 Processing—Start Compilation，对项目进行编译，如果没有错误，就可进行下面的仿真验证。

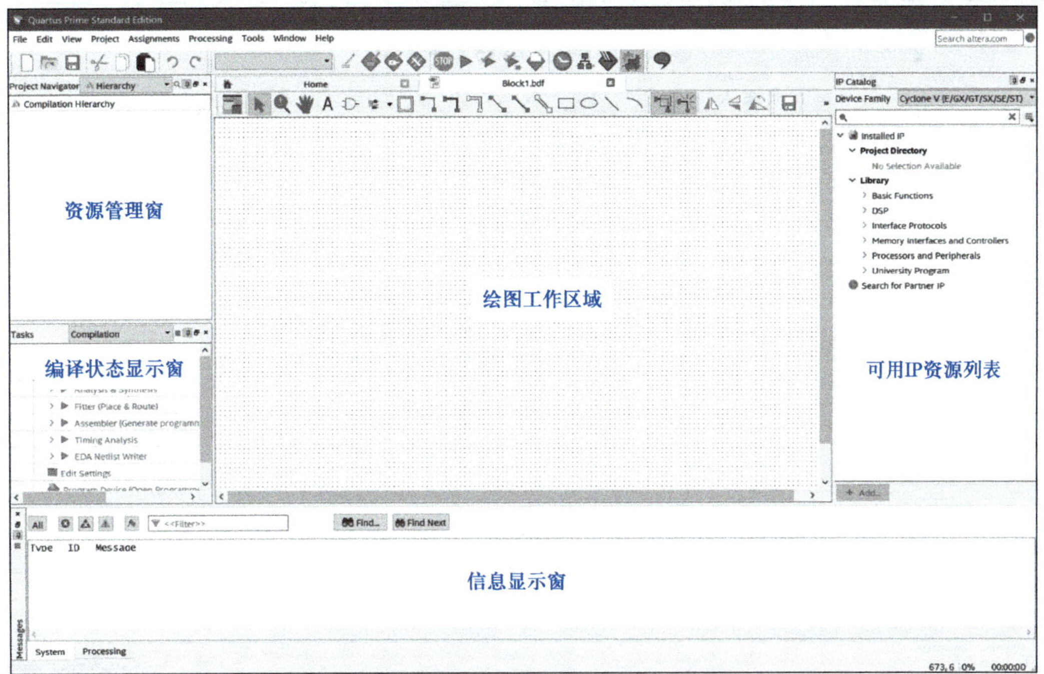

图 6.4.3

图形设计主界面

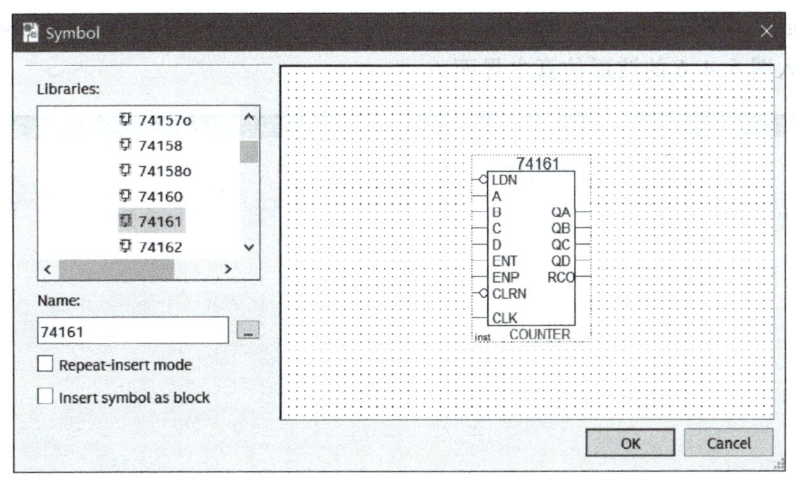

图 6.4.4

器件选择界面

设计的仿真

6.4.3 设计的仿真

为了验证设计的正确性，及时发现设计中存在的问题和错误，一般在完成全部或部分设计后，需要进行仿真。仿真的一种方法是用 Quartus Prime 中的

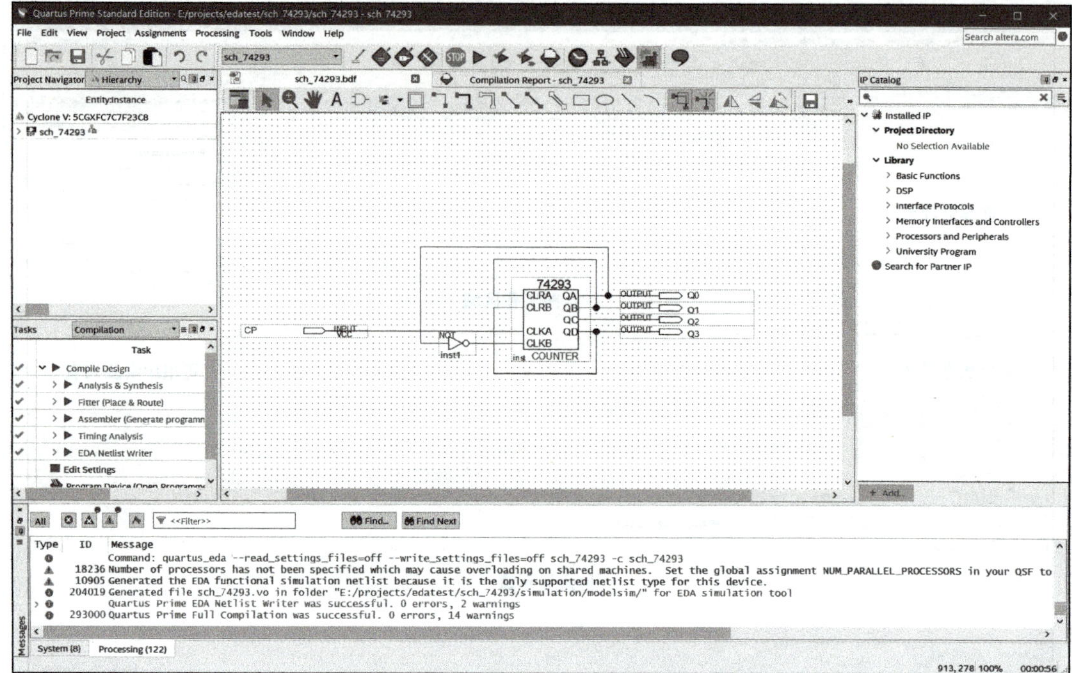

图 6.4.5

连接器件

University Program VWF 功能。在 Quartus Prime 的主界面，选择 File—New—University Program VWF，即可进入图 6.4.6 的波形仿真主界面。

图 6.4.6

波形仿真主界面

在仿真界面中的“信号列表区”，右击鼠标，然后选择 Insert Node or Bus—Node Finder—List，可以得到图 6.4.7 的信号选择界面。

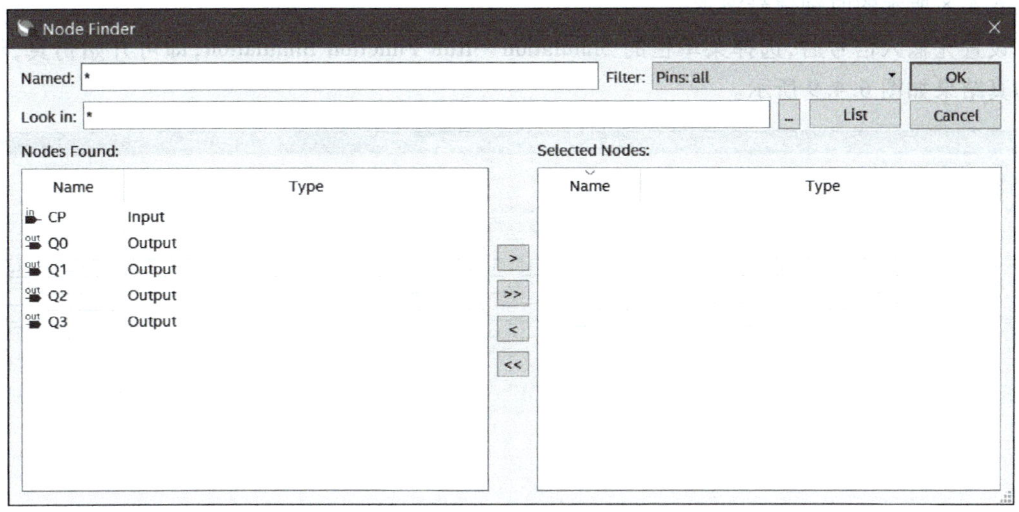

图 6.4.7
信号选择界面

在左面的信号中，双击需要仿真的信号名，选中的信号就会出现在右边的框中。选择“OK”，会出现图 6.4.8 的仿真界面，这时在信号列表区可以看到已选择的信号，信号波形显示区会显示相应的波形。由于还没开始运行仿真，输出信号的默认值为不定态，输入信号的默认值为 **0**。

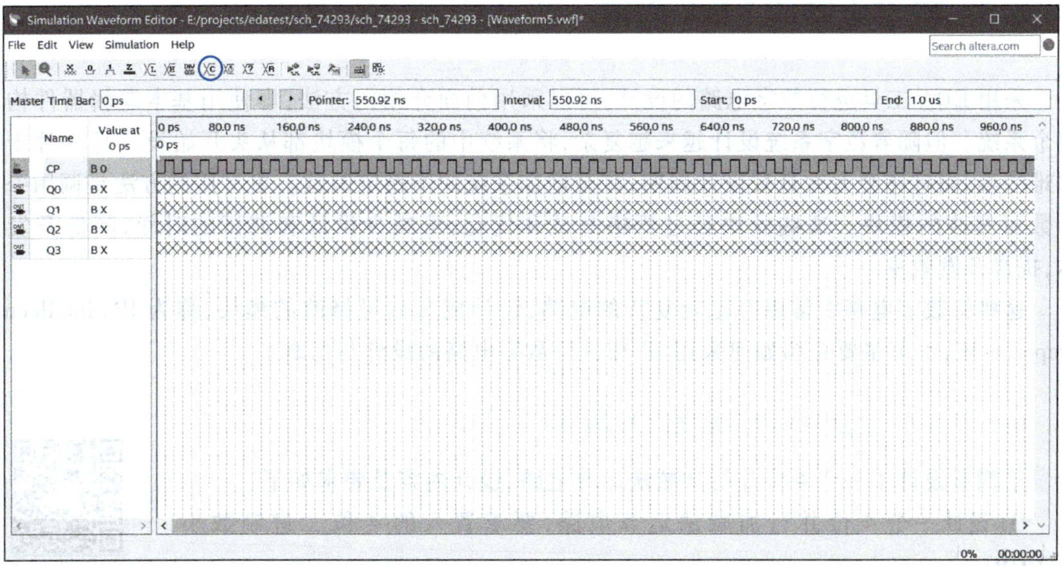

图 6.4.8
仿真界面

通过主界面的波形设置工具栏，选择适当的工具，可以对信号的波形进行设置。如先用鼠标选择信号 CP，然后在波形设置工具栏选择圈中的图标，在出现的界面中选择默认选项，CP 会出现图 6.4.8 所示的时钟信号波形。

设置完输入信号后，选择菜单栏的 Simulation—Run Function Simulation，即可开始仿真，最后的仿真结果如图 6.4.9 所示。

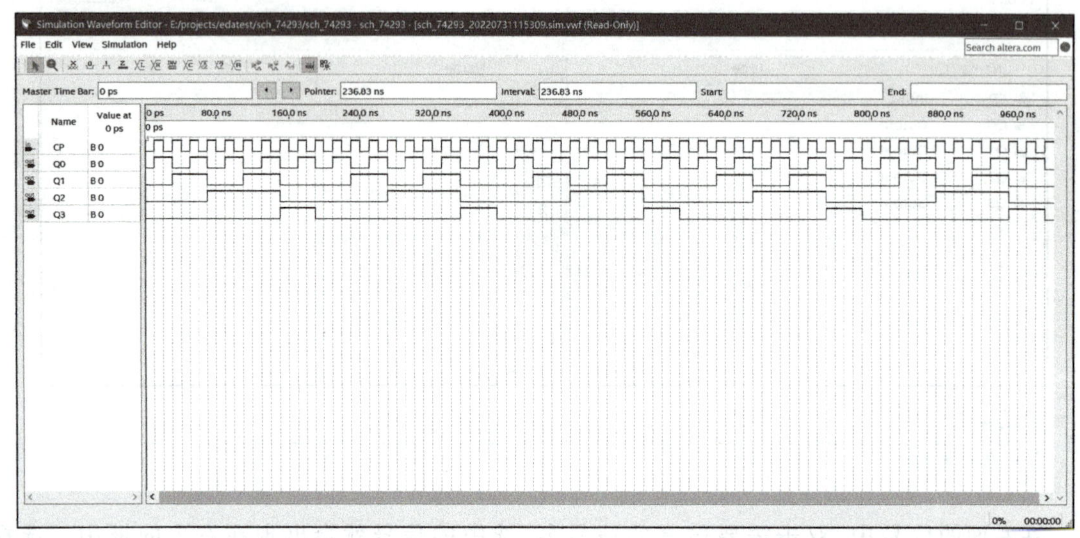

图 6.4.9

仿真结果界面

6.5 数字电路的 EDA 实现

采用 EDA 工具进行数字电路的设计，可以采用前面介绍的方法，即使用基本逻辑器件构建整个系统。但随着数字系统设计越来越复杂，将系统中的每个模块都从头开始设计是一件十分困难的事，而且还会大大延长设计周期，甚至增加系统的不稳定因数。更常用的方法是调用一些参数可修改的模块。这些模块经过严格测试和优化，可减少设计和调试的时间，降低开发成本，提高开发效率。

这些将数字电路中常用但比较复杂的电路，设计成参数可修改的模块，称为 IP（intellectual property）核，本节主要介绍如何采用 IP 核进行数字电路的设计与仿真。

6.5.1 组合逻辑电路的设计与仿真

组合逻辑电路的设计与仿真

第四章设计了一个 4 位并行加减法运算电路，设计内容及要求如下：

① 设计一个 4 位并行加减法运算电路，要求置入的 4 位二进制数小于 **1010**；

② 通过按键输入被加数、加数或被减数、减数，并设置加、减按键；

③ 允许减数大于被减数，负号可采用数码管或其他显示器件。

现在采用 EDA 工具设计这个系统。这里只介绍 4 位并行加减法运算电路的设计,数码管显示作为作业,课后完成。

首先按照上节介绍的方法建立项目的工程文件,并新建图形工作文件界面,选择需要的 IP 核,如图 6.5.1 所示。

图 6.5.1

选择需要的 IP 核

双击 LPM_ADD_SUB 项,首先会出现如图 6.5.2 所示的窗口,要求用户为选用的 IP 核命名,这里命名为:my_add_sub4。

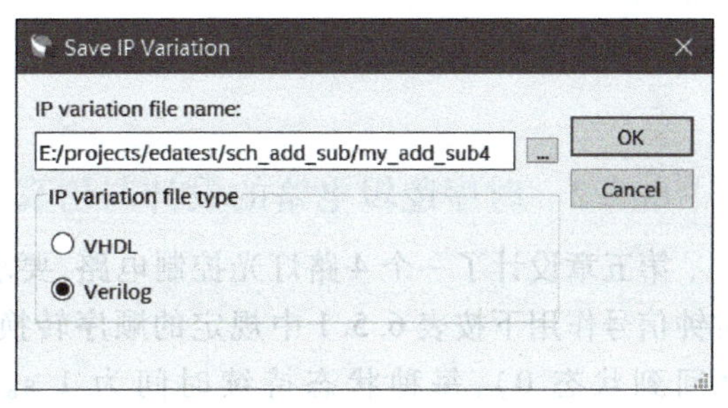

图 6.5.2

IP 核名称设置窗口

按“OK”后,在后面依次出现的窗口的选项中,(1) 选择 Create an ‘add_sub’ input……;(2) no,both values vary;signed;(3) 选择默认;(4) no;(5) 选择默认;(6) 勾选 *.bsf 文件。

当完成上述步骤后,在图 6.5.1 所示界面的绘图工作区域右击鼠标。选择 Insert—Symbol…,可以发现,在新界面的 Libraries 窗口中,出现了一个 Project 目录,打开此目录,可以看到我们刚才生成的加减法运算电路的模块。

将模块拖入绘图工作区域,连接好输入、输出端口,如图 6.5.3 所示。输入、输出端口的连接可扫码观看视频讲解的内容。

选择 Processing—Start Compilation,对项目进行编译,没有错误后,依照上一节介绍的“设计的仿真”,对信号进行设置并启动仿真。仿真结果如图 6.5.4 所示,其中负数用补码表示。

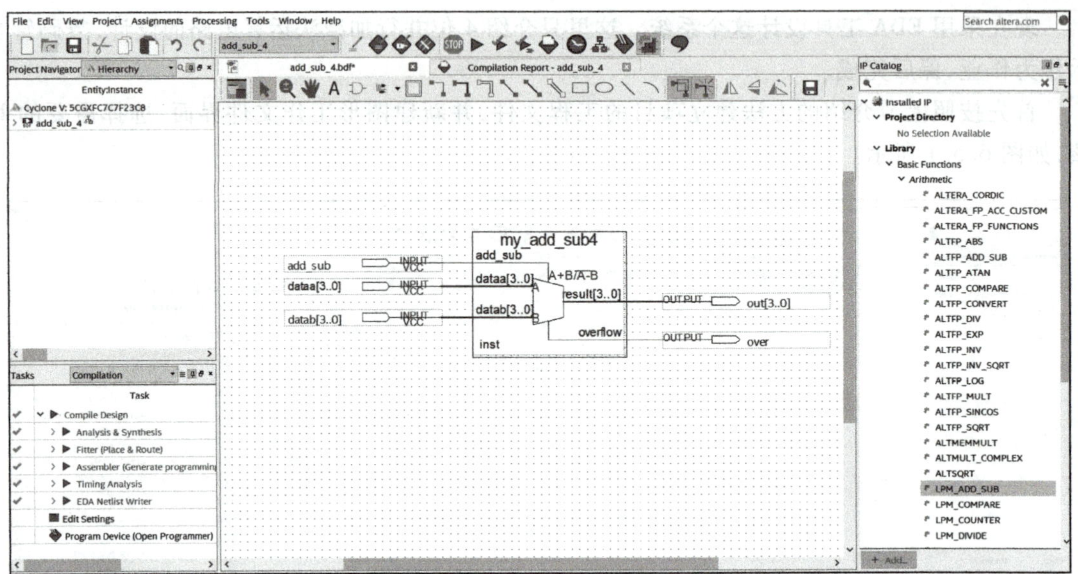

图 6.5.3

完成设计的图形界面

图 6.5.4

4 位加减法运算电路仿真结果

6.5.2 时序逻辑电路的设计与仿真

第五章设计了一个 4 路灯光控制电路，要求红、绿、黄、蓝 4 种颜色的灯在时钟信号作用下按表 6.5.1 中规定的顺序转换状态（其中 *CLK* 顺序 6 表示循环回到状态 0），每种状态持续时间为 1 s。表中的 **1** 表示灯“亮”，**0** 表示灯“灭”。

灯光控制电路设计与仿真

如前例，先建立工程文件，并进入如图 6.5.1 类似的图形工作文件界面。

在右边的 IP Catalog 栏中，选择 Library—Basic Functions—LPM_SHIFTREG。

表 6.5.1 灯光控制电路要求

CLK 周期	红	黄	绿	蓝
0	**0**	**0**	**0**	**1**
1	**0**	**0**	**1**	**0**
2	**0**	**1**	**0**	**0**
3	**1**	**0**	**0**	**0**
4	**0**	**1**	**0**	**0**
5	**0**	**0**	**1**	**0**
6	**0**	**0**	**0**	**1**

选中 LPM_SHIFTREG 后，首先出现如图 6.5.2 所示的 Save IP variation 窗口，在 IP variation file name 栏中，为 IP 核确定一个名字，并保存在建立的工程文件目录下，完成后选 OK。在后面出现的界面中，在 Parameter Settings 栏，分别选择“选取 6、Left、Data output、Serial shift data input、Parallel data input(load)”，然后一直选 next，当出现 Summary 栏目时，在系统默认的基础上勾选 *.bsf 文件。

然后采用同样的步骤选取 LPM_CONSTANT ，在依次出现的参数设置页面，分别选择“How wide should the output be = 6、What is the constant value = 1”，然后一直选 next，当出现 Summary 栏目时，在系统默认的基础上勾选 *.bsf 文件。

将两个设置好的 IP 核及一些门电路加入绘图工作区域，按图 6.5.5 连接好连线，选择 Processing—Start Compilation 对项目进行编译，编译完成后，可以进行仿真验证，图 6.5.6 为仿真的结果。

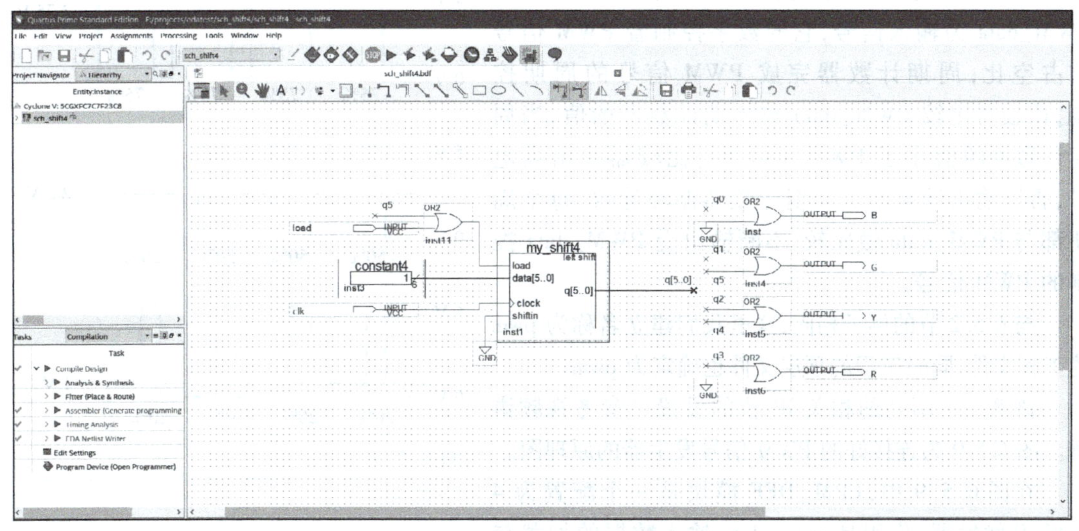

图 6.5.5
移位电路设计图

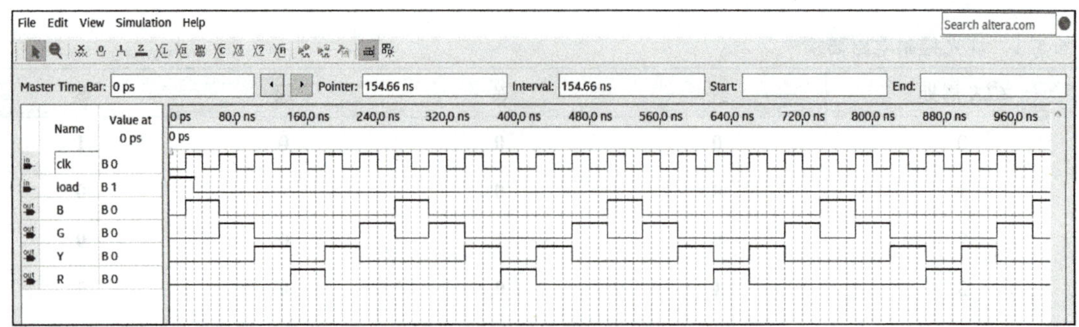

图 6.5.6

仿真结果

6.5.3 综合设计案例

设计一个脉宽调制(pulse width modulation,PWM)信号发生器。

PWM 信号发生器设计与仿真

PWM 信号经常起到数字信号与模拟信号之间的桥梁作用。数字信号的优点显而易见,但很多终端设备又需要模拟信号去驱动,如扬声器、电动机、灯光调节等,将数字信号转换成模拟信号经常采用 D/A 转换器,但 D/A 转换器结构复杂、价格也较高,因此有些场合采用 PWM 实现 D/A 转换的功能,简单而实用。

PWM 信号如图 6.5.7 所示,由于不同占空比的脉冲信号的直流分量不同,所以通过低通滤波器,取出 PWM 信号的直流(低频)分量,就可实现数字信号到模拟信号(低频分量)的转换。

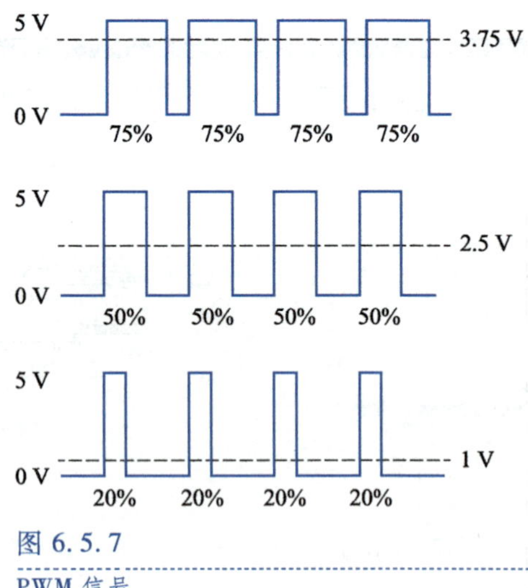

图 6.5.7

PWM 信号

图 6.5.8 为 PWM 信号发生器的原理框图,其中 PWM_data 为输入信号,它的数字控制着 PWM 信号的占空比;周期计数器完成 PWM 信号的周期控制,比较器比较 PWM_data 与周期计数器的值,当周期计数器的值小于 PWM_data 时,比较器输出高电平,否则输出低电平。周期计数器循环计数,每个周期都与 PWM_data 做比较,不断输出受 PWM_data 控制的 PWM 信号。

与 6.5.2 节的例子相同,这里我们建立名称为 pwm 的工程文件,同时工程的顶层文件也确定为 pwm。

该例子所用到的相关 IP 核的设置可参考视频讲解。图 6.5.9 为连接好的 PWM 信号发生器的原理图。

在图 6.5.9 中,LPM_DFF 模块是一个配置为 4 位的 D 触发器,作用是 pwm_data 输入数据的加载与计数器的周期同步,避免出现输出混乱。(同学们也可将 LPM_DFF 去掉,看看输出的效果)

完成图 6.5.9 的设计后,编译工程,没有错误后可以进行仿真验证,图 6.5.10 为该项目的仿真结果。可见输出的 PWM 信号的占空比,受输入信号 pwm_data 的控制。

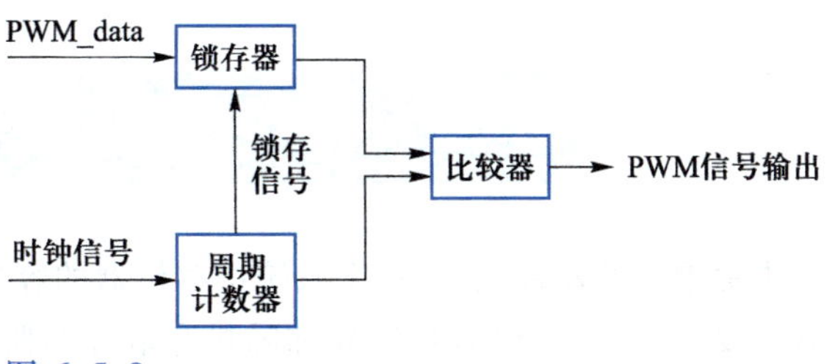

图 6.5.8

PWM 信号发生器原理框图

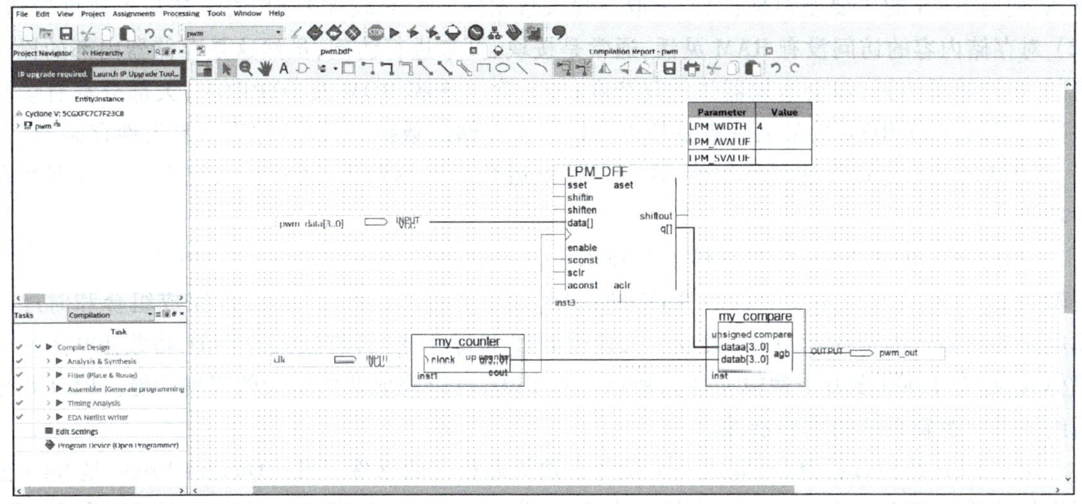

图 6.5.9

PWM 信号发生器的原理图

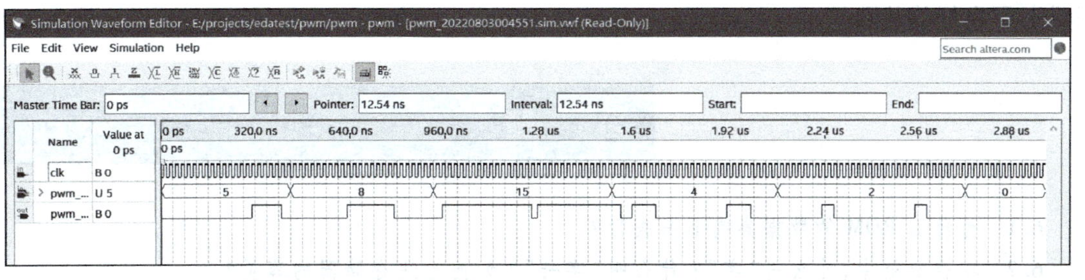

图 6.5.10

PWM 信号发生器仿真结果

拓展思考

设计一个 5 M 字节的程序存储器和一个 2 M 字节的数据存储器，以及一个频率为 10 kHz的时钟信号发生器。(方法不限)

本章小结

存储器是电子系统中非常重要的器件之一，一个系统中存储器的容量大小，往往是系统性能高低的主要标志。存储器主要分为只读存储器 ROM 和随机存取存储器 RAM 两大类，但这里需要注意的是，由于技术的进步和制造水平的不断提高，目前所说的只读存储器，并不都是只可读取数据，更多的是强调在系统中，这类存储器的主要任务是存储一些不太变化的数据供系统读取，它们与 RAM 的主要差别是：(1) 读取与写入数据的时间有较大差别，通常是写入速度较慢；(2) 对存储内容的访问没有 RAM 灵活，通常是按块、页来进行访问，虽然这是存储器内部的操作机制，用户感受不到，但会增加器件的复杂度；(3) 除了掩膜 ROM 及 OTPROM，大部分都有读写次数的限制；(4) ROM 的最大优点是掉电可以保留存储的数据，所以常称为非易失性存储器。

RAM 的优点是读写速度都很快，缺点是掉电后数据立刻消失，通常在系统中承担数据暂存的功能。

PLD 是在 ROM、RAM 等半导体工艺技术上发展起来的另一类器件，在 FPGA 中，实现组合逻辑的 LUT(查找表)，本质上就是 RAM 的结构，加上寄存器，使 FPGA 可以完成组合和时序逻辑电路的功能。由于在 PLD 中，集成了大量的 LUT 和寄存器(目前最大的 PLD，搭载 400 多亿个晶体管，拥有 1 000 多万个逻辑元件)，所以一片 PLD，可以完成非常复杂的逻辑功能。PLD 是今后组成数字逻辑系统的主要器件。

由于 PLD 结构日益复杂，完成一个设计必须依靠相应的软件工具。Quartus Prime 是 Intel 公司提供的开发 PLD 的 EDA 工具，支持所有 Intel 公司的 PLD，兼容工业标准的 VHDL 和 Verilog HDL 语言。本章介绍的是最容易入门的图形输入法，这样可以与前后各章节的学习内容无缝衔接，通过图形输入法的练习，可以熟悉 Quartus Prime 的各项功能，为今后进一步学习文本语言设计法打下良好的基础。

习　题

6.1　为什么 ROM 的数据具有非易失性？

6.2　在存储器中，什么叫“字”？什么叫“字长”？如何标注存储器的容量？

6.3　一个存储容量为 256×8 位的 ROM，其地址码应为多少位？

6.4　哪几种 ROM 具有多次擦除重写功能？哪种 ROM 的擦除过程就是数据写入过程？

6.5　用 ROM 实现无符号 16 位二进制数的加减运算，要求有加减模式控制、低位的进位输入以及进位输出。问：该 ROM 需要有多少根地址线？多少根数据线？其存储容量为多少？

6.6　试用 4 片 4 K×8 位的 RAM 组成 16 K×8 位的存储器。

6.7　试用 2 片 1 024 ×8 位的 RAM 组成 1 024×16 位的存储器。

6.8　试用 4 片 2114(1 024 ×4 位的 RAM)和 3 线－8 线译码器 74HC138 组成 4 096 ×4 位的 RAM。

6.9 试用 16 片 2114(1 024 ×4 位的 RAM)和 3 线-8 线译码器 74HC138 组成一个 8 K×8 位的 RAM。

6.10 简述 FPGA 和 CPLD 的原理、特点与应用

6.11 列表比较 FPGA 与 CPLD 的异同点。

6.12 一个完整的设计包含哪些主要步骤?这些步骤的作用分别是什么?

6.13 功能仿真与时序仿真有何差别和作用?

6.14 还有哪些常用的 EDA 工具,它们的特点是什么?

6.15 用 EDA 工具设计一个 4 位数码管显示电路。

第六章习题答案

第七章 脉冲波形的产生与整形

章首导图

7.1 脉冲波形的基本概念

在数字电路中,分别以高电平和低电平表示 **1** 状态和 **0** 状态。此时电信号的波形是非正弦波。通常,将既非直流又非正弦交流的电信号统称为脉冲信号。数字电路中常常需要各种脉冲波形,例如时序电路中的时钟脉冲、控制过程中的定时信号等,最常见的脉冲波形是矩形脉冲波形(也就是方波)。获得这种矩形脉冲波形的方法一般有两种:一种是利用多谐振荡电路直接产生所需的矩形脉冲;另一种是通过整形电路变换成符合要求的矩形脉冲。整形电路又分为两类:单稳态电路和施密特触发电路,它们可以使脉冲的边沿变陡峭,形成规定的矩形脉冲。

由于实际的矩形脉冲波形是非理想的,为了定量地描述矩形脉冲的特性,经常使用如图 7.1.1所示的几个主要参数来表述矩形脉冲的性能指标。

脉冲周期 T——周期性重复的脉冲序列中,两个相邻脉冲间的时间间隔。有时也用频率$f=1/T$表示,f代表单位时间内脉冲重复的次数。

脉冲幅度 V_m——脉冲电压最大变化的幅值。

脉冲宽度 t_w——从脉冲前沿 $0.5V_m$ 始,到脉冲后沿 $0.5V_m$ 止的一段时间。

上升时间 t_r——脉冲从 $0.1V_m$ 上升到 $0.9V_m$ 所需的时间。

下降时间 t_f——脉冲从 $0.9V_m$ 下降到 $0.1V_m$ 所需的时间。

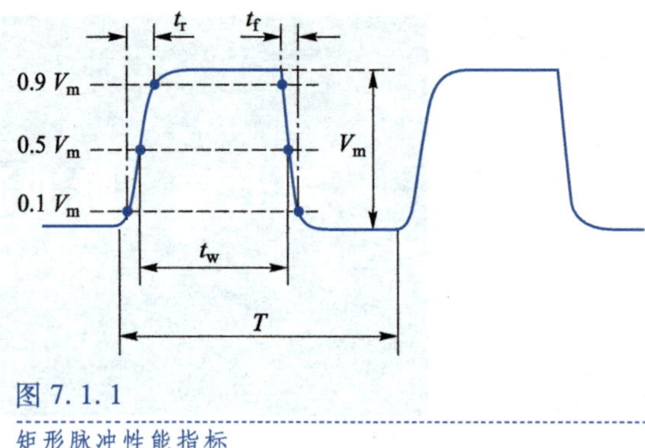

图 7.1.1

矩形脉冲性能指标

占空比 q——脉冲宽度与脉冲周期之比，即 $q=\frac{t_w}{T}$。

上述几个指标反映了一个矩形脉冲的基本特性。

下面依次讨论单稳态电路、施密特触发电路、多谐振荡电路及其应用电路，最后介绍 555 定时器及其应用。

7.2 基本脉冲波形的产生和整形电路

本节介绍用门电路组成的单稳态电路、施密特触发电路和多谐振荡电路。

7.2.1 单稳态电路

单稳态电路(monostable multivibrator，又称为 one-shot)常用于脉冲的变换、延时和定时等。它的工作特点如下：

① 电路的输出有稳态和暂稳态两个不同的工作状态。

② 没有外加触发脉冲作用时，电路处于稳定状态，简称稳态。

③ 在外加触发脉冲作用下，电路会由稳态翻转到暂稳态。电路的暂稳态在维持一段时间后，会自动返回稳态。暂稳态的持续时间取决于电路本身的参数，与触发脉冲无关。

1. 逻辑门组成的单稳态电路工作原理

单稳态电路可由逻辑门和 R、C 电路组成。根据 R、C 电路连接方式不同，单稳态电路分为微分型单稳态电路和积分型单稳态电路两种。图 7.2.1 所示为微分型单稳态电路。图中的 R、C 按微分电路方式连接在 G_1 门的输出端和 G_2 门的输入端之间。两个电路采用了不同的逻辑门，需要外加的触发信号不同，输出脉冲也不一样。假定 CMOS 门的输出高电平 $V_{OH}\approx V_{DD}$，输出低电平 $V_{OL}\approx 0$ V，阈值电压 $V_{TH}\approx\frac{V_{DD}}{2}$。

下面仅讨论图 7.2.1 (a)所示微分型单稳态电路的工作原理。

(1) 没有触发信号时，电路处于稳定状态

在正常情况下，v_I 为低电平，由于门 G_2 的输入端经由电阻 R 接 V_{DD}，即 $v_{I2}=V_{DD}$，故 $v_O=0$ V；这样，**或非**门 G_1 的两个输入端均为低电平，故而 $v_{O1}=V_{DD}$，电容 C 两端电压接近 0 V，电路处于稳

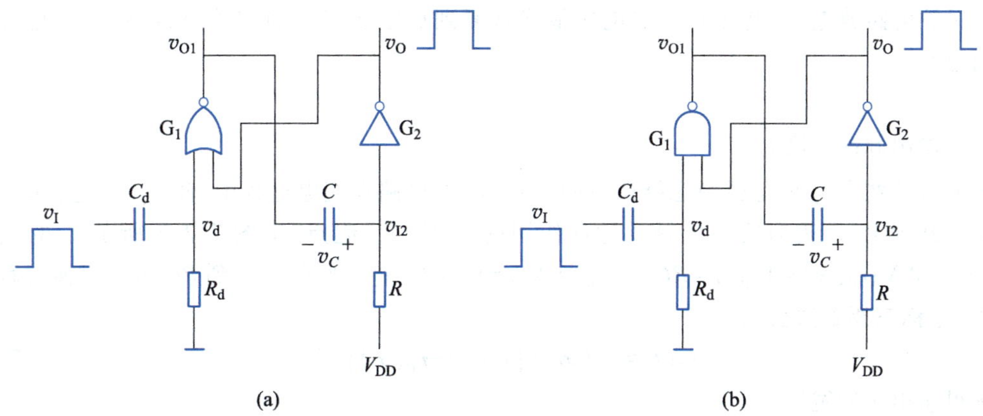

图 7.2.1

CMOS 门电路组成的微分型单稳态电路

(a) 或非门和非门构成的 (b) 与非门和非门构成的

定状态。在触发脉冲到来之前,电路一直保持这一稳态不变。

(2) 在输入端加触发信号时,电路由稳态翻转至暂稳态

输入正向触发脉冲时,在 R_d 和 C_d 组成的微分电路输出端得到很窄的正、负脉冲 v_d,如图 7.2.2所示。

当 v_d 上升到门G_1 的阈值电压 V_{TH}时,在电路中产生如下正反馈过程:

$$v_d\uparrow \rightarrow v_{O1}\downarrow \rightarrow v_{I2}\downarrow \rightarrow v_O\uparrow$$

这一正反馈过程使 v_{O1}迅速地从高电平跳变为低电平。由于电容 C 两端的电压不能瞬间突变,v_{I2}也跳变为低电平,这又引起 v_O 跳变为高电平,电路进入暂稳态,即 $v_{O1}\approx 0$ V,$v_O\approx V_{DD}$。此时,即使 v_d 已返回到低电平,由于 v_O 为高电平,**或非**门G_1 也会使 v_{O1}维持在低电平。但由于电容 C 的存在,电路的这种状态是不能长久保持的,所以称之为暂稳态。

(3) 暂稳态期间电容器 C 充电,电路自动从暂稳态返回至稳态

在暂稳态期间,$v_{O1}\approx 0$ V,电源 V_{DD}会经过电阻 R 对电容 C 充电,v_{I2}按指数规律升高,一旦 v_{I2}达到门G_2 的阈值电压 V_{TH}时,电路又产生下述正反馈过程:

$$v_{I2}\uparrow \rightarrow v_O\downarrow \rightarrow v_{O1}\uparrow$$

假如此时触发脉冲已消失(即 v_d 已回到低电平),上述正反馈过程使 v_{O1}、v_{I2}迅速跳变到高电平,输出返回到 $v_O\approx 0$ V 的状态。此后,电容通过电阻 R 和门G_2

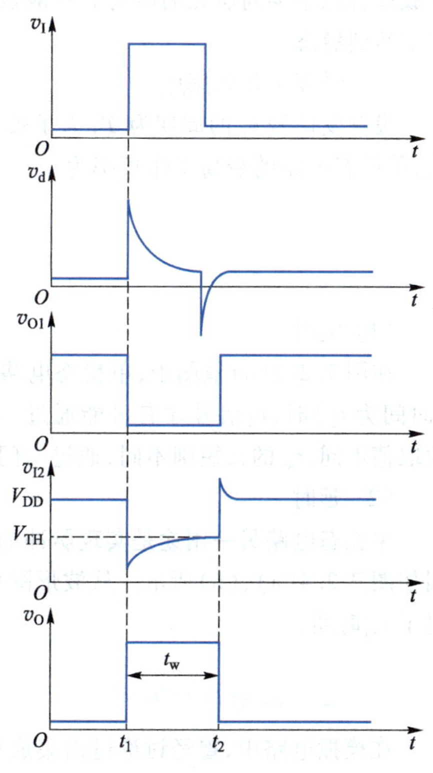

图 7.2.2

微分型单稳态电路中各点电压波形

的输入保护电路放电，使电容 C 上的电压最终恢复到稳定状态时的初始值，电路从暂稳态自动返回到稳态。

2. 主要参数的计算

(1) 输出脉冲宽度 t_w

输出脉冲宽度 t_w 就是暂稳态维持时间。它是 RC 电路在充电过程中，使 v_{I2}（即电容电压 v_C）从 0 V 上升到 V_{TH} 所需时间。以触发脉冲作用的 t_1 时刻为起点，由图 7.2.2 所示 v_{I2} 的波形可知，$v_C(0)=0\ V$；$v_C(\infty)=V_{DD}$，$\tau=RC$，$v_C(t_w)=V_{TH}=V_{DD}/2$。将这些值代入到 RC 电路过渡过程的计算公式（也称三要素法公式）

$$v_C(t)=v_C(\infty)+[v_C(0)-v_C(\infty)]\mathrm{e}^{-t/\tau} \tag{7.2.1}$$

求得输出脉冲宽度

$$t_w=RC\ln\frac{v_C(\infty)-v_C(0)}{v_C(\infty)-v_C(t_w)}=RC\ln 2 \tag{7.2.2}$$

可取近似值

$$t_w\approx 0.7RC \tag{7.2.3}$$

可见，t_w 仅由电路本身参数 R、C 参数值决定，与触发脉冲的宽度和幅度无关。

(2) 恢复时间 t_{re}

暂稳态结束后，要使电路完全恢复到稳定状态，还需要经过一段恢复时间，以便电容 C 能够释放掉暂稳态期间所充的电荷。一般认为，恢复时间要经过放电时间常数的 3~5 倍，RC 电路才基本达到稳态。

(3) 最高工作频率 f_{max}

设触发信号 v_I 的周期为 T，为了使单稳态电路能正常工作，应满足 $T>(t_w+t_{re})$ 的条件，因此，单稳态电路的最高工作频率为

$$f_{max}=\frac{1}{T_{min}}<\frac{1}{t_w+t_{re}} \tag{7.2.4}$$

3. 单稳态电路的应用

(1) 定时

在图 7.2.3(a)框图中，单稳态电路的输出 v_B 作为与门定时控制输入，只有在 v_B 输出高电平（时间为 t_w）时，v_A 信号才有可能通过与门，其工作波形图如图 7.2.3(b)所示。单稳态电路 RC 的取值不同，t_w 的长短则不同，通过与门的脉冲个数也会随之改变。

(2) 延时

单稳态电路另一用途是实现脉冲的延时。用两片 74121 组成的脉冲延时电路和工作波形分别如图 7.2.4(a)、(b)所示。从波形图可以看出，v_O 脉冲的上升沿，相对输入信号 v_I 的上升沿延迟了 t_{w1} 时间。

7.2.2 施密特触发电路

在模拟电路中，曾经讨论过由集成运放构成的施密特触发电路（迟滞比较器），这里我们将介绍数字技术中常用的施密特触发电路。施密特触发电路（Schmitt trigger）常用于波形变换、幅度鉴别等。它的工作特点如下：

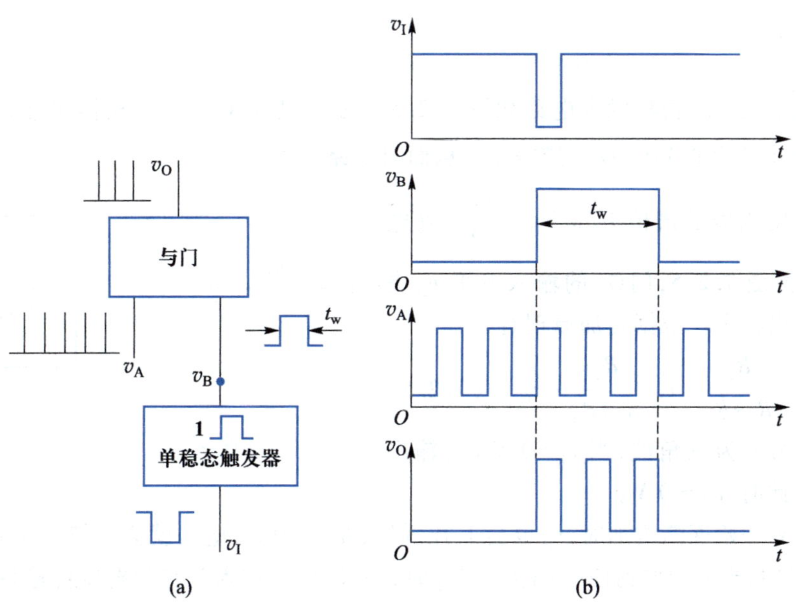

图 7.2.3

单稳态电路作定时电路

(a) 逻辑框图 (b) 波形图

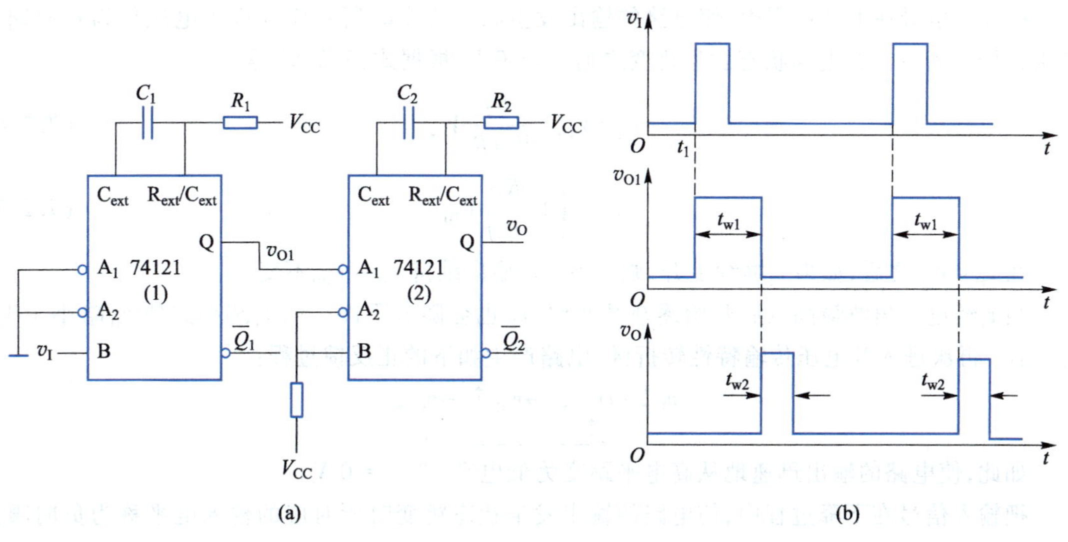

图 7.2.4

用 74121 组成的脉冲延时电路及工作波形

(a) 延时电路 (b) 工作波形

① 电路属于电平触发。当输入信号达到某一电压值时，输出电平会发生跳变。但输入信号在增大、减小的过程中，引起输出状态跳变所对应的输入电压值是不相同的。

② 电路内部采用正反馈来加速电平的转换，可以将边沿变化缓慢的信号变换成边沿陡直的

矩形脉冲。

1. 逻辑门组成的施密特触发电路的工作原理

由逻辑门组成的施密特触发电路如图 7.2.5 所示。两个 CMOS 反相器串接,通过电阻 R_1、R_2 将输出端的电压反馈到门 G_1 的输入端,从而对电路产生影响。

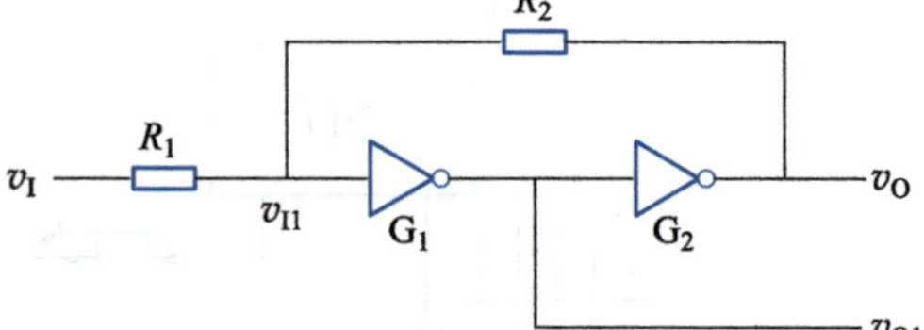

图 7.2.5
施密特触发电路

设 CMOS 反相器的阈值电压 $V_{TH}=\dfrac{V_{DD}}{2}$,且电阻$R_1<R_2$。根据图 7.2.5,门G_1 的输入电平 v_{I1} 决定着电路的输出状态。根据叠加原理有

$$v_{I1}=\frac{R_2}{R_1+R_2}\cdot v_I+\frac{R_1}{R_1+R_2}\cdot v_O \qquad (7.2.5)$$

设输入信号 v_I为三角波,当 $v_I=0$ V 时,输出 $v_O=V_{OL}\approx 0$ V,此时,$v_{I1}\approx 0$ V。

当 v_I从 0 V 开始逐渐增加时,v_{I1}也会上升,但只要 $v_{I1}<V_{TH}$,电路就会保持 $v_O\approx 0$ V 不变。因为R_2 引入正反馈,当 v_I增加到使 v_{I1}略大于 V_{TH}时,门 G_1 就会进入到它的电压传输特性转折区(放大区),并在电路中产生如下正反馈过程:

$$v_I\uparrow\rightarrow v_{I1}\uparrow\rightarrow v_{O1}\downarrow\rightarrow v_O\uparrow$$

如此,电路状态迅速地从低电平跳变为高电平,即 $v_O\approx V_{DD}$。

把输入信号在上升过程中,使电路的输出发生状态跳变时所对应的输入电压称为正向阈值电压,用 V_{T+}表示。在电路状态发生跳变之前,$v_O\approx 0$ V,根据式(7.2.5)得

$$v_{I1}=V_{TH}=\frac{R_2}{R_1+R_2}V_{T+} \qquad (7.2.6)$$

$$V_{T+}=\left(1+\frac{R_1}{R_2}\right)V_{TH} \qquad (7.2.7)$$

在 $v_{I1}=V_{TH}$之后,如果 v_I继续上升,则 $v_{I1}>V_{TH}$,输出维持 $v_O\approx V_{DD}$不变。

当 v_I经过三角波最高点后开始逐渐减小时,v_{I1}也会随着下降。当 v_I减小到使 v_{I1}略小于 V_{TH}时,门G_1 再次进入其电压传输特性转折区,电路产生如下的正反馈过程:

$$v_I\downarrow\rightarrow v_{I1}\downarrow\rightarrow v_{O1}\uparrow\rightarrow v_O\downarrow$$

如此,使电路的输出迅速地从高电平跳变为低电平,即 $v_O\approx 0$ V。

把输入信号在下降过程中,使电路的输出发生状态跳变时所对应的输入电平称为负向阈值电压,用 V_{T-}表示。在电路状态发生跳变之前,$v_O\approx V_{DD}$,根据式(7.2.5)有

$$v_{I1}\approx V_{TH}=\frac{R_2}{R_1+R_2}V_{T-}+\frac{R_1}{R_1+R_2}V_{DD}$$

将 $V_{DD}=2V_{TH}$代入可得

$$V_{T-}\approx\left(1-\frac{R_1}{R_2}\right)V_{TH} \qquad (7.2.8)$$

定义正向阈值电压 V_{T+}与负向阈值电压 V_{T-}之差为回差电压,并记作 ΔV_T。由式(7.2.7)和

式(7.2.8)可求得

$$\Delta V_T = V_{T+} - V_{T-} \approx 2\frac{R_1}{R_2}V_{TH} = \frac{R_1}{R_2}V_{DD} \tag{7.2.9}$$

式(7.2.9)表明,电路的回差电压与R_1/R_2成正比,改变R_1、R_2的比值即可调节回差电压的大小。

2. 工作波形及电压传输特性

根据以上分析,可画出电路的工作波形如图7.2.6所示。

以v_O作为电路的输出端时,其电压传输特性及逻辑符号如图7.2.7(a)所示。根据输入、输出电平之间的对应关系,可以称之为同相输出施密特触发电路。而以v_{O1}作为输出端时,其电压传输特性和逻辑符号如图7.2.7(b)所示,称之为反相输出施密特触发电路。

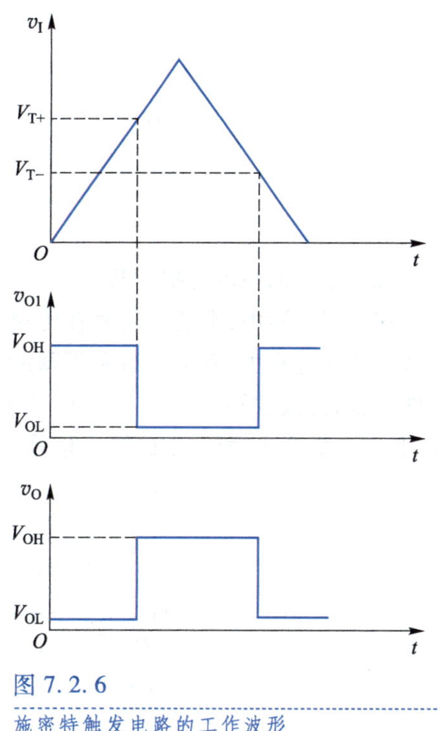

图7.2.6

施密特触发电路的工作波形

3. 施密特触发电路的应用

(1) 波形变换

施密特触发电路常用于波形变换,如将正弦波、三角波等变换成矩形波。将幅值大于V_{T+}的正弦波送到施密特触发电路的输入端,根据施密特触发电路的电压传输特性,可画出输出电压波形,如图7.2.8所示。结果表明,利用施密特触发电路在状态变化过程中的正反馈作用,可将边沿变化缓慢的周期性信号变换成与其同频率、边缘陡直的矩形波。

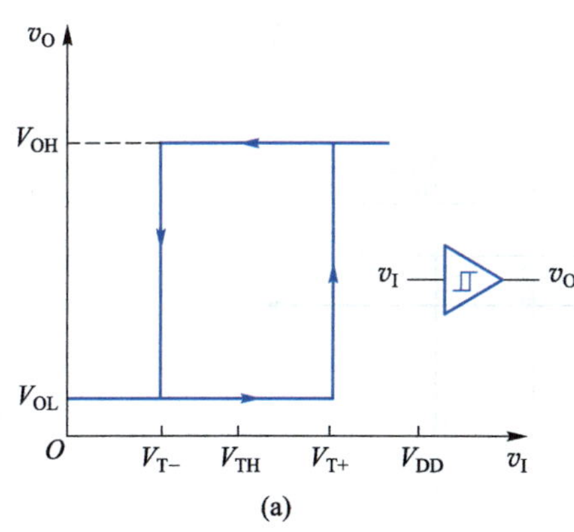

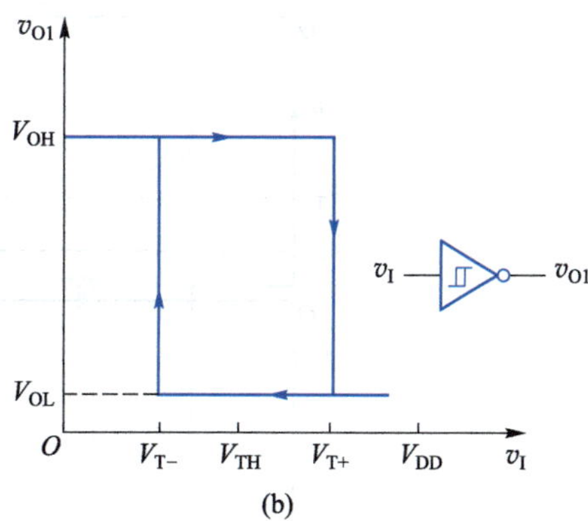

图7.2.7

施密特触发电路的电压传输特性及逻辑符号

(a) 同相输出施密特触发电路 (b) 反相输出施密特触发电路

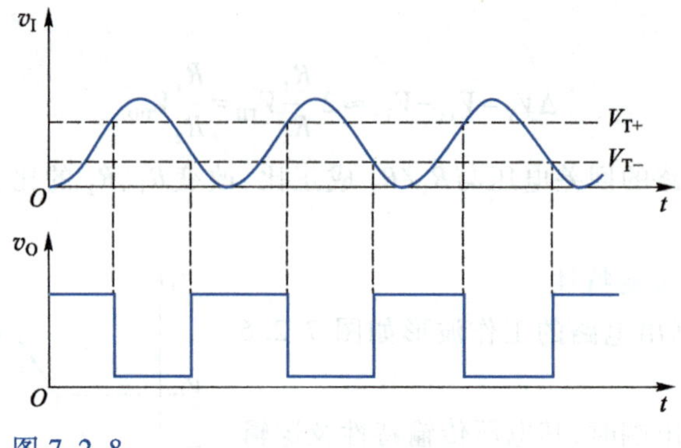

图 7.2.8

用施密特触发电路实现波形变换

(2) 波形的整流与抗干扰

在工程实际中,常遇到信号在传输过程中发生畸变的现象。例如,当传输线上电容较大,矩形波在传输过程中,其上升沿和下降沿都会明显地被延缓,其波形如图 7.2.9(a)所示。又如传输线较长,且按收端的阻抗与传输线的阻抗不匹配,则波形的上升沿和下降沿将产生阻尼振荡,如图 7.2.9(b)所示中的输入信号。

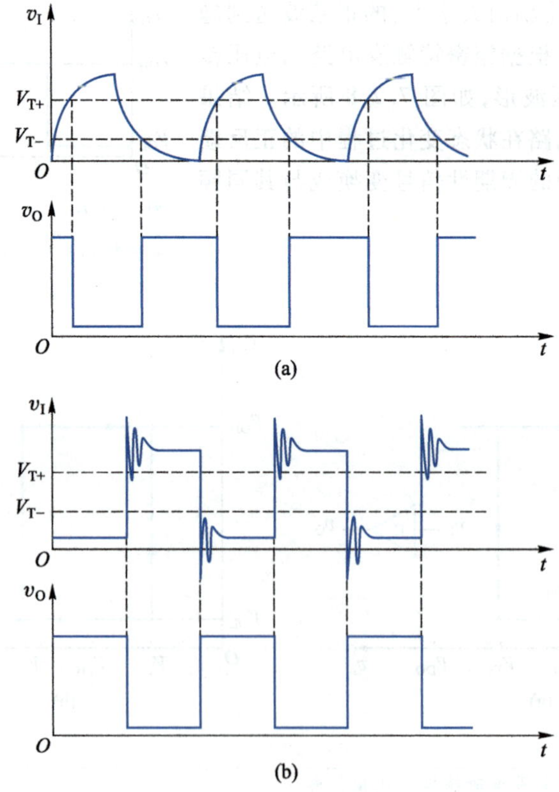

图 7.2.9

用施密特触发电路实现脉冲波形的整形

(a) 改善上升沿和下降沿 (b) 消除振荡影响

对上述信号波形在传输过程中产生的畸变，均可采用施密特触发电路整形。图 7.2.9(a)、(b)所示施密特触发电路工作波形说明，只要回差电压合适，就可达到理想的整形效果。

(3) 幅度鉴别

施密特触发电路属于电平触发方式，即其输出状态与输入信号 v_I 的幅值有关。利用这一工作特点，可将它作为幅度鉴别电路。例如，在施密特触发电路输入端输入一串幅度不等的脉冲信号，只有幅度大于 V_{T+} 的脉冲才会使施密特触发电路翻转，v_O 有脉冲输出；而对于幅度小于 V_{T+} 的脉冲，施密特触发电路不翻转，v_O 没有脉冲输出。因此，可以选出幅度大于 V_{T+} 的脉冲，电路的输入、输出波形如图 7.2.10 所示。

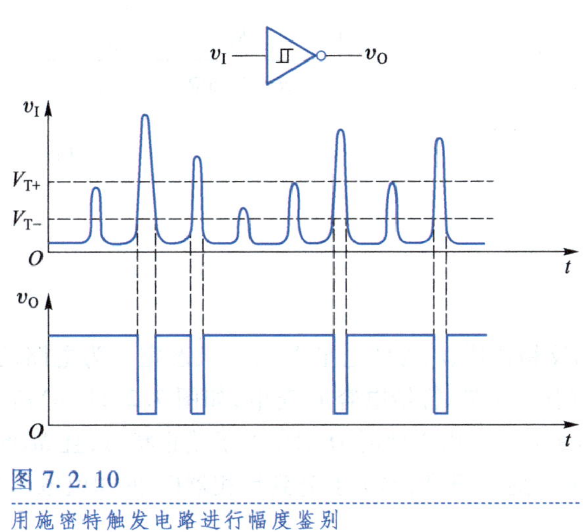

图 7.2.10

用施密特触发电路进行幅度鉴别

7.2.3 多谐振荡电路

多谐振荡电路(astable multivibrator)是一种自激振荡电路，它在接通电源后，不需要外加输入信号，电路就能自行产生一定频率和一定幅值的矩形波。由于矩形波含有丰富的谐波分量，所以称为多谐振荡电路。多谐振荡电路在工作过程中没有稳定状态，故又被称为无稳态电路。多谐振荡电路常作为时钟脉冲信号源。多谐振荡电路的组成形式有多种，但它们的结构有两个共同特点：

① 电路中含有开关器件，如逻辑门、电压比较器等，其作用是产生脉冲信号的高、低电平。

② 电路中含有反馈延时环节，其作用是将输出电压延时后，再反馈到开关器件的输入端，以改变输出状态，得到矩形波。延时环节一般由 RC 电路组成。

1. 逻辑门组成的多谐振荡电路工作原理

多谐振荡电路如图 7.2.11 所示。图(b)给出包含 CMOS 反相器内部电路的多谐振荡电路，其中 D_1、D_2、D_3、D_4 均为保护二极管，避免 v_I 电压过高或过低损坏 MOS 管的栅极。

设 CMOS 反相器的阈值电压为 $V_{TH}=V_{DD}/2$，电路的工作原理如下：

(1) 第一暂稳态及电路自动翻转的过程

在接通电源瞬间，电路状态是随机的，电容 C 尚未充电。这里假定开始时 v_I 为低电平，v_{O1} 为

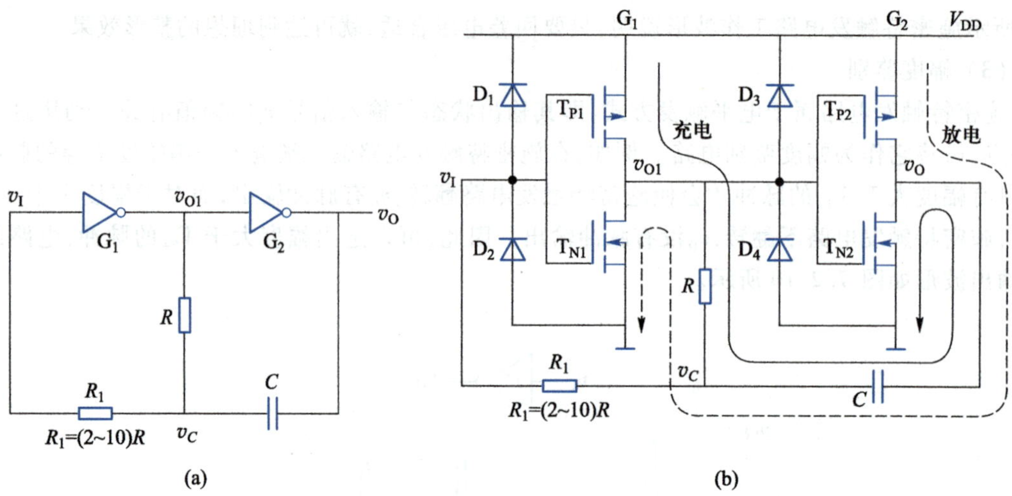

图 7.2.11

多谐振荡电路

(a) 由 CMOS 反相器组成的多谐振荡电路　(b) 包含 CMOS 反相器内部电路的多谐振荡电路

高电平 V_{OH}，由于门G_2 的反相作用，v_O为低电平 V_{OL}，此状态定义为电路的第一暂稳态。此时，电源经门G_1 的 T_{P1}管、R 和门G_2 的 T_{N2}管给电容 C 充电，如图 7.2.11(b)所示。随着充电时间的增加，v_C的值按指数规律不断上升。由于此时 D_1、D_2 处于截止状态，且 MOS 管栅极是绝缘的，所以 R_1 中无电流，是等势体，v_I跟随 v_C升高，当 v_I上升到反相器G_1 的阈值电压 V_{TH}时，电路将发生下述正反馈过程：

$$v_I\uparrow\rightarrow v_{O1}\downarrow\rightarrow v_O\uparrow$$

这一正反馈过程使 $v_{O1}=V_{OL}$，$v_O=V_{OH}$，电路转入第二暂稳态。

(2) 第二暂稳态及电路自动翻转的过程

在电路进入第二暂稳态瞬间，v_O从 0 V 上跳至 V_{DD}，由于电容两端电压不能突变，使得 v_C也跟着上跳相同的幅值，v_C由 V_{TH}跳变为 $V_{TH}+V_{DD}\approx1.5\ V_{DD}$。在 v_C跳变瞬间，D_1 会导通，但由于R_1 的存在，并不会影响 v_C的值。随后，电容 C 放电，其放电通路为 V_{DD}、门G_2 的 T_{P2}、电阻 R 和门G_1 的 T_{N1}(因R_1 的阻值比 R 大，且R_1 上的压差较小，故流过R_1 的电流较小，可以忽略)，于是 v_C下降，v_I也下降，一旦 v_I降至 V_{TH}后，电路又产生如下正反馈过程：

$$v_I\downarrow\rightarrow v_{O1}\uparrow\rightarrow v_O\downarrow$$

这一正反馈过程使得 v_{O1}升高而 v_O降低。v_O下跳 V_{DD}，使 v_C也跟着下跳 V_{DD}，所以 v_C由 V_{TH}变为 $V_{TH}-V_{DD}\approx-0.5\ V_{DD}$，电路返回到第一暂稳态，即 $v_{O1}=V_{OH}$，$v_O=V_{OL}$。

此后，电路重复上述过程，不断地从一个暂稳态翻转到另一个暂稳态，于是，在门G_2 的输出端得到方波信号。电路工作波形图如图 7.2.12 所示。

由上述分析可见，多谐振荡电路两个暂稳态的转换过程是通过电容 C 充、放电作用来实现的。

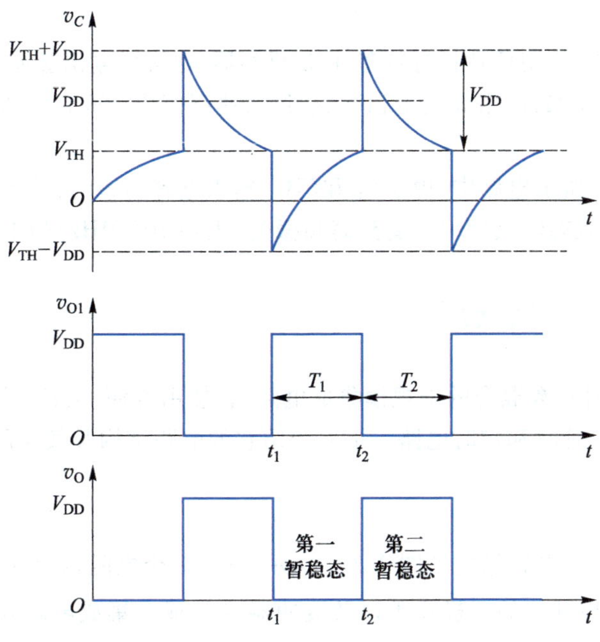

图 7.2.12

多谐振荡电路工作波形图

2. 振荡周期的计算

多谐振荡电路的振荡周期与两个暂稳态时间（图中的 T_1、T_2）有关，而两个暂稳态时间又分别由电容的充、放电时间决定。为了便于计算，忽略门 G_1 输出电阻和 R_1 支路对电容充、放电的影响，根据 RC 电路过渡过程分析，对于充电过程，以 t_1 作为起点，有 $v_C(0^+)=V_{TH}-V_{DD}$，$v_C(\infty)=V_{DD}$，$v_C(T_1)=V_{TH}$，代入式（7.2.2）后，得到

$$T_1=RC\ln\frac{2V_{DD}-V_{TH}}{V_{DD}-V_{TH}} \tag{7.2.10}$$

对于放电过程，以 t_2 作为起点，有 $v_C(0^+)=V_{TH}+V_{DD}$，$v_C(\infty)=0\ \text{V}$，$v_C(T_2)=V_{TH}$，代入式（7.2.2）后，得到

$$T_2=RC\ln\frac{V_{DD}+V_{TH}}{V_{TH}} \tag{7.2.11}$$

于是，振荡周期的表达式为

$$T=T_1+T_2=RC\ln\frac{(V_{DD}+V_{TH})(2V_{DD}-V_{TH})}{V_{TH}(V_{DD}-V_{TH})} \tag{7.2.12}$$

当 $V_{TH}=\dfrac{V_{DD}}{2}$时，得到

$$T=RC\ln 9\approx 2.2\ RC \tag{7.2.13}$$

由于相同型号的 COMS 门的 V_{TH}有差异，这会影响周期 T，因此该电路仅用在对频率准确度和稳定度要求不高的场合。如果去掉电阻R_1，将 v_C直接加到门G_1 输入端，则在 v_O发生跳变时会

使保护二极管导通，并限制 v_C 的跳变幅度，从而改变 C 的充、放电时长，显著地影响输出信号的周期。

如果在图 7.2.11 中使用低功耗肖特基 TTL 反相器，也可以输出脉冲波形，但为了使电路容易起振，要求电阻 R_1 为 0 Ω，电阻 R 的取值不宜过大，典型值为 500 Ω～1 kΩ，电容 C 可根据振荡频率的要求选择。

注意，在图 7.2.11 所示电路中，由于 R_1 和门 G_1 输入电容的影响，导致门 G_1 输入信号的上升时间相对较长，在每次状态转换期间会受到高频振荡（大约 100 MHz）的困扰。

7.3 555 定时器及其应用

555 定时器是一种模、数混合的中规模集成电路，它使用方便、灵活，应用极为广泛。用它可组成脉冲的产生、整形、延时和定时电路。下面介绍它的电路结构及其应用。

7.3.1 555 定时器的电路结构

双极型 555 定时器的电路结构如图 7.3.1 所示，它由 3 个电阻构成的分压器、电压比较器 C_1 和 C_2、RS 锁存器、集电极开路的三极管 T 以及缓冲器 G 组成。集成电路 8 个引脚的名称和编号均标在点画线框外边。

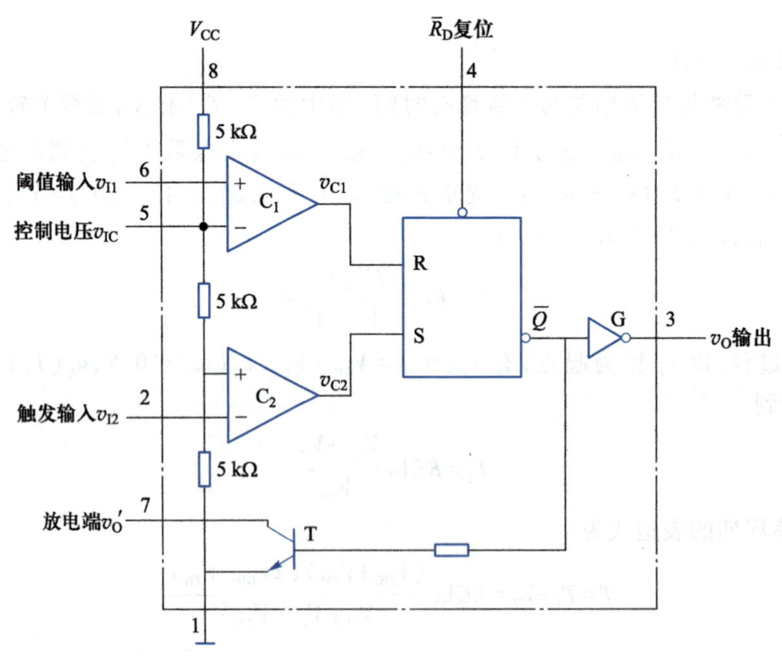

图 7.3.1

双极型 555 定时器的电路结构

$\bar{R}_D$ 为直接清零输入端。只要 $\bar{R}_D$ 为低电平，不管其他输入端的状态如何，输出端 v_O 立即变为低电平。正常工作时，必须使$\overline{R}_D$端处于高电平。三极管 T 的作用是为外接的 RC 电路提供放电通路；由于其集电极开路，所以使用时，第 7 脚一般都要外接一个上拉电阻。

比较器C_1和C_2的输出控制着 RS 锁存器和放电三极管 T 的状态。当控制电压端 v_{IC}悬空时（一般该端到地之间接 0.01 μF 左右的滤波电容），3 个 5 kΩ 电阻串联组成的分压器为比较器提供参考电压。比较器C_1的参考电压为$\frac{2}{3}V_{CC}$，比较器C_2的参考电压为$\frac{1}{3}V_{CC}$。

当 $v_{I1}<\frac{2V_{CC}}{3}$，$v_{I2}<\frac{V_{CC}}{3}$时，比较器C_1输出低电平，比较器C_2输出高电平，RS 锁存器置 **1**，$\overline{Q}$ 输出低电平，三极管 T 截止，输出端 v_O为高电平。

当 $v_{I1}>\frac{2V_{CC}}{3}$，$v_{I2}>\frac{V_{CC}}{3}$时，比较器C_1输出高电平，比较器C_2输出低电平，RS 锁存器置 **0**，$\overline{Q}$ 输出高电平，三极管 T 导通，输出端 v_O为低电平。

当 $v_{I1}<\frac{2V_{CC}}{3}$，$v_{I2}>\frac{V_{CC}}{3}$时，RS 锁存器 $R=\mathbf{0}$，$S=\mathbf{0}$，锁存器状态不变，电路保持原状态不变。

当 $v_{I1}>\frac{2V_{CC}}{3}$，$v_{I2}<\frac{V_{CC}}{3}$时，$R=S=\mathbf{1}$，锁存器输出 $Q=\overline{Q}=\mathbf{0}$，三极管 T 截止，$v_O$为高电平，这时 555 定时器的输出与 $v_{I1}<\frac{2V_{CC}}{3}$，$v_{I2}<\frac{V_{CC}}{3}$时相同，所以将它们合并列于表 7.3.1 中的第 2 行。

表 7.3.1　555 定时器功能表

输入			输出	
阈值输入(v_{I1})	触发输入(v_{I2})	复位($\overline{R}_D$)	输出(v_O)	三极管 T
×	×	**0**	**0**	导通
×	$<V_{CC}/3$	**1**	**1**	截止
$>2V_{CC}/3$	$>V_{CC}/3$	**1**	**0**	导通
$<2V_{CC}/3$	$>V_{CC}/3$	**1**	不变	不变

综上所述，555 定时器功能表如表 7.3.1 所示（表格中用×表示任意状态）。

上面讨论时，假定控制电压端是悬空的，因而比较器C_1和C_2的参考电压分别为$\frac{2V_{CC}}{3}$和$\frac{V_{CC}}{3}$。如果控制电压端（5 脚）外接电压 v_{IC}，则比较器C_1和C_2的参考电压就变为 v_{IC}和 $v_{IC}/2$。

555 定时器有双极型和 CMOS 两种类型。双极型的电源电压为(4.5~18) V，输出高电平不低于电源电压的 90%，且能够输出和吸收 200mA 的输出电流。为了降低功耗，后来又生产了 CMOS 型产品，例如 TIC555、ICM755 都是 CMOS 器件，它的电源电压为(2~18) V，输出高电平不低于电源电压的 95%，其吸收电流为 100mA，输出电流为 10mA。为了提高集成度，后来还生产了双定时器产品(如 NE556A,ICM7556 等)和四定时器产品(如 NE558 等)。

7.3.2 555 定时器的应用

由 555 定时器可以组成施密特触发电路、单稳态电路和多谐振荡电路,实际上,由于 555 定时器的比较器灵敏度高、输出驱动电流大、功能灵活,因而在电子电路中获得了广泛应用,限于篇幅,这里就不一一列举了。

555 定时器的应用

7.4 工程中脉冲波形的应用

在实际工程应用中,脉冲波形发生器是现代测量与控制领域中的一种常用的信号源,可以用于产生幅度精确、频率相位精准以及脉冲参数可以连续调整等满足各种激励需求的信号,包括时钟信号的产生。

7.4.1 时钟信号发生电路设计实例

1. 时钟信号

时钟信号(clock signal)是时序逻辑的基础,用于决定逻辑单元中的状态何时更新,是有固定周期并与运行无关的信号。时钟信号有固定的时钟频率,时钟频率是时钟周期的倒数。在同步数字时序逻辑电路中,时钟信号是一种在高、低电平之间振荡的特殊信号,它就像是协调数字电路工作的一个节拍器。数字时钟信号基本上是方波电压,如图 7.4.1 所示:

时钟信号是由时钟发生器产生的。它有两个电平,一个是低电平,另一个是高电平。高电平可以根据电路的要求而不同,例如 TTL 标准的高电平是 5 V。虽然在使用过程中会有许多较复杂的情况,最常见的时钟信号是 50%的占空比,也就是说,高电平和低电平的持续时间是一样的,通常是一个固定频率方波的形式。使用时钟信号进行同步的电路,可以在上升沿、下降沿或者在双倍数据速率(无论其时钟周期处于上升沿还是下降沿)的情况下,处于激活状态。

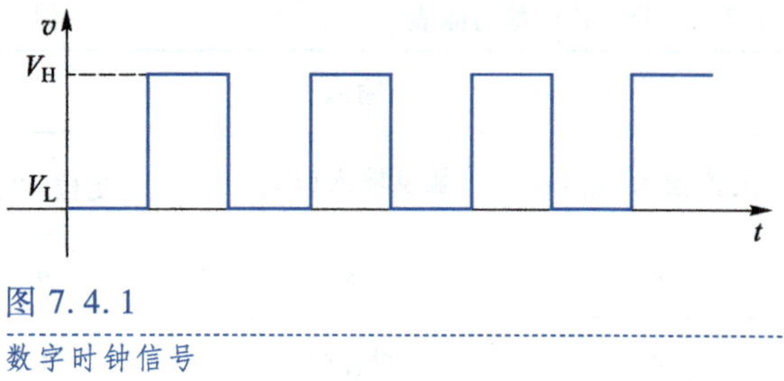

图 7.4.1

数字时钟信号

2. 用 555 定时器组成多谐振荡电路产生时钟信号

由 555 定时器组成的多谐振荡电路如图 7.4.2(a)所示。

接通电源时,电容 C 未充电,$v_C=0$ V 使 v_O为高电平,555 定时器内部三极管 T 截止,电源 V_{CC} 通过串联电阻(R_1+R_2)给电容 C 充电,当 v_C上升到略大于$\frac{2V_{CC}}{3}$时,使 v_O为低电平,同时 T 导通,此时电容 C 通过R_2 和 T 放电,v_C下降。当 v_C下降到略小于$\frac{V_{CC}}{3}$时,翻转为高电平。电容器 C 放电所需的时间为

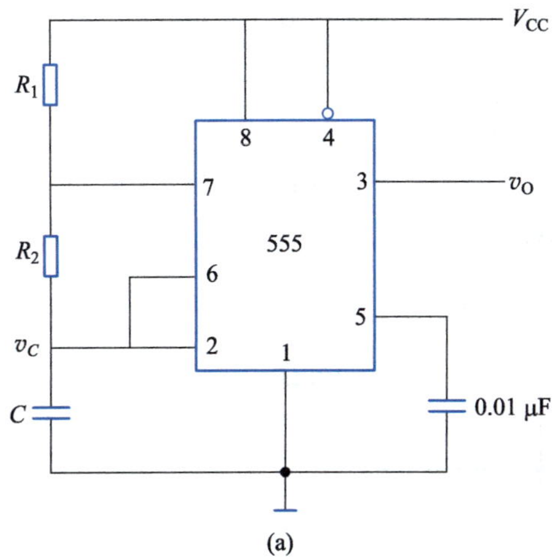

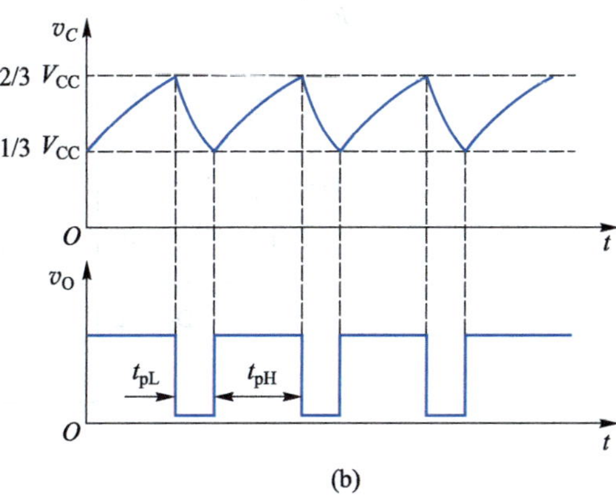

图 7.4.2

555 定时器组成的多谐振荡电路

(a) 电路图 (b) 波形图

$$t_{pL}=R_2C\ln\frac{0-V_{T+}}{0-V_{T-}}=R_2C\ln 2\approx 0.7\ R_2C \tag{7.4.1}$$

当放电结束时，T 截止，V_{CC}将通过 R_1、R_2 向电容器 C 充电，v_C由$\frac{V_{CC}}{3}$上升到$\frac{2V_{CC}}{3}$所需的时间为

$$\begin{aligned}t_{pH}&=(R_1+R_2)C\ln\frac{V_{CC}-V_{T-}}{V_{CC}-V_{T+}}\\&=(R_1+R_2)C\ln 2\approx 0.7(R_1+R_2)C\end{aligned} \tag{7.4.2}$$

当 v_C上升到$\frac{2V_{CC}}{3}$时，电路又翻转为低电平。如此周而复始，于是，在电路的输出端就得到一个周期性的矩形波。电路稳定工作时波形如图 7.4.2(b)所示，其振荡频率为

$$f=\frac{1}{t_{pL}+t_{pH}}\approx\frac{1.43}{(R_1+2R_2)C} \tag{7.4.3}$$

由于 555 定时器内部的比较器灵敏度较高，而且采用差分电路形式，用 555 定时器构成的多谐振荡电路的振荡频率受电源电压和温度变化的影响很小。

图 7.4.2(a)所示电路的 $t_{pL}\neq t_{pH}$，而且占空比固定不变。如果要实现占空比可调可采用如图 7.4.3 所示电路。

由于二极管 D_1、D_2 的单向导电特性，使电容器 C 的充电和放电回路分开，调节可变电阻，就可调节多谐振荡电路的占空比。图中，V_{CC}通过R_A、D_1 向电容 C 充电，充电时间为

$$t_{pH}\approx 0.7\ R_AC \tag{7.4.4}$$

电容器 C 通过 D_2、R_B及 555 定时器中的三极管 T 放电，放电时间为

$$t_{pL}\approx 0.7\ R_BC \tag{7.4.5}$$

因而，振荡频率为

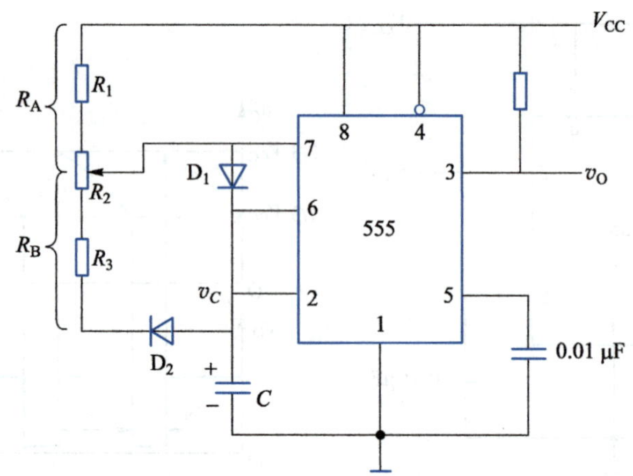

图 7.4.3

方波发生器

$$f=\frac{1}{t_{pH}+t_{pL}}\approx\frac{1.43}{(R_A+R_B)C} \tag{7.4.6}$$

电路输出波形的占空比为

$$q(\%)=\frac{R_A}{R_A+R_B}\times100\% \tag{7.4.7}$$

当$R_A=R_B=R$时，输出占空比为50%的方波时钟信号，时钟频率为

$$f_0=\frac{1}{t_{pH}+t_{pL}}\approx\frac{0.715}{RC} \tag{7.4.8}$$

3. 石英晶体振荡电路产生时钟信号

从式(7.2.12)和式(7.4.8)可知，多谐振荡电路的振荡频率不仅与时间常数 RC 有关，而且还与门电路的阈值电压 V_{TH} 有关，振荡频率不够稳定。当电源电压波动，温度变化(引起门电路的阈值电压 V_{TH} 变化)时，电路的振荡频率就会发生变化。在现代数字系统中普遍采用石英晶体(其化学成分是SiO_2)振荡电路来获得频率稳定的信号，石英晶体典型的频率范围是 10 kHz～10 MHz。又由于石英晶体的固有频率仅与石英晶体的结晶方向和外尺寸有关，与电路中的电阻和电容无关，所以石英晶体振荡电路的频率稳定度极高，其频率稳定度 $\Delta f_S/f_S$ 可达10^{-10}～10^{-11}。

利用石英晶体构成的振荡电路通常有两类：一类是把谐振频率选择在 f_S 处，石英晶体构成串联谐振型石英晶体振荡电路；另一类是把振荡频率选在 f_S 与 f_P 之间，石英晶体等效电感元件，构成并联谐振型石英晶体振荡电路。

(1) 串联谐振型石英晶体振荡电路

串联谐振型石英晶体振荡电路如图 7.4.4 所示。

石英晶体串接在由门G_1、G_2 组成的正反馈电路中。当振荡频率等于晶体的串联谐振频率 f_S 时，晶体阻抗最小，呈纯电阻特性，此时正反馈最强，且满足相位条件；而其他频率信号都被石英晶体衰减(由于电抗 X 较大)，所以电路的振荡频率就是 f_S。

图中，电阻R_1和R_2的作用是使反相器G_1、G_2在静态（电路没有振荡）时工作在电压传输特性曲线的转折区（放大区），使每个反相器成为具有很强放大能力的放大电路，有利于电路起振。如采用 TTL 门电路，R_1和R_2通常取值为 0.5~2 kΩ 之间；如采用 CMOS 门电路，其阻值则在 5~100 MΩ 之间。电容C_1、C_2，为两个反相器之间的耦合电容，它们的大小选择应使其在频率为f_S时的容抗可以忽略不计，这样，可保证G_1和G_2之间形成正反馈环路。

（2）并联谐振型石英晶体振荡电路

并联谐振型石英晶体振荡电路如图 7.4.5 所示。

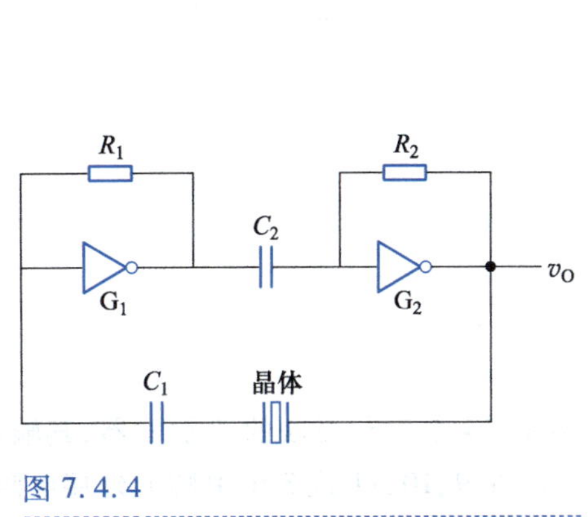

图 7.4.4
串联谐振型石英晶体振荡电路

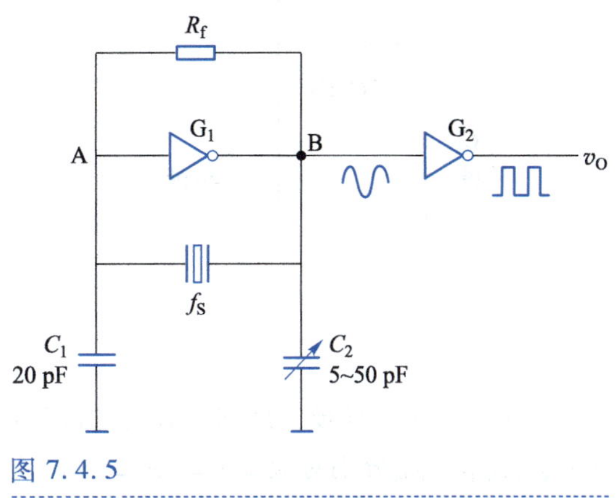

图 7.4.5
并联谐振型石英晶体振荡电路

R_f是偏置电阻，其取值一般在 10~100 MΩ 之间，它的作用是设置直流静态工作点（$V_B=V_A=V_{TH}\approx V_{DD}/2$），保证 CMOS 反相器$G_1$能工作在其电压传输特性曲线的转折区——线性放大状态，即反相器G_1与R_f组成基本放大电路。图中石英晶体的谐振工作频率位于串联谐振频率f_S和并联谐振频率f_P之间，使晶体呈现电感特性，以便与电容C_1、C_2一起组成选频反馈网络，这个网络将 B 点输出信号的一部分反馈到输入端 A，再由G_1放大以维持振荡。放大电路和选频网络共同组成电容三点式振荡电路。反相器G_2起整形缓冲作用，因为振荡电路输出信号接近于正弦波，经G_2整形后变成矩形波，并且G_2还能提高振荡电路的带负载能力。

电路的振荡频率由谐振回路的参数（C_1、C_2和石英晶体的等效电感L_{eq}）决定，但与石英晶体本身的谐振频率十分接近。C_1、C_2的值一般取几十 pF，其中C_2用来微调振荡频率。由于振荡电路被限定在f_S与f_P之间的频率范围内工作，而在这一频率范围内，石英晶体的感抗曲线很陡峭，感抗稍有变化时，频率变化极小，使得电路频率稳定性很高。

*7.4.2 时钟信号的分频与倍频

1. 分频

分频是通过分频电路，将输入信号的频率进行降低后再输出，N分频就是把频率变为$1/N$，周期变为N倍。要实现任意进制的分频，简单且实用的电路是采用计数器电路。集成计数器芯片 74 系列以及 40 系列都可以用于实现分频。

时钟信号的分频与倍频

分频实现秒脉冲信号产生电路如图 7.4.6 所示。

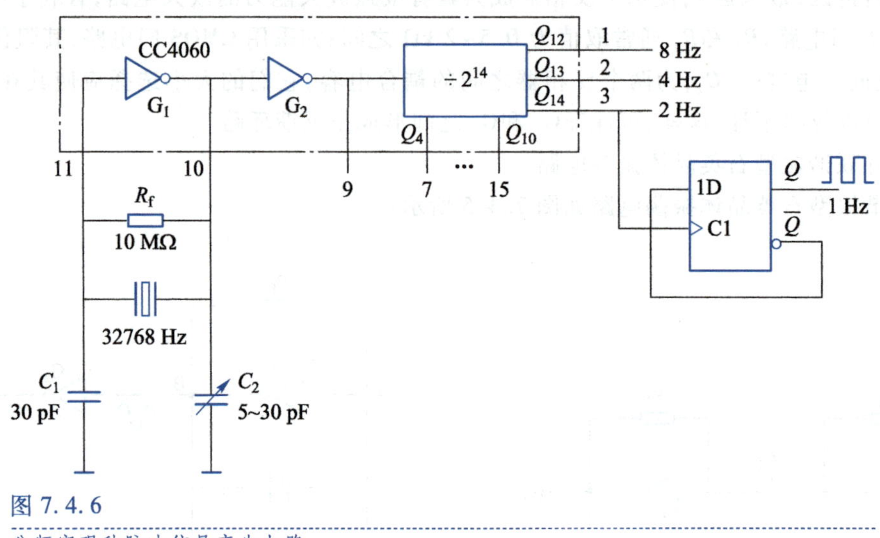

图 7.4.6

分频实现秒脉冲信号产生电路

图中,CC4060 为异步二进制计数器/振荡器。它内部有 14 个串行级联的 T 触发器,其输出端 $Q_4 \sim Q_{10}$,$Q_{12} \sim Q_{14}$分别对应 $2^4 \sim 2^{10}$和 $2^{12} \sim 2^{14}$分频。另外,在 9、10、11 这 3 个引脚上外接电阻、电容和晶振可以构成振荡电路,振荡信号可以从引脚 9 输出,同时也送到内部计数器进行分频,得到多种不同频率的输出信号。按照图中的电路连接,由晶振电路产生 32 768 Hz 的基准时钟,经 2^{14}分频后得到 2 Hz 的脉冲信号输出,再经过 D 触发器构成的二分频器分频后,得到 1 Hz 的时钟信号输出。

2. 倍频

倍频就是使输出端信号频率为输入端信号频率的倍数。N 倍频就是把频率变为 N 倍,周期变为 $1/N$ 倍。晶体振荡器有较高的稳定度和准确度,一般的晶振由于工艺与成本原因,做不到很高的频率。而需要高频应用时,采用频率合成技术,如:锁相环技术 PLL,可以从低频的晶体振荡器中获得高稳定的高频信号。

锁相环电路是闭环的反馈控制系统。PLL 锁相环电路组成如图 7.4.7 所示。

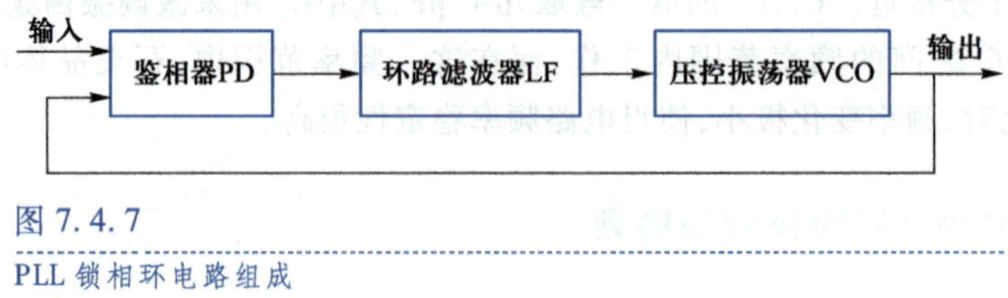

图 7.4.7

PLL 锁相环电路组成

① 鉴相器 PD(phase detector):对输入的基准信号(来自频率稳定的晶振)和反馈回路的信号进行频率的比较,输出一个代表两者差异的信号。

② 环路滤波器 LF(loop filter):通常由一个分频器实现,将 VCO 的输出降低到与基准信号相

同级别的频率才能在 PD 中比较。

③ 压控振荡器 VCO(voltage controlled oscillator):根据输入电压,输出对应频率的周期信号。利用变容二极管(偏置电压的变化会改变耗尽层的厚度,从而影响电容大小)与电容构成的 *LC* 谐振电路,提高变容二极管的逆向偏压,二极管内耗尽层变大,内电容变小,*LC* 电路的谐振频率提高,反之,降低逆向偏压时,二极管内电容变大,频率降低。

PLL 工作的基本原理就是将压控振荡器的输出经过分频后与基准信号输入 PD,PD 通过比较这两个信号的频率差,输出一个代表两者差异的信号,再经过低通滤波器转变成一个直流脉冲电压去控制 VCO 使它的频率改变。这样经过一个很短的时间,VCO 的输出就会稳定下来。所以,PLL 并不是直接对晶振进行倍频,而是将频率稳定的晶振作为基准信号,与 PLL 内部振荡电路生成的信号分频后进行比较,使 PLL 输出的信号频率稳定。

拓展思考

分别设计一个频率为 5 MHz 和 1 kHz 的时钟发生器(方法不限)。

本章小结

在数字电路中,为了控制和协调整个系统的工作,常常需要时钟脉冲信号。脉冲波形的发生与整形的三种常用电路是单稳态电路、施密特触发电路和多谐振荡电路。555 定时器是一种模、数混合的中规模集成电路,它使用方便、灵活,应用极为广泛,用它可组成单稳态电路、施密特触发电路和多谐振荡电路。在实际工程应用中,脉冲波形发生器是现代测量与控制领域中的一种常用的信号源,可以通过多谐振荡电路和石英晶体振荡电路产生。

本章重点要求掌握:脉冲波形的基本概念,单稳态电路、施密特触发电路和多谐振荡电路三种电路的构成及应用,555 定时器及其应用。

习题

7.1 以下属于整形电路的是(　　　)。【多选题】

A. 施密特触发电路　　　　B. 单稳态电路

C. 多谐振荡电路　　　　D. 稳压电路

7.2 以下属于矩形脉冲产生电路的是(　　　)。【多选题】

A. 施密特触发电路　　　　B. 单稳态电路

C. 多谐振荡电路 D. 稳压电路

7.3 占空比定义为(　　)与脉冲周期的比值。

A. 脉冲幅度 B. 上升时间

C. 脉冲宽度 D. 下降时间

7.4 下列说法错误的是(　　　　)。【多选题】

A. 施密特触发电路的回差电压越大,电路的抗干扰能力越弱

B. 施密特触发电路的回差电压越小,电路的抗干扰能力越强

C. 施密特触发电路通过正反馈使输出信号变化更平缓

D. 施密特触发电路通过正反馈使输出信号更陡峭

7.5 以下关于单稳态电路描述正确的是(　　　　)。【多选题】

A. 有稳态和暂稳态两个状态

B. 在外界信号作用下,能从稳态进入暂稳态,一段时间后返回稳态

C. 触发信号决定了暂稳态的停留时长

D. 触发信号决定了稳态的停留时长

7.6 下列说法错误的是(　　　　)。【多选题】

A. 多谐振荡电路有两个稳态

B. 多谐振荡电路有一个稳态和一个暂稳态

C. 多谐振荡电路有两个暂稳态

D. 多谐振荡电路有一个暂稳态

7.7 计算如习题 7.7 图所示单稳态电路的输出脉冲宽度、输出脉冲幅度和电路的恢复时间。已知 G_1、G_2 和 G_3 为 74HC 系列 CMOS 电路,$V_{DD}=5\ \text{V}$,$V_{OH}\approx V_{DD}$,$V_{OL}\approx 0\ \text{V}$,$V_{TH}=\dfrac{V_{DD}}{2}=2.5\ \text{V}$。同时给定 $R=10\ \text{k}\Omega$,$C=0.01\ \mu\text{F}$。R_d、C_d 组成输入端的微分电路,其时间常数远小于触发脉冲 v_I 的脉冲宽度。

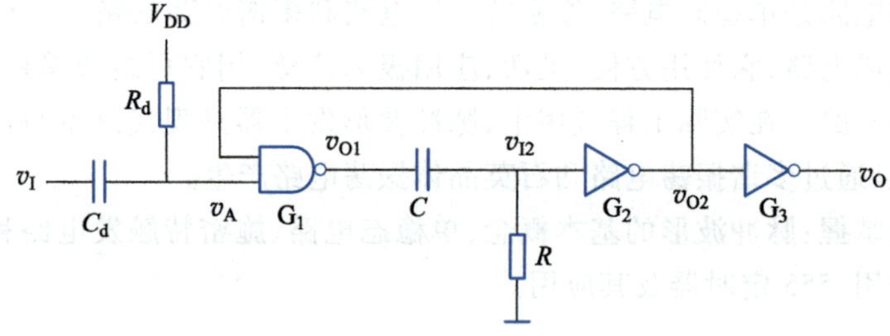

习题 7.7 图

7.8 在如图 7.2.5 所示用 CMOS 反相器组成的施密特触发电路中,若 $R_1=50\ \text{k}\Omega$,$R_2=100\ \text{k}\Omega$,$V_{DD}=5\ \text{V}$,$V_{TH}=\dfrac{V_{DD}}{2}$,试求电路的输入转换电平 V_{T+}、V_{T-} 以及回差电压 ΔV_T。

7.9 555 定时器的主要组成,除了比较器 C_1 和 C_2,还有(　　　　)。【多选题】

A. *D* 触发器 B. *RS* 触发器

C. 施密特触发电路 D. 放电三极管

7.10　下列说法错误的是(　　　)。【多选题】

A. 555 定时器在工作时清零端应接高电平

B. 555 定时器在工作时清零端应接低电平

C. 555 定时器没有清零端

D. 555 定时器具有清零端

7.11　试分析习题 7.11 图所示由 555 定时器构成的电路。

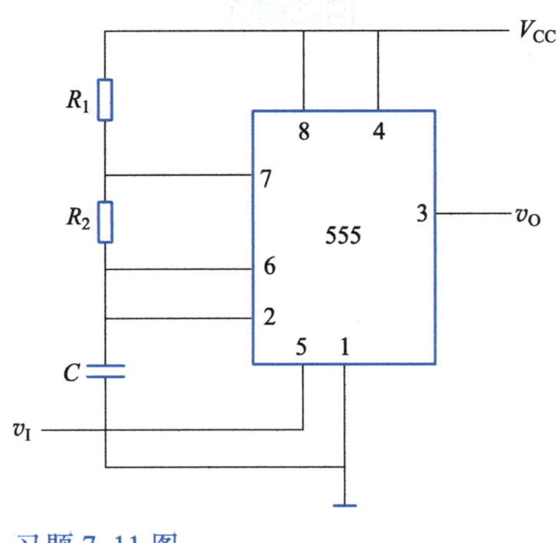

习题 7.11 图

(1) 该电路属于(　　)。

A. 施密特触发电路　　　　B. 单稳态电路

C. 多谐振荡电路　　　　D. 稳压电路

(2) 固定输入 v_I 和 v_O 输出高电平时的持续时延还取决于(　　)。

A. $(R_1+R_2)C$　　　　B. R_1C

C. R_2C　　　　D. R_1+R_2

(3) 固定输入 v_I 和 v_O 输出低电平时的持续时延还取决于(　　)。

A. $(R_1+R_2)C$　　　　B. R_1C

C. R_2C　　　　D. R_1+R_2

(4) v_O 输出高电平时的持续时延为(　　)。

A. $(R_1+R_2)C\ln\dfrac{V_{CC}-V_{T-}}{V_{CC}-V_{T+}}$　　　　B. $R_1C\ln\dfrac{V_{CC}-V_{T+}}{V_{CC}-V_{T-}}$

C. $R_2C\ln\dfrac{V_{CC}-V_{T-}}{V_{CC}-V_{T+}}$　　　　D. $(R_1+R_2)C\ln\dfrac{V_{CC}-V_{T+}}{V_{CC}-V_{T-}}$

(5) v_O 输出高电平的持续时延与输入 v_I 的关系为(　　)。

A. 与 v_I 无关　　　　B. 随着 v_I 增大而增大

C. 随着 v_I 增大而减小　　　　D. 受 v_I 影响,但 v_I 增大时,其变化具有不确定性

7.12　试用 555 定时器设计一个振荡频率为 10 kHz、占空比为 25% 的多谐振荡电路。计算出外接电阻和电容的数值,并画出电路。设定时电阻 $R_1 = 10\ \text{k}\Omega$。

7.13 试用两片555定时器设计一个电子门铃电路。要求每按一次按钮开关时,电子门铃以1 kHz的频率响10 s。

第七章习题答案

第八章　模数与数模的转换

章首导图

在信息化时代，基本上所有的信息都要使用计算机去处理。但计算机处理的都是数字信号，而大部分原始信号都是模拟信号。因此，需要把从传感器得到的模拟信号变成数字信号，才能送给计算机处理。同样的逆过程就是：经过计算机处理的数字信号需要转换成模拟信号，送到执行器或者驱动电路去控制被控的对象。

所谓模数转换（A/D 转换）即是将模拟电量转换为数字量，用数字码的形式来表示输入的模拟电量。对应地，数模转换（D/A 转换）是将数字量转换为模拟电量（电压或电流）。它们是一对互逆的变换关系。

8.1　A/D 转换的原理

8.1.1　A/D 转换的基本原理

A/D 转换的一般步骤包括取样（也称采样）、保持、量化及编码 4 个过程。

1. 采样与保持

采样是将时间上连续变化的信号，转换为时间上离散的信号，即将时间上连续变化的模拟量转换为一系列等间隔的脉冲，脉冲的幅度取决于输入模拟量的大小。

采样过程如图 8.1.1 所示。采样是用一个采样脉冲序列 $S(t)$ 控制一个开关电路。图中左边输入的是原始的模拟信号 $v_I(t)$，一个脉冲过来使采样开关导通，右边就有输出 $v_S(t)$。脉冲为 0 时采样开关就断开，信号输出为 0。因此，得到这些输入输出波形图。其中，T_s 是采样周期。

我们看到图中 $v_S(t)$ 基本反映了 $v_I(t)$ 的波形变化。如果 T_s 增大，采样信号 $v_S(t)$ 是否会丢失原始信号 $v_I(t)$ 的信息呢？很明显当 T_s 增大到一定的时候，$v_S(t)$ 会丢失原始信号 $v_I(t)$ 的信息。

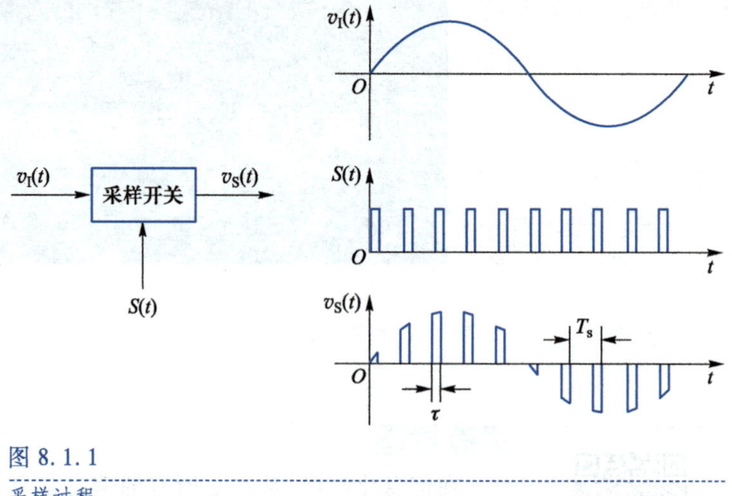

图 8.1.1
采样过程

采样定理：对于频带受限的模拟信号，当采样频率 f_s 不小于输入模拟信号频谱中最高频率 f_m 的两倍时，采样信号可以不失真地恢复原始的模拟信号。

公式表示为

$$f_s \geqslant 2f_m \tag{8.1.1}$$

注意：这里有一个条件，就是频带受限的模拟信号，即它的频带要求在 f_m 以内。并不是所有的模拟信号都适应，频带不受限的模拟信号需要处理之后才适用。

模拟信号经采样后，得到一系列的样值脉冲。采样脉冲宽度 τ 一般是很短暂的，在下一个采样脉冲到来之前，应暂时保持样值脉冲的幅度。因此，在采样电路之后须加保持电路（图 8.1.2）。

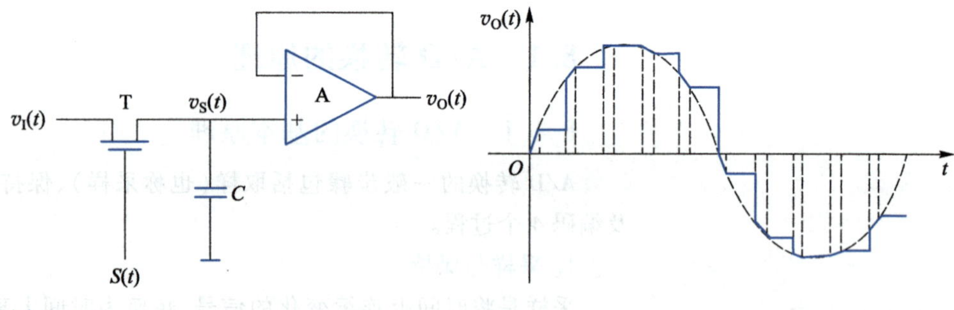

图 8.1.2
保持电路及其工作过程

图中，场效应管 T 为采样门，电容 C 为保持电容，运算放大器为跟随器，起缓冲隔离作用。

① 采样：在采样脉冲 $S(t)$ 到来的时间 τ 内，T 导通，$v_I(t)$ 向电容 C 充电，假定充电时间常数远小于 τ，则有

$$v_O(t) = v_S(t) = v_I(t) \tag{8.1.2}$$

② 保持:采样结束,T 截止,而电容 C 上电压保持充电电压 $v_I(t)$ 不变,直到下一个采样脉冲到来为止。

所以,采样与保持是由采样-保持电路完成的。

2. 量化与编码

将采样后的样值电平归化到与之接近的离散电平上,这个过程称为量化。指定的离散电平称为量化电平 v_q。用二进制数码来表示各个量化电平的过程称为编码。

两个量化电平之间的差值称为量化单位 Δ。位数越多,量化等级越细,Δ 就越小。假设位数是 n、电压最大值为 V_m,则

$$\Delta=\frac{V_m}{2^n} \tag{8.1.3}$$

采样保持后未量化的 v_0 值与量化电平 v_q 值通常是不相等的,其差值称为量化误差 ε,即

$$\varepsilon=v_0-v_q \tag{8.1.4}$$

量化误差:

$$\varepsilon\leqslant\pm\frac{\Delta}{2} \tag{8.1.5}$$

8.1.2 A/D 转换器的主要电路形式

实现模数转换的电路称为模数转换器(analog to digital converter,简称 A/D 转换器或 ADC)。A/D 转换器有直接 A/D 转换器和间接 A/D 转换器两大类。

直接 A/D 转换器是通过一套基准电压与采样保持电压进行比较,直接将模拟量转换成数字量。其特点是转换速度高,转换精度容易保证,调准也比较方便。直接 A/D 转换器分为并联比较型和反馈比较型。反馈比较型还分为计数型和逐次逼近型两类。

间接 A/D 转换器是将采样后的模拟信号先转换成中间变量时间 t 或频率 f,然后再将 t 或 f 转换成数字量。其特点是转换速度较低,但转换精度可以较高,且抗干扰性强。间接 A/D 转换器分为 V-T 变换型(双积分型)和 V- F 变换型。

本书只介绍直接 A/D 转换器的并联比较型 A/D 转换器的电路形式。

并联比较型 A/D 转换器的电路组成如下图 8.1.3 所示。它由电压比较器、电阻构成的分压器、寄存器和编码器 4 部分电路组成。这是一个 $n=3$ 的 3 位 ADC。

电压比较器由 $2^3-1=7$ 个比较器构成,当 $v_+\geqslant v_-$ 时,C_i 输出 **1**;反之 C_i 输出 **0**。

模拟信号直接加给各级比较器的 v_+。参考电压 V_{REF} 经过 8 级电阻分压,形成 7 个等级的比较电平加给各级 v_-。所以,量化电平依据有舍有入划分为 7 个电平。量化单位为

$$\Delta=\frac{2}{15}V_{REF} \tag{8.1.6}$$

量化误差为

$$|\varepsilon_{MAX}|=\frac{1}{15}V_{REF} \tag{8.1.7}$$

工作过程为

当 $0\leqslant v_I<V_{REF}/15$ 时,各比较器的 v_+ 均小于各级参考电平,因此各级比较器输出均为 **0**。它们经过寄存器,由编码器编码输出 **000**;

当 $V_{REF}/15\leqslant V_I<3V_{REF}/15$ 时,除 C_1 外各比较器的 v_+ 均小于各级参考电平,因此,C_1 输出

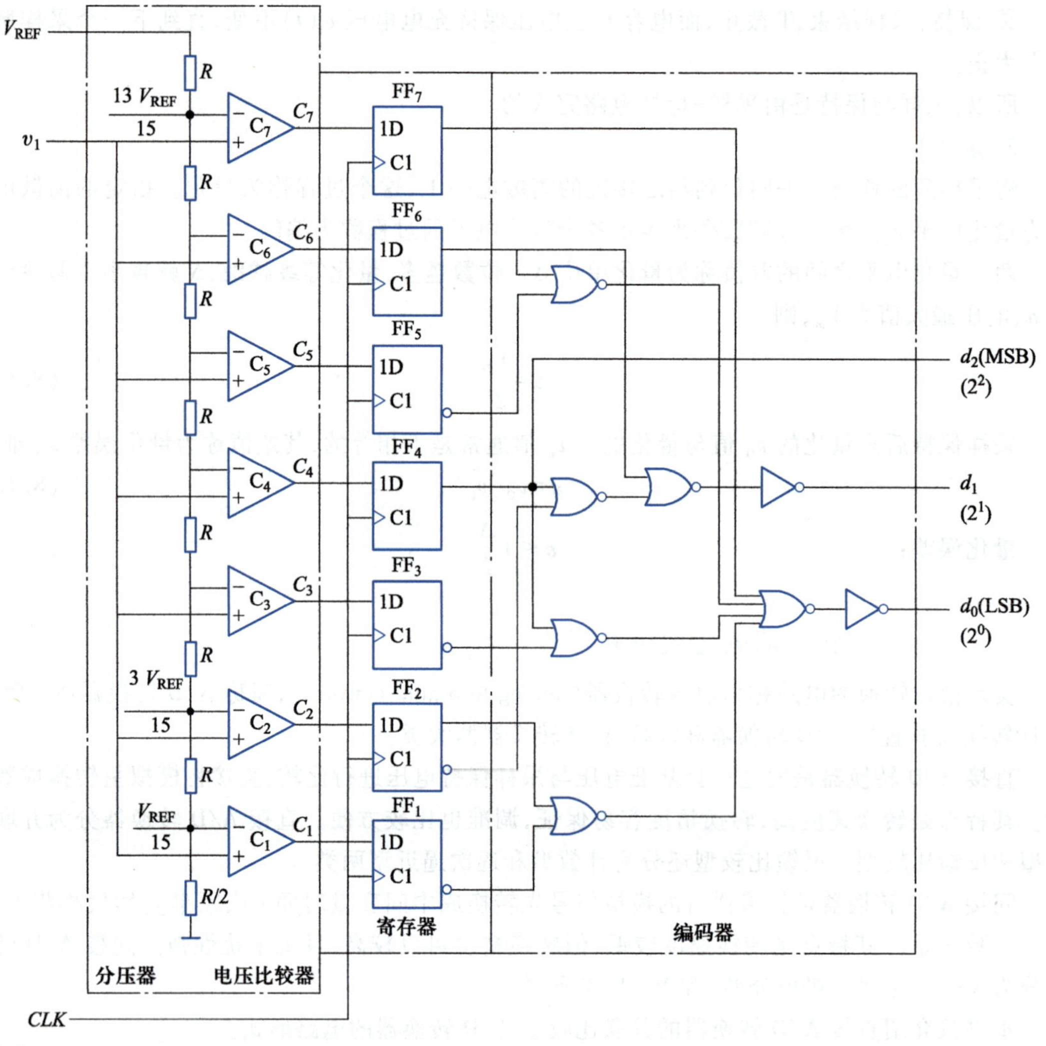

图 8.1.3

并联比较型 A/D 转换器电路组成

1，其余各级比较器输出均为 **0**。它们经过寄存器，由编码器编码输出 **001**；

当 $3V_{REF}/15 \leq v_I < 5V_{REF}/15$ 时，除 C_1 和 C_2 外各比较器的 v_+ 均小于各级参考电平，因此，C_1 和 C_2 输出 **1**，其余各级比较器输出均为 **0**。它们经过寄存器，由编码器编码输出 **010**；

当 $5V_{REF}/15 \leq v_I < 7V_{REF}/15$ 时，除 C_1、C_2 和 C_3 外各比较器的 v_+ 均小于各级参考电平，因此，C_1、C_2 和 C_3 输出 **1**，其余各级比较器输出均为 **0**。它们经过寄存器，由编码器编码输出 **011**；

当 $7V_{REF}/15 \leq V_I < 9V_{REF}/15$ 时，除 C_1、C_2、C_3 和 C_4 外各比较器的 v_+ 均小于各级参考电平，因此，C_1、C_2、C_3 和 C_4 输出 **1**，其余各级比较器输出均为 **0**。它们经过寄存器，由编码器编码输出 **100**；

当 $9V_{REF}/15 \leq v_I < 11V_{REF}/15$ 时，除 C_1、C_2、C_3、C_4 和 C_5 外各比较器的 v_+ 均小于各级参考电平，因此，C_1、C_2、C_3、C_4 和 C_5 输出 **1**，其余各级比较器输出均为 **0**。它们经过寄存器，由编码器编

码输出 **101**；

当 $11V_{REF}/15 \leqslant v_I < 13V_{REF}/15$ 时，除 C_7 外各比较器的 v_+ 均大于各级参考电平，因此，C_7 输出 **0**，其余各级比较器输出均为 **1**。它们经过寄存器，由编码器编码输出 **110**；

当 $13V_{REF}/15 \leqslant v_I \leqslant V_{REF}$ 时，各比较器的 v_+ 均大于各级参考电平，因此，各级比较器输出均为 **1**。它们经过寄存器，由编码器编码输出 **111**。

根据各比较器的参考电压值，可以确定输入模拟电压值与比较器 $C_1 \sim C_7$ 输出状态的关系。比较器的输出状态由 D 触发器存储，经编码器编码，得到数字量输出 $d_0d_1d_2$。其真值表见表 8.1.1.

表 8.1.1　并联比较型 A/D 转换器电路的真值表

v_I	$C_7C_6C_5C_4C_3C_2C_1$	$d_2\ d_1\ d_0$
$0 \leqslant V_I < V_{REF}/15$	**0 0 0 0 0 0 0**	**0 0 0**
$V_{REF}/15 \leqslant v_I < 3V_{REF}/15$	**0 0 0 0 0 0 1**	**0 0 1**
$3V_{REF}/15 \leqslant v_I < 5V_{REF}/15$	**0 0 0 0 0 1 1**	**0 1 0**
$5V_{REF}/15 \leqslant v_I < 7V_{REF}/15$	**0 0 0 0 1 1 1**	**0 1 1**
$7V_{REF}/15 \leqslant v_I < 9V_{REF}/15$	**0 0 0 1 1 1 1**	**1 0 0**
$9V_{REF}/15 \leqslant v_I < 11V_{REF}/15$	**0 0 1 1 1 1 1**	**1 0 1**
$11V_{REF}/15 \leqslant v_I < 13V_{REF}/15$	**0 1 1 1 1 1 1**	**1 1 0**
$13V_{REF}/15 \leqslant v_I \leqslant V_{REF}$	**1 1 1 1 1 1 1**	**1 1 1**

在并联比较型 A/D 转换器中，输入电压 v_I 同时加到所有比较器的输入端。所以它的转换时间最短。另外因为有存储器，所以不需要采样保持电路。缺点是电路复杂，如三位 A/D 转换器需 7 个比较器、7 个触发器、8 个电阻。n 位需要 2^n-1 个比较器、触发器，位数越多，电路越复杂。

拓展思考

频带不受限的模拟信号需要如何处理才能适用于采样定理?

8.2　A/D 转换器的主要技术指标与芯片选型

在工程应用中我们会遇到各种传感器过来的模拟信号，比如温度与湿度、音频与视频、心电与脑电等，如何选用合适的 A/D 转换器是工程应用的基础。本节介绍 A/D 转换器的主要技术指标，以及如何选型 A/D 转换器。

8.2.1 A/D 转换器的主要技术指标

从工作原理来看,A/D 转换主要是时间轴的离散化与幅度轴的数字化,分别对应转换时间、转换速度与转换精度等主要技术指标。

1. 转换时间、转换速度

转换时间定义为:从模拟信号输入,到规定精度的数字输出所需要的时间。对应图 8.1.1 中的 T_s。转换速度是转换时间的倒数,也称采样速率 f_s。有

$$f_s=\frac{1}{T_s} \tag{8.2.1}$$

前面提到采样定理:一个频带限制在$(0,f_m)$内的时间连续信号 $m(t)$,如果以 $T_s\leqslant\frac{1}{2f_m}$秒的间隔对它进行等间隔(均匀)采样,则 $m(t)$将被所得到的采样值完全确定。其中,$T_s=\frac{1}{2f_m}$称为奈奎斯特间隔,是最大允许采样间隔,$f_s=2f_m$ 称为奈奎斯特速率,是最低允许采样频率。

需要注意:这里有一个条件,就是频带受限的模拟信号,即它的频带要求在 f_m 以内。但许多实际工程信号不满足带限条件,其频谱常常是不受限的,如图 8.2.1(a)所示。这种频带不受限的信号,如果直接使用采样定理会产生频谱叠加,所得到的采样值不能无失真地完全确定原始模拟信号。频谱叠加问题在后续课程"信号与系统"中详细介绍。

工程中,解决这个问题的办法是:在采样之前先经过一个低通滤波器 $H(j\omega)$,其频谱在$(-\omega_m,+\omega_m)$,如图 8.2.1(b)所示。低通滤波器把它能量很少的、可以忽略的高频分量滤除,使它变成一个带限的信号,如图 8.2.1(c)所示。

所以,根据时域采样定理,对连续时间信号进行采样时,需采样速率 f_s大于等于 $2f_m$。在工程应用中,采样速率常设为$f_s\geqslant(3\sim5)f_m$,并且信号在采样之前先经过低通滤波器。

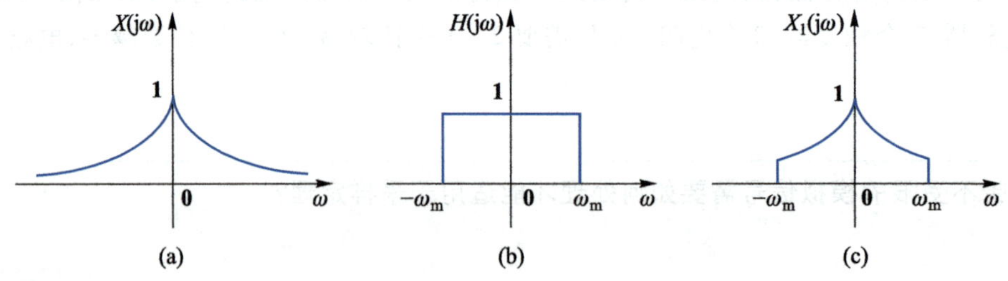

图 8.2.1

带宽不受限的模拟信号在工程中的处理方法

(a) 输入信号的频谱 (b) 低通滤波器的系统函数 (c) 输出信号的频谱

2. 转换精度

转换精度用分辨率和转换误差来描述。

(1) 分辨率

分辨率用以说明 A/D 转换器对输入信号的分辨能力。

通常以输出二进制(或十进制)数的位数 n(即量化级)表示。一般的分辨率有 8 位、10 位、

12 位、16 位、24 位，如表 8.2.1 所示。

表 8.2.1　ADC 的分辨率与精度

分辨率 n	最大值	范围	精度
8 位	255	0~255	$\Delta=V_{FSR}/2^n$
10 位	1 023	0~1 023	
12 位	4 095	0~4 095	
16 位	65 535	0~65 535	
24 位	16 777 215	0~16 777 215	

当位数为 n 位时，能区分的最小电压为 $V_{FSR}/2^n$。其中，FSR（full scale range）为满量程，V_{FSR} 为满量程输入电压。

【例 8.2.1】　分别用 8 位和 16 位的 A/D 转换器测一个 0~5 V 的电压信号。

解：8 位的 A/D 转换器，$\Delta=5/256$ V=0.019 5 V。

16 位的 A/D 转换器，$\Delta=5/4\,096$ V=0.001 2 V。

一个输入为 0.015 V 的电压，8 位 A/D 转换器得到的结果是 1（**00000001**B）；16 位 A/D 转换器得到的结果是 12（**000000001100**B）或 13（**000000001101**B）

这些结果对应的电压分别为

1×5/256 V=0.019 5 V

12×5/4 096 V=0.0146 V

13×5/4 096 V=0.015 9 V

对比可见，位数越高的 A/D 转换器可以测得的电压越精确。

（2）转换误差

转换误差表示 A/D 转换器实际输出的数字量和理论输出数字量之间的差别。

上例中，8 位 A/D 转换器的转换误差为 ε=（0.019 5−0.015）V=0.004 5 V，

16 位 A/D 转换器的转换误差为 ε=（0.015 9−0.015）V=0.000 9 V。

由此可见，位数越高的 A/D 转换器可以测得的电压误差越低。

通常用最低有效位 LSB 的倍数来表示 A/D 转换器的转换误差。例如：转换误差 ε 不大于 1/2 LSB，即说明实际输出数字量与理想输出数字量之间的最大误差不超过 1/2 LSB。

有时也以满量程的百分数给出。如转换误差为 0.005%V_{FSR}。

对于均匀量化而言，量化误差 $\varepsilon\leqslant\pm\dfrac{\Delta}{2}$。但对非均匀量化并非如此。

以上介绍的 A/D 转换器的主要技术指标就是 A/D 转换器的选型依据。

8.2.2　A/D 转换器的选用

A/D 转换器的选用

为了满足各种需要，国内外半导体器件厂家生产了多种多样的 A/D 转换器。现有的 A/D 转换器有几百个系列、近千种型号之多。从性能上讲，它们有

的精度高、速度快，有的则价格低廉。从功能上讲，有的不仅具有 A/D 转换的基本功能，还包括内部放大器和三态输出锁存器等选项；有的还包括多路开关、采样保持器等，已发展为一个单片的小型数据采集系统。现在大多数单片机内部都带 A/D 转换器。

A/D 转换器的主要技术指标就是采样速率和分辨率。A/D 转换器选型首先要考虑的也是采样速率和分辨率，此外是模拟输入的通道数、输入电平的范围、参考电压和数字输出形式等。

A/D 转换器的选型就是根据应用需求去考虑上面这些参数，再选择合适的芯片。例如音视频信号的采集，音频信号的频率范围是 4 kHz 以内，需要 $f_s \geq 8$ kHz。如果只需 8 位精度，可以选用的 A/D 转换器就很多。视频信号的频率范围是(3+0.5) MHz，需要 $f_s \geq 7$ MHz，通常都选 10 MSPS以上的高速 A/D 转换器，并且精度也需要 10 位以上。

图 8.2.2 是一个 A/D 转换应用系统(或称 A/D 采集系统)的一般模型框图。其中，低通滤波是为了保证满足采样定理的带限条件；信号调理是使模拟输入信号的电平控制在 A/D 转换器要求的范围内。

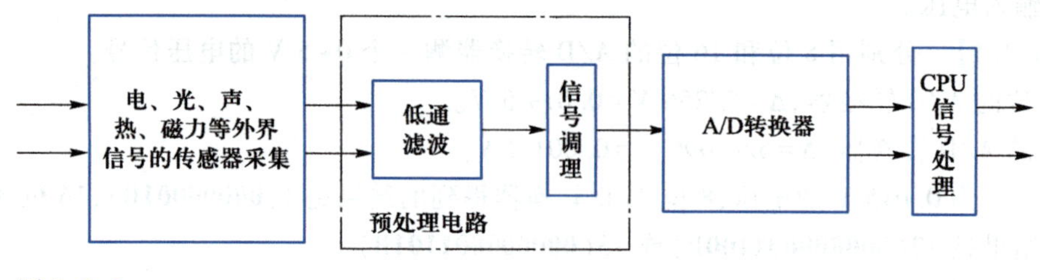

图 8.2.2

工程应用中 A/D 转换应用系统的一般模型框图

8.3 A/D 转换器的应用

本节通过两个典型 A/D 转换器的应用实例，介绍如何实现一个 A/D 转换系统。

1. 并行 A/D 转换器 ADC0809 的应用

A/D 转换器 ADC0808/0809 是最经典的 CMOS 工业 A/D 转换器，前者分辨率为 8 位，后者分辨率为 7 位，包括一个 8 位的逐次逼近型的 A/D 转换器，还提供一个 8 通道的模拟多路开关和通道寻址逻辑。利用它可直接输入 8 个单端的模拟信号，分时进行 A/D 转换，因而可以用作简单的“数据采集系统”。在多点巡回检测、过程控制和运动控制中应用十分广泛。比如大棚蔬菜温度控制系统、粮食仓库温度湿度检测系统等。

ADC0809 主要技术指标和特性：

① 分辨率：7 位。

② 总的不可调误差：±1LSB。

③ 转换时间：取决于芯片时钟频率，如 CLK = 500 kHz 时，T_{CONV} = 128 μs。

④ 单一电源：+5 V。

⑤ 模拟输入电压范围：单极性 0~5 V；双极性±5 V，±10 V(需外加一定电路)。

⑥ 具有可控三态输出缓存器。

⑦ 启动转换控制为脉冲式(正脉冲)，上升沿使所有内部寄存器清零，下降沿使 A/D 转换

开始。

⑧ 使用时不需进行零点和满刻度调节。

图 8.3.1 是它的内部结构框图。它有模拟输入选择通路、A/D 转换和数字输出锁存三部分电路构成。就应用而言,不必过多纠结在内部结构中,只要了解就好了。重要的是需要知道它的外部引脚应该怎么连接到前面的调理电路和后面的微处理器 MCU 或者其他控制电路等。

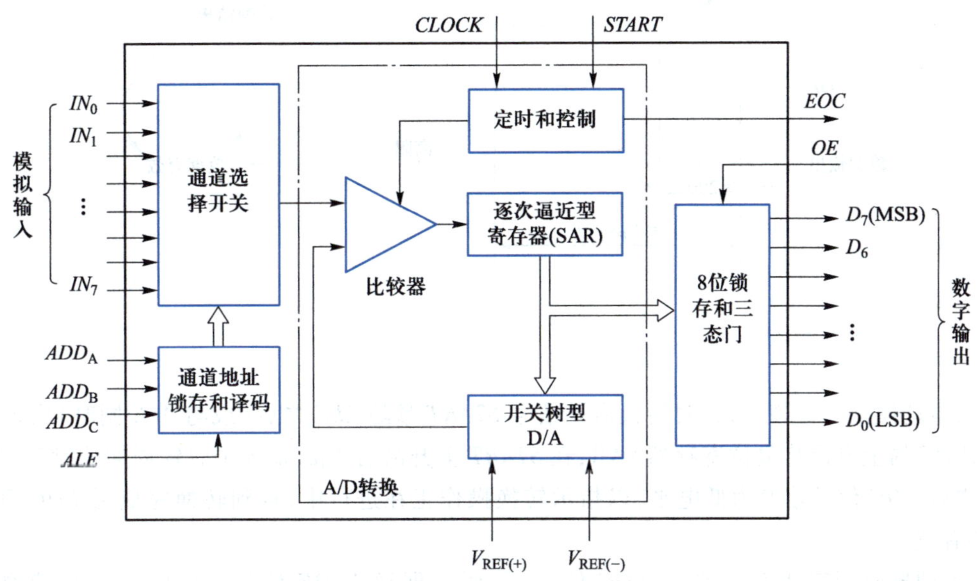

图 8.3.1

ADC0809 的内部结构框图

图 8.3.2 是 ADC0809 的芯片外部引脚图。这是一片 PIC 双列直插式 28PIN 的芯片。

其芯片外部引脚有:

① $IN_0 \sim IN_7$:8 路模拟信号输入端。

② ADD_A、ADD_B、ADD_C:模拟通道选择地址信号。

③ $D_7 \sim D_0$:三态可控输出,可直接和微处理器数据线连接。

④ $V_{REF(+)}$、$V_{REF(-)}$:正、负参考电压输入端。

⑤ *ALE*:地址锁存允许信号。

⑥ *START*:A/D 转换启动信号。

⑦ *EOC*:转换结束信号。

⑧ *OE*:输出允许信号。

⑤~⑧是 A/D 转换控制信号,它们的工作时序如图 8.3.3 所示。

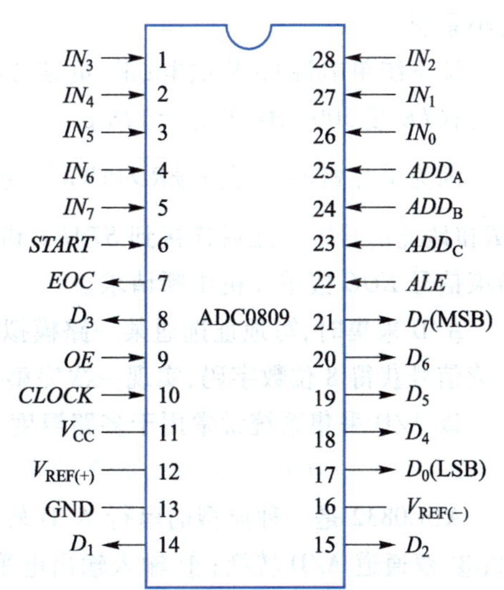

图 8.3.2

ADC0809 的芯片外部引脚

当通道选择地址 *ADD* 有效时,地址锁存 *ALE* 信号

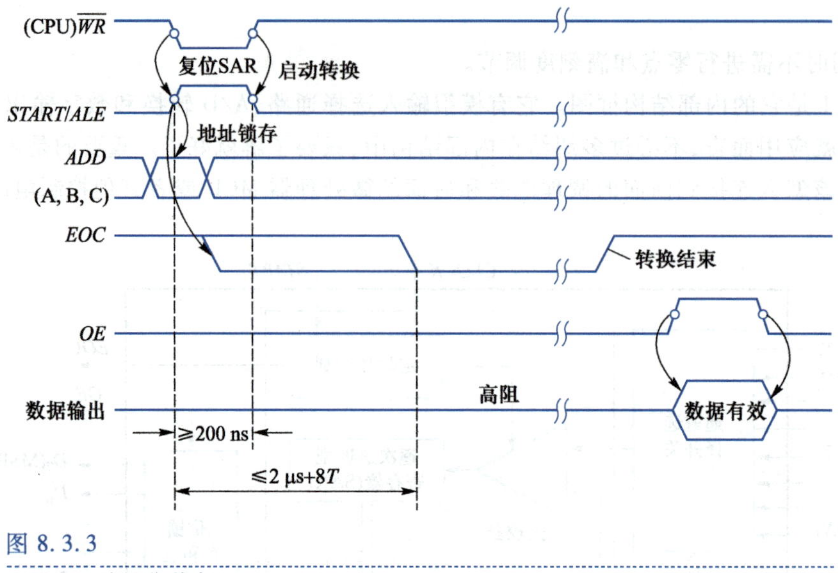

图 8.3.3

ADC0809 的工作时序图

一出现，地址便马上被锁存，这时转换启动信号 *START* 紧随 *ALE* 之后(或与 *ALE* 同时)出现。

START 的上升沿将复位寄存器 SAR，在 *START* 上升沿后 2 μs 加 8 个时钟周期的时间内 *EOC* 不定，之后 *EOC* 信号才变为低电平，以指示转换操作正在进行中，直到转换完成后 *EOC* 再变为高电平有效。

微处理器收到变为高电平的 *EOC* 信号后，便立即送出 *OE* 信号，打开三态门，读取转换结果。

图 8.3.4 为 ADC0809 的 8 路输入典型应用，是一个微控器(通常叫单片机)控制的 A/D 采集小系统。

该系统单电源+5 V 供电；正、负参考电压输入的是 5 V，所以是单极性 0~5 V 模拟输入电压范围；*CLK* 接 500 kHz，$T_{CONV}=128$ μs。由单片机的 $P_{1.0}$、$P_{1.1}$和 $P_{1.2}$选通 8 路模拟信号输入的任一路。因为单片机的读写信号$\overline{RD}$和$\overline{WR}$均为低电平有效，而 ADC0809 都是高电平有效，所以写信号$\overline{WR}$和地址信号**或非**之后连接到 *START* 和 *ALE*，读信号$\overline{RD}$和地址信号**或非**之后连接到 *OE*。转换结束信号 *EOC* 接单片机中断请求。

A/D 采集时，写地址选通某一路模拟输入同时启动 A/D 转换，到转换完成单片机被中断，就由读信号获得 8 位数字码，实现一次完整的 A/D 转换。

该 A/D 采集系统常常用于多路温度、湿度传感检测与过程控制系统等。

2. 串行 A/D 转换器 ADC0832 的应用

ADC0832 是一种典型的串行 A/D 转换器。ADC0832 主要特点：① 8 位分辨率；② 串行输出；③ 双通道 A/D 转换；④ 输入输出电平与 TTL/CMOS 相兼容；⑤ 5 V 电源供电时输入电压在 0~5 V之间；⑥ 工作频率为 250 kHz，转换时间为 32 μs；⑦ 一般功耗 15 mW；⑧ 8 引脚双列直插 DIP 封装。

与 ADC0809 最大区别是串行输出、双通道和转换时间短。正常情况下它与单片机的接口只

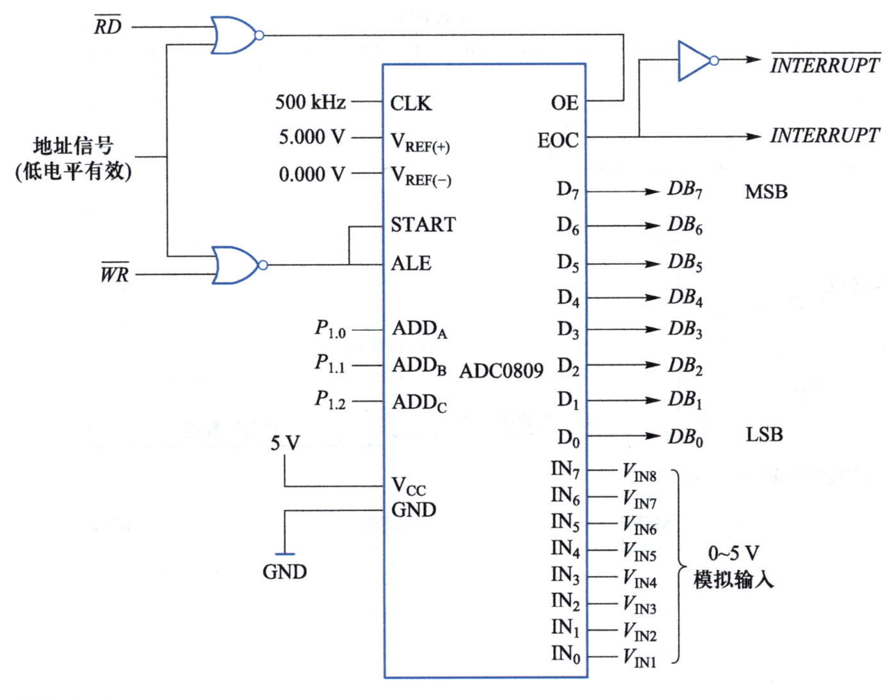

图 8.3.4

ADC0809 的 8 路输入典型应用

有 4 条数据线，分别是 $\overline{CS}$、*CLK*、*DO*、*DI*。但由于 *DO* 端与 *DI* 端在通信时并未同时有效并与单片机的接口是双向的，所以电路设计时可以将 *DO* 和 *DI* 并联在一根数据线上使用。

它的工作时序如图 8.3.5 所示，地址复用真值表见表 8.3.1。

表 8.3.1　ADC0832 地址复用真值表

复用地址		通道号	
$SGL/\overline{Dif}$	$ODD/\overline{Even}$	**0**	**1**
L	L	+	−
L	H	−	+
H	L	+	
H	H		+

H = 高电平，L = 低电平

− 或 + = 所选输入引脚的极性

当 $\overline{CS}$ 输入端为高电平，ADC0832 不工作。$\overline{CS}$ 使能端置于低电平时才工作，*CLK* 输入时钟脉冲，*DI* 端输入通道选择数据信号。

ADC0832 可以对两路输入的模拟信号进行数据采集。两路模拟输入分别对应通道口 *CH*0 和 *CH*1。它们由复用地址信号选通。在第 1 个时钟脉冲下降之前 *DI* 端必须是高电平，表示启始信号。在第 2、3 个脉冲下降之前，*DI* 端应输入 2 位数据（*SGL*、*ODD*）用于选择通道，当此 2 位数

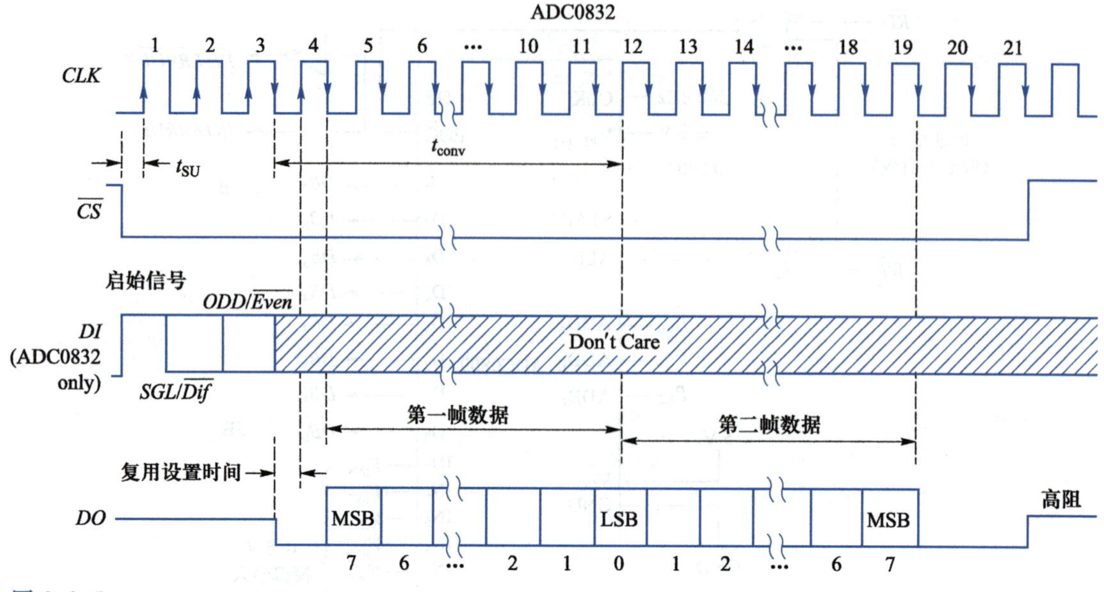

图 8.3.5

ADC0832 的工作时序

据为 **1**、**0** 时，只对 *CH*0 进行单通道转换。当 2 位数据为 **1**、**1** 时，只对 *CH*1 进行单通道转换。当 2 位数据为 **0**、**0** 时，将 *CH*0 作为正输入端 *IN*+，*CH*1 作为负输入端 *IN*−进行输入。当 2 位数据为 **0**、**1** 时，将 *CH*0 作为负输入端 *IN*−，*CH*1 作为正输入端 *IN*+进行输入。

在完成输入启动位、通道选择之后，就可以开始读出数据。转换得到的数据会被送出两次，一次高位在前传送，一次低位在前传送，连续送出。在程序读取两个数据后，可以检验是否相同，来确认数据是否被正确读取。

图 8.3.6 是 ADC0832 的 8 路输入典型应用，它常用于音频信号的采集等。

小结：要设计一个 A/D 采集系统，需要重点关注：产品特性（指标）、时序规格、引脚功能描述和典型应用电路原理图。其次要了解：技术规格、典型性能参数、易驱动特性、基准电压输入、电源和数字接口等。

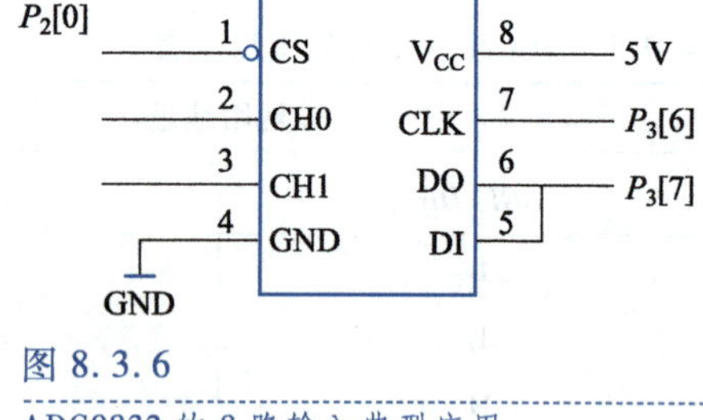

图 8.3.6

ADC0832 的 8 路输入典型应用

8.4 D/A 转换的原理

实现模数转换的电路称为模数转换器，实现数模转换的电路则称为数模转换器（简称 D/A 转换器或 DAC）。

8.4.1 D/A 转换的基本原理

D/A 转换是将输入的二进制数字量转换成模拟量，以电压或电流的形式输出，如图 8.4.1 所示。

一般常用的线性 D/A 转换器，其输出模拟电压 v_O 和输入数字量 D_n 之间成正比关系，即 $v_O=KD_n$。

输入数字量 D_n 的按权展开式为

$$D_n=d_{n-1}\cdot 2^{n-1}+d_{n-2}\cdot 2^{n-2}+\cdots+d_1\cdot 2^1+d_0\cdot 2^0 \tag{8.4.1}$$

即 $$D_n=\sum d_i 2^i \quad i=0,1,\cdots,2^{n-1} \tag{8.4.2}$$

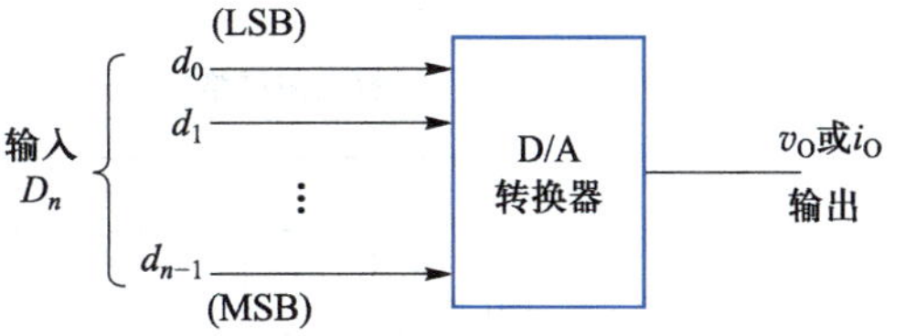

图 8.4.1

D/A 转换的基本原理

输出模拟电压为

$$v_O=K(d_{n-1}\cdot 2^{n-1}+d_{n-2}\cdot 2^{n-2}+\cdots+d_1\cdot 2^1+d_0\cdot 2^0)=K\sum d_i 2^i \tag{8.4.3}$$

由以上两式可见，$v_O\propto D_n$，v_O 的大小反映了数字量 D_n 的大小。

将输入的每一位二进制代码按其权值大小转换成相应的模拟量，再将代表各位的模拟量相加，则所得的总模拟量就与数字量成正比。如此便实现了从数字量到模拟量的转换。

8.4.2 D/A 转换器的电路构成

如图 8.4.2 可见，D/A 转换器由数码寄存器、n 位模拟开关电路、解码网络、求和电路和基准电压电路等 5 部分构成。

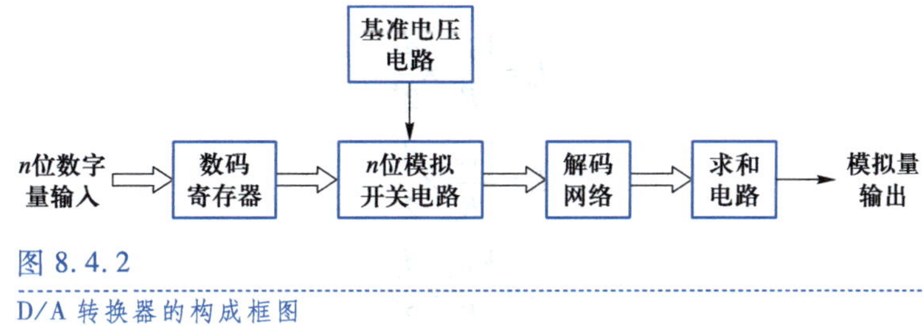

图 8.4.2

D/A 转换器的构成框图

数码寄存器用于寄存输入的数字量。输入数字量可以并行输入也可串行输入。串行输入时数码寄存器还有将串行-并行转换的功能。

n 位模拟开关电路由输入数字量控制具体哪一位闭合。

解码网络产生各对应位的权电流。

求和电路将各对应位的权电流相加，并且产生与输入成正比的模拟电压。

基准电压电路为 D/A 转换提供参考电压，或者称为比较电平。

按解码网络的不同，D/A 转换器分为权电阻网络 D/A 转换器、倒 T 形电阻网络 D/A 转换器、权电流型 D/A 转换器、权电容网络 D/A 转换器、开关树型 D/A 转换器等几种类型。本节仅介绍权电阻网络 D/A 转换器及目前集成 D/A 转换器中常用的倒 T 形电阻网络 D/A 转换器。

1. 权电阻网络 D/A 转换器

权电阻网络 D/A 转换器的电路组成如图 8.4.3 所示，由权电阻网络、模拟开关电路、基准电源、求和放大器和数字输入电路等 5 部分组成。

其中，开关 $S_0\sim S_3$ 受数字量 $d_0\sim d_3$ 控制，有

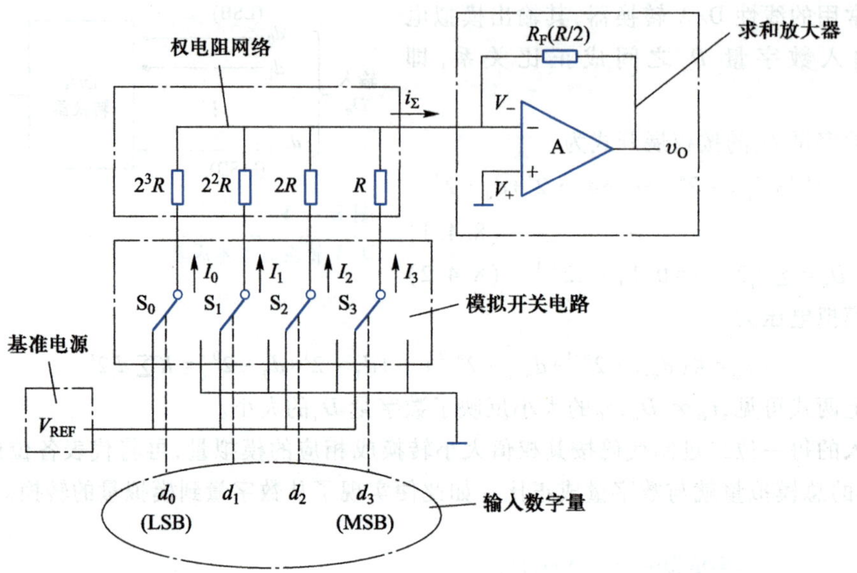

图 8.4.3
权电阻网络 D/A 转换器的电路组成

$$I_0=\frac{V_{REF}}{R}\times\frac{d_0}{2^3} \tag{8.4.4}$$

$$I_1=\frac{V_{REF}}{R}\times\frac{d_1}{2^2} \tag{8.4.5}$$

$$I_2=\frac{V_{REF}}{R}\times\frac{d_2}{2^1} \tag{8.4.6}$$

$$I_3=\frac{V_{REF}}{R}\times\frac{d_3}{2^0} \tag{8.4.7}$$

$$i_\Sigma=I_0+I_1+I_2+I_3 \tag{8.4.8}$$

$$\begin{aligned} v_O &= -i_\Sigma R_F=-R_F\left(\frac{V_{REF}}{R}d_3+\frac{V_{REF}}{2R}d_2+\frac{V_{REF}}{2^2R}d_1+\frac{V_{REF}}{2^3R}d_0\right) \\ &= \frac{-\left(V_{REF}\sum d_j 2^j\right)}{2^4} \qquad (j=0\sim3) \end{aligned} \tag{8.4.9}$$

对于 n 位的权电阻网络 D/A 转换器，有

$$\begin{aligned} v_O &= -\frac{V_{REF}}{2^n}\left(d_{n-1}2^{n-1}+d_{n-2}2^{n-2}+\cdots+d_1 2^1+d_0 2^0\right) \\ &= -\frac{V_{REF}\sum d_j 2^j}{2^n} \qquad [\,j=0\sim(n-1)\,] \end{aligned} \tag{8.4.10}$$

取 $K=-\frac{V_{REF}}{2^n}, D_n=\sum d_j 2^j$，则

$$v_O = KD_n \tag{8.4.11}$$

权电阻网络 D/A 转换器的优点是结构比较简单，电阻元件数较少。缺点是电阻的阻值相差较大，制造工艺复杂。为了克服这个缺点研制了倒 T 形电阻网络 D/A 转换器。

2. 倒 T 形电阻网络 D/A 转换器

倒 T 形电阻网络 D/A 转换器的电路组成如图 8.4.4 所示。模拟开关 S_i 打向 **1** 侧时，相应 2R 支路接虚地；打向 **0** 侧时，相应 2R 支路接地。故无论开关打向哪一侧，电阻 2R 总是与地相连。

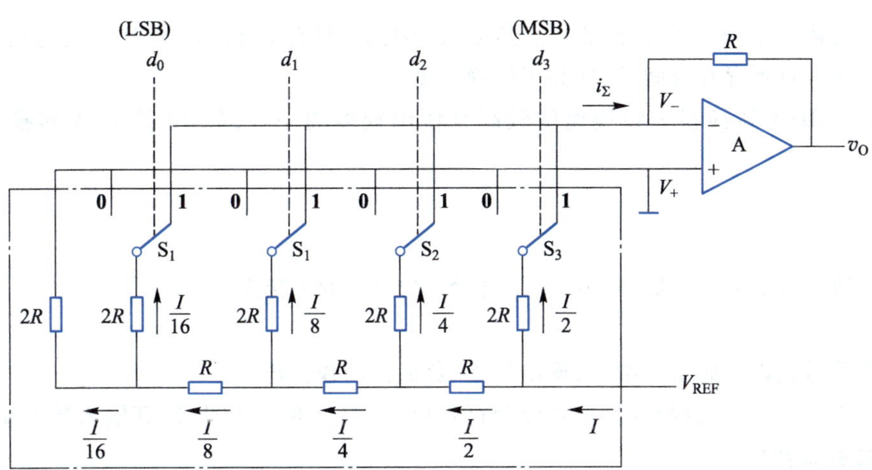

图 8.4.4

倒 T 形电阻网络 D/A 转换器的电路组成

倒 T 形电阻网络 D/A 转换器可等效为图 8.4.5。从 A、B、C 节点向左看去，各节点对地的等效电阻均为 R。因此有：$I=\dfrac{V_{REF}}{R}, I_3=\dfrac{I}{2}, I_2=\dfrac{I}{4}, I_1=\dfrac{I}{8}, I_0=\dfrac{I}{16}$。

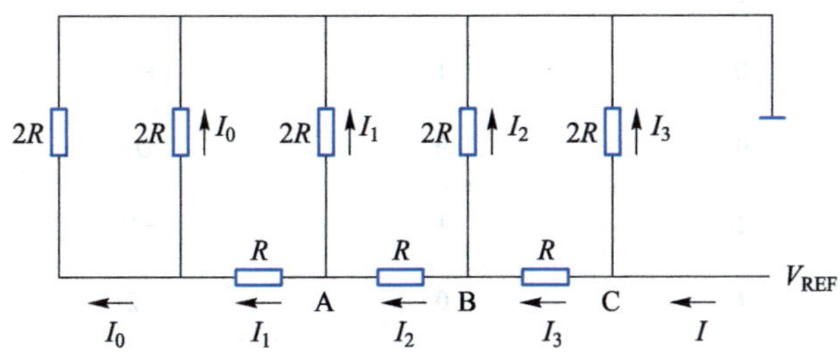

图 8.4.5

倒 T 形电阻网络 D/A 转换器的等效电路

所以，流入运放的总电流

$$i_\Sigma = d_3\left(\frac{I}{2}\right)+d_2\left(\frac{I}{4}\right)+d_1\left(\frac{I}{8}\right)+d_0\left(\frac{I}{16}\right) \tag{8.4.12}$$

总的输出模拟电压

$$v_O = -i_\Sigma R = -\frac{V_{REF}}{2^4}(d_3 2^3 + d_2 2^2 + d_1 2^1 + d_0 2^0) \tag{8.4.13}$$

对于 n 位输入的倒 T 形电阻网络 D/A 转换器，有

$$\begin{aligned} v_O &= -\frac{V_{REF}}{2^n}(d_{n-1}2^{n-1} + d_{n-2}2^{n-2} + \cdots + d_1 2^1 + d_0 2^0) \\ &= -\frac{V_{REF}}{2^n}D_n \end{aligned} \tag{8.4.14}$$

倒 T 形电阻网络 D/A 转换器的特点是电阻种类少，只有 R 和 $2R$，提高了制造精度；而且支路电流流入求和点不存在时间差，提高了转换速度。

这是集成 D/A 转换器中转换速度较高且使用较多的一种，如 10 位 D/A 转换器 AD7520（CB7520）。

8.4.3 具有双极性输出的 D/A 转换器

当输入数字量是带符号数时，就需要双极性输出的 D/A 转换器。

1. 双极性输出的 D/A 转换原理

假设带符号数以补码形式给出，输出为正、负极性的模拟电压。

对输入为 3 位的二进制补码，最高位为符号位，正数为 **0**，负数为 **1**，其输入数字量与输出模拟电压的关系如表 8.4.1。

表 8.4.1 补码输入数字量与输出模拟电压的关系

补码输入			对应的十进制	要求的输出 v_O/V
d_2	d_1	d_0		
0	**1**	**1**	+3	+3
0	**1**	**0**	+2	+2
0	**0**	**1**	+1	+1
0	**0**	**0**	0	0
1	**1**	**1**	-1	-1
1	**1**	**0**	-2	-2
1	**0**	**1**	-3	-3
1	**0**	**0**	-4	-4

但普通的单极性输出 D/A 转换器的原码输入数字量与输出模拟电压的关系则如表 8.4.2 所示。输出模拟电压

$$v_O = -\frac{V_{REF}}{2^3}(d_2 2^2 + d_1 2^1 + d_0 2^0) \tag{8.4.15}$$

表 8.4.2 原码输入的数字量与输出模拟电压的关系

原码输入			对应的十进制	要求的输出 v_O/V
d_2	d_1	d_0		
1	**1**	**1**	7	7
1	**1**	**0**	6	6
1	**0**	**1**	5	5
1	**0**	**0**	4	4
0	**1**	**1**	3	3
0	**1**	**0**	2	2
0	**0**	**1**	1	1
0	**0**	**0**	0	0

对照上面两个表格可见,双极性输出与单极性输出的关系:最高位 MSB(即 d_2)取反,输出 v_O 偏移-4 V。也就是说,只需要在单极性的 D/A 转换器中增加反相器和电压偏移电路,就可以实现具有双极性输出的 D/A 转换。

2. 电路实现

依据上述转换原理,其电路实现如图 8.4.6 所示。图中,在 MSB 最高位增加反相器,在运放负输入端增加电源 $V_B(+)$ 和电阻 R_B 构成的偏移电路。这时只需要确定 R_B 和 $V_B(+)$ 就可以了。

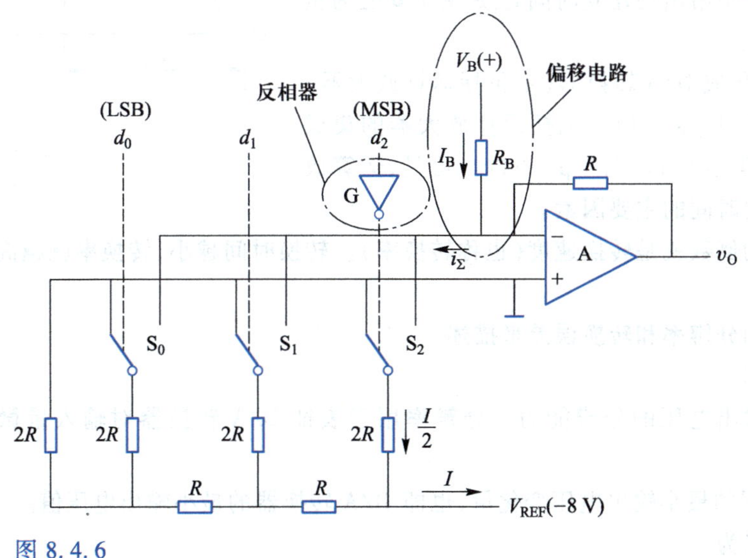

图 8.4.6
双极性输出的 D/A 转换器的电路实现

由双极性输入数字量与输出模拟电压的关系可知:当输入 $d_2d_1d_0$ = **100** 时,v_O = 0 V,即 i_Σ +

$I_B=0$。

而 $i_\Sigma=\dfrac{I}{2}=\dfrac{|V_{REF}|}{2R}$，$I_B=\dfrac{V_B}{R_B}$，所以，

$$\frac{|V_B|}{R_B}=\frac{|V_{REF}|}{2R} \tag{8.4.16}$$

由此可以确定双极性输出的 D/A 转换器的构成电路。

8.5 D/A 转换器的技术指标与芯片选型

与 A/D 转换器一样，实际应用中，D/A 转换器选型更需要知道的是转换速度与转换精度及影响它们的主要技术指标。

8.5.1 D/A 转换器的主要技术指标

D/A 转换器与 A/D 转换器是一对逆变换。所以它们的技术指标有相似性，主要有转换时间、转换速度与转换精度。

1. 转换时间、转换速度

转换时间通常用建立时间 t_{set} 来定量描述。

从输入的数字量发生突变开始，到输出电压进入与稳定值相差±0.5LSB 范围内所需要的时间，称为建立时间 t_{set}。如图 8.5.1 所示。

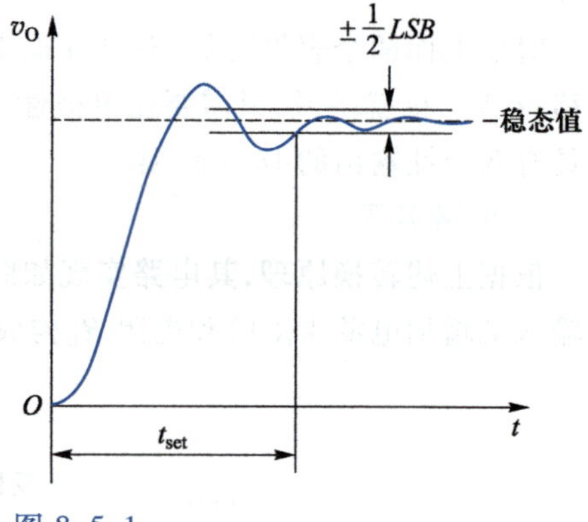

图 8.5.1

D/A 转换器的建立时间 t_{set}

因为输入数字量的变化越大，建立时间越长，所以一般产品说明书中给出的建立时间 t_{set} 是从全 **0** 变为全 **1** 时的建立时间。

通常，单片集成 D/A 转换器（不包括运算放大器）的建立时间在 0.1 μs 以内。包括运算放大器的集成 D/A 转换器的建立时间在 1.5 μs 以内。可见，运算放大器是影响建立时间的主要因素。

转换时间的倒数就是转换速度（也称转换率）。转换时间越小，转换率就越高。

2. 转换精度

转换精度用分辨率和转换误差来描述。

（1）分辨率

指对最小输出电压的分辨能力。分辨率用于表征 D/A 转换器对输入量微小变化的敏感程度。

D/A 转换器的最小输出电压变化量，也即 D/A 转换器的最小输出电压值。

分辨率定义为

$$分辨率=\frac{V_{LSB}}{V_{FSR}}=\frac{1}{2^n-1} \tag{8.5.1}$$

对一个 10 位的 D/A 转换器，分辨率为$\frac{1}{2^{10}-1}=\frac{1}{1\ 023}\approx 0.001$

很明显，D/A 转换器的位数越多，分辨率值就越小，能分辨的最小输出电压值也越小。

(2) 转换误差

指 D/A 转换器实际输出模拟电压与理想输出模拟电压间的最大误差。

通常用输出电压满量程 V_m 或 V_{FSR} 的百分数表示，也可以用最低有效位的倍数表示。

例如，转换误差为 LSB/2，表示输出模拟电压的绝对误差等于最小输出电压 V_{LSB} 的一半。

转换误差的产生是由于 D/A 转换器中各元件参数值存在误差，如基准电压不够稳定或运算放大器的零漂等各种因素的影响。

常见的转换误差有：比例系数误差、失调误差和非线性误差等。

8.5.2　D/A 转换器的选用

为了满足多种需要，国内外半导体器件厂家生产出了多种多样的 D/A 转换器。市面上有齐全的各类 D/A 转换器系列，涵盖 8 位至 24 位产品。从性能上讲，有高速、高精度的 D/A 转换器。从功能上讲，有的不仅具有 D/A 转换的基本功能，还有集成式输出放大器、多种电流或者电压输出等选项，以及可用于特殊用途，如在超宽带生成多载波 D/A 转换器等。现在很多单片机内部也自带 D/A 转换器。

D/A 转换器的选用

D/A 转换器的主要技术指标也是转换率和分辨率。D/A 转换器选型首先要考虑的也是转换率和分辨率，其次是电压还是电流输出、单极性或者双极性输出、参考电压等。还有就是允许输入数字信号的通道数目，以及是并行还是串行输入等。

D/A 转换器选型就是根据应用需求去考虑上面这些参数，再选择合适的芯片。

8.6　D/A 转换器的应用

本节以典型 D/A 转换器 AD7520、DAC0832 为例，介绍它们的各种应用情况。

1. AD7520 的应用

AD7520 的输入为 10 位二进制数，芯片内含倒 T 形电阻网络、CMOS 电流开关和反馈电阻 R（10 kΩ）。使用时要外接运放，运放的反馈电阻可使用内部电阻，也可采用外接电阻。

AD7520 的典型应用包括 D/A 转换器、可编程电源、数字式可编程增益控制电路、波形发生器和衰减器等。本节介绍其中两种。

(1) 数字式可编程增益控制电路

AD7520 实现数字式可编程增益控制电路如图 8.6.1 所示。其中，I_{OUT1} 接运放的反向输入端，I_{OUT2} 接运放的正向输入端并且接地。

此时有：$v_O=V_{REF}$

$$\begin{aligned} I_{OUT1} &= I_0+I_1+I_2+\cdots+I_9=\frac{V_{REF}}{2^{10}R}(D_0 2^0+D_1 2^1+\cdots+D_9 2^9) \\ &= \frac{V_{REF}\sum D_j 2^j}{2^{10}R} \qquad j=0\sim 9 \end{aligned} \tag{8.6.1}$$

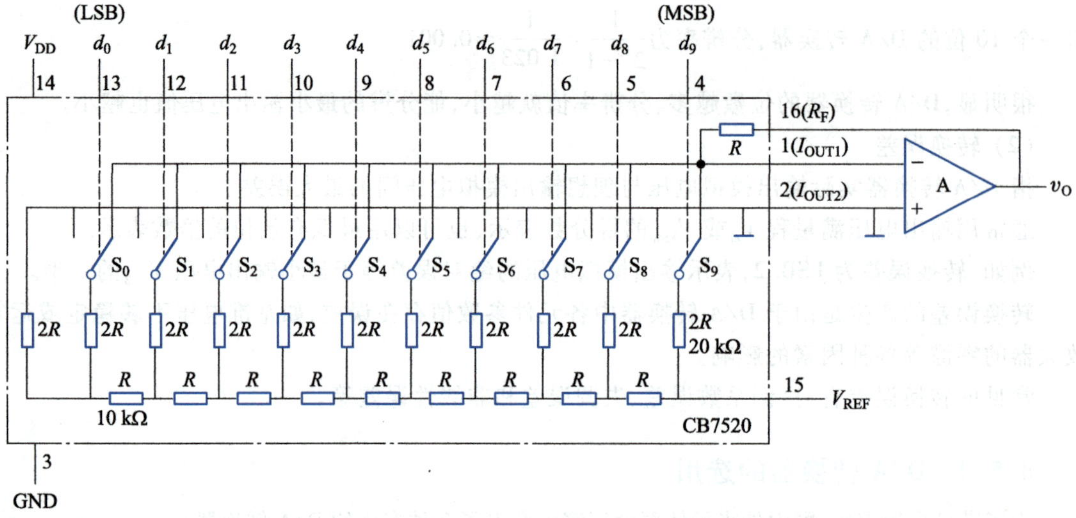

图 8.6.1

AD7520 实现数字式可编程增益控制电路

将图 8.6.1 简化为等效电路如图 8.6.2 所示。

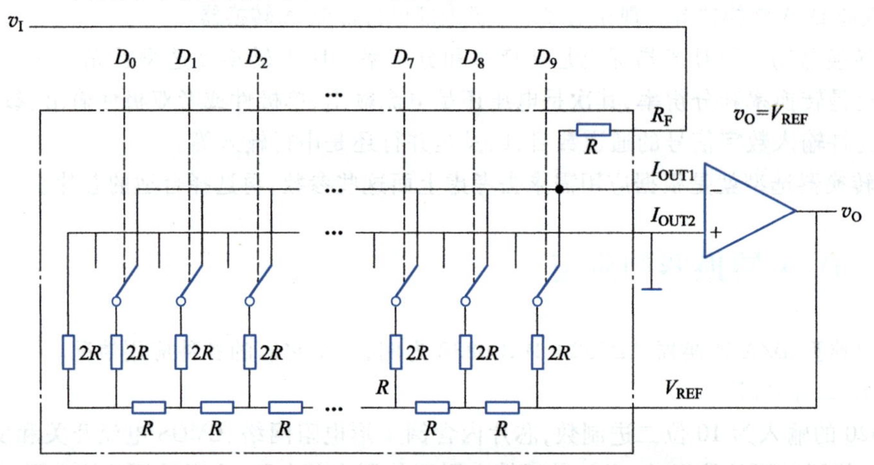

图 8.6.2

AD7520 实现数字式可编程增益控制电路的等效电路

根据运放的虚短、虚断原理，$\frac{v_I}{R}=I_{OUT1}$，所以

$$\frac{v_I}{R}=\frac{-v_O(D_0 2^0+D_1 2^1+\cdots+D_9 2^9)}{2^{10}R}=-\frac{v_O\sum D_j 2^j}{2^{10}R}\quad j=0\sim9 \tag{8.6.2}$$

故，电路增益

$$A_v=\frac{v_O}{v_I}=\frac{-2^{10}}{D_0 2^0+D_1 2^1+\cdots+D_9 2^9}=\frac{-2^{10}}{\sum D_j 2^j}\quad j=0\sim9 \tag{8.6.3}$$

其中，$D_0D_1\cdots D_9$ 由编程输入数据决定。

例如，$D=\mathbf{0001100100}$B＝64 H 时，增益 $A_v=-100$。

(2) 波形发生电路

AD7520 实现的波形发生电路如图 8.6.3 所示。

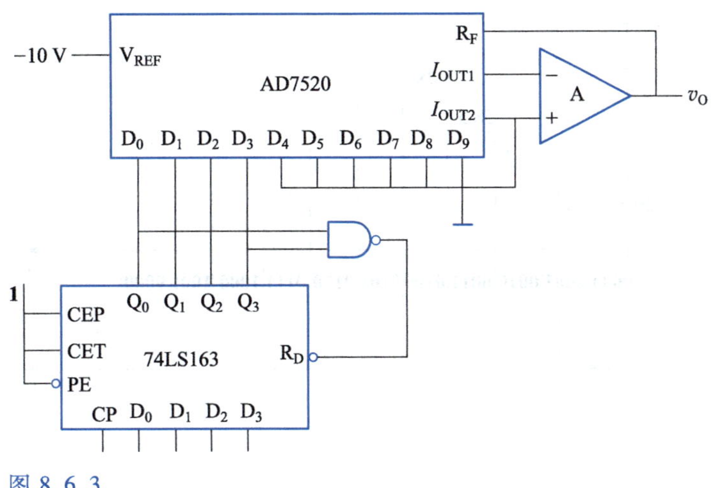

图 8.6.3

AD7520 实现波形发生电路

其中，I_{OUT1} 接运放的反向输入端，I_{OUT2} 接运放的正向输入端并且接地。有

$$v_O=-\frac{V_{REF}}{2^{10}}(D_0 2^0+D_1 2^1+\cdots+D_9 2^9)=-\frac{V_{REF}\sum D_j 2^j}{2^{10}} \quad j=0\sim9 \tag{8.6.4}$$

74LS163 和**与非**门构成十进制计数器送给 AD7520 的低 4 位数据位 $D_0D_1D_2D_3$，计数状态为(**0000**~**1001**)，而 AD7520 的高 6 位数据位接地，所以

$$v_O=\frac{10}{2^{10}}(D_0 2^0+D_1 2^1+\cdots+D_9 2^9)=\frac{10\sum D_j 2^j}{2^{10}} \quad j=0\sim9 \tag{8.6.5}$$

当十进制计数器在计数脉冲 CP 的作用下从 0 到 9 计数时，电路的输出波形如图 8.6.4 所示。当 CP 不断重复 0 到 9 计数时，电路输出重复上述波形，就产生了三角波。

2. DAC0832 的应用

DAC0832 是一种 8 位的 D/A 转换器，有两路差分电流信号输出，其数字量输入端具有双重缓冲功能，可由用户按双缓冲、单缓冲及直通方式进行电路连接，实现数字量的输入控制，特别适用于要求几个模拟量同时输出的场合。DAC0832 与单片机的接口连接非常方便。

(1) 引脚及其功能

DAC0832 是双列直插式 8 位 D/A 转换器。能完成数字量输入到模拟量(电流)输出的转换。图 8.6.5(a)和(b)分别为 DAC0832 的引脚图和内部结构图。其主要参数有：分辨率为 8 位，转换时间为 1 μs，满量程误差为±1 LSB，V_{REF} 范围为(-10~+10)V。V_{REF} 端与 D/A 转换器内部 T 形电阻网络相连。供电电源为(+5~+15)V，逻辑电平输入与 TTL 兼容。有模拟地 A_{GND} 和数字地 D_{GND}。

从图 8.6.5(b)可见，在 DAC0832 中有两级锁存器，第一级锁存器称为输入寄存器，它的允许锁存信号为 ILE，第二级锁存器称为 DAC 寄存器，它的锁存信号为通道控制信号 $\overline{XFER}$。

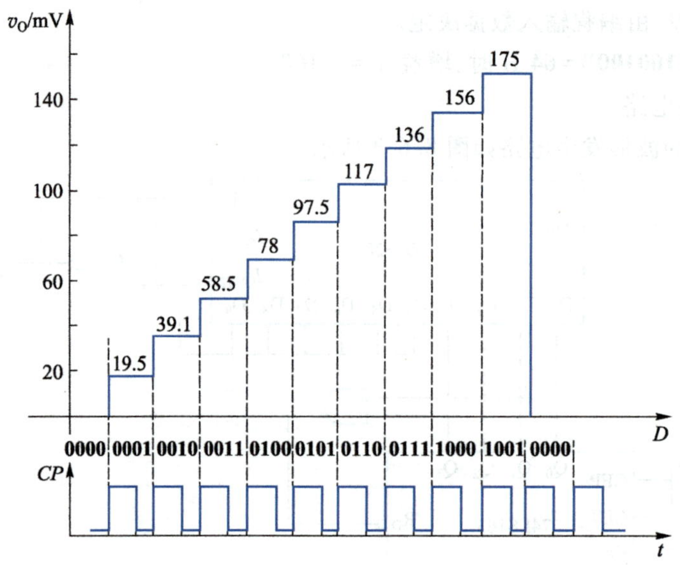

图 8.6.4

AD7520 实现波形发生电路在 0 到 9 计数时的输出波形

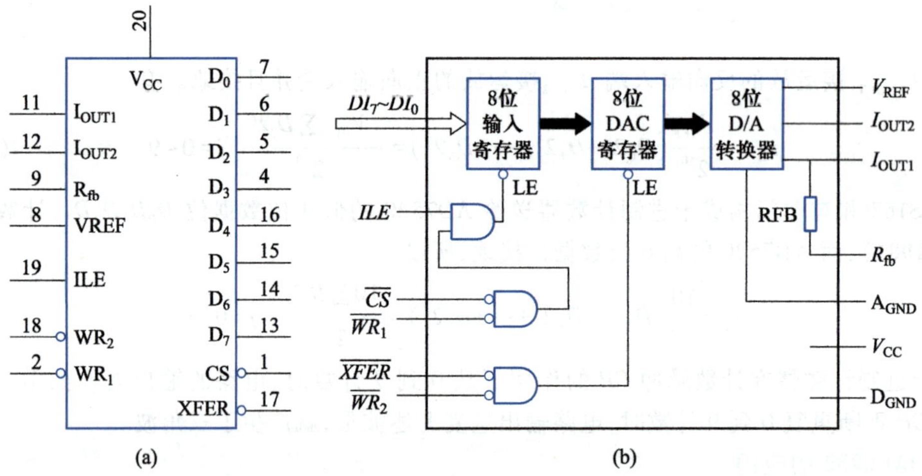

图 8.6.5

DAC0832 的引脚图和内部结构图

(a) 引脚图 (b) 内部结构图

当 ILE 为高电平，片选信号$\overline{CS}$和写信号$\overline{WR_1}$为低电平时，输入寄存器控制信号为 **1**，这种情况下，输入寄存器的输出随输入而变化。此后，当$\overline{WR_1}$由低电平变为高电平时，控制信号变为低电平，数据被锁存到输入寄存器中，这样输入寄存器的输出端不再随外部数据 DI 的变化而变化。

对第二级锁存器来说，传送控制信号$\overline{XFER}$和写信号$\overline{WR_2}$同时为低电平时，二级锁存控制信号为高电平，8 位的 DAC 寄存器的输出随输入而变化，此后，当$\overline{WR_2}$由低电平变为高电平时，控制信号变为低电平,于是将输入寄存器的信息锁存到 DAC 寄存器中。

(2) 工作方式

DAC0832 有直通、双缓冲及单缓冲 3 种工作方式。

① 直通方式。如果 DAC0832 的两个 8 位寄存器都处于直通状态,这时由 $DI_0 \sim DI_9$ 输入的数据可以直接进入 DAC 寄存器进行 D/A 转换。

② 双缓冲方式。两个 8 位寄存器都处于受控方式。此时,CPU 分别控制两个缓冲寄存器的工作状态,数据输出要通过两步操作才能完成。例如,在 DAC 寄存器输出前一个数据的同时,可将下一个数据送入输入寄存器,能有效地提高转换速度。

③ 单缓冲方式。一个 8 位寄存器处于受控方式,另一个处于直通状态。单缓冲方式在实际应用中很少使用。

(3) DAC0832 的直通方式应用

如图 8.6.6 所示为单片机和 DAC0832 直通工作方式的电路原理图。ILE 为高电平,片选信号$\overline{CS}$和写信号$\overline{WR}_1$ 为低电平时,输入寄存器控制信号为 **1**,输入寄存器的输出随输入而变化。传送控制信号$\overline{XFER}$和写信号$\overline{WR}_2$ 同时为低电平时,二级锁存控制信号为高电平,DAC 寄存器的输出随输入而变化。

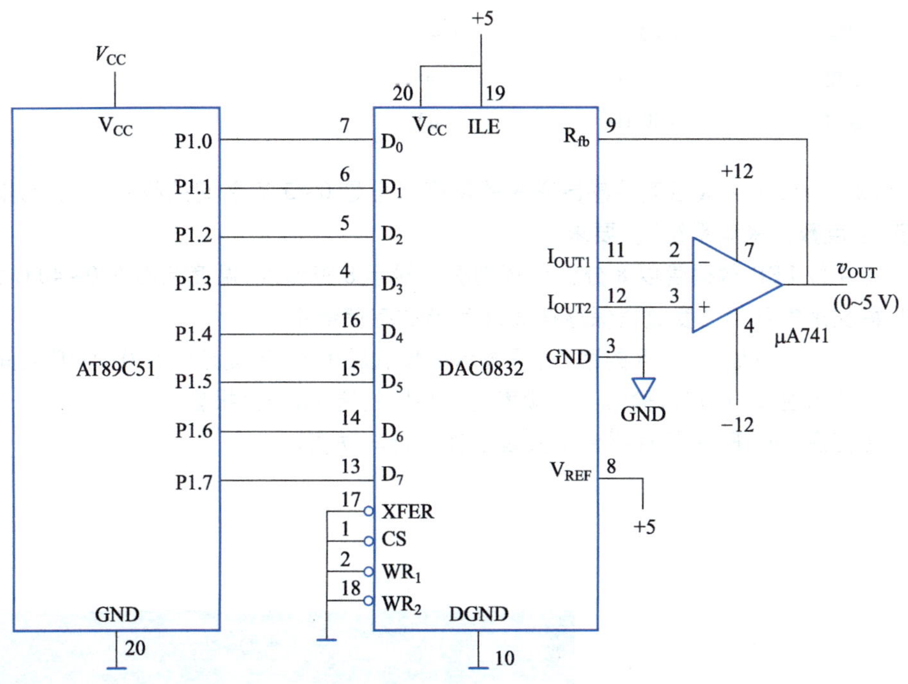

图 8.6.6

单片机和 DAC0832 直通工作方式的电路原理图

其中,运放输出电路的输出电压为 $v_{OUT} = -(D/256)V_{REF}$。

当单片机执行指令

```
MOV   P1,   #40H
```

$D_0 \sim D_7$ 数据为 40H=64,输出电压 $v_{OUT}=-(64/256)\times5\ V=-1.25\ V$。

(4) DAC0832 的双极性输出

上述方法只能实现单级性输出,即 v_{OUT} 只可能为正或者为负。要实现 v_{OUT} 可正可负的双级性输出,须在编码和电路方面做些改进,有三种方法。

① 用偏移二进制码实现 DAC 双极性输出。

② 用切换基准电压的方法实现双极性输出。

③ 用输出反相的方法实现双极性输出。

拓展思考

R8.6.1 各种输入信号对应不同频率范围、信号幅度的情况,如拓展思考表所示,如何选择 A/D 转换器?如何设计预处理电路?试将答案填入表中。

拓展思考 R8.6.1 表

输入	频率范围	幅度范围	A/D 转换器	预处理电路
温度、湿度	<50 Hz	0~5 V		
音频	<4 kHz	0~3 V		
视频	<5 MHz	0~1 V		
心电	<50 Hz	mV		
脑电	<50 Hz	μV		

R8.6.2 假设由热敏温度传感器送来的温度信号是 0~5 V 之间的模拟信号,设计一个 8 路"温度数据采集系统"。要求:

(1) 用 4 位 LED 数码管以 8 分钟为周期循环显示 8 路温度,温度范围在 0~40℃ 之间;

(2) 每次采集到的温度数据保存在 2 M 字节的存储器中;

(3) 左边第一位显示 1—8 的路号,只显示小数点后 1 位,温度范围在 0~40℃ 之间;

(4) 当超出温度范围时,输出一个频率为 1 kHz 的音频,作为报警;

(5) 在任意一种 EDA 软件平台上实现上述设计与仿真。

本章小结

本章从 A/D 转换与 D/A 转换的原理出发,没有大篇幅介绍 A/D 转换器和 D/A 转换器的具体构成电路,而是用实例阐述工程上 A/D 转换器和 D/A 转换器的应用,说明其性能指标的工程意义和芯片选型的方法。本章应用实例分别只用了两个最经典的 D/A 转换器和 A/D 转换器。实际应用中会有更多更新、功能更强的芯片层出不穷。只要掌握了基本原理和方法,就能够适应工程应用的需要。

习　题

8.1　A/D 和 D/A 转换器的主要技术指标都是(　　　　)。【多选题】

A. 转换速度　　B. 采样频率　　C. 转换精度　　D. 建立时间

8.2　D/A 转换器的转换误差的产生因素主要有(　　　　)。【多选题】

A. 转换速度　　B. 基准电压不稳定　　C. 转换精度　　D. 运放的零漂

8.3　工程应用中,为解决输入模拟信号频带受限的问题,一般采取的措施是(　　　　)。【多选题】

A. $f_s \geqslant (3\sim5)f_m$　　B. 先过低通滤波器

C. 先过带通滤波器　　D. 先过高通滤波器

8.4　D/A 转换器的选用首先要考虑的是(　　　　)。【多选题】

A. 芯片型号　　B. 转换率　　C. 分辨率　　D. 运放的零漂

8.5　直接 A/D 转换器有(　　　　)两类。【多选题】

A. 并联比较型　　B. V-T 变换型　　C. V- F 变换型　　D. 反馈比较型

8.6　取样保持后未量化的 v_O 值与量化电平 v_q 值的差值称为量化误差 ε,即 $\varepsilon = v_O - v_q$。量化误差 $\varepsilon \leqslant \pm\Delta/2$。减小量化误差的办法为(　　)。

A. 增加位数 n　　B. 减少位数 n　　C. 提高采样频率　　D. 降低采样频率

8.7　用 ADC0809 实现一个 8 通道的“湿度数据采集系统”。

8.8　在如习题 8.8 图所示的权电阻网络 D/A 转换器中,若取 $V_{REF}=5$ V,当输入数字量 $d_3d_2d_1d_0=\mathbf{0101}$ 时,求输出电压的大小。

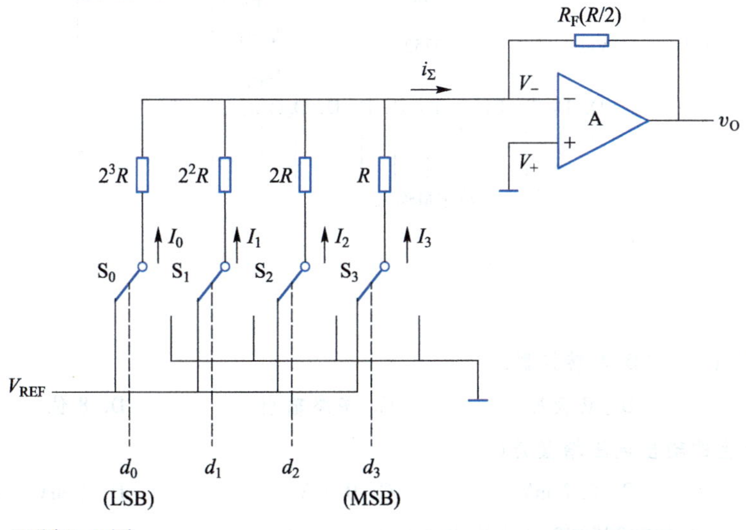

习题 8.8 图

8.9　在如习题 8.9 图所示的倒 T 形电阻网络 D/A 转换器中,已知 $V_{REF}=-8$ V,试计算当

$d_3\ d_2 d_1 d_0$每一位输入代码分别为 **1** 时，求输出端所产生的模拟电压值。

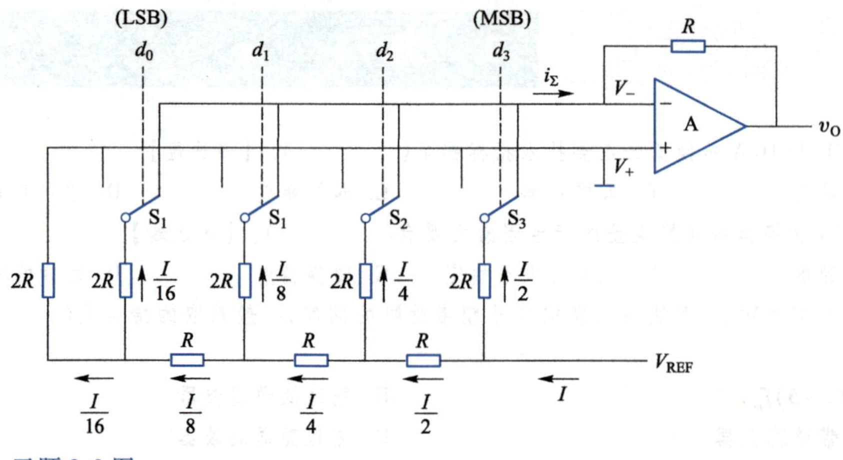

习题 8.9 图

8.10　如习题 8.10 图所示给出的 D/A 转换器中，试求：

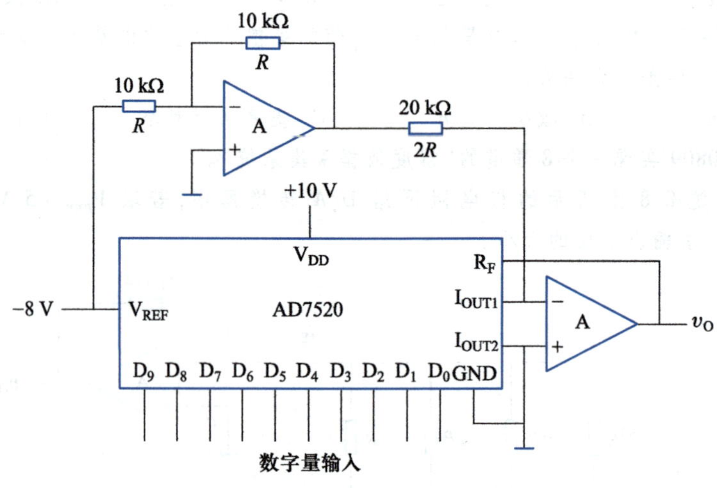

习题 8.10 图

(1) 这是一个(　　)D/A 转换器。

A. 单极性　　B. 双极性　　C. 多路输出　　D. 8 位

(2) 1LSB 产生的输出电压增量是(　　)。

A. 7.8 mV　　B. 8.7 mV　　C. 0.1 V　　D. 1 mV

(3) 输入 d_9-d_0= **1000000000** 时的输出电压是(　　)。

A. 0 V　　B. 0.01 V　　C. 0.1 V　　D. 1 mV

(4) 若输入以二进制补码给出，则最大的正数和绝对值最大的负数各为(　　)。

A. **0111111111** 和 **1111111111**　　B. **1111111111** 和 **1000000000**

C. **0111111111** 和 **1000000000**　　　　D. **1111111111** 和 **0111111111**

(5) 第(4)题对应的输出电压各为(　　)。

A. 4 V 和-3.99 V　　B. 4 V 和-4 V　　C. 3.99 V 和-3.99 V　　D. 3.99 V 和-4 V

8.11　设计一个波形发生器电路,要求产生如习题 8.11 图所示给定的电压波形。

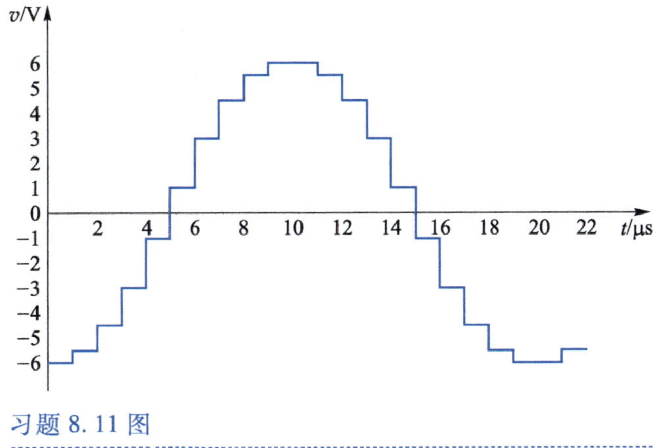

习题 8.11 图

8.12　如习题 8.12 图所示电路是用 D/A 转换器 AD7520 和运算放大器构成的可编程增益放大电路,它的电压放大倍数 $A_v = v_O / v_I$ 由输入的数字量 $D(D_9 \sim D_0)$ 来设定。试写出 A_v 的计算公式,并说明 A_v 的取值范围。

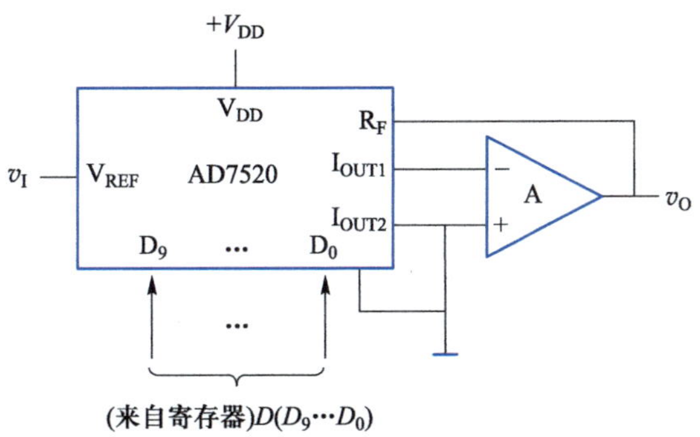

习题 8.12 图

第八章习题答案

参考文献

[1] 阎石．数字电子技术基础[M].6 版．北京:高等教育出版社,2016.

[2] 康华光,张林,秦臻等．电子技术基础:数字部分[M].7 版．北京:高等教育出版社,2021.

[3] 赵进全,张克农．数字电子技术基础[M].3 版．北京:高等教育出版社,2020.

[4] 蒋丽平．数字逻辑电路与系统设计[M].3 版．北京:电子工业出版社,2019.

[5] 刘宝琴．数字电路与系统[M].2 版．北京:清华大学出版社,2007

[6] 张辉宜．数字逻辑[M]. 合肥:中国科学技术大学出版社,2005.

[7] 何斌．Intel FPGA 权威设计指南:基于 Quarter Prime Pro 19 集成开发环境[M]. 北京:电子工业出版社,2020.

[8] 张文爱,张博．EAD 技术与 FPGA 应用设计[M]. 北京:电子工业出版社,2016.

[9] 杨志忠,卫桦林．数字电子技术基础[M].3 版．北京:高等教育出版社,2018.